Kohlhammer

Marco Gehrig, Marcus Hauser, Wilfried Lux

Finanzielles Rechnungswesen in der Schweiz

Lehrbuch

Verlag W. Kohlhammer

1. Auflage 2025

Gesamtherstellung: W. Kohlhammer GmbH, Heßbrühlstr. 69, 70565 Stuttgart
produktsicherheit@kohlhammer.de

Print:
ISBN 978-3-17-039945-7

E-Book-Formate:
pdf: ISBN 978-3-17-039946-4
epub: ISBN 978-3-17-039947-1

Vorwort

Das finanzielle Rechnungswesen gehört in vielen Unternehmen und Organisationen zu den zentralen Aufgaben der Unternehmensführung. Das vorliegende Lehrbuch vermittelt die wichtigsten Grundlagen und Zusammenhänge der Finanzbuchhaltung (Financial Accounting). Es umfasst die aktuelle Praxis, Lehrmeinungen zum finanziellen Rechnungswesen und den Stand der Literatur bis Ende 2024. Es wird durch einen begleitenden Band für Aufgaben und Lösungen zum finanziellen Rechnungswesen ergänzt.

Das Lehrbuch setzt sich aus den folgenden Teilen zusammen:

- Teil 1: Grundlagen des finanziellen Rechnungswesens
- Teil 2: Struktur und Inhalt der Bilanz
- Teil 3 Struktur und Inhalt der Erfolgsrechnung
- Teil 4: Spezialthemen der Finanzbuchhaltung
- Teil 5: Weitere Themen der Finanzbuchhaltung für grössere Unternehmen
- Teil 6: Jahresabschluss

Dar. 1: Lehrbuchinhalt im Überblick

Teil I: Grundlagen des finanziellen Rechnungswesens (Kapitel 1–11)	Teil II: Struktur und Inhalt der Bilanz (Kapitel 12–33)	Teil III: Struktur und Inhalt der Erfolgsrechnung (Kapitel 34–40)
• Zweck des finanziellen Rechnungswesens (Kapitel 1) • Abgrenzung finanzielles und betriebliches Rechnungswesen (Kapitel 2) • Bestandteile des Einzelabschlusses (Kapitel 3) • Funktionsweise der Finanzbuchhaltung (Kapitel 4) • Buchführungspflicht und Grundsätze ordnungsgemässe Buchführung (Kapitel 5)	• Positionen der Bilanz (Kapitel 12–28) • Eigenkapitalkonten (Kapitel 29) • Eigene Aktien (Kapitel 30) • Reservebestimmungen (Kapitel 31) • Unterbilanzen, Kapitalverlust und Überschuldung (Kapitel 32) • Einlagerückgewähr (Kapitel 33)	• Nettoerlöse und Warenaufwand (Kapitel 34) • Abschreibungen (Kapitel 35) • Personalaufwand (Kapitel 36) • Übriger betrieblicher Aufwand (Kapitel 37) • Finanzaufwand und -ertrag (Kapitel 38) • Betriebsfremde, ausserordentliche und einmalige Erträge und Aufwendungen (Kapitel 39)

Dar. 1: Lehrbuchinhalt im Überblick – Fortsetzung

Teil I: Grundlagen des finanziellen Rechnungswesens (Kapitel 1–11)	**Teil II: Struktur und Inhalt der Bilanz (Kapitel 12–33)**	**Teil III: Struktur und Inhalt der Erfolgsrechnung (Kapitel 34–40)**
• Grundsätze der ordnungsgemässen Rechnungslegung (Kapitel 6) • Bewertungsvorschriften nach OR (Kapitel 7) • Verhältnis Handels- und Steuerrecht (Kapitel 8) • Stille Reserven (Kapitel 9) • Rechnungslegung nach einem anerkannten Standard (Kapitel 10) • Nichtfinanzielle Berichterstattung (Kapitel 11)		• Herstellungs-, Vertriebs- und Verwaltungskosten (Kapitel 40)
Teil IV: Spezialthemen der Finanzbuchhaltung (Kapitel 41–49)	**Teil V: Weitere Themen der Finanzbuchhaltung für grössere Unternehmen (Kapitel 50–54)**	**Teil VI: Jahresabschluss (Kapitel 55–58)**
• Mehrwertsteuer (Kapitel 41) • Verrechnungssteuer (Kapitel 42) • Leasing (Kapitel 43) • Factoring (Kapitel 44) • Fremde Währungen (Kapitel 45) • Kryptowährungen (Kapitel 46) • Initial Token Offering (Kapitel 47) • Derivative Instrumente (Kapitel 48) • Arbeitgeberbeitragsreserve (Kapitel 49)	• Zwischenabschluss (Kapitel 50) • Anhang (Kapitel 51) • Lagebericht (Kapitel 52) • Geldflussrechnung (Kapitel 53) • Konzernrechnung (Kapitel 54)	• Jahresabschlussanalyse (Kapitel 55) • Kennzahlensysteme (Kapitel 56) • Rating (Kapitel 57) • Genehmigung und Prüfung der Jahresrechnung (Kapitel 58)

Lehrbuch und Übungsband richten sich an Berufstätige (Fachausweise und höhere Berufsprüfungen) sowie Studierende von Fachhochschulen und Universitäten in der Schweiz.

St. Gallen, März 2025

Marco Gehrig
Marcus Hauser
Wilfried Lux

Inhaltsverzeichnis

1 Zweck und Aufgaben des finanziellen Rechnungswesens

Das finanzielle Rechnungswesen (Financial Accounting) ist eine wichtige Informationsquelle für verschiedene Anspruchsgruppen (Stakeholders). Das primäre Ziel des finanziellen Rechnungswesens ist daher die Informationsvermittlung.[1] Es bedient folgende Informationsbedürfnisse dieser Anspruchsgruppen:

- Liquidität: Ist ein Unternehmen in der Lage, die kurzfristigen Schulden zu begleichen?
- Solvenz: Sind die kurzfristigen Vermögenswerte durch kurzfristige Schulden finanziert?
- Sicherheit: Ist ein Unternehmen unabhängig von seinen Fremdkapitalgebern?
- Rentabilität: Erwirtschaftet ein Unternehmen ausreichend Gewinne?

Ein zentrales Interesse der Anspruchsgruppen und insbesondere der Eigenkapitalgeber ist die langfristige Existenzsicherung von Unternehmen. Daher stehen die o. g. Fragen im Zentrum des Informationsinteresses. Dennoch können die Interessen der Anspruchsgruppen unterschiedlich sein. Kunden beispielsweise interessieren sich für Solvenz, Liquidität und Sicherheit eines Unternehmens. Sie möchten die Gewähr haben, dass ein Geschäftspartner seinen Verpflichtungen nachkommen kann und langfristig im Markt besteht. Nachbearbeitungen, neue Aufträge, Reparaturarbeiten oder Garantieansprüche der Kunden können auch noch in Zukunft bestehen. Mitarbeitende hingegen interessiert, ob ein Arbeitgeber fähig ist, Löhne und Sozialbeiträge zu zahlen und ob er langfristig Arbeitsplätze anbieten kann. Lieferanten möchten in Erfahrung bringen, ob ihre Forderungen zeitnah bezahlt werden können. Die externen Kapitalgeber (Fremdkapitalgeber) wollen wissen, ob ein Unternehmen die finanziellen Verbindlichkeiten begleichen und die Zinslast tragen kann. Die Eigenkapitalgeber fokussieren sich auf die langfristige Entwicklung, die Rentabilität und Dividendenkraft eines Unternehmens. Der Staat hegt ein Interesse, dass Gebühren und Steuern zeitnah beglichen werden und dass ein Unternehmen langfristig Arbeitsplätze bereitstellen kann. Die Öffentlichkeit verlangt zunehmend Informationen über das Geschäftsmodell und die Tätigkeit eines Unternehmens. Ökologische und soziale Informationen rücken immer mehr in den Vordergrund: Die Anforderungen an Nachhaltigkeitsberichte wachsen und die Öf-

1 Meier-Hayoz / Forstmoser / Sethe, 2018, S. 219.

fentlichkeit fordert mehr Informationen über die vielseitigen Auswirkungen der Unternehmenstätigkeit. Die Informationsbedürfnisse sind sehr heterogen und wesentlich von der ökonomischen Entwicklung eines Unternehmens abhängig.

Auch die internen Anspruchsgruppen und die Geschäftsleitung (Management) haben diverse Informationsbedürfnisse: Beispielsweise zeigen Kostenstellenverantwortliche ein Interesse an der Kostenentwicklung der Kostenstellen in ihrem Verantwortungsbereich. Projektverantwortliche sind für die Projektkosten zuständig und müssen bei negativen Abweichungen Massnahmen ergreifen. Die Geschäftsführung hat ein Interesse an kurzfristigen Abschlüssen mit entsprechenden Abweichungsanalysen zum Budget und an der Entwicklung der Liquidität.

Das Rechnungslegungsrecht nach OR 958 I definiert den Zweck der Rechnungslegung bzw. des finanziellen Rechnungswesens folgendermassen: **Die Rechnungslegung soll die wirtschaftliche Lage des Unternehmens so darstellen, dass sich Dritte ein zuverlässiges Urteil bilden können.**

Darstellung 2 gibt einen Überblick über die Aufgaben des finanziellen Rechnungswesens, die sich, wie oben beschrieben, vor allem auf die Befriedigung der diversen Informationsbedürfnisse beziehen.

Dar. 2: Aufgaben des finanziellen Rechnungswesens

Informationen über den Erfolg einer Periode	Während einer Geschäftsperiode zeigt die Erfolgsrechnung, ob ein Gewinn (Ertrag grösser als der Aufwand) oder ein Verlust (Ertrag kleiner als der Aufwand) erzielt worden ist.
Informationen über Vermögen und Finanzen	Die Bilanz zeigt per Bilanzstichtag das Vermögen (Investitionen) und das Kapital (Finanzierung).
Information über die Geldflüsse	Die Geldflussrechnung zeigt auf, in welchen Bereichen Flüssige Mittel verwendet (Abfluss) oder erwirtschaftet (Zufluss) werden.
Informationen über die Geschäftsentwicklung	Im Lagebericht oder Geschäftsbericht (sofern dieser erstellt wird) werden Informationen über den Geschäftsgang im kommenden Jahr verbal erläutert.
Gläubigerschutz	Durch die Bewertungsvorschriften und die Grundsätze ordnungsgemässer Rechnungslegung werden primär die Interessen der Gläubiger geschützt.
Grundlage für die Steuerveranlagung	Das finanzielle Rechnungswesen bildet die Grundlage für die Veranlagung von Einzelunternehmen, Personengesellschaften und juristischen Unternehmen, wobei steuerrechtliche Korrekturen vorgenommen werden können (Massgeblichkeitsprinzip).
Grundlage für weiterführende Analysen	Das finanzielle Rechnungswesen ist die Grundlage für zahlreiche weitere Analysen. Beispielsweise für das betriebliche Rechnungswesen und die Planung ist die Erfolgsrechnung Ausgangspunkt.

Das finanzielle Rechnungswesen verfolgt bei der Erfüllung dieser Aufgaben folgende Zwecke und Funktionen:[2]

- **Rechenschaftsablage**: Gegenüber den Eigenkapitalgebern wird Rechenschaft über die Entwicklung des Vermögens, des Kapitals und den Unternehmenserfolg abgelegt, damit sie ihre Vermögens- und Mitwirkungsrechte ausüben können.
- **Planungsfunktion**: Unternehmensziele können in Planungsrechnungen systematisch erfasst und abgebildet werden (z. B. Budgetierung).
- **Entscheidungsfunktion**: Das Rechnungswesen bietet die Grundlage für unternehmerische Entscheidungen.
- **Kontrollfunktion**: Die Erreichung von Unternehmenszielen kann überwacht werden.
- **Rechtshilfe**: Für die Beweisführung für Prozesse – vor allem in Zivilprozessen – bietet das Rechnungswesen wichtige Informationen.
- **Steuerbasis**: Das finanzielle Rechnungswesen bildet die Basis für die Besteuerung von Gewinnen und Kapital bei juristischen Personen.[3]

Das finanzielle Rechnungswesen ist ausserdem ein zentrales Element für die interne finanzielle Unternehmensführung. So bildet es die Grundlage für zahlreiche betriebswirtschaftliche Entscheidungen. Aus der Bilanz und Erfolgsrechnung kann beispielsweise die Geldflussrechnung ermittelt werden. Auch baut das betriebliche Rechnungswesen (Management Accounting) auf den Daten des finanziellen Rechnungswesens auf.

2 Meyer, 2012, S. 17 f.

3 Bei Einzelunternehmen und Personengesellschaften werden der Gewinn und die Kapitalien der Einkommen- und Vermögenssteuer der natürlichen Personen unterworfen.

2 Abgrenzung finanzielles und betriebliches Rechnungswesen

Im Rechnungswesen wird zwischen dem finanziellen und betrieblichen Rechnungswesen unterschieden. Das finanzielle Rechnungswesen dient der externen Berichterstattung, während das betriebliche Rechnungswesen ein zentrales, internes Führungsinstrument darstellt und die Geschäftsführung (das Management) mit den notwendigen Informationen für Entscheidungen versorgt (▶ Dar. 3).

Dar. 3: Gliederung des Rechnungswesens

	Finanzielles Rechnungswesen	**Betriebliches Rechnungswesen**
Zweck	Externe Berichterstattung	Internes Führungsinstrument
Instrumente	Bilanz Erfolgsrechnung allenfalls: Geldflussrechnung Anhang allenfalls: Lagebericht	Betriebsabrechnungsbogen Kostenartenrechnung Kostenstellenrechnung Kostenträgerrechnung Management-Erfolgsrechnung
Zeitliche Perspektive	Vergangenheitsorientiert	Vergangenheits- oder/ und zukunftsorientiert
Stille Reserven	Vorhanden	Keine (objektive Daten)
Adressat	Externe Anspruchsgruppen	Geschäftsführung (Management)
Begriffe	Externes Rechnungswesen Financial Accounting Finanzbuchhaltung	Internes Rechnungswesen Controlling Management Accounting Betriebsbuchhaltung

Controlling bedeutet im deutschen Sprachraum unternehmerische Steuerung, Planung und Kontrolle eines Unternehmens. Das betriebliche Rechnungswesen ist daher nicht gleichbedeutend mit der Bezeichnung Controlling, da es sich lediglich auf die Kosten- und Leistungsrechnung bezieht. In der Praxis wird jedoch oft das Gleiche unter diesen Begriffen verstanden.

Das finanzielle Rechnungswesen dient der finanziellen Berichterstattung gegenüber externen Anspruchsgruppen wie beispielsweise den Fremd- und Eigenkapitalgebern. Sie ist vergangenheitsorientiert und erfüllt damit die Kontrollfunktion und Rechenschaftsablage über das vergangene Geschäftsjahr. In der Regel wird der

31. Dezember als Bilanzstichtag verwendet, wobei in gewissen Branchen auch ein anderer Bilanzstichtag festgelegt werden kann. Den Bilanzstichtag legt das Unternehmen selbst fest.

Beispiel Bilanzstichtag

Die meisten Unternehmen wählen den 31.12. als Bilanzstichtag. Es gibt aber durchaus Firmen, die den 30. Juni oder den 30. September wählen (z. B. Bergbahnen, Wirtschaftsprüfungsgesellschaften).

Der handelsrechtliche Abschluss (Finanzbuchhaltung) muss in Übereinstimmung mit den gesetzlichen Bestimmungen des Rechnungslegungsrechts (RLR) des Obligationenrechts (OR) erstellt werden. Sofern ein anderer Rechnungslegungsstandard (z. B. Swiss GAAP-FER, IFRS) gewählt wird, muss dieser entsprechend angewendet werden. Der Rechnungslegungsstandard gibt Regeln (in Form von Gesetzen) vor, wie der Einzelabschluss erstellt werden muss.

In der Praxis ist es aufgrund unterschiedlicher Bestimmungen möglich, einen Abschluss nach dem Rechnungslegungsrecht und zusätzlich nach einem anerkannten Standard der Rechnungslegung (z. B. Swiss GAAP FER, IFRS für KMU usw.) zu erstellen. Dies wird als dualer Abschluss bzw. duale Rechnungslegung bezeichnet (► Kap. 10).

Zu den wichtigsten Instrumenten des finanziellen Rechnungswesens zählen Bilanz, Erfolgsrechnung, Anhang, Geldflussrechnung und Lagebericht. Darstellung 4 erläutert diese Instrumente.

Dar. 4: Instrumente des finanziellen Rechnungswesens

Bilanz	Informationen über das Vermögen (Investitionen) und die Schulden (Kapital, Finanzierung)
Erfolgsrechnung	Informationen über Ertrag, Aufwand und Erfolg (Gewinn oder Verlust)
Anhang	Ergänzende und erklärende Informationen zur Jahresrechnung
Geldflussrechnung	Informationen über die Verwendung und Quelle der flüssigen Mittel (Cashflows)
Lagebericht	Verbaler Bericht der Geschäftsführung über die Geschäftsentwicklung

Das finanzielle Rechnungswesen bildet auch die Grundlage für die Kennzahlen- und die Jahresabschlussanalyse. So können Unternehmen unabhängig von ihrer Branche und Grösse miteinander verglichen und beurteilt werden. Kennzahlen zeigen Entwicklungen auf und können Krisen frühzeitig erkennbar machen.

Für die Analyse eines Jahresabschlusses stellen stillen Reserven eine Herausforderung dar. Diese sind aufgrund des Vorsichtsprinzips in der Schweiz zulässig.

Allerdings erschweren oder verunmöglichen sie gar eine zuverlässige Beurteilung des finanziellen Erfolgs eines Unternehmens. Stille Reserven werden gebildet, indem Aktivposten unterbewertet oder Passivposten überbewertet werden (▶ Kap. 9).

Beispiel stille Reserven

Ein privat gehaltenes Unternehmen weist einen externen (nach aussen dargestellten) Gewinn von CHF 100'000 aus. Die stillen Reserven haben um CHF 500'000 zugenommen. Der effektive Jahresgewinn beträgt in diesem Fall CHF 600'000. Das heisst, der tatsächliche Unternehmenserfolg ist sechsmal grösser. Dies führt zu unterschiedlichen Kennzahlenwerten und dadurch zu anderen Interpretationen und Schlussfolgerungen.

Das betriebliche Rechnungswesen ist eine wichtige Informationsquelle für die interne Führung bzw. Geschäftsleitung (Management). Es hat die Aufgabe, die notwendigen Informationen den Führungspersonen für ihre Entscheidungen bereitzustellen. Es liefert daher insbesondere Informationen zu Leistungen (Erlöse) und Kosten. Die Kosten und Erlöse werden möglichst objektiv ermittelt, wobei stille Reserven bereinigt werden müssen. Zu diesen Informationen zählen:

- **Kostenarten**: Welche Kosten fallen an? (z. B. Material, Personal, Energie)
- **Kostenstellen**: Wo fallen die Kosten an? (z. B. Organisationeinheiten, Kostenobjekte usw.)
- **Kostenträger**: Wofür fallen die Kosten an? (z. B. Produkte und Dienstleistungen, geografische Märkte usw.)
- **Erlösarten**: Welche Erlöse werden erwirtschaftet? (z. B. Erlöse aus Produktverkäufen, Erlöse aus Handelswaren, Erlöse aus Dienstleistungen)

Diese Informationen werden im sogenannten Betriebsabrechnungsbogen (BAB) abgebildet. Ausgangspunkt bildet die Erfolgsrechnung des finanziellen Rechnungswesens. Die Erfolgsrechnung wird um sachliche und zeitliche Abgrenzungen bereinigt, um möglichst objektive, verlässliche Kosten zu erhalten.

Beispiel sachliche Abgrenzungen

Die Huber AG zahlt ihrem Geschäftsführer und Alleinaktionär ein Gehalt von CHF 50'000 pro Jahr aus. Dies wird entsprechend in der Finanzbuchhaltung verbucht. Ein marktübliches Gehalt ist CHF 150'000. Die Differenz zwischen diesen Beträgen stellt eine sachliche Abgrenzung zwischen der Finanz- und Betriebsbuchhaltung dar.

3 Bestandteile des Einzelabschlusses

3.1 Grundlagen

Das finanzielle Rechnungswesen bildet die Grundlage für die Berichterstattung an die externen Anspruchsgruppen, um die beschriebenen Informationsbedürfnisse zu bedienen. Der Einzelabschluss nach dem Rechnungslegungsrecht besteht nach OR 958 II daher aus den folgenden Bestandteilen:

- **Bilanz**: Sie zeigt das Vermögen (Vermögenswerte, Investitionen) und die Verbindlichkeiten (Schulden bzw. Kapital gegenüber Fremd- und Eigenkapitalgebern, Finanzierung) des Unternehmens.
- **Erfolgsrechnung**: Sie zeigt den Erfolg (Gewinn bzw. Verlust) und die Ertragskraft eines Unternehmens.
- **Anhang**: Er erklärt und ergänzt die Bilanz und die Erfolgsrechnung, was aus diesen Bestandteilen nicht ersichtlich ist oder als Information im Anhang verlangt wird.

Sofern ein Unternehmen ordentlich geprüft werden muss, sind zusätzlich folgende Bestandteile nach OR 961 zu erstellen:

- **Geldflussrechnung**: Sie zeigt auf, wie sich die flüssigen Mittel während des Jahres verändert haben, indem die Herkunft und Verwendung der flüssigen Mittel dargestellt werden (Cashflows).
- **Lagebericht**: Der Lagebericht erläutert verbal, wie sich das Geschäftsjahr entwickelt hat und bietet einen Ausblick für das laufende, kommende Geschäftsjahr.

3.2 Bilanz

Die Bilanz zeigt auf der einen Seite die Vermögenswerte[4] und auf der anderen Seite die Verbindlichkeiten und das Eigenkapital[5] eines Unternehmens zum Bilanzstichtag auf. Sie ist eine Zeitpunktrechnung, da sie zum Bilanzstichtag die Bestände der

4 Die Vermögenswerte werden auch als Aktiven oder Aktiva bezeichnet.

5 Die Verbindlichkeiten und das Eigenkapital werden auch als Passiven oder Passiva bezeichnet.

einzelnen Konten aufzeigt, d. h. was ein Unternehmen an Vermögenswerten (Investitionen) besitzt und wie das Unternehmen mit Fremd- und Eigenkapital finanziert ist. Bei der Passivseite der Bilanz wird auch von Mittelherkunft (»*Woher kommt das Kapital?*« = Finanzierung) gesprochen, bei der Aktivseite von Mittelverwendung (»*Wie wird das Kapital verwendet?*« = Investitionen). Die Darstellung 5 zeigt die grobe Struktur einer Bilanz.

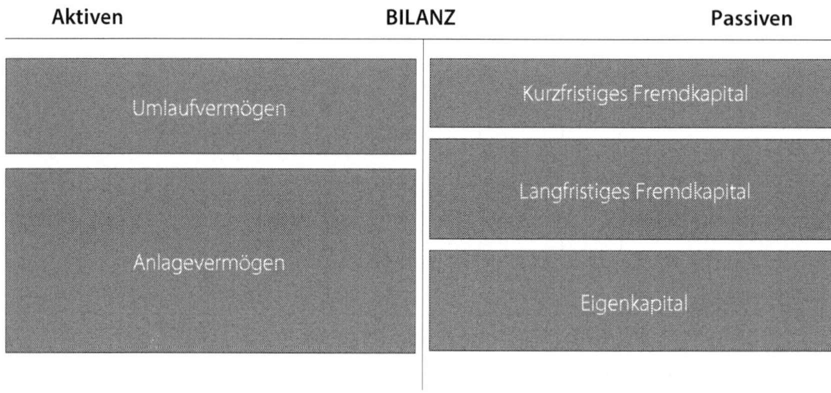

Dar. 5: Bilanzstruktur

Die Vermögenswerte gliedern sich weiter in Umlauf- und Anlagevermögen. Das Umlaufvermögen umfasst alle Vermögenswerte, die innerhalb eines Jahres einmal oder mehrmals in flüssige Mittel umgewandelt werden. Alle übrigen Vermögenswerte sind als Anlagevermögen zu qualifizieren. Das Anlagevermögen ist daher das langfristige Vermögen des Unternehmens, welches in der Regel während eines Jahres nicht in flüssige Mittel umgewandelt wird.[6] Die Abgrenzung ist mit Blick auf das Geschäftsmodell und die Branchenlogik zu betrachten.

Beispiel Abgrenzung von Vorräten

Bei einer Bäckerei gehören die Vorräte zum Umlaufvermögen, da diese innerhalb eines Jahres regelmässig in flüssige Mittel umgewandelt bzw. verkauft werden. Bei einem Juwelier können Vorräte in Form von Edelmetallen auch zu den Finanzanlagen des Anlagevermögens gezählt werden, sofern diese langfristig gehalten werden.

Die Passiven lassen sich in Fremd- und Eigenkapital unterteilen. Das Fremdkapital wiederum wird in kurzfristige und langfristige Verbindlichkeiten aufgegliedert. Es stellt die Verbindlichkeiten gegenüber Dritten dar, die nicht Eigentümer des Un-

6 Das Anlagevermögen wird erst durch Veräusserung in flüssige Mittel umgewandelt.

ternehmens - sprich Eigenkapitalgeber - sind. Das Eigenkapital ist die Verbindlichkeit des Unternehmens gegenüber den Eigenkapitalgebern.

Das Eigenkapital wird auch als Nettovermögen bezeichnet. Es stellt die Differenz zwischen den Vermögenswerten (Aktiven) und dem Fremdkapital dar. Das Nettoumlaufvermögen wiederum berechnet sich aus der Differenz zwischen Umlaufvermögen und kurzfristigem Fremdkapital und wird auch als Net Working Capital bezeichnet.

Beispiel Berechnung Nettovermögen und Nettoumlaufvermögen

Die Huber AG zeigt in der Bilanz ein Umlaufvermögen von CHF 2 Mio. und ein Anlagevermögen von CHF 3 Mio. Das Eigenkapital beträgt CHF 4 Mio. Das Fremdkapital besteht zu CHF 0.25 Mio. aus kurzfristigem Fremdkapital bzw. zu CHF 0.75 Mio. aus langfristigem Fremdkapital.
Das Nettovermögen entspricht dem Eigenkapital von CHF 4 Mio. Das Nettoumlaufvermögen hingegen beläuft sich auf CHF 1.75 Mio. (CHF 2 Mio. - CHF 0.25 Mio.).

Die Bilanz lässt Rückschüsse auf das Geschäftsmodell zu:

- Ein Produktionsunternehmen (verarbeitendes Gewerbe und Industrie) beispielsweise zeichnet sich durch ein hohes Anlagevermögen (z. B. Produktionsanlagen) und hohe Vorratsbestände aus.
- Ein Handelsunternehmen weist in der Regel einen sehr hohen Bestand an Vorräten und ein geringeres Anlagevermögen aus, da ein solches Unternehmen weniger in langfristiges Anlagevermögen investiert.
- Ein Dienstleistungsunternehmen besitzt oft ein hohes Umlaufvermögen, aber eher geringes Anlagevermögen und verfügt in der Regel über einen hohen Bestand an angefangenen Arbeiten.

Um Transparenz zu schaffen, schreibt das Rechnungslegungsrecht eine Mindestgliederung für die Bilanz vor. Das Umlaufvermögen muss nach OR 959a I Ziff. 1 in folgende Positionen in nachfolgender Reihenfolge dargestellt werden:

- Flüssige Mittel, kurzfristig gehaltene Aktiva mit einem Börsenkurs (handelbare Wertpapiere) (► Kap. 12)
- Forderungen aus Lieferungen und Leistungen (► Kap. 13)
- Übrige kurzfristige Forderungen (► Kap. 14)
- Vorräte und nicht fakturierte Dienstleistungen (► Kap. 17 und 18)
- Aktive Rechnungsabgrenzungen (► Kap. 19)

In der Praxis werden die Forderungen aus Lieferungen und Leistungen auch als Debitoren bezeichnet.

Beispiel Umlaufvermögen Bergbahnen Adelboden AG

BILANZ per	**31. Mai 2019**	**31. Mai 2018**
	CHF	CHF
AKTIVEN		
UMLAUFVERMÖGEN		
Flüssige Mittel	4'537'223	3'824'537
Forderungen aus Lieferungen und Leistungen	420'832	151'380
Übrige kurzfristige Forderungen	1'533'000	756'334
Vorräte	351'470	312'742
Aktive Rechnungsabgrenzungen	307'721	342'094
TOTAL UMLAUFVERMÖGEN	**7'150'247**	**5'387'086**

Die Bergbahn Adelboden AG weist ein Umlaufvermögen von rund CHF 7.2 Mio. auf, wobei dieses gegenüber dem Vorjahr hauptsächlich aufgrund der höheren Flüssigen Mittel und der übrigen kurzfristigen Forderungen zugenommen hat. Die Vorjahre werden dargelegt, um einen Vergleich zu erhalten.

Das Anlagevermögen muss nach OR 959a I Ziff. 2 folgende Positionen umfassen:

- Finanzanlagen (▶ Kap. 20)
- Beteiligungen (▶ Kap. 21)
- Sachanlagen (▶ Kap. 22)
- Immaterielle Werte (▶ Kap. 23)
- Nicht einbezahltes Grund-, Gesellschafter- oder Stiftungskapital

Das Anlagevermögen umfasst die Vermögenswerte, die langfristig gebunden sind und entsprechend ihrer unterschiedlichen Nutzung abgeschrieben werden können. Das nicht einbezahlte Grund-, Gesellschafter- oder Stiftungskapital stellt eine Forderung des Unternehmens gegenüber seinen Anteilseignern dar.

Beispiel Anlagevermögen Bergbahnen Adelboden AG

ANLAGEVERMÖGEN		
Finanzanlagen	25'213	15'211
Beteiligungen	55'500	55'500
Sachanlagen	36'483'540	39'673'176
Immaterielle Anlagen	39'917	
TOTAL ANLAGEVERMÖGEN	**36'604'171**	**39'743'887**
TOTAL AKTIVEN	**43'754'417**	**45'130'973**

Die Bergbahn Adelboden AG ist ein Unternehmen, das Dienstleistungen im Sommer- und Wintersport anbietet (Transport und Gastronomie). Entsprechend ist zu erwarten, dass die Sachanlagen die wesentliche Position im Anlagevermögen darstellen. Da im Jahr 2019 weniger investiert wurde, haben die Sachanlagen aufgrund der Abschreibungen leicht abgenommen. Weiter verfügt das Unternehmen über einige Beteiligungen und Finanzanlagen. Zudem kann darauf geschlossen werden, dass geringe immaterielle Werte vorhanden sind.

Die Verbindlichkeiten müssen gemäss OR 959a II Ziff. 1 nach ihrer Fälligkeit in kurzfristiges und langfristiges Fremdkapital sowie Eigenkapital aufgeteilt sein. Das kurzfristige Fremdkapital umfasst:

- Verbindlichkeiten aus Lieferungen und Leistungen (▶ Kap. 24)
- Kurzfristige verzinsliche Verbindlichkeiten (▶ Kap. 26)
- Übrige kurzfristige Verbindlichkeiten (▶ Kap. 25)
- Passive Rechnungsabgrenzungen (▶ Kap. 19)

Die Verbindlichkeiten aus Lieferungen und Leistungen werden in der Praxis auch als Kreditoren bezeichnet.

Das langfristige Fremdkapital besteht gemäss OR 959a II Ziff. 2 aus den folgenden Positionen:

- Langfristige verzinsliche Verbindlichkeiten (▶ Kap. 26)
- Übrige langfristige Verbindlichkeiten (▶ Kap. 28)
- Rückstellungen sowie vom Gesetz vorgesehene ähnliche Positionen (▶ Kap. 27)

Die Unterscheidung zwischen kurz- und langfristigem Fremdkapital steht im Zusammenhang mit der Fälligkeit der Verbindlichkeiten. Schulden, die innerhalb eines Jahres fällig werden, sind als kurzfristig eingestuft. Darüber hinaus gibt es die Abgrenzung zwischen verzinslichen und übrigen Verbindlichkeiten. Alle Schulden, die mit einer Zinslast belegt sind, zählen zu den verzinslichen Verbindlichkeiten.

Beispiel Fremdkapital Bergbahnen Adelboden AG

BILANZ per	31. Mai 2019	31. Mai 2018
	CHF	CHF
PASSIVEN		
FREMDKAPITAL		
Kurzfristiges Fremdkapital		
Verbindlichkeiten aus Lieferungen und Leistungen	533'375	883'914
Kurzfristige verzinsliche Verbindlichkeiten	2'732'500	2'192'000
Übrige kurzfristige Verbindlichkeiten Passive Rechnungsabgrenzungen	1'476'462 1'452'003	1'478'626 1'042'008
	6'194'340	**5'596'548**
Langfristiges Fremdkapital		
Langfristige verzinsliche Verbindlichkeiten	13'000'002	15'742'430
Übrige langfristige Verbindlichkeiten	2'784'000	3'319'329
Rückstellungen	412'500	97'500
	16'196'502	**19'159'259**
TOTAL FREMDKAPITAL	**22'390'842**	**24'755'807**

Die Bergbahn Adelboden AG weist ein Fremdkapital von rund CHF 22.4 Mio. auf. Ein hoher Teil der Sachanlagen wurde mit langfristigen, verzinslichen Verbindlichkeiten finanziert. Sie wurden jedoch im Vergleich zum Vorjahr deutlich reduziert.

Das Eigenkapital einer Aktiengesellschaft besteht nach OR 959a II Ziff. 3 aus den folgenden Positionen (▶ Kap. 29.4):

- Grundkapital (z. B. Aktienkapital)
- Gesetzliche Kapitalreserven
- Gesetzliche Gewinnreserven
- Freiwillige Gewinnreserven

- Eigene Kapitalanteile als Minusposition
- Gewinnvortrag oder Verlustvortrag als Minusposition
- Jahresgewinn oder Jahresverlust als Minusposition

Die Bonität eines Unternehmens hängt zu einem wesentlichen Teil von der Höhe des Eigenkapitals bzw. der nicht ausgeschütteten Reserven ab. Je höher das Eigenkapital, desto besser wird die Bonität eingestuft.

Beispiel Eigenkapital Bergbahnen Adelboden AG

EIGENKAPITAL		
Aktienkapital	16'650'000	16'650'000
Gesetzliche Kapitalreserve	5'369'950	5'369'950
Gesetzliche Gewinnreserve	361'062	361'062
Bilanzverlust	–1'017'415	–2'005'825
Eigene Aktien	–21	–21
TOTAL EIGENKAPITAL	**21'363'576**	**20'375'166**

Die Bergbahn Adelboden AG weist in beiden Jahren einen Bilanzverlust (als Minusposition) aus. Dies erklärt das reduzierte Eigenkapital. Weiter werden eigene Aktien, welche ein Vermögen der Bergbahnen Adelboden AG darstellen, als Minusposition im Eigenkapital dargestellt.

Das Aktienkapital entspricht dem Grundkapital bei einer Aktiengesellschaft und umfasst die Anzahl ausgegebener Aktien multipliziert mit dem Nennwert einer Aktie.

Gesetzliche Kapitalreserven stellen Einzahlungen der Eigenkapitalgeber dar, welche über dem Nennwert liegen oder welche einen Zuschuss der Eigenkapitalgeber darstellen (► Kap. 31.4).

Beispiel gesetzliche Kapitalreserven

Die Knaus AG erhöht ihr Aktienkapital von 1.0 Mio. auf CHF 1.5 Mio. Das Aktienkapital ist in 1'000 Aktien zu einem Nennwert von CHF 1'000 je Aktie aufgeteilt. Die Anteilseigner zeichnen weitere 500 Aktien zu einem Ausgabepreis von CHF 1'500 je Aktie in bar. Die Buchungen lauten wie folgt, wobei der Aufpreis (Agio) CHF 500 je Aktie beträgt (CHF 1'500 - CHF 1'000) und in den Kapitalreserven zu verbuchen sind:

Flüssige Mittel / Aktienkapital	500'000	(500 x CHF 1'000)
Flüssige Mittel / Gesetzliche Kapitalreserve	250'000	(500 x CHF 500)

Gesetzliche Gewinnreserven sind vergangene Gewinne, die nach dem Gesetz nicht ausgeschüttet werden dürfen, sondern zurückbehalten werden müssen (▶ Kap. 31). Diese Gesetzesnorm ist Ausdruck des Gläubigerschutzes im Handelsrecht (OR). Der Gewinnvortrag hingegen unterliegt keiner gesetzlichen Sperrung und kann ausgeschüttet werden.

Die weiteren Reservebestimmungen richten sich nach der Rechtsform eines Unternehmens. Sie können auch auf freiwilliger Basis durch entsprechende Statutenbestimmungen gebildet werden. Je höher die Reserven sind, desto höher ist das Potenzial, künftige Verluste abfangen zu können. Die Reserven sind auch Basis für die Selbstfinanzierung eines Unternehmens.

Eigene Kapitalanteile (eigene Aktien) werden im Eigenkapital als Minusposition geführt. Betriebswirtschaftlich stellen diese eigenen Kapitalanteile Vermögenswerte dar (▶ Kap. 30).

Sofern Forderungen oder Verbindlichkeiten gegenüber Beteiligten oder Organen (Anteilseignern, Eigenkapitalgebern) oder gegenüber Beteiligungen (z. B. gegenüber Tochtergesellschaften) bestehen, sind diese separat in der Bilanz oder im Anhang nach OR 959a IV auszuweisen.

3.3 Erfolgsrechnung

Die Erfolgsrechnung zeigt die Profitabilität eines Unternehmens. Wenn die Erträge grösser sind als die Aufwendungen, ergibt sich ein Jahresgewinn. Sind hingegen die Aufwendungen grösser als die Erträge, resultiert ein Jahresverlust. Die Erfolgsrechnung dient dazu, die Ertragskraft eines Unternehmens für eine bestimmte Periode darzulegen. Ausserdem zeigt sie, wie der Erfolg des Unternehmens zustande kommt, durch Wertezuwachs (Erträge) und Werteverzehr (Aufwand). Die Darstellung 6 zeigt die Grundstruktur einer Erfolgsrechnung auf.

Für die Präsentation der Erfolgsrechnung können nach OR 959b zwei Präsentationsformen differenziert werden: Produktions- und Absatzerfolgsrechnung. Die Produktionserfolgsrechnung wird auch als Gesamtkostenverfahren, die Absatzerfolgsrechnung als Umsatzkostenverfahren bezeichnet.

Die Produktionserfolgsrechnung stellt die einzelnen Aufwendungen dar, die nach der Mindestgliederung gemäss Rechnungslegungsrecht gefordert sind. Die Absatzerfolgsrechnung hingegen zeigt die verschiedenen Kosten des Wertschöpfungsprozesses. Weiterhin ist ein Unterschied bei der Berücksichtigung der Bestandsveränderungen an fertigen Erzeugnissen und Erzeugnissen in Arbeit zu

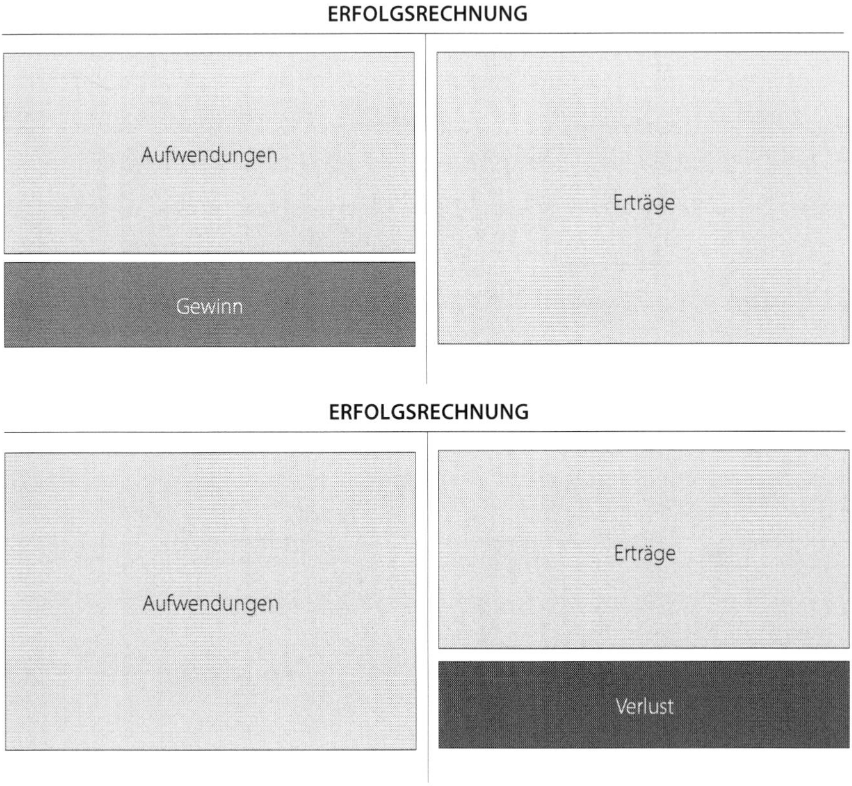

Dar. 6: Struktur einer Erfolgsrechnung

nennen.[7] Während sie in der Produktionserfolgsrechnung als eigene Position im Ertragsbereich dargestellt werden, sind sie in der Absatzerfolgsrechnung in den Herstellungskosten der verkauften Produkte und Leistungen enthalten (▶ Dar. 7).

Dar. 7: Unterscheidung Produktions- und Absatzerfolgsrechnung

	Produktionserfolgsrechnung	**Absatzerfolgsrechnung**
Struktur der Aufwendungen	Aufwendungen nach ihrer Art und nach ihrem Inhalt	Aufwendungen nach der funktionalen Zugehörigkeit als Bestandteile der Umsatzkosten

7 Im KMU-Kontenrahmen werden sie als fertige und unfertige Erzeugnisse bezeichnet. In der Praxis findet man auch die Begriffe Halb- und Fertigfabrikate.

Dar. 7: Produktions- und Absatzerfolgsrechnung – Fortsetzung

	Produktionserfolgsrechnung	**Absatzerfolgsrechnung**
Bestandsveränderung an fertigen Erzeugnissen und Erzeugnissen in Arbeit	Über Bestandsveränderungskonto	Über Kosten der Herstellkosten der verkauften Produkte
Anwendung	Grösste Verbreitung in der Schweizer Praxis (Standarderfolgsrechnung)	Bei Unternehmen mit einer internen, ausgereiften Kostenrechnung
Weitere Anhangsangaben	Keine	Personalaufwand, Abschreibungen bzw. Wertberichtigungen im Anhang darzustellen

Die Produktionserfolgsrechnung hat nach OR 959b II folgende Positionen in der vorgesehenen Reihenfolge darzulegen, wobei diese als Mindestgliederung zu betrachten sind:

- Nettoerlös aus Lieferungen und Leistungen (▶ Kap. 34)
- Bestandsveränderungen unfertige und fertige Fabrikate sowie nicht fakturierte Dienstleistungen (▶ Kap. 17 und 34)
- Materialaufwand (▶ Kap. 34)
- Personalaufwand (▶ Kap. 36)
- Übriger betrieblicher Aufwand (▶ Kap. 37)
- Abschreibungen und Wertberichtigungen auf dem Anlagevermögen (▶ Kap. 35)
- Finanzaufwand und Finanzertrag (▶ Kap. 38)
- Betriebsfremder Aufwand und Ertrag (▶ Kap. 39)
- Ausserordentlicher, einmaliger oder periodenfremder Aufwand und Ertrag (▶ Kap. 39)
- Direkte Steuern
- Jahresgewinn oder Jahresverlust

Die Nettoerlöse ergeben sich aus der Differenz zwischen Bruttoerlösen und Erlösminderungen. Die Summe aus Nettoerlös und Bestandsveränderungen an unfertigen und fertigen Fabrikaten ergeben in der Rechnungslegungspraxis den Produktionsertrag. Die Bestandsveränderungen von Rohmaterial und Handelsware erfolgen über den Materialaufwand.

Das Rechnungslegungsrecht definiert die Gewinngrössen nicht, sondern schreibt nur die Mindestgliederung vor.

Beispiel Produktionserfolgsrechnung SFS

In CHF Mio.	2023	%	2022	%	+/–%
Nettoumsatz	3'073.0	100.0 %	2'738.7	100.0 %	12.2 %
Andere betriebliche Erträge	37.9		37.7		
Bestandsänderungen an unfertigen und fertigen Erzeugnissen	–14.8		16.1		
Materialaufwand	–1'318.7		–1'182.3		
Deckungsbeitrag	1'777.4	57.8 %	1'610.2	58.8 %	10.4 %
Personalaufwand	–829.6		–737.1		
Andere betriebliche Aufwendungen	–461.8		–425.0		
Abschreibungen auf Sachanlagen	–117.0		–110.5		
Amortisationen auf immaterielle Anlagen	–10.4		–7.3		
Total Betriebsaufwand	**–1'418.8**	**–46.1 %**	–1'279.9	–46.7 %	10.9 %
Betriebserfolg (EBIT)	**358.6**	**11.7 %**	330.3	12.1 %	8.6 %
Finanzergebnis	–8.3		6.4		
Ergebnisanteil von Assoziierten/Gemeinschaftsunternehmen	1.9		1.1		
Gewinn vor Ertragssteuern	**352.2**	**11.5 %**	337.8	12.3 %	4.3 %
Ertragssteuern	–83.7		–67.2		
Konzerngewinn	**268.5**	**8.7 %**	270.6	9.9 %	–0.8 %
Minderheitsanteile	2.5		3.9		
Anteil SFS Aktionärinnen und Aktionäre	266.0		266.7		
Ergebnis je Aktie der SFS Aktionärinnen und Aktionäre (in CHF) unverwässert und verwässert	**6.84**		6.95		–1.6 %

> Die SFS (kotiertes Unternehmen) zeigt im Nettoumsatz die Bestandesveränderungen an unfertigen und fertigen Erzeugnissen (Halb- und Fertigfabrikate). Dies entspricht einer Produktionserfolgsrechnung.

Sofern ein Unternehmen die Absatzerfolgsrechnung als Präsentationsform wählt, ist folgende Reihenfolge nach OR 959b III für die Mindestgliederung darzulegen:

- Nettoerlös aus Lieferungen und Leistungen
- Anschaffungs- und Herstellkosten der verkauften Produkte und Leistungen (▶ Kap. 40)
- Vertriebs- und Verwaltungsaufwand (▶ Kap. 40)
- Finanzaufwand und Finanzertrag
- Betriebsfremder Aufwand und Ertrag
- Ausserordentlicher, einmaliger und periodenfremder Aufwand und Ertrag
- Direkte Steuern
- Jahresgewinn oder Jahresverlust

Im Unterschied zur Produktionserfolgsrechnung sind in der Absatzerfolgsrechnung die Aufwandsarten wie Abschreibungen und Wertberichtigungen, Materialaufwand, Personalaufwand und übriger betrieblicher Aufwand nicht aufgeführt. Diese Kosten werden den oben aufgeführten Konten Anschaffungs- und Herstellkosten bzw. Verwaltungs- und Vertriebsaufwand zugeordnet. Hierzu bedarf es einer Betriebsbuchhaltung mit Kostenstellen und -trägern. Personalaufwand und Abschreibungen bzw. Wertberichtigungen müssen nach OR 959 b IV daher im Anhang gesondert aufgeführt werden.

Die Erfolgsrechnung kann und soll um weitere Positionen ergänzt werden, sofern es für die Beurteilung der Ertragslage für Dritte wesentlich oder aufgrund der Tätigkeit des Unternehmens üblich ist. Hierzu ist insbesondere die Branchenperspektive massgeblich.

In der Jahresrechnung ist zumindest der Jahreserfolg (Gewinn oder Verlust) auszuweisen, jedoch nicht andere Gewinngrössen, wie der Gewinn vor Zinsen und Steuern (Earnings before interest and tax, EBIT) oder der Gewinn vor Steuern, Zinsen und Abschreibungen (Earnings before interest, tax, depreciation, amortization, EBITDA). Daher empfiehlt sich bei Verwendung des KMU-Kontorahmens (als die idealtypische Darstellung einer Erfolgsrechnung) die stufenweise Gliederung der Produktionserfolgsrechnung mit dem Ausweis der genannten Gewinngrössen, um eine differenzierte Analyse über die Ertragslage und Vergleiche mit anderen Unternehmen zu ermöglichen (▶ Dar. 8).

Beispiel Absatzerfolgsrechnung Stadler Rail AG

Die Stalder Rail AG (kotiertes Unternehmen) hat ihre Erfolgsrechnung nach dem Umsatzkostenverfahren erstellt. Die Grundlage hierbei ist Swiss GAAP FER. Eine Bestandsveränderung ist in der Erfolgsrechnung daher nicht ausgewiesen.

in 1'000 CHF bzw. wie angemerkt	Erläuterung	2021		2020	
Nettoerlöse aus Lieferungen und Leistungen	1.1	**3'634'678**	**100.0%**	**3'084'948**	**100.0%**
Material und Fremdleistungen		(2'250'075)	61.9%	(1'817'410)	58.9%
Materialgemeinkosten		(105'024)	2.9%	(100'464)	3.3%
Garantiekosten	2.6	(80'068)	2.2%	(57'148)	1.9%
Fertigungskosten		(608'816)	16.8%	(554'851)	18.0%
Engineeringkosten		(162'214)	4.5%	(218'377)	7.1%
Auftragsabwicklungskosten		(26'459)	0.7%	(21'362)	0.7%
Herstellkosten der verkauften Produkte und Leistungen		**(3'232'656)**	**88.9%**	**(2'769'612)**	**89.8%**
Bruttomarge		**402'022**	**11.1%**	**315'336**	**10.2%**
Entwicklungskosten		(29'997)		(35'308)	
Vertriebskosten		(60'679)		(50'844)	
Verwaltungskosten		(92'507)		(88'503)	
Übriger betrieblicher Ertrag	5.2	10'375		22'009	
Übriger betrieblicher Aufwand	5.2	(5'561)		(6'613)	
Betriebliches Ergebnis (EBIT)		**223'653**	**6.2%**	**156'077**	**5.1%**
Finanzergebnis	5.1	(76'023)		(3'054)	
Ergebnis aus assoziierten Unternehmen	4.3	3'843		7'803	
Ordentliches Ergebnis		**152'473**	**4.2%**	**155'826**	**5.1%**
Betriebsfremdes Ergebnis	5.5	(460)		(1'154)	
Konzernergebnis vor Ertragssteuern		**152'013**	**4.2%**	**154'672**	**5.0%**
Ertragssteuern	5.3	(17'507)		(16'263)	
Konzernergebnis		**134'506**	**3.7%**	**138'409**	**4.5%**

Dar. 8: Stufenweise Produktionserfolgsrechnung nach KMU-Kontenrahmen

Nettoerlös aus Lieferungen und Leistungen

+/– Bestandesveränderungen unfertige und fertige Fabrikate sowie nicht fakturierte Dienstleistungen

= Betrieblicher Ertrag aus Lieferungen und Leistungen (Produktionsertrag)

– Materialaufwand

= Bruttoergebnis nach Materialaufwand (Bruttogewinn)

– Personalaufwand

= Bruttoergebnis nach Personalaufwand

– Übriger betrieblicher Aufwand

= **Betriebliches Ergebnis vor Abschreibungen und Wertberichtigungen, Finanzerfolg und Steuern (EBITDA)**

–	Abschreibungen und Wertberichtungen auf dem Anlagevermögen
=	**Betriebliches Ergebnis vor Finanzerfolg und Steuern (EBIT)**
–	Finanzaufwand
+	Finanzertrag
=	Betriebliches Ergebnis vor Steuern
–/+	Betriebsfremder Aufwand und Ertrag
–/+	Betrieblicher Aufwand und Ertrag
–/+	Ausserordentlicher und einmaliger Aufwand und Ertrag
=	**Jahresgewinn/-verlust vor Steuern (EBT)**
–	Direkte Steuern
=	**Jahresgewinn oder Jahresverlust**

Der KMU-Kontenrahmen geniesst bei Klein- und Mittelunternehmen (KMU) eine hohe Beliebtheit und ist bei vielen Jahresabschlüssen nach dem Rechnungslegungsrecht vorzufinden. Die ausgewiesenen Gewinngrössen nach dem KMU-Kontorahmen lassen sich wie folgt beschreiben (▶ Dar. 9).

Dar. 9: Gewinngrössen

Englischer Begriff	Gewinngrösse	Aussagekraft
Earnings before interest, tax, depreciation, amortization and rent costs (EBITDAR)	Betriebliches Ergebnis vor Abschreibungen und Wertberichtigungen, Finanzerfolg, Steuern und Mieten/ Restrukturierungskosten	Gewinn nach operativen Kosten, unabhängig von Nutzungskosten von Anlagevermögen (Abschreibungen) und Finanzkosten, Standortwahl (Steuerkosten) sowie Mietkosten/ Restrukturierungskosten
Earnings before interest, tax, depreciation and amortization (EBITDA)	Betriebliches Ergebnis vor Abschreibungen und Wertberichtigungen, Finanzerfolg und Steuern	Gewinn nach operativen Kosten, unabhängig von Nutzungskosten von Anlagevermögen (Abschreibungen) und Finanzkosten sowie Standortwahl (Steuerkosten)
Earnings before interest and tax (EBIT)	Betriebliches Ergebnis vor Finanzerfolg und Steuern	Gewinn vor Kosten der Finanzierung und der Standorte (Steuerkosten)
Earnings before tax (EBT)	Betriebliches Ergebnis vor Steuern	Gewinn vor Kosten der Standortwahl (Steuerkosten)

Die Gewinngrösse EBITDA wird in der Praxis oft annäherungsweise als Geldfluss aus Geschäftstätigkeit (Operativer Cashflow) betrachtet. Dies ist allerdings eine starke Vereinfachung, welche aber keine verlässliche Herleitung ist.

Die Gewinnermittlung kann nach unterschiedlichen Vorgehensweisen erfolgen. Wenn die Bewertung nach betriebswirtschaftlichen Kriterien erfolgt und die Veränderung von stillen Reserven bereinigt wird, kann ein möglichst objektivierter Jahreserfolg ermittelt werden. Erfolgt die Bewertung hingegen nach dem Rechnungslegungsrecht (Obligationenrecht), bei der die Veränderung von stillen Reserven nicht bereinigt wird, so ergibt sich ein handelsrechtlicher Jahresgewinn. Für die Steuerveranlagung wird gar eine dritte Erfolgsrechnung erstellt, welche die steuerrechtlichen Vorgaben umfasst.

3.4 Anhang

Der Anhang erläutert und ergänzt die Bilanz und die Erfolgsrechnung (▶ Kap. 51). Er stellt weitere Informationen bereit, die für den Bilanzadressaten von Interesse sein können (z. B. Leasinggeschäfte, Bürgschaften zugunsten Dritter). Der Gesetzgeber schreibt dabei Mindestangaben vor. In der Rechnungslegungspraxis bestehen allerdings grössere Unterschiede, wie der Anhang dargestellt wird. Einige Unternehmen zeigen Negativbestätigungen (z. B. »Eigene Aktien: Keine Bestände«), während andere Unternehmen nur Informationen darlegen, sofern dies der Gesetzgeber vorschreibt.

Beispiel unterschiedliche Darstellungsformen im Anhang

Die Huber AG ist ein lokales Bauunternehmen mit 30 Angestellten. Zum Jahresabschluss liegen keine Informationen zu Leasinggeschäften vor. Dieses Geschäft kann im Anhang wie folgt dargelegt werden:

1. **Negativbestätigung**
   Leasinggeschäfte: Es liegen keine solche Geschäfte vor.
2. **Keine Nennung**

Aufgrund einer möglichst zuverlässigen Berichterstattung werden oft auf freiwilliger Basis weitaus mehr Informationen bereitgestellt, die diese Mindestangaben übertreffen. Insbesondere ein Anlagespiegel zum Anlagevermögen wird oft noch zusätzlich erstellt.

Der Anhang trägt insbesondere dazu bei, dass die Transparenz erhöht wird. Sogenannte »Off-Balance-Geschäfte« (Geschäftsvorfälle ausserhalb der Bilanz und Erfolgsrechnung) werden daher u. a. im Anhang ausgeführt. Ein typisches Beispiel hierzu sind Leasing-Geschäfte. Wenn ein Unternehmen ein operatives Leasing als Leasingnehmer eingeht, kann es sein, dass diese in der Bilanz nicht ersichtlich sind (sondern nur aus Leasingaufwand in der Erfolgsrechnung). Es wird erst im Anhang dargelegt.

OR 959c umfasst die Mindestangaben, zu welchen Informationen bereitgestellt werden müssen, sofern diese Geschäfte in einem Unternehmen vorliegen. Insbesondere sind nach OR 959c I folgende Informationen offenzulegen:

- Angaben über die angewandten Grundsätze, sofern diese nicht bereits vom Rechnungslegungsrecht vorgeschrieben sind
- Angaben, Aufschlüsselung und Erläuterungen zu wesentlichen Positionen der Bilanz und Erfolgsrechnung
- Gesamtbetrag der Nettoauflösung von stillen Reserven, sofern diese wesentlich sind
- Weitere vom Gesetzgeber verlangte Informationen

Die Angaben über die angewandten Grundsätze umfassen vor allem die Bewertung von Vermögenswerten und Verbindlichkeiten. In der Regel wird die Bewertung verbal erläutert und erklärt. Positionen in der Bilanz und in der Erfolgsrechnung sind weiter aufzuschlüsseln, sofern diese Positionen wesentlich sind.

Beispiel Angaben über die angewandten Grundsätze Appenzeller Bahnen zu den Sachanlagen

Die Sachanlagen werden zu Anschaffungs- oder Herstellkosten, abzüglich kumulierter Abschreibungen, bilanziert. Die Abschreibungen erfolgen nach der linearen Methode, aufgrund der geschätzten technisch-wirtschaftlichen Nutzungsdauer bzw. bei Betriebsanlagen maximal über die Konzessionsdauer. Die Abschreibungssätze der Netze richten sich nach der Branchenempfehlung Strommarkt Schweiz. Bei den Anlagen im Bau handelt es sich um noch nicht fertiggestellte Sachanlagen. Während der Bauphase werden diese Positionen in der Regel nicht abgeschrieben. Ausgenommen davon ist die sofortige Erfassung von allfälligen Wertminderungen. Anschaffungen von Betriebseinrichtungen und Fahrzeugen werden in der Regel sofort abgeschrieben.

Weitere vom Gesetzgeber verlangte Informationen können namentlich sein:

- Abweichung von der Annahme der Fortführungsfähigkeit des Unternehmens (Going Concern)
- Umrechnungskurse bei Rechnungslegung in fremder Währung
- Forderungen und Verbindlichkeiten gegenüber Nahestehenden, sofern diese nicht in der Bilanz offengelegt werden
- Personalaufwand, Materialaufwand und Abschreibungen bei Anwendung der Absatzerfolgsrechnung
- Angaben zu Anleihensobligationen

- Betrag der Schwankungsreserve bei Marktbewertung von Wertschriften
- Bedeutende Aktionäre
- Angaben zu Aufwertungen
- Angaben zu Spezialreserven (Fusionsgesetz)

Zudem sind folgende Mindestangaben nach OR 959c II im Anhang aufzuführen:

- Firma und Sitz des Unternehmens
- Vollzeitstellen im Jahresdurchschnitt
- Angaben zu den Beteiligungen
- Eigene Anteile und die Bedingungen
- Verbindlichkeiten aus Leasinggeschäften
- Verbindlichkeiten gegenüber Vorsorgeeinrichtungen
- Für Verbindlichkeiten Dritter bestellte Sicherheiten
- Aktiva zur Sicherung eigener Verbindlichkeiten
- Eventualverbindlichkeiten
- Beteiligungsrechte und Optionen der Leitungsorgane
- Erläuterungen zu ausserordentlichen, einmaligen und periodenfremden Positionen und Geschäfte
- Wesentliche Ereignisse nach dem Bilanzstichtag
- Gründe für einen frühzeitigen Rücktritt der Revisionsstelle
- Angaben zu Kapitalerhöhungen oder -herabsetzungen innerhalb des Kapitalbands

Grössere Unternehmen müssen zudem die Struktur der langfristigen verzinslichen Verbindlichkeiten und das Honorar der Revisionsstelle offenlegen. Für den Anhang sind die Grundsätze der ordnungsgemässen Rechnungslegung zu beachten. Das heisst, dass der Anhang klar, verständlich und vollständig darzustellen ist. Er hat sich dabei auf die wesentlichen Informationen zu fokussieren, ausserdem muss er vorsichtig erstellt werden.

Beispiel Anhang Hoher Kasten Drehrestaurant und Seilbahn AG

Die Hoher Kasten Drehrestaurant und Seilbahn AG verweist im Anhang auf die Grundlagen des Rechnungslegungsrechts. Weiter werden die ausweispflichtigen Informationen dargelegt. Bei den Abschreibungen wurde eine Anpassung der Abschreibungspolitik vorgenommen. Das Unternehmen weicht vom Stetigkeitsgebot ab und legt dies im Anhang gesetzeskonform offen (Angaben über die angewandten Grundsätze, sofern diese nicht bereits vom Rechnungslegungsrecht vorgeschrieben sind).

Angaben, Aufschlüsselung und Erläuterungen zu Positionen der Bilanz und Erfolgsrechnung

Abschreibungen	31.12.2018	31.12.2017
Abschreibungen Immobilien und Anlagen Seilbahn	860'000	400'000
Abschreibungen Immobilien und Anlagen Gastronomie	250'000	385'000
Abschreibungen Maschinen und Mobiliar Seilbahn	21'100	16'839
Abschreibungen Maschinen und Mobiliar Gastronomie	10'000	12'465
Abschreibungen diverse	224'185	207'612
Total	**1'365'285**	**1'021'916**

Anzahl Mitarbeiter	31.12.2018	31.12.2017
Anzahl Vollzeitstellen im Jahresdurchschnitt	Über 10 nicht über 50	Über 10 nicht über 50

Gesamtbetrag der zur Sicherung eigener Verbindlichkeiten verwendeten Aktiven	31.12.2018	31.12.2017
Immobilien (Buchwert)	10'016'000	10'491'000
Total	**10'016'000**	**10'491'000**

Erläuterungen zu ausserordentlichen, einmaligen oder periodenfremden Positionen der Erfolgsrechnung	31.12.2018	31.12.2017
Ueberschussanteil Sach- und Gebäudeversicherung für die Jahre 2012-2016	0	23'833
Total	**0**	**23'833**

Wesentliche Ereignisse nach dem Bilanzstichtag
Es bestehen keine wesentlichen Ereignisse nach dem Bilanzstichtag, die Einfluss auf die Buchwerte der ausgewiesenen Aktiven oder Verbindlichkeiten haben oder an dieser Stelle offengelegt werden müssen.

Abweichung von der Stetigkeit der Darstellung und Bewertung
Bei der Bewertung der Sachanlagen wurde im Vorjahr vom Grundsatz der Stetigkeit abgewichen. Seither werden sämtliche Gegenstände des betrieblichen Sachanlagevermögens auf der Basis ihrer zugewiesenen kalkulatorischen Nutzungsdauer linear abgeschrieben; bisher erfolgten die Abschreibungen grossteils entlang steuerlicher Vorgaben.

Einzelunternehmen und Personengesellschaften können nach OR 959c III auf die Erstellung eines Anhangs verzichten, sofern sie nicht zur Rechnungslegung für grössere Unternehmen verpflichtet sind.

3.5 Geldflussrechnung

Für die Beurteilung eines Unternehmens ist die Fähigkeit zentral, ob es genügend flüssige Mittel (in der Regel bestehend aus Zahlungsäquivalenten und Sichtguthaben bei Banken) erwirtschaften kann und fähig ist, seine Schulden zu bedienen und aus eigener Kraft in das Anlagevermögen zu investieren, um zukunftsfähig zu sein und zu wachsen.

Die Geldflussrechnung zeigt daher auf, wie und aufgrund welcher Ursachen sich die flüssigen Mittel während des Jahres entwickelt haben (▶ Kap. 53). Die Summe der drei Geldflüsse aus Geschäftstätigkeit, Investitionstätigkeit und Finanzierungstätigkeit ergeben die Veränderungen der flüssigen Mittel (▶ Dar. 10).

Dar. 10: Zusammensetzung der Geldflussrechnung

Geldfluss aus Geschäftstätigkeit (Operativer Cashflow)	Geldfluss aus Investitionstätigkeit (Investiver Cashflow)	Geldfluss aus Finanzierungstätigkeit (Finanzieller Cashflow)
Geldmittel, die aus eigener Kraft (aus dem Geschäftsmodell) erwirtschaftet werden (Innenfinanzierung)	Geldmittel, die in das Anlagevermögen investiert oder desinvestiert werden	Geldmittel, die von Eigen- oder Fremdkapitalgebern zur Verfügung gestellt bzw. zurückerstattet werden

Grössere Unternehmen müssen eine Geldflussrechnung nach OR 961 erstellen. Als grössere Unternehmen gelten nach OR 727 I Ziff. 1 und 2 solche, welche der ordentlichen Revisionspflicht unterstehen (▶ Kap. 58). Der ordentlichen Revisionspflicht unterstehen privat gehaltene Unternehmen, welche in zwei aufeinanderfolgenden Jahren zwei der nachfolgenden Grössen überschreiten:

- Bilanzsumme > CHF 20 Mio.
- Umsatzerlöse[8] > CHF 40 Mio.
- Vollzeitangestellte > 250 Mitarbeitende

Unternehmern mit Anteilsrechten an einer Börse oder mit Anleihensobligationen unterstehen ebenfalls der ordentlichen Revisionspflicht unabhängig von den oberen Grössenkriterien.

Nach OR 961b zeigt die Geldflussrechnung die Veränderung der flüssigen Mittel aus der Geschäftstätigkeit (operativer Geldfluss bzw. Cashflow), Investitionstätigkeit (investiver Geldfluss bzw. Cashflow) und der Finanzierungstätigkeit (finanzieller Geldfluss bzw. Cashflow). Der Ausweis muss gesondert erfolgen. In der Praxis wird auch der Fonds »Geldfluss aus netto flüssigen Mittel« verwendet, indem kurzfristige Kontokorrentkredite in Abzug gebracht werden. Des Weiteren ist das Verrechnungsverbot bei der Geldflussrechnung zu beachten, d. h. die Geldflüsse dürfen nicht miteinander verrechnet werden.

Es besteht im Gegensatz zur Bilanz und zur Erfolgsrechnung keine Mindestgliederung nach dem Rechnungslegungsrecht für die Geldflussrechnung, allerdings sollten die Positionen aus der Bilanz und Erfolgsrechnung sinngemäss dargelegt werden. Daher kann die Gliederung einer Geldflussrechnung wie folgt ausgestaltet sein:

8 Umsatzerlöse entsprechen den Nettoerlösen im Rechnungslegungsrecht.

Jahreserfolg (+ Jahresgewinn / - Jahresverlust)	
+	Abschreibungen
+/–	Verlust/Gewinn aus Anlagevermögensverkauf
+/–	Veränderung kurzfristig gehaltene Aktiva mit Börsenkurs
+/–	Veränderung Forderungen aus Lieferungen und Leistungen
+/–	Veränderung übrige kurzfristige Forderungen
+/–	Veränderung Vorräte und nicht fakturierte Dienstleistungen
+/–	Veränderung aktive Rechnungsabgrenzung
+/–	Veränderung Verbindlichkeiten aus Lieferung und Leistung
+/–	Veränderung übrige kurzfristige Verbindlichkeiten
+/–	Veränderung passive Rechnungsabgrenzung
+/–	Veränderung übrige langfristige Verbindlichkeiten
+/–	Veränderung Rückstellungen
=	**Geldfluss aus Geschäftstätigkeit**
+	Geldzufluss aus verzinslichen Verbindlichkeiten (Kreditaufnahme)
–	Geldabfluss aus verzinslichen Verbindlichkeiten (Kreditrückzahlung)
+/–	Veränderung Grundkapital
+/–	Verkauf/Kauf eigene Anteile
–	Dividendenausschüttung
=	**Geldfluss aus Finanzierungstätigkeit**
–	Investition in Finanzanlagen
+	Devestition von Finanzanlagen
–	Investition in Beteiligungen
+	Devestition von Beteiligungen
–	Investition in Sachanlagen
+	Devestition von Sachanlagen
–	Investition in immaterielle Werten
+	Devestition von immateriellen Werten
=	**Geldfluss aus Investitionstätigkeit**

Zusätzlich ist der Bestand an flüssigen Mitteln zu Periodenbeginn und -ende darzulegen. Mögliche Fremdwährungseffekte aus Umrechnungen sind ebenfalls aufzuzeigen oder im Anhang zu erläutern.

Beispiel Geldflussrechnung Hoher Kasten Drehrestaurant und Seilbahn AG

Geldflussrechnung (in Schweizer Franken)		
	2022	2021
Geldfluss aus Geschäftstätigkeit		
Jahresgewinn oder Jahresverlust	–92'780.74	–284'531.20
Abschreibungen auf Anlagevermögen	985'568.78	980'827.95
Veränderung Rückstellungen	140'280.00	–31'780.00
Cashflow	**1'033'068.04**	**664'516.75**
Veränderung Forderungen aus Lieferungen und Leistungen	–58'118.08	–15'379.20
Veränderung übrige kurzfristige Forderungen	–52'950.37	–13'957.63
Veränderung Vorräte und nicht fakturierte Dienstleistungen	–500.00	–800.00
Veränderung aktive Rechnungsabgrenzungen	4'651.19	60'919.11
Veränderung Verbindlichkeiten aus Lieferungen und Leistungen	–16'467.51	17'771.91
Veränderung übrige kurzfristige Verbindlichkeiten	31'152.30	44'524.86
Veränderung passive Rechnungsabgrenzungen	–31'039.72	26'293.80
Total Geldfluss aus Geschäftstätigkeit	**909'795.85**	**783'889.60**
Geldfluss aus Investitionstätigkeit		
Investition Finanzanlagen	–42'000.00	0.00
Investition Sachanlagen	–105'568.78	–2'109'827.95
Total Geldfluss aus Investitionstätigkeit	**–147'568.78**	**–2'109'827.95**
Geldfluss aus Finanzierungstätigkeit		
Geldzuflüsse aus kurz- und langfristigen verzinslichen Verbindlichkeiten	0.00	1'330'000.00
Geldabflüsse aus kurz- und langfristigen verzinslichen Verbindlichkeiten	–850'000.00	0.00
Total Geldfluss aus Finanzierungstätigkeit	**–850'000.00**	**1'330'000.00**
Veränderung Fonds Flüssige Mittel	**–87'772.93**	**4'061.65**
Bestand zu Beginn des Geschäftsjahres	195'703.36	191'641.71
Bestand am Ende des Geschäftsjahres	107'930.43	195'703.36
Veränderung Fonds Flüssige Mittel	**–87'772.93**	**4'061.65**

Die Hoher Kasten Drehrestaurant und Seilbahn AG weist in ihrem OR-Abschluss (Einzelabschluss) auf freiwilliger Basis die Geldflussrechnung aus. Die Mindestgliederung zeigt jene Positionen, welche bereits in der Bilanz und Erfolgsrechnung ausgewiesen werden. Die drei Geldflüsse ergeben in der Summe die Veränderung der flüssigen Mittel (Fonds flüssige Mittel) für die Jahre 2022 und 2021.

3.6 Lagebericht

Grössere Unternehmen, die einer ordentlichen Revisionspflicht unterstehen und somit eine Geldflussrechnung erstellen müssen, haben ebenfalls die Pflicht, einen Lagebericht zu verfassen (► Kap. 52). Er erklärt nach OR 961c I den Geschäftsverlauf in Worten und beschreibt die wirtschaftliche Lage des Unternehmens. Namentlich muss er über folgende Punkte Auskunft geben:

- Anzahl Vollzeitstellen im Jahresdurchschnitt
- Durchführung einer Risikobeurteilung
- Bestellungs- und Auftragslage
- Forschungs- und Entwicklungstätigkeit
- Aussergewöhnliche Ereignisse
- Zukunftsaussichten

Die Informationen dürfen den übrigen Bestandteilen der Jahresrechnung nicht widersprechen. Der Lagebericht schliesst die Informationslücke zwischen dem Bilanzstichtag und dem nächsten Jahr. So wird der Bilanzleser über wesentliche Ereignisse informiert, welche in Zukunft für den Geschäftsverlauf eine Rolle spielen können.

Die Ausgestaltung des Lageberichts ist offen. In der Regel wird dieser verbal verfasst, kann aber auch mit Kennzahlen oder tabellarischen Darstellungen angereichert werden. Das Rechnungslegungsrecht kennt keine spezifischen Vorgaben, wie der Lagebericht ausgestaltet werden muss. Die Grundsätze ordnungsgemässer Rechnungslegung gelten jedoch sinngemäss auch für den Lagebericht.

Beispiel Lagebericht Weisse Arena 2018/19

Ein Sommer wie im Bilderbuch

Der Sommer 2018 startete am 10. Mai 2018 mit dem Auffahrtswochenende sehr früh. Das schöne Wetter und die warmen Temperaturen lockten die Berggänger bereits zum Saisonstart zahlreich in unsere Region. Da der gesamte Sommer und Herbst 2018 mehrheitlich von trockenem und warmem Wetter geprägt war, übertrafen wir bei den

Ersteintritten in jedem einzelnen Monat sowohl die Vorjahreszahlen als auch den Durchschnitt der letzten 5 Jahre deutlich. Schliesslich erreichten wir mit 130'789 Ersteintritten oder einem Plus von 26'201 Gästen im Vergleich zum Vorjahressommer einen neuen Rekord. Mit dem Umsatz von CHF 2,4 Mio. konnte am Caumasee das Rekordergebnis aus dem Sommer 2017 um weitere 31,6 % gesteigert werden. Auch bei den Logiernächten konnte der positive Trend der letzten Jahre fortgesetzt werden. Mit 29'344 Übernachtungen wurden die Werte aus dem Vorjahr um 6,3 % übertroffen. Auf der einen Seite haben die Familienangebote rund um das Rocksresort die Nachfrage gesteigert. Auch im Riders Hotel konnten wir dank dem Junior and Teen Camp bei den Übernachtungen zulegen, während im Signina-hotel leichte Einbussen zu verzeichnen waren.

Ein Winter mit viel Schnee und Sonnenschein

Die Wintersaison 2018/2019 konnte am 3. November wie geplant gestartet werden. Auch der Wechsel vom Wochenend- in den Tagesbetrieb erfolgte Anfang Dezember wie vorgesehen, obwohl wir in der Vorsaison weder schnee- noch wettermässig verwöhnt wurden. Nachdem das Festtagsgeschäft sehr erfreulich verlief, besuchte uns Frau Holle wunschgemäss Anfang Januar und sorgte dafür, dass bis zum Saisonschluss optimale Schnee- und Pistenverhältnisse herrschten. Zudem profitierten unsere Gäste in der zweiten Winterhälfte vielfach von Sonnenschein und konnten dank der traumhaften Bedingungen bis am 22. April sowohl in Laax als auch in Flims bis ins Tal fahren. Dies widerspiegelt sich auch in den Frequenzen. Die Ersteintritte liegen von Februar bis April deutlich über dem Vorjahr wie auch über dem Durchschnitt der letzten 5 Jahre. Mit insgesamt 896'582 Ersteintritten übertrafen wir das Vorjahr um 6,1 % und den Mehrjahresdurchschnitt um 12,5 %. Zum Rekordwinter 2002/2003 fehlen uns jedoch immer noch über 111'000 Ersteintritte.

Ein Geschäftsjahr, das uns viel Freude bereitet

Die im Vergleich zum Vorjahr, aber auch zum Durchschnitt der letzten 5 Jahre gesteigerten Ersteintritte sowie die neuen Geschäftseinheiten schlugen sich mit einem Plus von CHF 10,6 Mio. im Umsatz deutlich nieder. Mit einem Umsatz von CHF 97,0 Mio. schnupperten wir erstmals an der CHF 100 Mio.-Marke. Aber auch der Cashflow mit CHF 24,3 Mio. und der Konzerngewinn von CHF 4,4 Mio. lassen sich sowohl im Mehrjahres- als auch im Branchenvergleich sehen. Neben den reinen Zahlen gibt es weitere erfreuliche Highlights aus dem Geschäftsjahr 2018/2019 zu erwähnen. Das auf den Winter eröffnete Stenna-Center in Flims mit dem trendigen Restaurant »Ella«, dem Original-Shop, den über 2'500 modernen Depotplätzen und dem grosszügigen Parkhaus erfreute unsere Gäste ebenso wie der Multifunktionsraum »Hangar« auf dem Crap Sogn Gion 2228. Mit dem Haus K konnten zusätzliche 22 Wohnungen im Rocksresort der Vermietung und dem Verkauf übergeben werden. Dass dieses Produkt weiterhin den Zeitgeist trifft, beweisen die erfreuliche Auslastung als auch die 14 verkauften Wohnungen. Schliesslich haben wir zusammen mit der Hofmann & Durisch AG die Laax Homes AG gegründet, die sich mit hochwertigen Dienstleistungen um das Rental- und Property-Management der Ferienwohnungen in der Destination kümmert.

Kundenfokus und Flexibilisierung

Auch in der Zukunft werden uns Rahmenbedingungen wie das wirtschaftliche Umfeld und das Klima weiterhin stark fordern. Es ist unabdingbar, als Unternehmen noch flexibler und agiler zu handeln. Gleichzeitig gilt es, verstärkt auf einen ganzjährigen Tourismus und somit zu einer nachhaltigen Nutzung bestehender Infrastrukturen hinzuwirken. Zentral in der Unternehmensentwicklung ist die Kundenfokussierung. Im Mittelpunkt unserer Geschäftstätigkeit stehen unsere Gäste, unsere Kunden, denen wir unvergessliche Erlebnisse schaffen wollen. Ausgehend von den Kundenbedürfnissen, dem veränderten Umfeld, bestehenden Risiken und Chancen sowie den rasanten Entwicklungen im digitalen Bereich entwickeln Verwaltungsrat und Geschäftsleitung die Unternehmensstrategie bzw. passen sie an. Mit Leidenschaft setzen sich die Mitarbeitenden der Weissen Arena Gruppe auch künftig nachhaltig für das Wohl unserer Kunden und der Natur ein.

Ein herzliches Dankeschön!

Allen voran möchten wir unseren Gästen danken, wir freuen uns auf ein Wiedersehen! Einen besonderen Dank richten wir an dieser Stelle an unsere Mitarbeitenden. Nur mit ihrem enormen Engagement und toller Teamleistung war es möglich, die hoch gesteckten Ziele zu erreichen. Ihre Motivation und ihr Herzblut, sich täglich um unsere Gäste und ihr Wohlergehen zu kümmern, verdienen unsere besondere Anerkennung und Wertschätzung. Über 1'000 Mitarbeitende oder umgerechnet 519 Vollzeitstellen im Jahresdurchschnitt waren im abgelaufenen Geschäftsjahr für die Weisse Arena Gruppe tätig. Ein weiterer Dank geht an die Gemeinden Flims, Laax und Falera für die gute Zusammenarbeit. Last, but not least möchten wir uns bei unseren Aktionären und Geschäftspartnern für ihre Unterstützung und das entgegengebrachte Vertrauen im Geschäftsjahr 2018/2019 herzlich bedanken.

Der Lagebericht beschreibt das abgeschlossene Geschäftsjahr und vermittelt dem Leser einen Überblick zu den Geschehnissen, die nicht unmittelbar in der Bilanz oder Erfolgsrechnung erkennbar sind. Auch sind Schlüsselkennzahlen dargelegt, die für die Geschäftsführung von Interesse sind.

3.7 Inhalt des Geschäftsberichts

Der Geschäftsbericht ist die jährliche Berichterstattung über die Tätigkeit eines Unternehmens. Er gibt nach OR 958 I Auskunft über die wirtschaftliche Lage des Unternehmens (▶ Dar. 11).[9] Er umfasst verpflichtende und freiwillige Bestandteile. Die verpflichtenden Bestandteile unterscheiden sich je nach Unternehmensgrösse (▶ Kap. 5.1).

9 Meier-Hayoz / Forstmoser / Sethe, 2018, S. 225.

Dar. 11: Bestandteile des Geschäftsberichts

Kleinstunternehmen	Geschäftsbericht kleinerer Unternehmen (meist KMU)	Geschäftsbericht grösserer Unternehmen	Publikumsgesellschaften
Einnahmen- und Ausgabenrechnung	Bilanz Erfolgsrechnung Einfacher Anhang	Bilanz Erfolgsrechnung Erweiterter Anhang + Lagebericht + Geldflussrechnung + allenfalls: Konzernrechnung	Bilanz Erfolgsrechnung Erweiterter Anhang Lagebericht Geldflussrechnung + Abschluss nach einem anerkannten Standard + allenfalls: Konzernrechnung

Kleinstunternehmen müssen lediglich eine Einnahmen- und Ausgabenrechnung (»Milchbüchleinrechnung«) führen und unterstehen somit nicht der Buchführungspflicht. KMU hingegen sind buchführungspflichtig und müssen eine Bilanz, Erfolgsrechnung und einen einfachen Anhang erstellen. Der Unterschied zwischen Kleinstunternehmen und KMU wird später in Kapitel 5.1 erläutert.

Grössere Unternehmen sind zusätzlich verpflichtet, eine Geldflussrechnung, einen Lagebericht und einen erweiterten Anhang zu erstellen.

Als grössere Unternehmen gelten jene Unternehmen, die der ordentlichen Revision nach OR 727 I unterstellt sind (▶ Kap. 3.5 und Kap. 58). Der ordentlichen Revision können die Aktiengesellschaft (AG), die Kommanditaktiengesellschaft, die Gesellschaft mit beschränkter Haftung (GmbH) und die Genossenschaft, der Verein oder eine Stiftung unterstehen. Diese juristischen Unternehmen gelten als grössere Unternehmen, sofern sie in zwei aufeinanderfolgenden Jahren (Berichts- und Vorjahr) zwei der folgenden Abgrenzungsgrössen auf Basis des Einzelabschlusses überschreiten:

I.	Bilanzsumme	> CHF 20 Mio.
II.	Umsatzerlös	> CHF 40 Mio.
III.	Vollzeitstellen	> 250 (im Jahresdurchschnitt)

Das Kriterium und der Begriff Umsatzerlös ist genauer zu analysieren. Es wird die Auffassung und Lehrmeinung vertreten, dass bei Umsatzerlösen die betrieblichen Umsätze (Nettoerlöse aus Lieferungen und Leistungen) und sämtliche betriebsfremden Erträge inklusive Finanzerträge angesprochen sind. Ausserordentliche, einmalige oder periodenfremde Erträge sind nicht zu berücksichtigen.[10] Der Begriff Umsatzerlös wird demnach sinngemäss nach OR 957 I zur Buchführungspflicht interpretiert.

10 Kessler, 2019, S. 606, Ziff. 7.

Die Ermittlung der Vollzeitstellen hängt ab vom Arbeitsvertrag. Somit sind Lehrlinge und Teilzeitangestellte zu berücksichtigen und auf Vollzeitstellen (im Englischen: full time equivalents, FTE) hochzurechnen. Bei Schwankungen sind Gewichtungen erlaubt.

Beim Zeitpunkt sind zwei aufeinanderfolgende Jahre zu berücksichtigen. Sofern die Planungsrechnung ergibt, dass zwei von diesen Schwellenwerten überschritten werden, sollte die Jahresrechnung entsprechend für grössere Unternehmen ausgelegt werden.

Bei Vereinen betragen die Abgrenzungsgrössen nach ZGB 69b I mehr als CHF 10 Mio. Bilanzsumme, mehr als CHF 20 Mio. Umsatzerlös oder mehr als 50 Vollzeitstellen im Jahresdurchschnitt.

Zudem unterstehen die Publikumsgesellschaften und juristischen Personen mit einer Konzernrechnung nach OR 727 I Ziff. 1 und 3 der ordentlichen Revision. Publikumsgesellschaften sind grössere Unternehmen, die Beteiligungspapiere an der Börse kotiert bzw. die Anleihensobligationen ausgegeben haben. Kotierte Gesellschaften sind Unternehmen, die ihre Titel im Handel an einer Börse ausgegeben haben. Diese kotierten Unternehmen müssen neben dem Einzelabschluss nach Handelsrecht (OR) auch einen Abschluss nach einem anerkannten Standard erstellen. Als anerkannte Standards gelten Swiss GAAP FER (Generally Accepted Accounting Principles, Fachempfehlung Rechnungslegung), IFRS (International Financial Reporting Standards), IFRS für KMU, IPSAS (International Public Sector Accounting Standards) und US GAAP (▶ Kap. 10). Dies führt somit zu einem dualen Abschluss (duales Reporting). Der Abschluss nach einem anerkannten Standard wird in der Regel auch für die Konzernrechnung verwendet (▶ Kap. 54). Zu der Gruppe der Publikumsgesellschaften zählen auch Genossenschaften mit mehr als 2'000 Mitgliedern und Stiftungen, die von Gesetzes wegen zu einer ordentlichen Revision verpflichtet sind.

Beispiel kotierte Unternehmen

Die Swatch Group ist an der Schweizer Börse kotiert (Aktien). Die Muttergesellschaft muss einen Einzelabschluss nach dem Rechnungslegungsrecht und einen Jahresabschluss nach einem anerkannten Standard, hier Swiss GAAP FER, für die Konzernrechnung erstellen. Sie erstellt somit zwei Jahresabschlüsse.

Auch können Minderheiten nach OR 962 II einen Abschluss nach einem anerkannten Standard verlangen. Als Minderheiten gelten 10 % des Grundkapitals bzw. 10 % der Mitglieder bei Genossenschaften und 20 % der Mitglieder bei Vereinen. Auch Gesellschafter mit persönlicher Nachschusspflicht können einen Abschluss nach einem anerkannten Standard verlangen (▶ Kap. 10).

Wenn eine rechnungslegungspflichtige, juristische Person eine andere Unternehmung kontrolliert, muss sie zusätzlich zum Einzelabschluss eine Konzernrechnung nach dem Rechnungslegungsrecht erstellen (▶ Kap. 54).

Beispiel Konzernrechnung bei einer grösseren Aktiengesellschaft

Die Tobler AG beschäftigt 500 Mitarbeitende, erzielt einen Jahresumsatz von CHF 110 Mio. über die letzten zwei Jahre und erwirbt alle Aktien einer anderen Aktiengesellschaft, die in der gleichen Branche tätig ist. Die Tobler AG muss grundsätzlich einen Einzelabschluss mit Bilanz, Erfolgsrechnung, Geldflussrechnung, erweitertem Anhang und Lagebericht und zusätzlich eine Konzernrechnung erstellen, da sie die Voraussetzungen eines grösseres Unternehmens erfüllt und eine andere Unternehmung kontrolliert.

Für privat gehaltene Unternehmen bestehen für Klein- und Mittelunternehmen allerdings Befreiungsmöglichkeiten bei der Pflicht zur Erstellung einer Konzernrechnung (▶ Kap. 54).

Der Geschäftsbericht umfasst ausserdem einen Antrag für die Gewinnverwendung sowie einen Bericht der Revisionsstelle, falls das Unternehmen der Revisionspflicht untersteht.

Auf oft freiwilliger Basis können weitere Informationen im Geschäftsbericht offengelegt werden. Insbesondere weitere Informationen über Organisation, Unternehmensführung, Nachhaltigkeitsberichte (▶ Kap. 11) und der Bericht des Verwaltungsrates sind in der Praxis anzutreffen. Sie dienen der Pflege der Reputation und des Finanzimages eines Unternehmens.

4 Funktionsweise des finanziellen Rechnungswesens

4.1 Buchführung

Auf ein Unternehmen wirken unterschiedliche Geschäftsvorfälle und Sachverhalte ein. Beispielsweise bezahlen Kunden offene Forderungen, das Unternehmen begleicht seine eigenen Verbindlichkeiten und schüttet an die Eigentümer eine Dividende aus.

Ein Unternehmen muss die Geschäftsvorfälle und Sachverhalte systematisch erfassen, die die Vermögens-, Finanz- und Ertragslage verändern. Dies bildet die Grundlage, dass ein verlässliches Urteil über den wirtschaftlichen Erfolg möglich ist. Nach OR 957a II muss dies in Form einer ordnungsgemässen Buchführung erfolgen. Die Buchführung ist in Schweizer Franken oder einer für das Unternehmen wesentlichen Währung darzustellen (▶ Kap. 5.1).

Diese systematische Erfassung von Geschäftsvorfällen basiert auf der Systematik der doppelten Buchhaltung. Sie baut auf einem zusammenhängenden System auf, das sich aus unterschiedlichen Konten zusammensetzt.

4.2 Konten

Damit die Geschäftsvorfälle und Sachverhalte korrekt in der Jahresrechnung erfasst werden können, werden in der Bilanz und in der Erfolgsrechnung Konten geführt.

In der Bilanz weisen die Bilanzkonten den Bestand der verschiedenen Positionen auf. Es wird zwischen Aktiv- und Passivkonten unterschieden. Die Aktivkonten zeigen das Vermögen, wobei die Passivkonten die Verbindlichkeiten eines Unternehmens (gegenüber Fremd- und Eigenkapitalgebern) aufweisen. Systematisch werden bei den Aktivkonten auf der Sollseite (linke Seite) der Anfangsbestand und Zunahmen und auf der Habenseite (rechte Seite) Abnahmen und der Endbestand (Saldo) dargestellt. Die Passivkonten werden spiegelbildlich geführt. Der Anfangsbestand und Zunahmen sind auf der Habenseite (rechte Seite), Abnahmen und der Endbestand (Saldo) auf der Sollseite (linke Seite). Die Darstellung 12 zeigt die Funktionsweise der Bilanzkonten.

Wenn beide Seiten (Aktiven und Passiven) bei Verbuchung eines Geschäftsvorfalls kleiner werden, wird von einer Bilanzverkürzung oder von Aktiv-Passiv-Minderung gesprochen. Nehmen hingegen beide Seiten der Bilanz zu, wird von

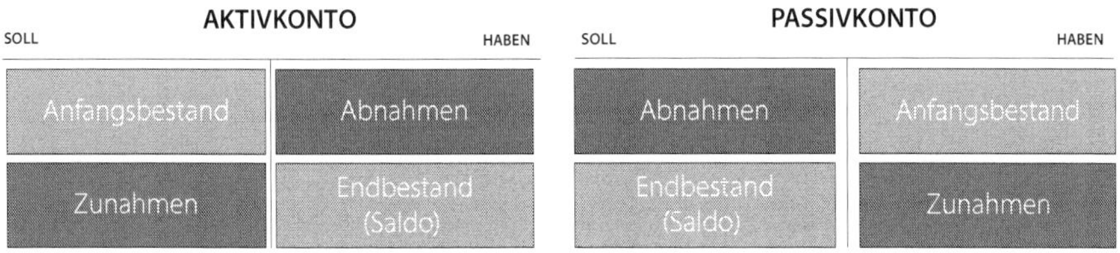

Dar. 12: Bilanzkonten

einer Bilanzverlängerung bzw. Aktiv-Passiv-Mehrung gesprochen. Wenn im Soll und Haben ein Aktivkonto aufgeführt ist, wird dies als Aktivtausch bezeichnet. Sinngemäss wird ein Aufeinandertreffen von Passivkonten bei einem Geschäftsvorfall als Passivtausch bezeichnet. All diesen Geschäftsvorfällen gemein ist die Tatsache, dass sie nur Bilanzkonten betreffen und grundsätzlich das Eigenkapital nicht verändern (Ausnahme: Veränderungen des Grundkapitals). Sie werden daher auch erfolgsunwirksam bzw. erfolgsneutral genannt.

Ein Sollsaldo entsteht in einem Konto, wenn die Sollseite grösser ist als die Habenseite. Der Sollsaldo bezeichnet einen auf der Haben-Seite eines Kontos auszuweisenden Saldo. Er wird auch als Soll-Überschuss bezeichnet.

Ein Habensaldo hingegen entsteht, wenn die Habenseite grösser ist als die Sollseite. Der Habensaldo bezeichnet einen auf der Soll-Seite eines Kontos auszuweisenden Saldo. Er wird auch als Haben-Überschuss bezeichnet.

Die Schlussbestände (Saldi) der Aktiv- und Passivkonten werden am Bilanzstichtag in die Schlussbilanz übertragen. Für die nächste Periode werden sie in die Eröffnungsbilanz als Anfangsbestand übernommen. Die Bilanz wird daher auch als Zeitbestandsrechnung benannt, da sie die Bestände an Vermögen, Verbindlichkeiten und Eigenkapital an einem Bilanzstichtag zeigt.

In der Erfolgsrechnung werden Aufwands- und Ertragskonten geführt. Auf der Sollseite werden bei Aufwendungen Zunahmen verbucht, hingegen werden auf der Habenseite Aufwandsminderungen dargestellt. Die Differenz zwischen Aufwandszunahmen und -minderungen ergeben den Saldo, welcher in die Erfolgsrechnung übertragen wird. Bei den Ertragskonten ist es genau umgekehrt. Hier werden auf der Habenseite die Ertragszugänge aufgeführt. Ertragsminderungen und der Saldo stehen auf der Sollseite (▶ Dar. 13).

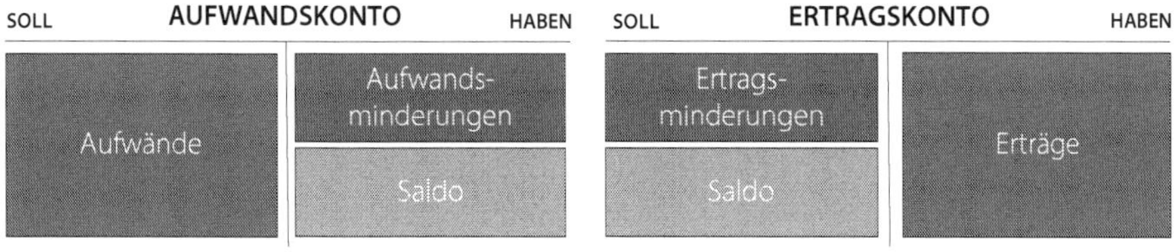

Dar. 13: Erfolgskonten

Wenn im Buchungssatz ein Bilanz- und ein Erfolgsrechnungskonto aufeinandertreffen, hat diese Buchung einen Effekt auf das Jahresergebnis (Gewinn oder Verlust). Ein solcher Geschäftsvorfall wird daher als erfolgswirksam bezeichnet.

Die Salden werden in die Erfolgsrechnung übertragen. Erfolgskonten enthalten keine Bestände wie die Bilanzkonten. Daher werden auch keine Bestände in die Folgeperiode übertragen. Die Erfolgsrechnung ist im Gegensatz zur Bilanz eine Zeitperiodenrechnung und wird jede Periode neu erstellt.

4.3 Buchungssatz

In der Praxis werden Geschäftsvorfälle und Sachverhalte systematisch mit Hilfe eines Buchungssatzes erfasst. Ein Buchungssatz setzt sich aus einer Soll- und einer Habenposition, einem Betrag, einem Text und einem Datum zusammen. Diese Struktur eines Buchungssatzes wird im Journal geführt. Jeder buchungsrelevante Geschäftsvorfall betrifft immer eine Soll- und gleichzeitig eine Habenbuchung. Daher wird in diesem Zusammenhang auch von doppelter Buchhaltung gesprochen.

Dem Buchungssatz ist ein Buchungsbeleg beizulegen. Als Buchungsbelege nach OR 957a III gelten alle Aufzeichnungen auf Papier oder in elektronischer Form, die notwendig sind, um den der Buchung zu Grunde liegenden Geschäftsfall oder Sachverhalt nachvollziehen zu können.

Nicht jeder Geschäftsvorfall oder Sachverhalt führt zu einer Buchung. Beispielsweise führen technologische oder rechtliche Änderungen in der Regel nicht zu einem Buchungssatz.

Auf der Sollseite werden zusammenfassend folgende Geschäftsereignisse verbucht:

- Zunahmen von Aktivkonten
- Abnahmen von Passivkonten
- Aufwandszunahmen
- Ertragsminderungen

Auf der Habenseite werden zusammenfassend folgende Geschäftsereignisse verbucht:

- Abnahmen von Aktivkonten
- Zunahmen von Passivkonten
- Aufwandsminderungen
- Ertragszunahmen

Damit ein Buchungssatz wahrheitsgetreu und klar ist, sind die korrekten Positionen und Gegenpositionen zu bestimmen. In gewissen Sachverhalten kann Unsicherheit bestehen, auf welche Konten sich ein Geschäftsvorfall bezieht. Daher ist in einem ersten Schritt zu bestimmen, welches Konto ein Geschäftsereignis in welcher Art verändert. In einem zweiten Schritt ist das Gegenkonto zu bestimmen, das vier Ausprägungen annehmen kann. Das heisst, es sind jeweils die vier Gegenpositionen im Soll oder Haben auf ihre Richtigkeit und Zweckmässigkeit zu prüfen. Die Darstellung 14 zeigt das beschriebene Vorgehen schematisch.

Dar. 14: Vorgehen zur Bestimmung eines Buchungssatzes

SOLL/HABEN	
Aktivzunahme (a+)	Aktivabnahme (a–)
Passivabnahme (p–)	Passivzunahme (p+)
Aufwand (A+)	Aufwandsminderung (A–)
Ertragsminderung (E–)	Ertrag (E+)
Prüffragen zur korrekten Festlegung eines Buchungssatzes:	
Schritt 1:	*Was ist der Inhalt des Geschäftsereignisses?*
Schritt 2:	*Welche Konten sind davon betroffen?*
Schritt 3:	*Wie sind die Konten betroffen?*
Schritt 4:	*Wie lautet der Buchungssatz?*

4.4 System der doppelten Buchhaltung

Das System der doppelten Buchhaltung bzw. Buchführung bedeutet, dass zum Bilanzstichtag in der Bilanz und in der Erfolgsrechnung das gleiche Jahresergebnis als Gewinn oder Verlust dargestellt wird. Damit dies am Jahresende zutrifft, sind während des Jahres alle Geschäftsereignisse systematisch in der Buchhaltung zu erfassen. Dabei wird jedes Geschäftsereignis im System SOLL-HABEN immer in zwei Konten der Bilanz und/ oder der Erfolgsrechnung erfasst, d. h. in einem Konto auf der Soll-Seite, im anderen Konto auf der Haben-Seite.

Zu Periodenbeginn werden die Eröffnungsbestände der Eröffnungsbilanz in die Aktiv- und Passivkonten übertragen. Es kommt während des Jahres zu zahlreichen Geschäftsvorfällen, die mit Hilfe von Buchungen in der Bilanz und der Erfolgsrechnung sachgerecht erfasst werden. Zum Bilanzstichtag werden die Salden der Aufwands- und Ertragskonten in die Erfolgsrechnung übertragen. Anschliessend wird der Erfolg in der Bilanz verbucht. Der Ausweis des Jahreserfolgs muss in der Bilanz und Erfolgsrechnung identisch sein. Die Darstellung 15 zeigt diese Logik der doppelten Buchhaltung am Beispiel eines Gewinns auf.

Wenn die Erträge die Aufwendungen während einer Abrechnungsperiode übertreffen bzw. die Vermögenswerte (Aktiven) grösser sind als die Verbindlichkeiten (Passiven) zum Bilanzstichtag, so wird ein Jahresgewinn erzielt, was grundsätzlich das Eigenkapital erhöht. Wenn hingegen die Aufwendungen die Erträge bzw. die

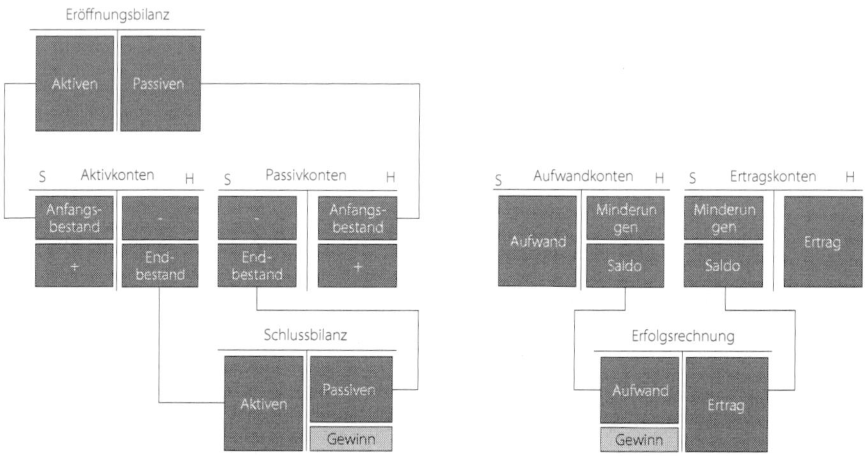

Dar. 15: Doppelte Buchhaltung mit dem Ausweis eines Gewinns

Verbindlichkeiten (Passiven) die Vermögenswerte (Aktiven) übersteigen, liegt ein Jahresverlust vor, was wiederum das Eigenkapital senkt (▶ Dar. 16).

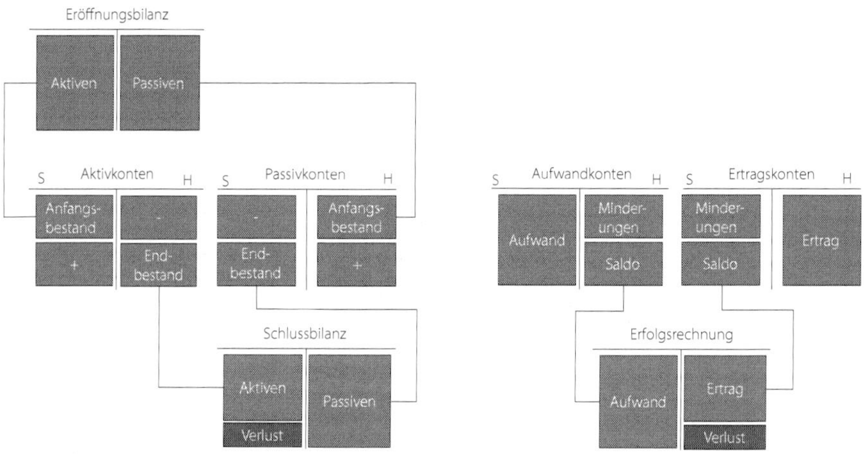

Dar. 16: Doppelte Buchhaltung mit dem Ausweis eines Verlustes

Sofern im Jahresergebnis ein Verlust ausgewiesen wird, ist nach der jeweiligen Gesellschaftsform zu prüfen, ob Massnahmen zu ergreifen sind, um den Verlust zu beseitigen. Besondere, gesetzliche Massnahmen bestehen bei Kapitalgesellschaften, Stiftungen, Vereinen und Genossenschaften im Falle zu hoher Verluste (▶ Kap. 32).

4.5 KMU-Kontenrahmen

Die Unternehmen sind in der Wahl und der Festlegung von Konten bei Vermögenswerten, Verbindlichkeiten, Aufwendungen und Erträgen weitgehend frei. Das Rechnungslegungsrecht zeigt eine Mindestgliederung auf, allerdings werden die zu verwendenden Konten nicht bezeichnet oder vorgeschrieben. Die Mindestgliederung betrifft vielmehr die Jahresrechnung, die extern publiziert und an Bilanzadressaten abgegeben wird. Daher sind die Unternehmen in der internen Organisation ihrer Buchhaltung weitgehend frei, wie sie ihre Konten führen und bezeichnen.

In der Schweiz besteht ein Schweizer Kontenrahmen für kleine und mittlere Unternehmen (KMU-Kontenrahmen), welcher einen klar strukturierten Kontenrahmen vorgibt, der für die Erstellung eines Jahresabschlusses nach den Vorgaben des Rechnungslegungsrechtes dient. Er ist auch nützlich, um die Vorgaben der Mehrwertsteuer und der direkten Bundessteuer einzuhalten. Er stellt die Einhaltung der Mindestgliederung nach Rechnungslegungsrecht sicher. Der KMU-Kontenrahmen dient daher als Orientierungs- und Anwendungshilfe für die Buchhaltungspraxis, ist aber nicht verbindlich vorgeschrieben. Er stellt aber eine zuverlässige Berichterstattung für die Rechnungslegung bzw. das finanzielle Rechnungswesen sicher.

Im Gegensatz zum Kontenrahmen handelt es sich beim Kontenplan um die vom Unternehmen tatsächlich verwendeten Konten, die ein Unternehmen für die Erfassung der Geschäftsereignisse verwendet.

Der Schweizer Kontenrahmen ist nach der Abschlussgliederung aufgebaut. Das heisst, dass der Aufbau dem schweizerischen Rechnungslegungsrecht entspricht. Er teilt die verschiedenen Konten in Klassen ein und vergibt Nummern für die Konten in den jeweiligen Klassen. Es gibt vier nummerierte Ebenen. Die Hauptnummern sind vierstellig und zeigen jeweils die Klasse (erste Stelle), die Hauptgruppe (zweite Stelle), die Gruppe (dritte Stelle) und das entsprechende Konto (vierte Stelle). Die Hauptnummern der Klassen entsprechen wichtigen Grössen des Rechnungswesens:

- Klasse 1 = Aktiven
- Klasse 2 = Passiven
- Klasse 3 = Betriebsertrag aus Lieferungen und Leistungen
- Klasse 4 = Aufwand für Material, Dienstleistungen und Energie
- Klasse 5 = Personalaufwand
- Klasse 6 = übriger Betriebsaufwand, Abschreibungen und Wertberichtigungen
- Klasse 7 = betrieblicher Nebenerfolg
- Klasse 8 = betriebsfremder und ausserordentlicher Ertrag und Aufwand
- Klasse 9 = Jahreserfolg (Gewinn der Verlust)

In Darstellung 17 sind die Elemente des Schweizer KMU-Kontenrahmens aufgeführt.

Schweizer Kontenrahmen KMU: **Offizielle Schulversion**

1	Aktiven
10	**Umlaufvermögen**
100	**Flüssige Mittel**
1000	Kasse
1020	Bankguthaben
106	**Kurzfristig gehaltene Aktiven mit Börsenkurs**
1060	Wertschriften
1069	Wertberichtigungen Wertschriften
110	**Forderungen aus Lieferungen und Leistungen**
1100	Forderungen aus Lieferungen und Leistungen (Debitoren)
1109	Delkredere
114	**Übrige kurzfristige Forderungen**
1140	Vorschüsse und Darlehen
1149	Wertberichtigungen Vorschüsse und Darlehen
1170	Vorsteuer MWST Material, Waren, Dienstleistungen, Energie
1171	Vorsteuer MWST Investitionen, übriger Betriebsaufwand
1176	Verrechnungssteuer
1180	Forderungen gegenüber Sozialversicherungen und Vorsorgeeinrichtungen
1189	Quellensteuer
1190	Sonstige kurzfristige Forderungen
1199	Wertberichtigungen sonstige kurzfristige Forderungen
120	**Vorräte und nicht fakturierte Dienstleistungen**
1200	Handelswaren
1210	Rohstoffe
1220	Werkstoffe
1230	Hilfs- und Verbrauchsmaterial
1250	Handelswaren in Konsignation
1260	Fertige Erzeugnisse
1270	Unfertige Erzeugnisse
1280	Nicht fakturierte Dienstleistungen
130	**Aktive Rechnungsabgrenzungen**
1300	Bezahlter Aufwand des Folgejahres
1301	Noch nicht erhaltener Ertrag
14	**Anlagevermögen**
140	**Finanzanlagen**
1400	Wertschriften
1409	Wertberichtigungen Wertschriften
1440	Darlehen
1441	Hypotheken
1449	Wertberichtigungen langfristige Forderungen
148	**Beteiligungen**
1480	Beteiligungen
1489	Wertberichtigungen Beteiligungen
150	**Mobile Sachanlagen**
1500	Maschinen und Apparate
1509	Wertberichtigungen Maschinen und Apparate
1510	Mobiliar und Einrichtungen
1519	Wertberichtigungen Mobiliar und Einrichtungen
1520	Büromaschinen, Informatik, Kommunikationstechnologie
1529	Wertberichtigungen Büromaschinen, Informatik, Kommunikationstechnologie
1530	Fahrzeuge
1539	Wertberichtigungen Fahrzeuge
1540	Werkzeuge und Geräte
1549	Wertberichtigungen Werkzeuge und Geräte
160	**Immobile Sachanlagen**
1600	Geschäftsliegenschaften
1609	Wertberichtigungen Geschäftsliegenschaften
170	**Immaterielle Werte**
1700	Patente, Know-how, Lizenzen, Rechte, Entwicklungen
1709	Wertberichtigungen Patente, Know-how, Lizenzen, Rechte, Entwicklungen
1770	Goodwill
1779	Wertberichtigungen Goodwill
180	**Nicht einbezahltes Grund-, Gesellschafter- oder Stiftungskapital**
1850	Nicht einbezahltes Aktien-, Stamm-, Anteilschein- oder Stiftungskapital

2	Passiven
20	**Kurzfristiges Fremdkapital**
200	**Verbindlichkeiten aus Lieferungen und Leistungen**
2000	Verbindlichkeiten aus Lieferungen und Leistungen (Kreditoren)
2030	Erhaltene Anzahlungen
210	**Kurzfristige verzinsliche Verbindlichkeiten**
2100	Bankverbindlichkeiten
2120	Verbindlichkeiten aus Finanzierungsleasing
2140	Übrige verzinsliche Verbindlichkeiten
220	**Übrige kurzfristige Verbindlichkeiten**
2200	Geschuldete MWST (Umsatzsteuer)
2201	Abrechnungskonto MWST
2206	Verrechnungssteuer
2208	Direkte Steuern
2210	Sonstige kurzfristige Verbindlichkeiten
2261	Beschlossene Ausschüttungen
2270	Sozialversicherungen und Vorsorgeeinrichtungen
2279	Quellensteuer
230	**Passive Rechnungsabgrenzungen und kurzfristige Rückstellungen**
2300	Noch nicht bezahlter Aufwand
2301	Erhaltener Ertrag des Folgejahres
2330	Kurzfristige Rückstellungen
24	**Langfristiges Fremdkapital**
240	**Langfristige verzinsliche Verbindlichkeiten**
2400	Bankverbindlichkeiten
2420	Verbindlichkeiten aus Finanzierungsleasing
2430	Obligationenanleihen
2450	Darlehen
2451	Hypotheken
250	**Übrige langfristige Verbindlichkeiten**
2500	Übrige langfristige Verbindlichkeiten (unverzinslich)
260	**Rückstellungen sowie vom Gesetz vorgesehene ähnliche Positionen**
2600	Rückstellungen
28	**Eigenkapital (juristische Personen)**
280	**Grund-, Gesellschafter- oder Stiftungskapital**
2800	Aktien-, Stamm-, Anteilschein- oder Stiftungskapital
290	**Reserven und Jahresgewinn oder Jahresverlust**
2900	Gesetzliche Kapitalreserve
2930	Reserve für eigene Kapitalanteile
2940	Aufwertungsreserve
2950	Gesetzliche Gewinnreserve
2960	Freiwillige Gewinnreserven
2970	Gewinnvortrag oder Verlustvortrag
2979	Jahresgewinn oder Jahresverlust
2980	Eigene Aktien, Stammanteile oder Anteilscheine (Minusposten)
28	**Eigenkapital (Einzelunternehmen)**
2800	Eigenkapital zu Beginn des Geschäftsjahres
2820	Kapitaleinlagen und Kapitalrückzüge
2850	Privat
2891	Jahresgewinn oder Jahresverlust
28	**Eigenkapital (Personengesellschaft)**
2800	Eigenkapital Gesellschafter A zu Beginn des Geschäftsjahres
2810	Kapitaleinlagen und Kapitalrückzüge Gesellschafter A
2820	Privat Gesellschafter A
2831	Jahresgewinn oder Jahresverlust Gesellschafter A
2850	Eigenkapital Kommanditär A zu Beginn des Geschäftsjahres
2860	Kapitaleinlagen und Kapitalrückzüge Kommanditär A
2870	Privat Kommanditär A
2881	Jahresgewinn oder Jahresverlust Kommanditär A

Geldflussrechnung

3	Betrieblicher Ertrag aus Lieferungen und Leistungen
3000	Produktionserlöse
3200	Handelserlöse
3400	Dienstleistungserlöse
3600	Übrige Erlöse aus Lieferungen und Leistungen
3700	Eigenleistungen
3710	Eigenverbrauch
3800	Erlösminderungen
3805	Verluste Forderungen (Debitoren), Veränderung Delkredere
3900	Bestandesänderungen unfertige Erzeugnisse
3901	Bestandesänderungen fertige Erzeugnisse
3940	Bestandesänderungen nicht fakturierte Dienstleistungen

4	Aufwand für Material, Handelswaren, Dienstleistungen und Energie
4000	Materialaufwand Produktion
4200	Handelswarenaufwand
4400	Aufwand für bezogene Dienstleistungen
4500	Energieaufwand zur Leistungserstellung
4900	Aufwandminderungen

5	Personalaufwand
5000	Lohnaufwand
5700	Sozialversicherungsaufwand
5800	Übriger Personalaufwand
5900	Leistungen Dritter

6	Übriger betrieblicher Aufwand, Abschreibungen und Wertberichtigungen sowie Finanzergebnis
6000	Raumaufwand
6100	Unterhalt, Reparaturen, Ersatz mobile Sachanlagen
6105	Leasingaufwand mobile Sachanlagen
6200	Fahrzeug- und Transportaufwand
6260	Fahrzeugleasing und -mieten
6300	Sachversicherungen, Abgaben, Gebühren, Bewilligungen
6400	Energie- und Entsorgungsaufwand
6500	Verwaltungsaufwand
6570	Informatikaufwand inkl. Leasing
6600	Werbeaufwand
6700	Sonstiger betrieblicher Aufwand
6800	Abschreibungen und Wertberichtigungen auf Positionen des Anlagevermögens
6900	Finanzaufwand
6950	Finanzertrag

7	Betrieblicher Nebenerfolg
7000	Ertrag Nebenbetrieb
7010	Aufwand Nebenbetrieb
7500	Ertrag betriebliche Liegenschaft
7510	Aufwand betriebliche Liegenschaft

8	Betriebsfremder, ausserordentlicher, einmaliger oder periodenfremder Aufwand und Ertrag
8000	Betriebsfremder Aufwand
8100	Betriebsfremder Ertrag
8500	Ausserordentlicher, einmaliger oder periodenfremder Aufwand
8510	Ausserordentlicher, einmaliger oder periodenfremder Ertrag
8900	Direkte Steuern

9	Abschluss
9200	Jahresgewinn oder Jahresverlust

Hinweis der Autoren:
Einzelkonti können weggelassen und/oder andere aus dem Schweizer Kontenrahmen KMU hinzugefügt werden, die Struktur muss jedoch erhalten bleiben.

	Mögliche Gliederung einer Geldflussrechnung mit Fonds «Flüssige Mittel» nach der indirekten Methode
+/−	Jahresgewinn (+) oder Jahresverlust (-)
+/−	Abschreibungen/Wertberichtigungen (+) und Zuschreibungen (-) auf Positionen des Anlagevermögens
+/−	Bildung (+) und Auflösung (-) von Rückstellungen
+/−	Wertminderung (+) und Werterhöhung (-) kurzfristig gehaltener Aktiven mit Börsenkurs
+/−	Abnahme (+) oder Zunahme (-) Forderungen aus Lieferungen und Leistungen
+/−	Abnahme (+) oder Zunahme (-) kurzfristiger Forderungen
+/−	Abnahme (+) und Zunahme (-) Vorräte und nicht fakturierte Dienstleistungen
+/−	Abnahme (+) und Zunahme (-) aktive Rechnungsabgrenzungen
+/−	Zunahme (+) und Abnahme (-) Verbindlichkeiten aus Lieferungen und Leistungen
+/−	Zunahme (+) und Abnahme (-) kurzfristige Verbindlichkeiten
+/−	Zunahme (+) und Abnahme (-) passive Rechnungsabgrenzungen
+/−	Verluste (+) und Gewinne (-) aus Veräusserungen von Sachanlagen
+/−	Sonstige nicht fondswirksame Aufwände (+) und Erträge (-)
=	Geldfluss aus Geschäftstätigkeit
−	Investitionen in Finanzanlagen
+	Devestitionen von Finanzanlagen
−	Investitionen in Beteiligungen
+	Devestitionen von Beteiligungen
−	Investitionen in mobile Sachanlagen
+	Devestitionen von mobilen Sachanlagen
−	Investitionen in immobile Sachanlagen
+	Devestitionen von immobilen Sachanlagen
−	Investitionen in immaterielle Werte
+	Devestitionen von immateriellen Werten
=	Geldfluss aus Investitionstätigkeit
+/−	Aufnahme (+) oder Rückzahlungen (-) von kurz- und langfristigen Finanzverbindlichkeiten
−	Gewinnausschüttungen
+/−	Kapitalerhöhungen (+) oder Kapitalrückzahlungen (-)
+/−	Kauf (-) oder Verkauf (+) eigener Anteile
=	Geldfluss aus Finanzierungstätigkeit
=	Zunahme oder Abnahme flüssige Mittel
	Veränderung Fonds «flüssige Mittel»: Beginn Geschäftsjahr Ende Geschäftsjahr
=	Zunahme oder Abnahme flüssige Mittel

Erfolgsrechnung

Produktionserfolgsrechnung (Gesamtkostenverfahren)	
	Nettoerlöse aus Lieferungen und Leistungen
+/-	Bestandesänderungen an unfertigen und fertigen Erzeugnissen sowie an nicht fakturierten Dienstleistungen
=	**Betrieblicher Ertrag aus Lieferungen und Leistungen**
-	Material- und Warenaufwand
=	**Bruttoergebnis nach Material- und Warenaufwand**
-	Personalaufwand
=	**Bruttoergebnis nach Personalaufwand**
-	Übriger betrieblicher Aufwand
=	**Betriebliches Ergebnis vor Abschreibungen und Wert - berichtigungen, Finanzerfolg und Steuern («EBITDA»)**
-	Abschreibungen und Wertberichtigungen auf Positionen des Anlagevermögens
=	**Betriebliches Ergebnis vor Finanzerfolg und Steuern («EBIT»)**
-	Finanzaufwand
+	Finanzertrag
=	**Betriebliches Ergebnis vor Steuern («EBT»)**
+/-	Betrieblicher Nebenerfolg
-	Betriebsfremder Aufwand
+	Betriebsfremder Ertrag
-	Ausserordentlicher, einmaliger oder periodenfremder Aufwand
+	Ausserordentlicher, einmaliger oder periodenfremder Ertrag
=	**Jahresgewinn oder Jahresverlust vor Steuern**
-	Direkte Steuern
=	**Jahresgewinn oder Jahresverlust**

Bilanz

Aktiven
Flüssige Mittel
Kurzfristig gehaltene Aktiven mit Börsenkurs
Forderungen aus Lieferungen und Leistungen
Übrige kurzfristige Forderungen
Vorräte und nicht fakturierte Dienstleistungen
Aktive Rechnungsabgrenzungen
Umlaufvermögen
Finanzanlagen
Beteiligungen
Mobile Sachanlagen
Immobile Sachanlagen
Immaterielle Werte
Nicht einbezahltes Grund,- Gesellschafter- oder Stitungskapital
Anlagevermögen

Passiven
Verbindlichkeiten aus Lieferungen und Leistungen
Kurzfristige verzinsliche Verbindlichkeiten
Übrige kurzfristige Verbindlichkeiten
Passive Rechnungsabgrenzungen
Kurzfristiges Fremdkapital
Langfristige verzinsliche Verbindlichkeiten
Übrige langfristige Verbindlichkeiten
Rückstellungen sowie vom Gesetz vorgesehene ähnliche Positionen
Langfristiges Fremdkapital
Fremdkapital
Grund-, Gesellschafter- oder Stiftungskapital
Gesetzliche Kapitalreserve
Gesetzliche Gewinnreserve
Freiwillige Gewinnreserven
Gewinnvortrag oder Verlustvortrag
Jahresgewinn oder Jahresverlust
Eigene Kapitalanteile (Minusposten)
Eigenkapital (juristische Personen)

Dar. 17: Elemente des KMU-Kontenrahmens (Quelle: Schulversion des Schweizer KMU-Kontenrahmen, veb.ch)

Die Anwendung des KMU-Kontenrahmens stellt eine Vergleichbarkeit zwischen Unternehmen sicher und erhöht die Aussagekraft von Kennzahlen. Zudem bildet er eine verlässliche Grundlage, dass die Jahresrechnung dem Grundsatz der Stetigkeit entspricht und Sachverhalte sowie Geschäftsereignisse einheitlich erfasst werden. Die Anwendung des KMU-Kontenrahmens ist in der Schweizer Rechnungslegungspraxis weit verbreitet. Die Anwendung ist allerdings freiwillig und nicht gesetzlich vorgeschrieben.

5 Buchführungspflicht und Grundsätze ordnungsgemässer Buchführung

5.1 Buchführungspflicht

Die Buchführung beinhaltet alle Aktivitäten, die einen direkten Bezug zur Art und Weise haben, wie die Rechnungslegung und Finanzbuchhaltung organisatorisch, prozessual und personenbezogen ausgestaltet ist. Die Buchführung bildet die Grundlage der Rechnungslegung. Die Buchführung erfasst diejenigen Geschäftsvorfälle und Sachverhalte, die für die Darstellung der Vermögens-, Finanzierungs- und Ertragslage des Unternehmens (wirtschaftliche Lage) notwendig sind.

Die Buchführungspflicht klärt, welche Unternehmen eine Buchhaltung führen und Geschäftsfälle systematisch erfassen müssen (▶ Dar. 18). OR 957 I differenziert die Buchführungspflicht und Rechnungslegung, welche sich nach der Grösse des Unternehmens richten. Dabei spielt die Höhe des Umsatzerlöses, die Anzahl Mitarbeitende (Vollzeitstellen) und die Höhe der Bilanzsumme eine wichtige Rolle (▶ Kap. 3.7).

Dar. 18: Buchführungspflicht und Rechnungslegung für Unternehmen

	Buchführungspflicht *(Wie die Bücher zu führen sind)*	**Rechnungslegung** *(Wie Bericht erstattet wird)*
Einzelunternehmen und Personengesellschaften (unter CHF 500'000 Umsatz) = Kleinstunternehmen	• Keine Pflicht zur Buchführung	• Nur Ausgaben und Einnahmen • Übersicht über die Vermögenslage
Einzelunternehmen und Personengesellschaften (über CHF 500'000 Umsatz) sowie juristische Personen = meist KMU	• Buchführungspflicht	• Bilanz • Erfolgsrechnung • Einfacher Anhang
Grössere Unternehmen	• Buchführungspflicht	• Bilanz • Erfolgsrechnung • Erweiterter Anhang • Geldflussrechnung • Lagebericht • Allenfalls: Konzernrechnung

Dar. 18: Buchführungspflicht und Rechnungslegung für Unternehmen – Fortsetzung

	Buchführungspflicht *(Wie die Bücher zu führen sind)*	**Rechnungslegung** *(Wie Bericht erstattet wird)*
Publikumsgesellschaften	• Buchführungspflicht	• Bilanz • Erfolgsrechnung • Erweiterter Anhang • Geldflussrechnung • Lagebericht • Abschluss nach einem anerkannten Standard • Allenfalls: Konzernrechnung

Einzelunternehmen und Personenunternehmen mit einem Umsatzerlös von weniger als CHF 500'000, Vereine und Stiftungen ohne Pflicht für eine Eintragung im Handelsregister und Stiftungen ohne eine Revisionspflicht dürfen eine Einnahmen- und Ausgabenrechnung sowie Angaben über die Vermögenslage als Mindestumfang bereitstellen.[11] Dies wird auch als »Milchbüchleinrechnung« oder einfache Buchhaltung bezeichnet. Sie müssen für die Berichterstattung keine Bilanz, keine Erfolgsrechnung und auch keinen Anhang erstellen. Die Grundsätze ordnungsgemässer Buchführung nach OR 957 III gelten allerdings sinngemäss auch für diese Unternehmen. Sinngemäss heisst, dass die Geschäftsvorfälle vollständig, wahr und systematisch aufzuzeichnen sind.[12] Einzelunternehmen und Personenunternehmen können auf den Anhang nach OR 959c III verzichten, wenn sie nicht zur Rechnungslegung von grösseren Unternehmen verpflichtet sind.

Gemäss OR 957 I unterstehen juristische Personen, Einzelunternehmen und Personengesellschaften mit mehr als CHF 500'000 Jahresumsatz den Regeln der Buchführung und der Rechnungslegung. Sie haben nach OR 958 II für die Jahresrechnung (Einzelabschluss) eine Bilanz, eine Erfolgsrechnung und einen Anhang zu erstellen.

Beispiel kleinere Unternehmen

Die Bäckerei Huber als Einzelunternehmen erwirtschaftete im letzten Jahr einen Jahresumsatz von CHF 760'000. Sie muss damit nach dem Rechnungslegungsrecht eine Bilanz, eine Erfolgsrechnung und einen Anhang erstellen. Wenn die Bäckerei Huber eine Aktiengesellschaft ist, muss sie unabhängig von ihrem Umsatz eine Bilanz, eine Erfolgsrechnung und einen Anhang erstellen.

11 EXPERTsuisse, 2023, S. 28.
12 Greter / Zihler, 2019, S. 106, Ziff. 72.

Ohne Belang ist somit die Umsatzregel von CHF 500'000 für juristische Personen, da diese immer als Mindestanforderung eine Bilanz, eine Erfolgsrechnung und einen Anhang erstellen müssen.

Die Limite von CHF 500'000 ist auf die Mindestgliederung nach dem Rechnungslegungsgesetz anzusetzen, wobei der Umfang der CHF 500'000 umstritten ist. Nach herrschender Lehre und Praxis zählen zu dieser Limite: Nettoerlösen aus Lieferungen und Leistungen (betriebliche Erträge), betriebsfremdem Ertrag und Finanzertrag. Ausserordentlichen, einmaligen oder periodenfremden Erträgen haftet eine gewisse Einmaligkeit auf und sollten in der Praxis ohne Belang sein.[13]

Beispiel Milchbüchleinrechnung

Die Bäckerei Huber (Einzelunternehmen) erwirtschaftet ein Jahr später aufgrund eines starken Umsatzrückgangs einen Jahresumsatz von CHF 460'000. Sie muss lediglich Buch führen über die Einnahmen und Ausgaben und sie ist somit nicht buchführungspflichtig nach OR 957 II.

Auch Vereine und Stiftungen haben nach OR 957 II die Möglichkeit, nur Buch zu führen über die Einnahmen und Ausgaben sowie die Vermögenslage. Vereine können von dieser Option Gebrauch machen, wenn sie sich nicht ins Handelsregister nach ZGB 61 II eintragen lassen müssen. Sie haben aber insbesondere dann eine Pflicht zur Eintragung ins Handelsregister, wenn sie kaufmännisch geführt werden, d. h., wenn eine Gewinnabsicht besteht oder sie nach ZGB 69 II revisionspflichtig[14] sind. Sie unterstehen in diesen Fällen der Buchführungspflicht.

Stiftungen können auch von dieser Möglichkeit der »Milchbüchleinrechnung« Gebrauch machen, wenn sie keine Pflicht zur Eintragung ins Handelsregister haben. Nach gegenwärtigem Recht erhält eine Stiftung ihre Rechtspersönlichkeit aber erst mit der Eintragung ins Handelsregister nach ZGB 81 II. Daher ist in der Praxis kaum ein Fall mehr denkbar, nach welchem diese Option gewählt werden kann, d. h. lediglich eine »Milchbüchleinrechnung« zu führen.[15] Somit unterstehen faktisch alle Stiftungen der Buchführungspflicht nach ZGB 83a.

Die Ausführungen zu grösseren Unternehmen und Publikumsgesellschaften sind in Kapitel 3.7 beschrieben.

13 Greter / Zihler, 2019, S. 89, Ziff. 10.

14 Ein Verein ist ordentlich zu prüfen, wenn in zwei aufeinander folgenden Jahren zwei dieser Grössen überschritten werden: Bilanzsumme CHF 10 Mio., Umsatzerlös CHF 20 Mio. oder Vollzeitangestellte höher als 50 Personen. Eine eingeschränkte Revision besteht, wenn Vereinsmitglieder eine persönliche Haftung oder eine Nachschusspflicht nach den Statuten zu tragen haben.

15 Greter / Zihler, 2019, S. 93, Ziff. 25 ff.

5.2 Grundsätze ordnungsgemässer Buchführung

Die Grundsätze der ordnungsgemässen Buchführung nach OR 957a I bilden die Grundlage, wie Sachverhalte und Geschäftsereignisse in der Jahresrechnung erfasst werden müssen. Die Buchführung basiert auf der Logik der doppelten Buchführung. Die Grundsätze stützen sich dabei nach OR 957a II ab:

- Vollständige, wahrheitsgetreue und systematische Erfassung
- Belegnachweis
- Klarheit
- Zweckmässigkeit nach Grösse des Unternehmens
- Nachprüfbarkeit

Eine Jahresrechnung ist vollständig, wenn die Anfangsbestände bei den Bilanzkonten korrekt eröffnet sind, die Zu- und Abgänge korrekt verbucht und die Schlussbestände fehlerfrei in die Schlussbilanz übertragen worden sind. Wahrheitsgetreu bedeutet weiter, dass die erfassten Daten unverfälscht sind. Dabei ist es kein Verstoss, wenn Bewertungsrahmen, Schätzungen und Annahmen getroffen werden, soweit diese den Bewertungsgrundlagen nicht widersprechen. Eine systematische Erfassung ist notwendig, da zum Jahresabschluss Abgrenzungen vorzunehmen sind, um den Jahreserfolg zu ermitteln.[16] Auch die Bewertung bedarf einer systematischen Erfassung.

Beispiel unvollständige Erfassung

Die Heinrich GmbH stellt dem Kunden Abderhalden eine Rechnung für geleistete Arbeiten. Die Forderung beläuft sich auf CHF 10'000 ohne Mehrwertsteuer. Es wurde nur CHF 9'000 in der Buchhaltung erfasst (Forderungen aus Lieferung und Leistung / Nettoerlös CHF 9'000). Die Buchhaltung ist somit unvollständig. Die Forderungen sind nicht wahrheitsgetreu geführt.

Der Belegnachweis stellt die Dokumentation sicher, auf welcher Basis eine Verbuchung vorgenommen wird. Dabei sind auch die Kontierung und der Kontenplan massgeblich. Klarheit bedeutet, dass die Wahl des Kontenplans und die Gliederung der Konten und die Darstellungen für einen sachkundigen Leser verständlich sein müssen. Nachprüfbarkeit sagt aus, dass in der Buchhaltung eine Prüfspur gegeben sein muss. Das heisst, eine Rückverfolgbarkeit von einem Beleg zum Buchungssatz und umgekehrt muss jederzeit möglich sein. Als Buchungsbeleg gelten alle schriftlichen Aufzeichnungen auf Papier oder in vergleichbarer elektronischer Form. Die Lesbarkeit von elektronischen Unterlagen ist von zentraler Bedeutung.

16 EXPERTsuisse, 2023, S. 30.

Beispiel Belegnachweis

Die Heinrich GmbH hat eine Forderung gegenüber der Sozialversicherungsgesellschaft (AHV, IV) von CHF 6'600. Dieser Betrag ist mit einer Bestätigung der Sozialversicherungsgesellschaft abzugleichen, damit nachgewiesen werden kann, dass diese Forderung auch durch diese bestätigt wird. Mit Hilfe des Beleges kann somit der Bestand bestätigt werden.

Die Wahl der Konten und die Organisation des Rechnungswesens liegt in der Verantwortung des Unternehmens. Dabei ist die Anwendung des KMU-Kontenrahmens ein möglicher Umsetzungspunkt.

Nach OR 957a IV hat die Buchführung in der Landeswährung oder in einer für die Geschäftstätigkeit wesentlichen Währung zu erfolgen. Weiterhin hat die Buchführung in einer der Landessprachen oder in Englisch zu erfolgen.

6 Grundsätze der ordnungsgemässen Rechnungslegung

Die Grundsätze der ordnungsgemässen Rechnungslegung stellen wichtige Prinzipien für die Erstellung der Jahresrechnung dar. Da es im finanziellen Rechnungswesen zahlreiche Annahmen und Schätzungen braucht, dienen diese Prinzipien als wichtige Orientierungsgrössen für deren Interpretation. Auch können sich Bewertungs- und Darstellungsfragen im finanziellen Rechnungswesen ergeben, die nicht explizit im Rechnungslegungsgesetz geregelt sind. Beispiele hierzu sind angefangene Arbeiten, langfristige Aufträge oder auch Leasinggeschäfte. Auch in diesem Fall sind die Prinzipien wichtig, welche als Grundlage für eine korrekte Darstellung, Bewertung und Offenlegung im Jahresabschluss dienen.

Die Grundsätze ordnungsgemässer Rechnungslegung entfalten ihre Wirkungen auf alle Bestandteile des Geschäftsberichts bzw. des Einzelabschlusses.[17]

Gemäss OR 958c I sind insbesondere folgende Grundsätze der ordnungsgemässen Rechnungslegung zu beachten:

- Klarheit und Verständlichkeit
- Vollständigkeit
- Verlässlichkeit
- Wesentlichkeit
- Vorsicht
- Stetigkeit in Darstellung und Bewertung
- Verrechnungsverbot von Aktiva und Passiva bzw. Ertrag und Aufwand

Klarheit bezieht sich auf die Gliederung von Bilanz und Erfolgsrechnung, die Wahl von Konten und die Erklärungen im Anhang. Die Konten müssen einem sachverständigen Bilanzleser klar sein. So sollten die Konten keine missverständlichen oder unklaren Begriffe für die Verwendung von Konten verwenden oder missverständliche Bewertungserklärungen im Anhang aufführen.

Verständlichkeit verlangt, dass die Jahresrechnung für eine sachverständige Person lesbar und nachvollziehbar sein sollte.[18]

17 EXPERTsuisse, 2023, S. 35.
18 EXPERTsuisse, 2023, S. 35.

Beispiel Klarheit und Verständlichkeit

Wenn die Elser GmbH eine Maschine über CHF 10 Mio. least bei einer Bilanzsumme von CHF 20 Mio., so ist in der Bilanz oder im Anhang zumindest anzugeben, dass eine Maschine von CHF 10 Mio. geleast wurde. Vorzugsweise sollte dies aus den Konten hervorgehen, indem beispielsweise das Aktiv- und das Passivkonto den Begriff des Leasings explizit aufführen.

Das Prinzip der Vollständigkeit ist besonders wichtig, da es sicherstellt, dass u. a. alle Forderungen und Verbindlichkeiten erfasst sind. Fehlen sie, ist die Bilanzwahrheit nicht gegeben, und es liegt ein Gesetzesverstoss vor. Wesentliches darf zudem nicht verschwiegen werden, damit Dritte sich ein verlässliches Bild über ein Unternehmen machen können. Die gesetzliche Erlaubnis zur Bildung von stillen Reserven ist kein Verstoss gegen die Vollständigkeit.[19]

Beispiel Vollständigkeit

Die Stillhard GmbH erfasst eine Verbindlichkeit von über CHF 50'000 nicht. Die gesamten Verbindlichkeiten aus Lieferungen und Leistungen betragen CHF 500'000 und der Warenaufwand beläuft sich auf CHF 1'500'000. Der Jahresgewinn beträgt CHF 30'000. Die fehlenden Verbindlichkeiten entsprechen 10 % aller Verbindlichkeiten. Wenn die fehlende Verbindlichkeit noch erfasst wird (und es sich um Aufwände handelt), verwandelt sich der Gewinn in einen Jahresverlust von CHF -20'000. Es liegt somit auch eine wesentliche Position vor.

Die Verlässlichkeit verlangt, dass die Anspruchsgruppen darauf vertrauen dürfen, dass die Jahresrechnung frei von Fehlern ist sowie dass die Angaben korrekt und gesetzeskonform bewertet sind. Die weiteren Angaben zur Bewertung im Anhang stärken die Verlässlichkeit. Getroffene Annahmen und Schätzungen stehen dabei nicht im Widerspruch zur Verlässlichkeit, jedoch setzt der Grundsatz der Verlässlichkeit bei der Festlegung von Annahmen und Schätzungen Interpretationsgrenzen.

Der Verlässlichkeit werden die Prinzipien der Bilanzwahrheit und Willkürfreiheit zugeordnet.[20]

19 EXPERTsuisse, 2023, S. 35.
20 EXPERTsuisse, 2023, S. 35.

Beispiel Verlässlichkeit

Die Grodeck AG ist im Dienstleistungssektor tätig. Sie führt das Konto angefangene Arbeiten in der Bilanz und wird in der Berichterstattung ausgewiesen. Um dem Gebot der Verlässlichkeit Gewähr zu leisten, muss sie für die angefangenen Arbeiten definieren, wie viele Stunden zu welchem Stundensatz auf den verschiedenen Projekten gearbeitet wurden. Es ist nicht verlässlich, wenn die Grodeck AG beim Jahresabschluss im Anhang keine Erklärung zur Bewertung der angefangenen Arbeiten aufgeführt hat. Im Weiteren ist es nicht vollständig, wenn das Konto angefangene Arbeiten nicht ausgewiesen ist.

Wesentlichkeit heisst, dass eine Information das Entscheidungsverhalten der Bilanzadressaten, insbesondere die Gläubiger und Anteilseigner, beeinflusst oder beeinflussen kann. Die Wesentlichkeit ist nicht quantifizierbar, sondern unternehmensbezogen und geprägt von einer subjektiven Wahrnehmung von Informationen. Wesentlichkeit ist daher in der Praxis schwierig zu erfassen.[21]

Wesentlichkeit bedeutet weiter, dass von der Rechnungslegung nicht absolute Genauigkeit verlangt werden darf. Unbedeutende Einflussgrössen, welche das Urteil von Bilanzadressaten oder Anspruchsgruppen nicht beeinflussen, müssen nicht weiter beachtet werden. Die Wesentlichkeit ist eine subjektive Grösse und kann aus der Perspektive der Anspruchsgruppen unterschiedlich eingeschätzt und bewertet werden. Informationen sind nur dann wesentlich, wenn ihr Fehlen oder ihre Änderung Entscheidungen zu beeinflussen vermögen.

In der Praxis werden Veränderungen zu wichtigen Bezugsgrössen wie beispielsweise zum Eigenkapital (5 bis 10 %), zum Jahresgewinn vor Steuern (3 bis 5 %) oder zum Umsatz bzw. Bilanzsumme (1 bis 3 %) aufgrund von Buchungstatsachen als wesentlich betrachtet. Ein Wechsel eines Gewinns in einen Verlust ist als wesentlich anzusehen. Auch der finanzielle Zustand eines Unternehmens hat einen Einfluss auf die Wesentlichkeit. Finanziell gesunde Unternehmen dürften andere Definitionen von Wesentlichkeit aufweisen als solche, die finanziell angespannt sind. Beispielsweise ist die Wesentlichkeit betreffend der oberen Bezugsgrössen tiefer zu sehen, wenn Unternehmen mit engem Eigenkapital oder geringen liquiden Mitteln zu kämpfen haben.

Beispiel Wesentlichkeit

Die Specta AG ist ein Publikumsunternehmen, welches eine Bilanzsumme von CHF 200 Millionen aufweist. Sie bringt Mobiliar für CHF 2'000 ein. Wenn sie eine Aktivierungsuntergrenze von CHF 5'000 beschliesst und alle Positionen unterhalb dieser Grenze als Aufwand verbucht, dann steht dies nicht im Widerspruch

21 EXPERTsuisse, 2023, S. 36.

zur Wesentlichkeit. Wenn das Mobiliar direkt über den Unterhalt gebucht wird, so ist diese Information für die Anspruchsgruppen als unwesentlich zu beurteilen, da der Kauf 0.001 % der Bilanzsumme entspricht.

Der Rechnungslegungsgrundsatz der Vorsicht steht im Zusammenhang mit einer zurückhaltenden Bewertung. Nach OR 960 III hat eine möglichst zuverlässige Beurteilung eines Jahresabschlusses grundsätzlich im Zentrum zu stehen, jedoch wird dieses Ziel mit der Bildung von stillen Reserven durchbrochen. Das heisst, ein Unternehmen darf sich schlechter, aber nicht besser darstellen, als es die wirtschaftliche Lage zulässt. Der Gesetzgeber lässt dadurch zu, dass die Jahresergebnisse in der Regel zu tief ausgewiesen werden können. Die Rechnungslegung beruht auf wichtigen Annahmen und Schätzungen, die unter Berücksichtigung dieses Gebots auszulegen sind.

Mit dem Vorsichtsprinzip ist das Imparitätsprinzip verbunden. Verluste müssen bei ersten Anzeichen sofort verbucht werden, Gewinne aber erst, wenn diese auch tatsächlich realisiert sind.

Beispiel Vorsicht

Die Knaus SA erwirbt eine Maschine über CHF 1 Mio. Sie schreibt diese Maschine über 2 Jahre vollständig ab, wobei die technische Nutzungsdauer 10 Jahre beträgt. Im ersten Jahr weist sie somit Abschreibungen von CHF 500'000 aus, wobei die korrekten, linearen Abschreibungen nur CHF 100'000 betragen würden. Die Knaus SA stellt sich somit um CHF 400'000 zu schlecht dar und hält das Vorsichtsprinzip ein.

Das Gebot der Stetigkeit bezieht sich auf die Darstellung und die gewählten Bewertungsgrundlagen. Damit Jahre vergleichbar sind, muss die gewählte Bewertung und Darstellung über mehrere Jahre stetig sein. Daher sind auch die Vorjahreszahlen nach OR 958d II aufzuführen.

Stetigkeit bedeutet nicht, dass alle Positionen einheitlich bewertet werden sollen. Abweichungen können berücksichtigt werden. Daher ist die Bewertungsgrundlage für wesentliche Positionen im Anhang offenzulegen, damit sich die Anspruchsgruppen ein Bild dazu machen können. Sofern Änderungen bei Bewertungsmethoden vorgenommen werden, müssen diese nach OR 959c I im Anhang erklärt und offengelegt werden. Wenn Änderungen von Annahmen und Schätzungen erfolgen, ist dies in der Regel kein Verstoss gegen das Stetigkeitsgebot, solange diese im Anhang erläutert sind. Es kann angezeigt sein, dass sich diese Grössen aus wirtschaftlichen Gründen geändert haben und daher laufend angepasst werden müssen.

Beispiel Stetigkeit

Die Knaus SA erwirbt eine Maschine von über CHF 1 Mio. Sie schreibt diese Maschine über 2 Jahre vollständig ab, wobei die technische Nutzungsdauer 10 Jahre beträgt. Wenn im ersten Jahr eine degressive und im zweiten Jahr eine lineare Abschreibung vollzogen wird, ist dies nicht vereinbar mit der Stetigkeit, ohne dass diese Information im Anhang offengelegt wird. Auch wenn im zweiten Jahr die Nutzungsdauer auf 5 Jahre ausgedehnt wird, ist dies eine Änderung der Annahmen, was nicht vereinbar mit der Stetigkeit ist, sofern dies nicht im Anhang offengelegt wird.

Das Verrechnungsgebot verlangt, dass Aktiven und Passiven sowie Aufwand und Ertrag nicht miteinander verrechnet werden dürfen. Sofern diese Positionen unwesentlich sind, ist eine Verrechnung grundsätzlich denkbar. Das Verrechnungsgebot sorgt dafür, dass sich die Anspruchsgruppen ein zuverlässiges Bild über das Vermögen, die Schulden und die Profitabilität verschaffen können. Daher erstreckt sich dieses Verrechnungsgebot auf die Bilanz, die Erfolgsrechnung und auch auf den Anhang.

Sofern eine Forderung und eine Verbindlichkeit fällig sind, gegenüber den gleichen Parteien bestehen und an keine spezifischen Bedingungen geknüpft sind, ist eine Verrechnung im Grundsatz nach OR 120 bis OR 126 zulässig.

Eine Bildung von Abschreibungen und Wertberichtigungen in direkter Buchungsweise (d. h. direkte Verbuchung auf dem jeweiligen Bilanzkonto) stellt keine Verrechnung dar. Weiterhin sind Erlös- und Aufwandsminderungen kein Verstoss gegen das Verrechnungsverbot.[22] Eine Verrechnung ist aber insbesondere auf Finanzaufwand und -ertrag sowie betriebsfremden Aufwendungen und Erträgen nicht zulässig.

Beispiel Verrechnung

Die Fuchs AG verfügt über eine Forderung gegenüber einem Kunden von CHF 65'000. Weiterhin schuldet sie einem hiervon unabhängigen Lieferanten einen Betrag von CHF 70'000. Würden diese beiden Positionen miteinander verrechnet, befände sich auf der Passivseite nur noch eine Schuld von CHF 5'000, womit dem Bilanzadressaten ein unvollständiges Bild über die wahren Vermögen und Schulden aufgezeigt würde. Dies würde einen Gesetzesverstoss im Sinne des Verrechnungsverbots darstellen.

22 EXPERTsuisse, 2023, S. 38.

Diese Grundsätze der ordnungsgemässen Rechnungslegung dienen als Reflexions- und Orientierungsgrösse für komplexe Buchhaltungsverhältnisse. Wenn diese Grundsätze bejaht werden können bzw. gegen sie keine Verstösse vorliegen, kann von einer gesetzeskonformen, vollständigen und transparenten Jahresrechnung gesprochen werden.

7 Bewertungsvorschriften nach Obligationenrecht (OR)

7.1 Die Bedeutung der Bewertung

Die Bewertung von Vermögenswerten und Verbindlichkeiten ist eine der zentralen Fragen des finanziellen Rechnungswesens. Die Bewertung ist mit erheblichen Ermessensspielräumen verbunden. Beispielsweise ist die Höhe von Rechnungsabgrenzungspositionen, Rückstellungen oder Abschreibungen zu schätzen, was in der Natur der Sache mit Unsicherheiten verbunden ist.

In der Regel ist die Erstbewertung mit wenig Unsicherheiten behaftet, da die Anschaffungs- oder Herstellkosten angesetzt werden. Die Folgebewertung ist jedoch mit Ermessenspielräumen verbunden, und der Gesetzgeber hat hier wenige Regeln festgesetzt. Bei der Bewertung sind daher folgende Aspekte zu beachten:

- Berücksichtigung des Vorsichtsprinzips
- Maximale Bewertungsobergrenze von Vermögenswerten zu Anschaffungs- oder Herstellkosten
- Gesetzliche Erlaubnis für die Bildung von stillen Reserven
- Ansatzkriterien für Vermögenswerte und Verbindlichkeiten
- Going Concern (Fortführungsannahme)
- Einzel- und Gruppenbewertung

Der Anhang spielt für die Bewertung eine zentrale Rolle. Bewertungsmethoden sind in der Regel im Anhang zu erläutern und offenzulegen, sofern diese nicht vom Gesetz bereits geregelt sind. Durch diese Bewertungsregeln wird insbesondere der Schutz der Gläubiger sichergestellt.

7.2 Vorsichtsprinzip

Das zentrale Informationsbedürfnis ist es, dass sich die Anspruchsgruppen nach OR 958 I ein verlässliches, zuverlässiges Bild über das Vermögen und die Schulden machen können. Im Zentrum des Rechnungslegungsrechts steht jedoch der Gläubigerschutz. Unter diesen Schutz fallen jene Parteien, welche auf der Passivseite eine offene Verbindlichkeit gegenüber dem Unternehmen haben. Durch eine zurückhaltende, vorsichtige Bewertung sollen diese Gläubiger geschützt werden. Der Schutz drückt sich insofern aus, dass Sorgfalt bei der Bewertung und Anwendung von

Ermessensspielräumen angewendet werden soll, indem Vermögenswerte eher zu tief und Verbindlichkeiten eher zu hoch geschätzt werden.[23] Dies steht teilweise im Widerspruch zu einer möglichst zuverlässigen Berichterstattung. Wenn ein Unternehmen erfolgreich arbeitet, wird es sich tendenziell zu vorsichtig darstellen.

Das Rechnungslegungsrecht definiert in der Regel Bewertungsobergrenzen für Aktiven (Höchstbewertungsvorschriften)und lässt niedrigere Bewertungen zu. Deshalb ist die Bildung von stillen Reserven zulässig, was eine zuverlässige Beurteilung der Vermögen und Schulden beeinträchtigt. Weiterhin ist der Grundsatz der ordnungsgemässen Rechnungslegung, das Vorsichtsprinzip nach OR 960 II, bei der Bewertung zu beachten, wonach bei Unsicherheit der tiefere Bewertungsansatz bei Vermögenswerten bzw. der höhere Bewertungsansatz bei Verbindlichkeiten zu wählen ist.

Das Vorsichtsprinzip lässt sich in die folgenden drei weiteren Prinzipien unterteilen (▶ Dar. 19).

Dar. 19: Elemente des Vorsichtsprinzips

Das Realisationsprinzip besagt, dass Gewinne an dem Zeitpunkt zu verbuchen sind, in denen sie realisiert werden. Hingegen sagt das Imparitätsprinzip, dass Verluste schon dann zu buchen und zu berücksichtigen sind, wenn erste Indizien erkennbar sein. Das Niederstwertprinzip verlangt zusätzlich, dass Vermögenswerte zum (tieferen) Markt-, Verkehrs- oder Veräusserungswert zu bilanzieren sind, wenn dieser niedriger als die Anschaffungs- oder Herstellkosten ist.

Das Vorsichtsprinzip ist insbesondere bei Abgrenzungen, Wertberichtigungen von Vorräten sowie Abschreibungen und Rückstellungen von hoher Relevanz, da die Ermessensspielräume hier weitreichend sind. Das privilegierte Warendrittel bedeutet, dass die Vorräte zum Bilanzstichtag aus steuerrechtlichen Gründen um ein Drittel der Anschaffungskosten reduziert werden können.

Grundsätzlich lassen sich zusammenfassend zwei Bewertungsprinzipien im Rechnungslegungsrecht aus dem Vorsichtsprinzip für den Jahresabschluss ableiten:

23 Handschin, 2013, S. 171.

- Vermögenswerte weisen Höchstbewertungsvorschriften auf.
- Verbindlichkeiten weisen Mindestbewertungsvorschriften auf.

7.3 Ansatzkriterien zur Erfassung und Bewertung von Vermögenswerten und Verbindlichkeiten

Das Rechnungslegungsrecht definiert, was einen Vermögenswert darstellt. Die Vermögenswerte müssen nach OR 959 I bilanziert werden, wenn folgende drei Tatbestände kumulativ erfüllt sind:

I. Verfügungsmacht aus einem vergangenen Ereignis
II. Wahrscheinlicher Mittelzufluss mit Hilfe des erworbenen Vermögenswerts
III. Verlässliche Wertermittlung oder verlässliche Schätzung des Wertes

Wenn diese Kriterien nicht erfüllt sind, stellt ein Vermögenswert eine Aufwandsposition dar und darf nicht als Aktivum in der Bilanz aufgeführt (bilanziert) werden. Somit werden die Aktivierungswahlrechte eines Unternehmens eingeschränkt. Hingegen stellt es eine Aktivierungspflicht dar, wenn diese Tatbestände erfüllt sind. Eine Möglichkeit besteht allerdings darin, die Vermögenswerte in der Bilanz aufzuführen und anschliessend sofort abzuschreiben bzw. den Wert zu berichtigen.

Der Begriff der Wahrscheinlichkeit beim Mittelzufluss ist hoch anzusetzen. Aufgrund des Vorsichtsprinzips muss die Wahrscheinlichkeit höher als 50 % bzw. tendenziell nach Lehrmeinung zwischen 75 bis 90 % sein.[24]

Beispiel Aktivierung von Vorräten

Die Fischer GmbH hat vor drei Monaten Vorräte im Wert von CHF 100'000 erworben. Sie möchte diese Waren in ihrem Handel mit einer Marge von 10 % an Kunden weiter veräussern. Der Warenwert kann mit Hilfe der Lieferantenrechnung verlässlich bestimmt werden, die Waren sind im Eigentum der Fischer GmbH, und durch den Verkauf lässt sich ein erwarteter, wahrscheinlicher Mittelzufluss in Form eines Verkaufs bzw. Ertrags erkennen. Die Vorräte müssen demnach am Bilanzstichtag in der Bilanz aufgeführt werden.

Bei immateriellen Vermögenwerten ist es denkbar, dass die drei Kriterien nicht in jedem Fall erfüllt sind. Bei allen anderen Vermögenswerten sind sie in der Regel erfüllt.

24 Sinngemäss Böckli, 2014, S. 77, N 326.

Verbindlichkeiten bzw. Passiven sind des Weiteren nach OR 959 IV aufzuführen, wenn folgende Tatbestände kumulativ erfüllt sind:

I. Bezug zu einem vergangenen Ereignis
II. Wahrscheinlicher Mittelabfluss aufgrund der Verbindlichkeit
III. Verlässliche Bestimmung der Höhe des Betrags

Wenn diese Tatbestände kumulativ erfüllt sind, besteht eine Pflicht, Verbindlichkeiten in der Bilanz zu erfassen. Es ist daher nicht erlaubt, fiktive Verbindlichkeiten zu bilden. Dies würde den Grundsätzen ordnungsgemässer Rechnungslegung widersprechen (Verlässlichkeit).[25] Allerdings dürfen nicht mehr benötigte Rückstellungen fortgeführt werden, auch wenn sie betriebswirtschaftlich keinen Zweck mehr erfüllen. In diesem Fall stellen die Rückstellungen stille Reserven dar und sind aufgrund des Vorsichtsprinzips erlaubt.

Beispiel Erfassung von passiven Rechnungsabgrenzungen

Die Fischer GmbH bestellt kurz vor dem Jahreswechsel Waren. Die Rechnung des Lieferanten ist noch nicht eingetroffen. Die Bestellung wurde in der Vergangenheit getätigt, der Betrag kann verlässlich geschätzt werden, und ein Mittelabfluss ist wahrscheinlich, da die Rechnung später bezahlt werden muss. Daher muss eine passive Rechnungsabgrenzung erfasst werden. Da die Rechnung noch nicht eingetroffen ist, darf keine Verbindlichkeit aus Lieferungen und Leistungen gebucht werden.

Die Vermögenswerte dürfen nach OR 960a I in der Ersterfassung maximal zu Anschaffungskosten oder Herstellkosten bewertet werden. Auch in der Folgebewertung in den nachfolgenden Jahren dürfen Vermögenswerte diese beiden Wertobergrenzen nicht überschreiten (Höchstbewertungsvorschriften).[26]

Grundsätzlich besteht ein Aufwertungsverbot im Rechnungslegungsrecht, allerdings ist eine Wiederaufwertung bei der Existenz von stillen Reserven möglich.[27] Erworbenes Vermögen sollte jedoch in den Folgejahren aufgrund des Vorsichtsprinzips nicht höher als die fortgeschriebenen Anschaffungskosten bewertet werden, da bei Vermögenswerten die Nutzung (in Form von planmässigen Abschreibungen) oder anderweitige Wertverluste entsprechend berücksichtigt werden sollten (OR 960a III).

25 EXPERTsuisse, 2023, S. 38.
26 EXPERTsuisse, 2023, S. 67
27 Böckli, 2014, S. 192, N 857.

Beispiel fortgeschriebene Anschaffungskosten

Die Frutiger AG erwirbt im Jahr 1 eine neue Maschine für CHF 100'000 zum Jahresbeginn. Diese wird linear über zehn Jahre auf einen Restwert von null abgeschrieben. Am Ende des Jahres 1 betragen die fortgeschriebenen Anschaffungskosten CHF 90'000 und im Jahr 2 CHF 80'000, wenn die Abschreibungen berücksichtigt werden. Das bedeutet für die maximale Bewertung, dass am Ende des Jahres 1 der maximale Anschaffungswert (fortgeschriebener Anschaffungswert) CHF 90'000 und im Jahr 2 CHF 80'000 beträgt, da die Maschine durch die Nutzung an Wert verliert. Eine Aufwertung im Jahr 2 oder 3 auf CHF 100'000 entspricht nicht dem Vorsichtsprinzip.

Lediglich Land und Boden sollte aufgrund fehlender Abnutzung nicht abgeschrieben werden. Auch Beteiligungen und Finanzanlagen werden nicht abgeschrieben, sondern wertberichtigt. Ihre Wertkorrekturen sind nur von temporärer Natur.

Als Anschaffungskosten gelten alle Ausgaben, um ein Aktivum zu erwerben. Der Begriff der Anschaffungskosten kann wie folgt für das Rechnungslegungsrecht definiert werden:

Anschaffungspreis	
+	Anschaffungsnebenkosten
+	nachträgliche Anschaffungskosten
–	Anschaffungspreisminderungen (z. B. Rabatte, Skonti)
=	**Anschaffungskosten**

Dazu zählen auch Nebenkosten wie Zölle, nicht zurückerhaltene Quellensteuern sowie Montage- oder Transportkosten.

Wenn ein Aktivum selbst hergestellt wird, bilden die Herstellkosten die Wertobergrenze. Die Kosten für die Herstellung müssen im Zeitraum der Erstellung angefallen sein. Zu den Herstellkosten zählen alle unmittelbaren Kosten, die in die Herstellung eines Aktivums direkt eingeflossen sind. Herstellung bedeutet die Neuschaffung eines bisher nicht verwendeten Gegenstandes. In der Regel sind allgemeine Verwaltungs- und Vertriebskosten sowie kalkulatorische Kosten, allgemeine Forschungskosten und Leerkosten ausgeschlossen. Verwaltungs- und Vertriebskosten können jedoch aufgrund des Vorsichtsprinzips als Herstellkosten berücksichtig werden, sofern sie einen direkten Bezug zu einem Produkt oder einem selbst hergestellten Vermögenswert aufweisen. Hier stützt sich ein Unternehmen auf das interne Rechnungswesen bzw. auf die Betriebsbuchhaltung ab. Entwicklungskosten können ebenfalls Bestandteil der Herstellkosten sein. Eine nachträgliche Erfassung von Herstellkosten ist ebenfalls zulässig, sofern ein Vermögenswert nachhaltig verbessert wird. Weiterhin sind als Mindestansatz die Einzelkosten des Materials und der Fertigung zu qualifizieren.

Es besteht somit nach dem Rechnungslegungsrecht ein Wahlrecht, welcher Bestandteil der Verwaltungskosten und der Fertigungsgemeinkosten bei den Herstellkosten berücksichtigt werden darf. Die Frage hängt im Wesentlichen von der Ausgestaltung des betrieblichen Rechnungswesens ab.

Sofern die Anschaffungs- oder Herstellkosten in fremder Währung in Rechnung gestellt wurden, ist der Umrechnungs- oder Fremdwährungskurs zu verwenden, der im Zeitpunkt des Erwerbs gilt. Dieser darf beim Anlagevermögen nicht mehr angepasst werden, beim Umlaufvermögen sind Wertberichtigungen für Fremdwährungen zulässig.

In der Bilanz lassen sich aus dieser Wertobergrenze für Vermögenswerte bzw. Mindestgrenze für Verbindlichkeiten abschliessend unterschiedliche Bewertungsober- und mindestgrenzen ableiten (▶ Dar. 20).

Dar. 20: Bewertung von Positionen der Bilanz

Bewertung in der Bilanz	
Flüssige Mittel	Nominalwert
Forderungen aus Lieferungen und Leistungen	Nominalwert abzüglich Wertberichtigung auf Forderungen (Delkredere)
Vorräte	Niederstwert
Aktive und passive Rechnungsabgrenzung	Nominalwert, Schätzungswert
Finanzanlagen und Beteiligungen	Anschaffungskosten
Sachanlagen und immaterielle Vermögenswerte	Anschaffungs- oder Herstellkosten
Verbindlichkeiten	Nominalwert
Rückstellungen	Nominalwert, Schätzungswert

Der Nominalwert, der auch als Nennwert bezeichnet wird, ist jener monetäre Betrag, der einer Position im Zeitpunkt des Bilanzstichtages zugeordnet wird.[28] Bei den flüssigen Mitteln beispielsweise ist dies der Bestand am Bilanzstichtag, der aus einem Bankauszug ersichtlich ist. Insbesondere bei den Vorräten ist das Niederstwertprinzip zu ermitteln. Bei den Rechnungsabgrenzungen und Rückstellungen ist in der Regel ein Schätzwert zu bestimmen, der möglichst nach objektiven Kriterien und nach dem Vorsichtsprinzip zu ermitteln ist.

Eine wichtige Ausnahme vom Bewertungsgrundsatz für Vermögenswerte, dass diese maximal zu Anschaffungs- oder Herstellkosten bewertet werden dürfen, ist

28 EXPERTsuisse, 2023, S. 74.

die Marktbewertung für Wertschriften, insbesondere für Wertschriften des Umlaufvermögens. Vermögenswerte dürfen nach OR 960b mit dem Börsenkurs oder zu einem anderen beobachtbaren Marktpreis in einem aktiven Markt am Bilanzstichtag bewertet werden, sofern dieser über dem Anschaffungspreis liegt. Um steuerrechtliche Belastungen zu vermeiden, darf eine Wertschwankungsreserve gebildet werden, um Kursschwankungen Rechnung zu tragen. Diese bildet dabei ein Passivkonto. Es dürfen dadurch allerdings keine zusätzlichen stillen Reserven gebildet werden (▶ Kap. 12.2).

Als aktiver Markt gilt in der Regel nur die Börse, wo es regelmässig Kaufs- und Verkaufspreise gibt. Der Markt muss fungibel (d. h. handelbar) sein, und die Preise müssen regelmässig gestellt sein, d. h. es gibt eine genügend grosse Anzahl von Angebot und Nachfrage im Markt. Ein reines Kaufgeschäft zwischen zwei Vertragsparteien gilt nicht als Marktpreis.[29]

Beispiel Marktbewertung mit Schwankungsreserve

Die Fischer GmbH hat zu Jahresbeginn 50 Aktien des kotierten Unternehmens Hope an der Börse erworben (Kaufpreis CHF 100 je Aktie). Der Erwerbspreis beträgt somit CHF 5'000. Zum Bilanzstichtag (Jahresende) beträgt der Marktpreis von Hope CHF 150 je Aktie. Fischer wendet die Marktbewertung nach OR 960b I an. Somit bucht sie: Wertschriften / Finanzertrag CHF 2'500. Weiter kann sie eine Wertschwankungsreserve bilden: Finanzaufwand / Wertschwankungsreserve CHF 2'500. Diese darf nicht höher sein, da sonst zusätzliche stille Reserven gebildet würden. Diese Buchung führt dazu, dass die Aufwertung der Wertschriften bzw. Aktien erfolgsneutral abgebildet wird.

Vorräte und nicht fakturierte Dienstleistungen müssen am Bilanzstichtag auf das Niederwertprinzip hin geprüft werden (▶ Kap. 17). Nach OR 960c muss ein tieferer Netto-Veräusserungswert in der Bilanz angesetzt werden, sofern dieser tiefer ist als die historischen Anschaffungs- oder Herstellkosten. Der Netto-Veräusserungswert berechnet sich aus der Differenz zwischen dem Verkaufspreis (Brutto-Veräusserungswert) und den Verkaufskosten (z. B. Fracht, Zölle). Daher wird am Bilanzstichtag der Anschaffungspreis mit einem Netto-Veräusserungspreis je Produkt oder Dienstleistung verglichen. Der Netto-Veräusserungswert ist intern festzulegen, womit ein gewisser Ermessensspielraum einhergeht. Das Niederstwertprinzip stellt sicher, dass bei den Vorräten, unfertigen und fertigen Erzeugnissen oder Hilfsgütern keine Überbewertung stattfindet. Gerade bei nicht verkauften Waren mit hoher Lagerbindung (»Ladenhüter«) kann es Anzeichen einer Überbewertung geben. Ziel ist eine verlustfreie Bewertung der Vorräte.[30]

29 Böckli, Peter, 2014, S. 192, N 857.
30 EXPERTsuisse, 2023, S. 73.

Bei Dienstleistungen verlangt OR 959a II den Ausweis von nicht fakturierten Dienstleistungen. Die dargelegten Bewertungsregeln gelten für Dienstleistungsunternehmen sinngemäss.[31]

Beispiel Niederstwertprinzip Vorräte

Der Detailhändler Bertschinger (Einzelunternehmen) kauft am 1. März Waren für CHF 4.50 pro Stück. Der durchschnittliche Verkaufspreis während dem Jahr liegt bei CHF 6.00 je Stück. Am Bilanzstichtag (Jahresende) konnte die erworbene Ware vom 1. März noch nicht abgesetzt werden. Der geschätzte Verkaufspreis liegt bei CHF 1.50 am Bilanzstichtag aufgrund einer schweren Rezession. Dieser Wert gilt somit als Obergrenze (Höchstbewertungsvorschriften) in der Bilanz und eine Wertberichtigung von mindestens CHF 3.00 (4.50 – 1.50) je Stück ist daher notwendig.

Nach OR 960e I sind Verbindlichkeiten im Grundsatz zum Nennwert zu bilanzieren. Besondere Herausforderungen bestehen bei den Rückstellungen. Bei den Rückstellungen bedarf es einer Schätzung. Dabei kann auf Erfahrungszahlen zurückgegriffen werden (▶ Kap. 27).

Beispiel Bewertung Rückstellungen

Die Schoch AG bildet am Jahresende immer eine Rückstellung für Garantiearbeiten, welche sie im nächsten Jahr erbringen muss. Dabei stützt sie sich auf die Erfahrungszahlen aus den vergangenen Jahren ab. Weiterhin plant die Schoch AG im nächsten Jahr eine Jubiläumsfeier. Intern wurden Offerten eingeholt, und der gesamte Betrag für das Jubiläum im nächsten Jahr wurde als Rückstellung erfasst.

Ausserdem besteht ein allgemeine gesetzliche Pflicht nach OR 960 III zur Prüfung, dass Überbewertungen von Aktiven oder zu tiefe Rückstellungen am Bilanzstichtag identifiziert und notfalls angepasst werden müssen. Im Fachjargon werden solche ausserordentlichen Abschreibungen auch als Impairment bezeichnet.

7.4 Going Concern

In der Rechnungslegung und im finanziellen Rechnungswesen nimmt die Annahme der Unternehmensfortführung (Going Concern) nach OR 959a I eine zentrale Rolle ein. Es ist eine Prämisse, nach welcher die Rechnungslegung und die angesetzten

31 EXPERTsuisse, 2023, S. 73.

Werte (Buchwerte) angewendet werden können, allerdings nur dann, wenn keine Notwendigkeit oder Absicht besteht, dass Unternehmen zu liquidieren oder die Geschäftstätigkeit einzuschränken. Die Illiquidität spielt dabei eine zentrale Rolle, ob diese Annahme noch aufrechterhalten werden kann oder nicht.[32]

Unter normalen Umständen kann angenommen werden, dass die Buchwerte in der Bilanz angemessen sind, d. h. die Vermögenswerte sind werthaltig und die Verbindlichkeiten wurden ausreichend hoch angesetzt. Sofern an der Fortführung eines Unternehmens gezweifelt werden muss, sind nach OR 958a II die Buchwerte auf der Vermögensseite abzuschreiben, da Veräusserungswerte einzusetzen sind, und die Rückstellungen auszuweiten. Im Extremfall führt dies zu einer Überschuldung.

Sofern solche Zweifel bestehen, muss dies im Anhang nach OR 959a III offengelegt werden. Es ist zu erläutern, weshalb am Going Concern festgehalten werden kann. Durch die Information im Anhang wird der Bilanzleser bzw. Leserin über mögliche Zweifel der Geschäftsfortführung ins Bild gesetzt. Die Feststellung, ob Zweifel an der Unternehmensfortführung bestehen, ist nach dem Gesamtumstand aller Indizien festzulegen. Folgende Punkte können einzeln oder gemeinsam Indizien für Zweifel an der Annahme der Unternehmensfortführung hervorrufen, wobei die Aufzählung nicht abschliessend ist:

- Überschuldung und Kapitalverlust
- Verzögerungen der Bezahlung von Amortisationen und Zinsen bei finanziellen Verbindlichkeiten
- Negative Finanzbudgets
- Schlechte Ergebnisse von Finanzkennzahlen
- Zahlungsverzögerungen von ausstehenden Gläubigerrechnungen
- Verlust von Schlüsselpersonal
- Rekrutierungsprobleme
- Verschärfte Wettbewerbsbedingungen
- Schwerwiegende Rechtsfälle und Gesetzesverstösse mit hohem Rückstellungsbedarf
- Verlust von Schüsselkunden mit einhergehendem Umsatzverlust

Beispiel Zweifel am Going Concern

Die Salzer AG, ein lokales Bauunternehmen, weist ein Anlagevermögen (am Bilanzstichtag 31.12.2019) von CHF 15 Mio. auf (Buchwerte). Aufgrund der Coronakrise 2020 ist der Umsatz im Jahr 2020 um 40 % eingebrochen, und die Salzer AG kämpft mit Liquiditätsproblemen. Die Annahme des Going Concern ist in Frage zu stellen. Sofern sich die Zweifel bestätigen, ist dies im Anhang darzulegen.

32 EXPERTsuisse, 2023, S. 33.

Die Annahme der Unternehmensfortführung wird für die nächsten zwölf Monate getroffen. Grundlage ist der Finanzplan oder das Budget, aus welchem die Einschätzung ersichtlich ist. Es kann auch angezeigt sein, dass ein Zwischenabschluss erstellt werden muss.[33]

Beispiel Folgen bei Zweifel des Going Concern

Die Salzer AG kann die Annahme des Going Concern nicht bestätigen, und das Anlagevermögen ist um CHF 10 Mio. abzuschreiben, um die Veräusserungswerte zu erhalten. Da das Eigenkapital CHF 8 Mio. betrug, ist die Salzer AG nach dieser Abschreibung überschuldet, da das neue Eigenkapital CHF -2 Mio. beträgt.

Die Annahme der Unternehmensfortführung ist in der Praxis nicht zu halten, wenn ein Unternehmen Probleme mit der Liquidität oder operative Probleme aufweist. Insbesondere wenn ein Unternehmen nicht mehr in der Lage ist, seine kurzfristigen Verbindlichkeiten zu begleichen, ist ein wichtiges Kriterium für die Annahme des Going Concern nicht mehr erfüllt. Dies führt zu massiven Wertberichtigungen und hohen Rückstellungen, die im Extremfall zu einer Überschuldung führen können. Eine Umstellung auf Liquidationswerte führt meistens zu einer Implosion der Vermögenswerte und einer Explosion der Verbindlichkeiten.[34]

Beispiel Offenlegung Hinweise zum Going Concern Pizolbergbahnen im Anhang im Jahr 2018

Mit Vereinbarung vom 31. Januar 2018 erklären sich der Kanton St. Gallen sowie die Gemeinden Bad Ragaz, Vilters-Wangs, Mels, Sargans, Wartau und Pfäfers bereit, die Pizolbahnen AG während der nächsten Jahre finanziell zu unterstützen. Der Kanton leistet in den Jahren 2018 bis 2020 den Betrag von insgesamt TCHF 900, die Gemeinden in den Jahren 2018 bis 2023 jährlich den Betrag von TCHF 540. Die Ausrichtung dieser Beiträge ist an die Einhaltung von zehn definierten Bedingungen geknüpft. Aus der Sicht des Verwaltungsrates sind sämtliche Bedingungen erfüllt. Es darf deshalb von der Ausrichtung der Beiträge für das Jahr 2018 ausgegangen werden. Planungsrechnungen und Analysen zeigen, dass die Pizolbahnen AG nachhaltig mit einem strukturellen Defizit rechnen muss. Unter Berücksichtigung bereits eingeleiteter und noch geplanter Massnahmen sowie der bevorstehenden beschriebenen Unterstützung von Kanton und Gemeinden geht der Verwaltungsrat aufgrund seiner Einschätzungen und Annahmen davon aus, dass die Zahlungsfähigkeit des Unternehmens nachhaltig gegeben ist.

33 EXPERTsuisse, 2023, S. 33.
34 Böckli, 2014, S. 31, N 130.

7.5 Einzel- und Gruppenbewertung

Alle Vermögenswerte und Verbindlichkeiten müssen im Grundsatz nach OR 960 I einzeln bewertet werden. Eine Gruppenbewertung ist zulässig, wenn die Position wesentlich ist und aufgrund der Gleichartigkeit als Gruppe zusammengefasst wird. Gleichartigkeit bedeutet, dass die Einzelpositionen zu einer eng verbundenen Gruppe zählen. Forderungen aus Lieferungen und Leistungen sowie gleichartige Elemente der Vorräte beispielsweise können als gleichartig betrachtet werden.[35] Die Gruppenbewertung führt dazu, dass sich Minder- und Mehrwerte gegenseitig kompensieren lassen, ohne dass entsprechende Abschreibungen oder Wertberichtigungen vollzogen werden müssen. Somit wird eine mögliche Wertminderung in der Bilanz nicht ausgewiesen.[36]

Beispiel Gruppenbewertung

Die Hütter AG besitzt zwei Beteiligungen im Anlagevermögen. Die Beteiligung A weist einen Unternehmenswert von CHF 10 Mio. auf (Anschaffungskosten CHF 8 Mio.). Die Beteiligung B besitzt einen Unternehmenswert von CHF 3 Mio. (Anschaffungskosten CHF 5 Mio.). Auf Basis einer Einzelbewertung ist eine Abschreibung bei der Beteiligung B von CHF 2 Mio. notwendig, wobei eine Aufwertung bei Beteiligung A aufgrund des Anschaffungskostenprinzips ausgeschlossen ist. Die Beteiligung A darf nicht höher bewertet werden als die Anschaffungskosten.
Bei der Anwendung einer Gruppenbewertung ist keine Abschreibung notwendig, da als Gruppe die Buchwerte mit den Unternehmenswerten übereinstimmen und keine Wertberichtigung notwendig ist. Die Beteiligungen werden als Gruppe angesehen, womit die Anschaffungskosten CHF 13 Mio. betragen, was genau mit dem Unternehmenswert übereinstimmt.

Die Gruppenbewertung ist in der Praxis vor allem bei Beteiligungen, Liegenschaften und ansatzweise bei Vorräten zu finden. Ihre Anwendung muss im Anhang erklärt und erläutert werden. Eine Gruppenbewertung bei Beteiligungen kann als gegeben betrachtet werden, wenn eine starke betriebswirtschaftliche Beziehung zwischen den Tochtergesellschaften besteht und der Konzern in den verschiedenen Ländern ähnliche Strukturen aufweist.[37]

Wird die Bewertungspraxis betreffend Einzel- oder Gruppenbewertung im Vergleich zum Vorjahr angepasst, so ist dies im Anhang entsprechend offenzulegen. Die Veränderung ist zu beschreiben und die Konsequenzen daraus müssen quantitativ und qualitativ erkennbar sein.

35 EXPERTsuisse, 2023, S. 69.
36 Handschin, 2013, S. 272, N 581.
37 EXPERTsuisse, 2023, S. 70.

7.6 Umgang mit Bewertungsfehlern

Werden Fehler in vergangenen Jahresrechnungen festgestellt, sind diese zum Zeitpunkt der Entdeckung erfolgswirksam zu korrigieren. Allerdings dürfen die Vorjahre nicht mehr angepasst werden. Festgestellte Fehler sind als ausserordentliche Positionen zu verbuchen und im Anhang zu erwähnen und zu beschreiben.

Es sind zwei Arten von Korrekturen zu differenzieren:[38]

I. Anpassungen der Gliederung und Darstellung ohne Einfluss auf das Eigenkapital: Wenn eine aussagekräftigere Darstellung oder Gliederung zu einer erhöhten Transparenz führt, dürfen die Vorjahreszahlen angepasst werden, sofern das Eigenkapital und das Jahresergebnis sich dadurch nicht ändern. Es ist jedoch im Anhang darauf hinzuweisen.
II. Wenn das Eigenkapital oder das Jahresergebnis sich dadurch ändert, dürfen keine Änderungen vorgenommen werden.

Sofern Annahmen und Schätzungen angepasst werden, sind diese ebenfalls im Anhang zu erläutern, so dass das Gebot der Stetigkeit eingehalten wird.

38 EXPERTsuisse, 2023, S. 39.

8 Verhältnis Handels- und Steuerrecht

Das Rechnungslegungsrecht legt die Regeln und Grundlagen fest, wie eine Jahresrechnung nach Handelsrecht (Obligationenrecht) erstellt und dargelegt werden muss. Im Zentrum des Rechnungslegungsrechts steht der Gläubigerschutz. Die Gläubiger (insbesondere Fremdkapitalgeber) als zentrale Anspruchsgruppe müssen in ihren Erwartungen und ihrer Rechtsstellung geschützt werden, indem eine möglichst zuverlässige Berichterstattung über die Vermögenswerte, Finanzen und Ertragslage sichergestellt wird. Daher ist es das Ziel, dass eine Jahresrechnung vorsichtig erstellt wird. Dies betrifft insbesondere die Bewertung der Vermögenswerte und der Verbindlichkeiten. Nach OR 958 I müssen die Rechnungslegung und das finanzielle Rechnungswesen die wirtschaftliche Lage des Unternehmens aber auch so darstellen, dass sich Dritte ein verlässliches Urteil bilden können. Die Bildung von stillen Reserven ist aufgrund des Vorsichtsprinzips zugelassen, was die Bildung eines verlässlichen Urteils einschränkt (▶ Dar. 21).

Dar. 21: Handels- und Steuerrecht im Vergleich

	Handelsrecht / Obligationrecht	**Steuerrecht**
Ziel	Vermittlung eines möglichst verlässlichen Urteils über die wirtschaftliche Lage eines Unternehmens und Schutz der Gläubiger	Sicherung von Steuereinnahmen (Stetigkeit von regelmässigen Steuereinnahmen)
Bewertung von Aktiven	Höchstbewertungsvorschriften	Mindestbewertungsvorschriften (bei Abschreibungen mit maximalen Sätzen, Wertberichtigungen)
Bewertung von Passiven	Mindestbewertungsvorschriften	Höchstbewertungsvorschriften (Akzeptanz von Rückstellungen und passiven Abgrenzungen)
Schutzperspektive	Gläubigerschutz	Schutz der Interessen des Staates (Einnahmen)

Die Veranlagung des Steuerrechts für Selbständigerwerbende (Einzelunternehmen) und Personengesellschaften sowie bei juristischen Personen erfolgt auf Basis des handelsrechtlichen Abschlusses. Die Brücke zwischen dem Handelsrecht (Rechnungslegungsrecht) und dem Steuerrecht bildet daher das sogenannte Massgeblichkeitsprinzip. Es besagt, dass für die Steuerermittlung der handelsrechtliche Einzelabschluss bindend ist. Das Massgeblichkeitsprinzip unterscheidet zwischen der materiellen und formellen Massgeblichkeit.

- Das materielle Massgeblichkeitsprinzip bedeutet, dass sich die steuerrechtliche Gewinnermittlung auf den handelsrechtlichen Abschluss stützen muss. Das heisst, die handelsrechtlichen Grundsätze ordnungsgemässer Buchführung und Rechnungslegung gelten für die Gewinnsteuerbelastung, sofern keine eigenständigen steuerrechtlichen Gewinnermittlungsvorschriften bestehen. Weiterhin sind handelsrechtswidrige Werte zwingend durch handelsrechtskonforme Werte zu ersetzen.
- Die formelle Massgeblichkeit verlangt, dass alle relevanten Geschäftsvorfälle in der Handelsbilanz erfasst werden. Für das Steuerrecht ist nur massgebend, was effektiv in der Handelsbilanz gebucht wurde.

In der Praxis ist es aus Steueroptimierungsgründen üblich, dass die steuerrechtlich vorgeschriebenen Wertansätze bereits im Handelsrecht berücksichtigt werden. Das heisst, der handelsrechtliche Abschluss wird nach den steuerrechtlichen Vorgaben bereits erstellt. Dies trifft insbesondere auf die Wertberichtigungen bei den Forderungen aus Lieferungen und Leistungen, dem privilegierten Warendrittel, den Abschreibungen auf dem Anlagevermögen und den Rückstellungen zu.

Diese umgekehrte Massgeblichkeit bedeutet daher eine Kehrseite der Rechnungslegung. Die steuerrechtlichen Vorgaben werden im Einzelabschluss nach Handelsrecht angewendet. Zentral ist allerdings, dass die steuerrechtlichen Vorgaben den Grundsätzen ordnungsgemässer Rechnungslegung und Buchführung sowie den Bewertungsregelungen nach dem Handelsrecht entsprechen. Sonst besteht die Gefahr, dass die Handelsrechtskonformität als Voraussetzung für die Massgeblichkeit nicht mehr erfüllt ist. In aller Regel sind allerdings die Ermessensspielräume im Handelsrecht weit, dass sie den steuerrechtlichen Vorgaben nicht widersprechen. Eine Übernahme von steuerrechtlichen Rückstellungen in das Handelsrecht ist allerdings immer dann abzulehnen, wenn die Ansatzkriterien für Verbindlichkeiten (Ursache aus einem vergangenen Ereignis, wahrscheinlicher Mittelabfluss, verlässliche Bestimmung der Höhe des Betrags) nach OR 959 V nicht erfüllt sind.

Die Übernahme von steuerrechtlichen Normen in den Handelsabschluss wird auch als Tax Driven Accounting bezeichnet. Dies schränkt daher die zuverlässige Berichterstattung in Form von stillen Reserven ein.

Bei steuerrechtlichen Abweichungen kann das Steueramt steuerrechtliche Aufrechnungen vornehmen, um den steuerbaren Gewinn bzw. Einkommen und das steuerbare Kapital bzw. Vermögen festzulegen.

Beispiel steuerrechtliche Abschreibung

Die Gubler AG hat eine Maschine für CHF 500'000 erworben. Sie hat diese Maschine im ersten Jahr auf CHF 0 abgeschrieben. Steuerrechtlich sind nur 40 % nach der degressiven Methode zulässig. Daher führt dies zu einer steuerrechtlichen Aufrechnung von CHF 300'000 (CHF 500'000 x 0.4 = CHF 200'000, Differenz zu CHF 500'000).

Die Praxis der Rechnungslegung übernimmt in der Regel wie bereits erwähnt die steuerrechtlichen Vorgaben auch direkt im Abschluss nach dem Rechnungslegungsrecht. Die degressiven Abschreibungen nach Steuerrecht und Steuerverwaltungspraxis werden daher oft auch in der Finanzbuchhaltung übernommen.

Es ist hilfreich, wenn eine Steuerbilanz zu Steuerwerten erstellt wird. Bei Kapitalgesellschaften werden diese Werte als Gewinnsteuerwerte und bei Einzelunternehmen und Personengesellschaften als Einkommenssteuerwerte bezeichnet.

Im Weiteren ist nach DBG 125 II und nach StHG 42 bei juristischen Personen und Einzelunternehmenden bzw. Personengesellschaften der Steuererklärung eine unterzeichnete Jahresrechnung beizulegen.[39]

39 EXPERTsuisse, 2023, S. 26.

9 Stille Reserven

Stille Reserven sind in der Bilanz gemäss externer Rechnungslegung bzw. im Abschluss nach dem finanziellen Rechnungswesen nicht direkt ersichtlich. Sie werden still geführt - wie der Name ausdrückt. Die Bildung von stillen Reserven ist ein gesetzlich bewusster Verstoss gegen die Grundsätze ordnungsgemässer Rechnungslegung (z. B. Verlässlichkeit).[40]

Stille Reserven sind Ausdruck des Vorsichtsprinzips und ein wichtiges Element der finanziellen Führung. Sie erlauben es, in guten Zeiten das Unternehmen schlechter zu stellen. Allerdings hat dies auch zur Konsequenz, dass die Beurteilung der wirtschaftlichen Lage erschwert wird.

Die Bildung von stillen Reserven wird im Rechnungslegungsrecht in OR 960a IV und OR 960e III geregelt, da zur Sicherung des dauernden Gedeihens zusätzlich Abschreibungen und Wertberichtigungen bzw. zusätzliche Rückstellungen gebildet werden dürfen.

Stille Reserven entstehen somit durch Unterbewertung der Vermögenswerte oder Überbewertung der Verbindlichkeiten. Sie werden aufgelöst, wenn Vermögenswerte auf- und Verbindlichkeiten abgewertet werden. Durch die Bildung von stillen Reserven werden zudem die Aufwendungen zu hoch (oder die Erträge zu tief) und der Gewinn dadurch zu tief ausgewiesen, verglichen mit der wirtschaftlichen Realität. Hingegen erzeugt die Auflösung von stillen Reserven zu niedrige Aufwendungen (oder zu hohe Erträge) und führt dadurch zu einem zu hohen Gewinn (▶ Dar. 22).

Dar. 22: Bildung und Auflösung von stillen Reserven

	Bildung von stillen Reserven	**Auflösung von stillen Reserven**
Vorgehen	Vermögenswerte unterbewerten Verbindlichkeiten überbewerten	Vermögenswerte aufwerten Verbindlichkeiten abwerten
Wirkungsaussage	Schlechtere Stellung als die wirtschaftliche Wahrheit	Bessere Stellung als die wirtschaftliche Wahrheit

Es sind zwei verschiedene Definitionen von stillen Reserven zu unterscheiden. Die Differenz zwischen dem Buchwert und gesetzlichen Höchstwert (z. B. Anschaffungs- oder Herstellkosten) bei den Vermögenswerten bzw. den gesetzlichen Min-

40 Böckli, 2014, S. 64, N 275.

destwerten bei den Verbindlichkeiten gelten als stille Reserven im Rechnungslegungsrecht.[41] Hingegen ist die Differenz zwischen dem Buchwert und dem beizulegenden Zeitwert als stille Reserve im betriebswirtschaftlichen Sinne zu verstehen. Als beizulegender Zeitwert (Fair Value) kann ein Verkehrswert, Ertragswert oder Nutzwert festgelegt werden.

Beispiel Definition von stillen Reserven

Die Bachmann GmbH hat eine Fabrikationsliegenschaft für CHF 18 Mio. erbaut. Fünf Jahre später liegt der Buchwert bei CHF 16.5 Mio., und ein beizulegender Zeitwert (Ertragswert) wird auf CHF 19 Mio. aufgrund der zentralen Lage errechnet. Die stillen Reserven im Sinne des Rechnungslegungsrechts betragen CHF 1.5 Mio., die betriebswirtschaftlichen stillen Reserven belaufen sich auf CHF 2.5 Mio.

Die Bildung und Auflösung der stillen Reserven haben einen unmittelbaren Einfluss auf die Jahresrechnung. Wenn eine Nettoauflösung von stillen Reserven erfolgt, die als wesentlich gilt, ist dies nach OR 959c I im Anhang ohne Details offenzulegen. Wesentlich kann in diesem Zusammenhang bedeuten:

- Ausweis eines Gewinns anstelle eines Verlusts,
- Vermeidung einer Überschuldung durch die Nettoauflösung der stillen Reserven oder
- Einfluss durch die Auflösung der stillen Reserven auf den Jahreserfolg vor Steuern von mehr als 5 bis 10 %.[42]

Auf die Geldflussrechnung hat die Bildung und Auflösung von stillen Reserven keinen unmittelbaren Einfluss, da diese Buchungstransaktionen liquiditätsunwirksam sind (► Dar. 23).

Dar. 23: Wirkung von stillen Reserven auf die Jahresrechnung

	Bildung von stillen Reserven	**Auflösung von stillen Reserven**
Wirkung auf den wirtschaftlichen Erfolg	tiefer	höher
Wirkung auf das Eigenkapital	tiefer	höher
Wirkung auf den Anhang	keine	Offenlegung, wenn wesentlich
Wirkung auf die Geldflussrechnung	keine	keine

41 EXPERTsuisse, 2023, S. 260.

42 Dies ist eine Faustregel in der Wirtschaftsprüfung, wonach von Wesentlichkeit bei einer Änderung von mehr als 5 bis 10 % des Gewinns vor Steuern gesprochen werden kann.

Die Bestände an stillen Reserven werden zur externen Bilanz addiert, womit die interne Bilanz erstellt wird. Die Veränderung der stillen Reserven ergibt sich aus der Differenz zwischen dem Bestand an stillen Reserven am Bilanzstichtag und jenem des Vorjahres. Die Veränderung der stillen Reserven ist mit dem Erfolg in der externen Jahresrechnung zu verrechnen. Daraus resultiert die interne Erfolgsrechnung. Die Bildung und Auflösung von stillen Reserven kann durch folgende Massnahmen erreicht werden (▶ Dar. 24).

Dar. 24: Massnahmen zur Bildung und Auflösung von stillen Reserven

Bildung stiller Reserven	Auflösung stiller Reserven
• Bildung von zu hohen Abschreibungen • Bildung von zu hohem Delkredere (Wertberichtigung Forderungen) • Bildung einer zu hohen Vorratswertberichtigung (Warendrittel oder höher) • Bildung von zu hohen Rückstellungen oder passiven Abgrenzungen • Zu tiefer Fremdwährungskurs bei den Vermögenswerten bzw. zu hoher Fremdwährungskurs bei den Verbindlichkeiten	Bildung von zu tiefen Abschreibungen Reduktion des Delkrederes oder Verzicht auf Forderungsabschreibungen Reduktion oder Verzicht auf Vorratswertberichtigungen Auflösung von Rückstellungen oder passiven Abgrenzungen Zu hoher Fremdwährungskurs bei den Vermögenswerten oder zu tiefer Fremdwährungskurs bei den Verbindlichkeiten
Verschlechterung des Jahresergebnisses (externer Abschluss)	Verbesserung des Jahresergebnisses (externer Abschluss)
Keine Offenlegung im Anhang	Offenlegung im Anhang verlangt, sofern Nettoauflösung (Verrechnung von Bildung und Auflösung von stillen Reserven), im wesentlichen Ausmass (kumulative Kriterien)

Die Bildung oder Auflösung von stillen Reserven beim Fremdkapital wird insbesondere über die Rückstellungen erwirkt. Beim Eigenkapital können direkt keine stillen Reserven gebildet oder aufgelöst werden, da es eine Residualgrösse darstellt (Eigenkapital = Aktiven abzüglich Fremdkapital).

Um die Buchführung der stillen Reserven sicherzustellen, ist zum Jahresabschluss ein Inventar zu führen (▶ Dar. 25). Hierzu ist der Anfangs- und Endbestand an stillen Reserven für das laufende und das Vorjahr zu erfassen. Dabei ist die Definition von stillen Reserven nach dem Rechnungslegungsrecht anzuwenden und nicht jene nach betriebswirtschaftlicher Definition. Die Inventarisierung der stillen Reserven zum Jahresabschluss ist explizit gesetzlich nicht vorgeschrieben. Implizit ist sie aber dennoch notwendig, um zu prüfen, ob eine wesentliche Auflösung von stillen Reserven stattgefunden hat (für die Offenlegung im Anhang gemäss OR 959 c I Ziff. 3). Weiterhin dient die Inventarisierung der stillen Reserven als Information für die internen Anspruchsgruppen (z. B. Management). Sie ist nicht Bestandteil der externen Jahresrechnung und daher für die externen Bilanzadressaten nicht zugänglich bzw. sie wird nicht ausgewiesen. Sie sind immer noch »still« für diese Anspruchsgruppen (z. B. Aktionäre, Fremdkapitalgeber).

Dar. 25: Inventar der stillen Reserven (Quelle: In Anlehnung an EXPERTsuisse, Schweizer Handbuch für Wirtschaftsprüfung, Band für Buchführung und Rechnungslegung, 2023, S. 264)

Bilanzposition	Höchstwert nach Handelsrecht bei den Aktiven oder entsprechender Betrag bei den Passiven	Buchwert	Stille Reserven	Stille Reserven Vorjahr	Veränderung der stillen Reserven
Wertberichtigung Forderungen (Delkredere)	10'000	5'000	5'000	4'000	+1'000
Vorräte	50'000	25'000	25'000	20'000	+5'000
Sachanlagen	90'000	70'000	20'000	30'000	−10'000
Beteiligungen	150'000	150'000	0	0	0
Rückstellungen	80'000	100'000	20'000	10'000	+10'000
Total			70'000	64'000	+6'000

Bei vielen Positionen sind Schätzungen notwendig, um die stillen Reserven ermitteln zu können. Wo genaue Angaben zur Position schwer ermittelbar sind, dürfen Näherungswerte eingesetzt werden, da ohnehin erhebliche Ermessensspielräume bestehen.[43]

In der Praxis wird somit zwischen interner und externer Bilanz differenziert. Die externe Bilanz zeigt die Vermögenswerte und Verbindlichkeiten ohne Offenlegung der stillen Reserven. Die interne Bilanz hingegen umfasst und zeigt dem internen Bilanzadressaten die vorhandenen stillen Reserven. Sie zeigt die tatsächliche wirtschaftliche Lage eines Unternehmens (▶ Dar. 26).

Die stillen Reserven haben zusammenfassend unterschiedliche Effekte in der Jahresrechnung. Die Anfangs- und Endbestände der stillen Reserven betreffen die Bilanz. Die Veränderungen der stillen Reserven im Laufe des Jahres wirken sich auf die Erfolgsrechnung aus. Wird die Veränderung der stillen Reserven (Zu- bzw. Abnahmen) zu den Anfangsbeständen addiert bzw. subtrahiert, ergeben sich die Endbestände der stillen Reserven.

43 EXPERTsuisse, 2023, S. 264.

Dar. 26: Interne und externe Rechnung

	Externe Jahresrechnung	Interne Jahresrechnung
Stellung der stillen Reserven	Nicht bereinigt (versteckt, still)	Bereinigt (offengelegte, objektive Werte)
Zweck	Berichterstattung an externe Anspruchsgruppen	Berichterstattung an interne Anspruchsgruppen
Aussagekraft	Vorsichtige, nicht der Wirklichkeit entsprechende Jahresrechnung	Effektive, der Wirklichkeit entsprechende Jahresrechnung
Verwendung	Festlegung des steuerbaren Gewinns und Kapitals und der Gewinnausschüttung	Internes Kontroll- und Führungsinstrument für das Management

Da aus der externen Bilanz die stillen Reserven nicht ersichtlich sind, muss über den Bestand der stillen Reserven im Sinne des oben erwähnten Inventars Buch geführt werden. Dies bildet die Grundlage für die Beurteilung, ob eine Anhang-Information notwendig ist. Es gibt bei der Bewertung von stillen Reserven pro Bilanzposition erhebliche Wahlrechte und Beurteilungsfreiräume. Beispielsweise kann es sein, dass die Anschaffungswerte bei mobilen Sachanlagen nicht einwandfrei ermittelt werden können, wenn kleinere Anschaffungen für den Unterhalt aufgrund von Aktivierungsuntergrenzen als Aufwand erfasst wurden. Dabei sind die gewählten Bewertungsgrundlagen aufgrund des Stetigkeitsprinzips in jedem Jahr konstant anzuwenden. Daher ist zum Bilanzstichtag mit einem Vergleich zum Vorjahr zu ermitteln, wie sich pro Bilanzposition die stillen Reserven verändert haben (▶ Dar. 27).

Es werden unterschiedliche Arten von stillen Reserven unterschieden. Von Verwaltungs-, Absichts- oder Willkürreserven wird gesprochen, wenn die Geschäftsführung bewusst stille Reserven bildet und beispielsweise bei Aktiven einen noch tieferen Buchwert ausweist, als dies notwendig ist. Vorsichts-, Schätzungs- oder Ermessensreserven entstehen durch eine zu vorsichtige Bewertung von Vermögenswerten und Verbindlichkeiten (▶ Dar. 28).

Die Zwangsreserven entstehen durch die Höchstbewertungsvorschriften bei den Vermögenswerten, die eine wesentliche Wertsteigerung aufgrund von wirtschaftlichen Entwicklungen ergeben (z. B. Wertsteigerungen bei Immobilien oder Finanzanlagen bzw. Beteiligungen). Die Unterscheidung von diesen verschiedenen Arten von stillen Reserven ist im Einzelfall schwierig festzustellen, wobei eine genaue Differenzierung in gewissen Fällen gar unmöglich sein kann.

Externe Eröffnungsbilanz

Umlaufvermögen	40	Fremdkapital	50
Anlagevermögen	60	Eigenkapital	50
	100		100

Interne Eröffnungsbilanz

Umlaufvermögen	60	Fremdkapital	40
Anlagevermögen	80	Eigenkapital	50
		Stille Reserven	50
	140		140

Bestand stille Reserven

Umlaufvermögen	20
Anlagevermögen	20
Fremdkapital	10
Anfangsbestand	50

Überleitung externe zur internen Eröffnungsbilanz

UV: 40 + 20 = 60
AV: 60 + 20 = 80
FK: 50 - 10 = 40

Externe Schlussbilanz nach Gewinnverwendung

Umlaufvermögen	70	Fremdkapital	50
Anlagevermögen	50	Eigenkapital	70
	120		120

Interne Schlussbilanz nach Gewinnverwendung

Umlaufvermögen	90	Fremdkapital	40
Anlagevermögen	100	Eigenkapital	70
		Stille Reserven	80
	190		190

Bestand stille Reserven

Umlaufvermögen	20
Anlagevermögen	50
Fremdkapital	10
Endbestand	80

Überleitung externe zur internen Eröffnungsbilanz

UV: 70 + 20 = 90
AV: 50 + 50 = 100
FK: 50 - 10 = 40

Mögliche Gründe der Veränderung

Höhere Lagerbestände und entsprechende Wertberichtigung
Höhere Investitionen zu Jahresbeginn und entsprechend höhere Abschreibungen
Unverändert

Herleitung des externen Gewinns

EK Eröffnungsbilanz	50
EK Schlussbilanz	70
Externer Gewinn	20

Herleitung des internen Gewinns

EK Eröffnungsbilanz + Stille Reserv	100
EK Schlussbilanz + Stille Reserven	150
Interner Gewinn	50

Die Differenz zwischen internem und externem Gewinn entspricht der Veränderung der stillen Reserven (30 = 50 - 20).
Die Veränderung der stillen Reserven ergibt sich auch aus der Differenz des End- und Anfangsbestands der stillen Reserven (30 = 80 - 50).

Dar. 27: Stille Reserven in der Jahresrechnung

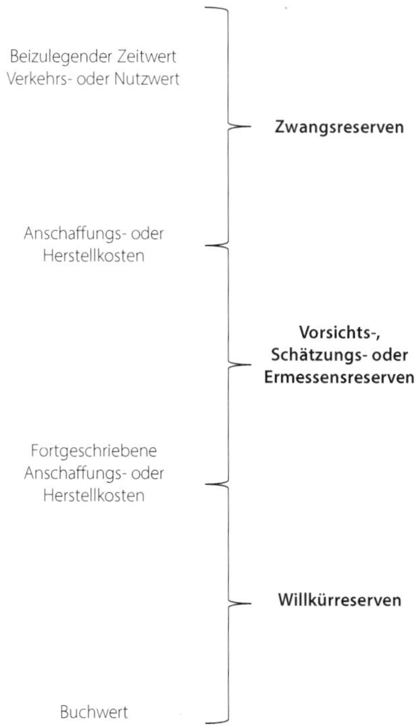

Dar. 28: Arten von stillen Reserven

Beispiel Arten von stillen Reserven

Die Nägeli AG kauft eine Liegenschaft im Wert von CHF 10 Mio. Im Folgejahr beträgt der Buchwert CHF 9.5 Mio., wobei die Geschäftsführung weitere CHF 0.5 Mio. aus Vorsichtsgründen abschreibt. Eine unabhängige Bewertung ergibt einen aktuellen Marktwert von CHF 10.2 Mio. Die Zwangsreserven betragen CHF 0.2 Mio. (CHF 10.2 - CHF 10 Mio.), während die Vorsichtsreserven CHF 0.5 Mio. (zusätzliche Abschreibung) betragen. Die Vorsichtsreserven können auch als Willkürreserven klassifiziert werden.

Die Bildung und Auflösung von stillen Reserven ist auch aus steuerrechtlicher Perspektive zu beurteilen. Nicht begründete Abschreibungen, Wertberichtigungen und Rückstellungen werden zum steuerbaren Gewinn oder Verlust dazugerechnet und müssen versteuert werden. Diese stillen Reserven werden als versteuerte stille Reserven bezeichnet. Dies führt somit zu steuerrechtlich anerkannten und nicht anerkannten stillen Reserven. Die stillen Reserven, welche versteuert wurden, können beim Verkauf von Vermögenswerten oder bei der Auflösung von Verbindlichkeiten verrechnet werden, um die Steuerlast später zu reduzieren.

Beispiel anerkannte und nicht anerkannte steuerrechtliche stille Reserven

Die Weibel AG kauft eine Maschine für CHF 100'000. Sie wird über zwei Jahre linear abgeschrieben. Steuerrechtlich darf diese Maschine degressiv mit maximal 40 % abgeschrieben werden. Im ersten Jahr ergibt sich in der Finanzbuchhaltung eine Abschreibung von CHF 50'000, wobei steuerrechtlich CHF 40'000 zulässig sind. Somit werden CHF 10'000 dem steuerbaren Gewinn hinzugerechnet. Die CHF 10'000 stellen versteuerte stille Reserven dar.

Durch die Möglichkeit, stille Reserven zu bilden und aufzulösen, lässt sich das Jahresergebnis wesentlich beeinflussen. In guten Zeiten können zusätzliche stille Reserven gebildet, in schlechten Zeiten diese entsprechend wieder aufgelöst werden. Die Nettoauflösung wird dem Bilanzadressaten nach OR 959c I Ziff. 3 offengelegt, womit dieser einen Hinweis bekommt, ob das Ergebnis durch stille Reserven beeinflusst wurde bzw. Hinweise für den tatsächlichen Zustand des Unternehmens vorliegen. Allerdings ist es für den Bilanzadressaten nicht ersichtlich, bei welchen Bilanzpositionen stille Reserven bestehen.

Bei den Warenvorräten und angefangenen Arbeiten erlaubt das Steuerrecht, das privilegierte Warendrittel zu bilden. Dies führt auch zu Veränderungen beim ausgewiesenen Warenaufwand. Das privilegierte Warendrittel ist auf dem erfassten Wareninventar zu erfassen.

Beispiel privilegiertes Warendrittel

Die Personengesellschaft Schuchter hat einen Warenbestand (Inventar) von CHF 300'000 zum Jahresbeginn. Ende des Jahres beträgt dieser CHF 330'000. Der ausgewiesene Warenaufwand beträgt CHF 1'050'000 am Jahresende. Daraus ergeben sich folgende Bestände und stille Reserven, da das privilegierte Warendrittel angewendet wird:

	extern 66.7 %	intern 100 %	stille Reserven
Anfangsbestand	CHF 200'000	CHF 300'000	CHF 100'000
Endbestand	CHF 220'000	CHF 330'000	CHF 110'000
Veränderung			CHF +10'000

Der tatsächliche Warenaufwand beträgt daher CHF 1'040'000 (CHF 1'050'000 - CHF 10'000).

Die Bildung und Auflösung von stillen Reserven erschwert die Beurteilung der wirtschaftlichen Lage eines Unternehmens und ist mit dem Konzept von True-and-

Fair-View nicht vereinbar. Eine verlässliche Beurteilung und zeitnahe Massnahmen zur Behebung von einer fehlerhaften, krisenbehafteten Entwicklung werden durch die stillen Reserven erschwert. Dem kann die Anwendung des Vorsichtsprinzips und die Offenlegung von Nettoauflösungen der stillen Reserven entgegengehalten werden. Das Vorsichtsprinzip führt dazu, dass handelsrechtliche Abschlüsse konservativ bzw. vorsichtig ausgelegt und präsentiert werden können. Dies führt zu geringeren Ausschüttungen von Gewinnen und erlaubt es dem Unternehmen, die verdeckte Selbstfinanzierung (effektiv höheres Eigenkapital) zu stärken. Zudem erhöhen stille Reserven die unternehmerische Flexibilität in Zukunft, wenn stille Reserven in der Vergangenheit gebildet wurden und in schlechten Zeiten aufgelöst werden können, um das Ergebnis dann zu verbessern. Allerdings können die stillen Reserven ein trügerisches Sicherheitsgefühl vermitteln, indem ausgesagt wird, dass genügend Mittel vorhanden seien, um Krisen zu bewältigen. Tatsächlich können stille Reserven aufgelöst werden, um Verluste zu decken, jedoch vermeiden sie keine Engpässe in der Liquidität. Stille Reserven bilden und generieren keine zusätzlichen flüssigen Mittel und stellen somit keine Bestände an flüssigen Mitteln dar.

Die Offenlegung von wesentlichen Nettoauflösungen der stillen Reserven macht den Bilanzleser bzw. die Bilanzleserin darauf aufmerksam, dass stille Reserven aufgelöst wurden. Allerdings sind die internen Werte in der Bilanz und Erfolgsrechnung nicht ersichtlich.

Beispiel Nettoauflösung von stillen Reserven SN Energie

	2017 CHF	2016 CHF
Nettoauflösungen der stillen Reserven	3'721'076	9'968'867

Die Auflösung der stillen Reserven im Geschäftsjahr ist insbesondere auf die Auflösung der Rückstellungen für Marktrisiken sowie für belastende Strombezugsverträge zurückzuführen.
Die Rückstellung für belastende Strombezugsverträge wurde im Vorjahr neu beurteilt. Als Konsequenz wurden im Vorjahresabschluss beträchtliche stille Reserven aufgelöst.
Die SN Energie AG weist in der publizierten Erfolgsrechnung einen Jahresgewinn von CHF 2'234'180 aus (Vorjahr CHF 2'542'791), der nur durch die erhebliche Auflösung der stillen Reserven zustande kam. Effektiv hat die SN Energie AG im internen Abschluss Verluste geschrieben.

Sofern sich die Geschäftsführung für eine Aufwertung von Vermögenswerten bzw. eine Auflösung von stillen Reserven beim Anlagevermögen entscheidet, sollte bei der Aufwertung die Höhe der Anschaffungskosten nicht überschritten werden.

Unzulässig ist die Bildung von stillen Reserven durch Nichterfassung von Ertragspositionen oder durch eigentliche Falschbuchungen: Einbuchung von fiktiven Verbindlichkeiten, Ausweis von nicht-existierenden passiven Rechnungsabgrenzungen. Weiterhin darf die Bildung von stillen Reserven nicht so weit gehen, dass die Beurteilung der wirtschaftlichen Lage verhindert wird.[44]

Von den stillen Reserven sind Wiederbeschaffungsreserven zu unterscheiden. Nach OR 960a IV kann ein Unternehmen zusätzliche Abschreibungen vornehmen. Dabei hat sich eine Wiederbeschaffungsreserve am Marktpreis zu orientieren und ist hauptsächlich bei den Sachanlagen anwendbar.[45] Wiederbeschaffungsreserven dienen als Quelle über zusätzliche Abschreibungen zur Refinanzierung von neuem Anlagevermögen. Wiederbeschaffungsreserven führen dazu, dass Ersatzbeschaffungen nicht die Jahresrechnung belasten und den Ertrag schmälern. Stattdessen erfolgt ihre Verbuchung durch Auflösung der zuvor geschaffenen Wiederbeschaffungsreserven.

Die Arbeitgeberbeitragsreserven schliesslich sind freiwillige, vorausbezahlte Beiträge des Arbeitsgebers an eine Pensionskasse (▶ Kap. 49). Sie sind höher als gesetzlich vorgeschrieben. Sofern diese Reserven ohne einen Verwendungszweck gebildet werden, stellen sie stille Reserven dar.[46]

44 Böckli, 2014, S. 65, N 281.
45 EXPERTsuisse, 2023, S. 262.
46 Gutsche, 2019, S. 344, N 68.

10 Rechnungslegungsvorschriften nach einem anerkannten Standard

Eine Berichterstattung nach Handelsrecht genügt dem gegenwärtigen Verständnis der Rechnungslegung nicht vollständig. Die Existenz von stillen Reserven verunmöglicht eine verlässliche Beurteilung der Vermögens-, Finanzierungs- und Ertragslage. Aus diesem Grund schreibt der Gesetzgeber vor, dass für grössere und börsenkotierte Unternehmen eine Rechnungslegung nach einem anerkannten Standard zu erstellen ist. Kernstück dieser Berichterstattung ist es, eine Jahresrechnung nach True-and-Fair-View zu erhalten. True-and-Fair-View bedeutet, dass die Berichterstattung frei von verzerrten Darstellungen erstellt wird und möglichst nahe an den wahren, wirtschaftlichen Gegebenheiten liegt.

Nach OR 962 hat ein rechnungslegungspflichtiges Unternehmen zusätzlich zur Jahresrechnung gemäss OR einen Abschluss nach einem anerkannten Standard zur Rechnungslegung zu erstellen (duales Reporting)[47]. In folgenden Fällen ist dies notwendig:

- Aktien sind kotiert am Kapitalmarkt (Börse)
- Genossenschaften mit mindestens 2'000 Genossenschaftlern
- Stiftungen mit ordentlicher Revisionspflicht
- Verlangen von Minderheits-Teilhabern mit mindestens 10 % bzw. 20 % der Stimmen (10 % bei Genossenschaften oder 20 % bei Vereinsmitgliedern)
- Verlangen von Gesellschaftern mit einer Nachschusspflicht (Pflicht zur persönlichen Deckung von Verlusten des Unternehmens)

Das oberste Leitungs- oder Verwaltungsorgan ist für die Wahl des anerkannten Standards zuständig, sofern die Statuten, der Gesellschaftsvertrag oder die Stiftungsurkunde keine anderslautenden Vorgaben enthalten.

Der Abschluss nach einem anerkannten Standard ist gemäss OR 962a dem Jahresabschluss beizulegen bzw. aufzuführen, bedarf aber keiner Zustimmung des obersten Organs. Der Abschluss ist ordentlich prüfen zu lassen.

Kotierte Unternehmen, welche ihre Beteiligungspapiere an der Börse zum Handel freigegeben haben, müssen auch nach dem Kontierungsreglement der Börse einen anerkannten Standard der Rechnungslegung erstellen.

47 EXPERTsuisse, 2023, S. 97.

Beispiel duales Reporting

Das kotierte Unternehmen Pulox SA erstellt für den Mutterkonzern einen handelsrechtlichen Abschluss nach dem Rechnungslegungsrecht und einen weiteren nach einem anerkannten Standard, welcher an der Börse publiziert wird. Die Konzernrechnung wird in diesem Fall nach dem anerkannten Standard der Rechnungslegung erstellt.

Anerkannte Standards der Rechnungslegung sind privatrechtliche Normen, die durch private Expertenorganisationen vorgeschlagen und beaufsichtigt werden. Sie erlangen Rechtskraft, wenn ein Gesetzgeber sie verbindlich vorschreibt. Als anerkannte Standards kann in der Schweizer Rechnungslegungspraxis auf folgende Rechnungslegungsnormen zurückgegriffen werden:

- International Financial Reporting Standards (IFRS)
- International Financial Reporting Standards für KMU (IFRS for SME)
- Swiss GAAP FER, Fachempfehlungen für Rechnungslegung
- United States Generally Accepted Accounting Principles (US GAAP)
- International Public Sector Accounting Standards (IPSAS)

Die Rechnungslegungsstandards sollen die Vergleichbarkeit zwischen Jahresabschlüssen erhöhen und einheitliche Normen für die Rechnungslegung gewährleisten. Allerdings bestehen zwischen den Rechnungslegungsstandards erhebliche Unterschiede (▶ Dar. 29).

Dar. 29: Vergleich der anerkannten Rechnungslegungsstandards

	IFRS	**US GAAP**	**Swiss GAAP FER**
Verbreitung	Weltweit meist verbreiteter Standard	Amerikanischer Standard	In der Schweiz meist zur Anwendung kommend
Wahlrechte	Nur im Rahmen der einzelnen Standards	Wenigere als im Vergleich zu IFRS und Swiss GAAP FER	viele
Transparenz	hoch	hoch	tief
Informationsgehalt	umfassend	umfassend	eingeschränkter
Umfang	hoch	hoch	tief
Umsetzung	anspruchsvoll	anspruchsvoll	einfacher
Anwendung	prinzipienorientiert	regelbasiert	Modularer Aufbau prinzipienorientiert

Die anerkannten Standards der Rechnungslegung vermitteln ein Bild der Ertrags-, Finanz- und Vermögenslage, welches möglichst realistisch und frei von stillen Reserven ist. Diese Abschlüsse werden auch als True-and-Fair-View-Abschlüsse bezeichnet. Ziel ist es, den Anlegern ein möglichst verlässliches Bild über die wahre wirtschaftliche Lage eines Unternehmens zu geben. Die Bildung von Willkürreserven ist damit ausgeschlossen. Die Ergebnisse nach handelsrechtlichen Vorgaben und einem Abschluss nach True-and-Fair-View lassen sich aufgrund der unterschiedlichen Definitionen und Bewertungsvorschriften kaum vergleichen. Der Gläubigerschutz ist nach True-and-Fair-View kaum von Belang, sondern es steht der Schutz der Anleger (z. B. Aktionäre) im Vordergrund.

Ein den tatsächlichen Verhältnissen entsprechendes Bild (True-and-Fair-View) ist nach Swiss GAAP FER gegeben, wenn:

- die wirtschaftlichen Tatsachen wiedergegeben werden.
- die Informationen zuverlässig sind.
- die Informationen auf die Adressaten ausgerichtet sind.

Ein wesentliches Ziel der anerkannten Standards der Rechnungslegung ist die Erzielung einer Vergleichbarkeit zwischen den Unternehmen. Daher werden Abschlüsse nach gleichen bzw. ähnlichen Regeln erstellt. Allerdings darf dies nicht darüber hinwegtäuschen, dass True-and-Fair-View nicht absolut beurteilt werden kann. Nicht alle Bewertungsansätze umfassen aktuelle oder beizulegende Werte, denn viele Bewertungskonzepte führen auch historische Werte auf. Daher ist der Begriff True-and-Fair-View auch relativ zu beurteilen, und die Vergleichbarkeit ist somit nur bedingt möglich. Die Aussagekraft ist aber höher und verlässlicher, als wenn ein handelsrechtlicher Abschluss mit stillen Willkürreserven nach Obligationenrecht herangezogen wird.

Swiss GAAP FER ist der nationale Rechnungslegungsstandard in der Schweiz, welcher durch eine Stiftung festgelegt wird. An der Schweizer Börse ist dieser Standard ebenfalls zugelassen für das nationale Segment. Der Vorteil von Swiss GAAP FER ist der modulare Aufbau, nach welchem auch kleinere Unternehmen diesen auf freiwilliger Basis anwenden können. Neben der Verbreitung an der Schweizer Börse finden sich auch privat gehaltene Kleinkonzerne in der Schweiz, die Swiss GAAP FER anwenden. Ein Grund dafür kann sein, dass ein Abschluss nach Swiss GAAP FER von kreditgebenden Banken verlangt wird.

Beispiel Umstellung von OR auf Swiss GAAP FER (EnBAG Gruppe 2018)

Die EnBAG Gruppe hat im Jahr 2018 ihre Jahresrechnung von OR (Handelsrecht) auf Swiss GAAP FER umgestellt. Dabei ergeben sich folgende Bewertungsdifferenzen zwischen OR und Swiss GAAP, was zu einer erheblichen Erhöhung des Eigenkapitals führt:

Eigenkapital nach OR	CHF 41'211'928
Anpassung Rückstellungen	CHF 5'086'918
Anpassung Rechnungsabgrenzungen	CHF 100'000
Anpassung Forderungen aus Lieferungen und Leistungen	CHF 580'454
Anpassung Vorräte	CHF 192'878
Anpassung Finanzanlagen	CHF 3'885'304
Anpassung Beteiligungen	CHF 434'848
Anpassung Sachanlagen	CHF 52'560'458
Anpassung latente Steuereffekte	CHF –8'082'060
Eigenkapital nach Swiss GAAP FER	CHF 95'970'728

IFRS ist der weltweit am meisten verbreitete Rechnungslegungsstandard. In Form einer Stiftung mit Sitz in London werden in Zusammenarbeit mit internationalen Gremien Rechnungslegungsstandards entwickelt und laufend an die Aktualität angepasst. IFRS regelt im Vergleich zu Swiss GAAP FER detaillierter die Rechnungslegungsstandards und gibt umfassende Definitionen. Dennoch ist IFRS prinzipienorientiert und weit weniger geregelt als US GAAP. Merkmal ist vor allem die Festlegung von vielen Fair Values (beizulegender Zeitwert), der in vielen neueren Standards zur Anwendung kommt.

Für Klein- und Mittelunternehmen (KMU) wurde der Standard IFRS für KMU entwickelt. Er leitet sich von IFRS ab. IFRS für KMU ist allerdings stark vereinfacht, viele Bewertungsgrundsätze sind eliminiert und der Umfang des Anhangs ist stark reduziert.

IPSAS wurde für den öffentlichen Bereich bzw. Unternehmen im öffentlich-rechtlichen Umfeld geschaffen. Auch dieser Standard leitet sich von IFRS ab. Adressaten sind allerdings primär Bürger, Wähler und politische Vertreter. Das Ziel ist, dass das Gemeinwesen und öffentlich-rechtliche Unternehmen ein wahres Bild vermitteln können, dass öffentliche Gelder (Steuern) korrekt und zweckmässig eingesetzt werden ohne Verschleierung durch Willkürreserven.

US GAAP ist der Rechnungslegungsstandard, welcher primär in Amerika und an wenigen Börsenplätzen weltweit angewendet wird. Da viele ausländische Unternehmen ihre Aktien auch in Amerika kotiert haben, wird US GAAP auch im Ausland, wie beispielsweise in der Schweiz, angewendet, z. B. von ABB. Merkmal dieses Standards ist es, dass er eine hohe Regeldichte aufweist. Die Wahlrechte sind stark eingeschränkt. Viele Fragen werden durch konkrete Regeln vorgegeben.

11 Nichtfinanzielle Berichterstattung

Die nichtfinanzielle Berichterstattung hat in den letzten Jahren erheblich an Bedeutung gewonnen. Die nichtfinanzielle Berichterstattung bezeichnet Unternehmensinformationen, die über den gewöhnlichen Jahresbericht hinausgehen. Die nichtfinanzielle Berichterstattung kann auch in Verbindung mit der Nachhaltigkeitsberichterstattung (Sustainability Reporting) gebracht werden.

In der herrschenden Lehre werden in diesem Zusammenhang drei Themen ins Zentrum gestellt (sogenanntes Drei-Säulen-Modell der Nachhaltigkeit):[48]

- Ökologische Nachhaltigkeit
- Soziale Nachhaltigkeit
- Ökonomische Nachhaltigkeit

Das Verständnis von Nachhaltigkeit nach dem Drei-Säulen-Modell ist, dass eine Umwelt- und Sozialverträglichkeit eines Unternehmens nur erreicht werden kann, wenn diese im Rahmen eines ökonomischen Erfolgs realisierbar ist.[49]

Der Gesetzgeber (OR) hat aufgrund des zunehmenden Interesses der Öffentlichkeit die Vorgaben verschärft und verlangt neben dem Jahresabschluss weitere nichtfinanzielle Informationen. Nach OR 964a haben Unternehmen einen nicht finanziellen Bericht zu verfassen, sofern folgende Bedingungen kumulativ erfüllt sind:[50]

- Ein Unternehmen ist von öffentlichem Interesse. Dies trifft primär auf Publikumsgesellschaften zu (nach dem Revisionsaufsichtsgesetz).
- Wenn der Konzern (Mutterunternehmen mit allen Tochtergesellschaften) mehr als 500 Vollzeitstellen im Jahresdurchschnitt aufweist in zwei aufeinanderfolgenden Jahren.
- Wenn zwei der nachfolgenden Werte in zwei aufeinanderfolgenden Jahren überschritten werden (Mutterunternehmen mit allen Tochtergesellschaften): Bilanzsumme CHF 20 Mio. und Umsatzerlös CHF 40 Mio.

Der Inhalt eines nichtfinanziellen Berichts umfasst nach OR 964b I folgende Informationen (▶ Dar. 30).

---

48 Corsten/Roth, 2012, S. 2.
49 Corsten/Roth, 2012, S. 3.
50 EXPERTsuisse, 2023, S. 101.

Dar. 30: Inhalt eines nichtfinanziellen Berichts nach OR 964b

Ökologische Belange	Informationen über insbesondere CO2-Ziele
Soziale Belange	Informationen über insbesondere Achtung der Menschenrechte, Bekämpfung der Korruption
Arbeitnehmerbelange	Informationen über die Zufriedenheit, Belastung, Diversität und gerechte Entlöhnung der Mitarbeitenden
Ökonomische Belange	Informationen über Geschäftsverlauf, Geschäftsergebnis, Lage des Unternehmens, Auswirkungen auf die übrigen Belange und Beschreibung des Geschäftsmodells

Weitere Elemente des nichtfinanziellen Berichts sind:

1. Verfolgte Konzepte zur Sicherstellung und Sorgfaltsprüfung der aufgeführten Belange
2. Massnahmen zur Erreichung der Ziele
3. Beschreibung der wesentlichen Risiken mit den aufgeführten Belangen
4. Leistungsindikatoren für die aufgeführten Belange

Zum konkreten Inhalt bestehen keine weiteren Anforderungen und es bleibt offen, welche Themen bzw. Leistungsindikatoren hierzu verwendet werden können.

Ein Unternehmen hat auch die Option, sich auf ein anerkanntes Regelwerk zur Nachhaltigkeit abzustützen. Dies sind namentlich Global Reporting Initiativ (GRI) oder die Leitsätze der Organisation für wirtschaftliche Zusammenarbeit und Entwicklung (OECD).

12 Flüssige Mittel und Wertschriften

12.1 Flüssige Mittel

Die Liquidität ist für viele Unternehmen ein zentrales Thema der finanziellen Führung. Sie muss jederzeit genügend hoch sein, damit die kurzfristigen Verbindlichkeiten beglichen werden können. Damit stellt sie kurzfristig das Überleben eines Unternehmens sicher.

Die Liquidität im engsten Sinne lässt sich an der Bilanzposition der flüssigen Mittel für ein Unternehmen erkennen und analysieren. Zu den flüssigen Mittel zählen die Unterpositionen Kasse (also Bargeld in Landes- und Fremdwährungen) und Guthaben bei der Post und bei Banken.

Von den flüssigen Mittel zu unterscheiden sind Verrechnungssteuerguthaben und WIR-Bank-Guthaben (WIR-Gelder). Diese Forderungen sind unter den übrigen kurzfristigen Forderungen aufzuführen. Auch Reka-Checks oder Geschenkgutscheine zählen nicht zu den flüssigen Mitteln.[51]

Die flüssigen Mittel sind eine wichtige Finanzgrösse bei der Analyse eines Unternehmens. Die Entwicklung der flüssigen Mittel lässt sich mit der Geldflussrechnung sachgerecht beurteilen (▶ Kap. 53). Die Quellen der liquiden Mittel und die getätigten Ausgaben lassen sich aus der Bilanz nicht direkt durch einen Vorjahresvergleich ableiten. Die Analyse ist mit Hilfe der Geldflussrechnung und den entsprechenden Kennzahlen durchzuführen.

Am Bilanzstichtag sind die Bestände der flüssigen Mittel mit den Bankauszügen abzugleichen und vorhandene Differenzen auszubuchen. Die Bewertung von flüssigen Mitteln erfolgt zu Nominalwerten. Konten in Fremdwährungen sind in Schweizer Franken zum Wechselkurs am Bilanzstichtag umzurechnen. Hierzu können die Umrechnungskurse der ESTV (Eidgenössischen Steuerverwaltung) oder die Jahresdurchschnittskurse verwendet werden. Mögliche Kursgewinne und -verluste aus Fremdwährungen sind erfolgswirksam zu erfassen.

---

51 Gutsche, 2019, S. 337 f., N 44.

Beispiel Flüssige Mittel und Fremdwährungen

Die Fuchs AG besitzt ein Euro-Konto bei der Hausbank mit einem Endbestand von EUR 1'040'000. Der Kurs Euro zum CHF am Bilanzstichtag (31.12.) gemäss ESTV (Steuerverwaltung) beträgt EUR/CHF 1.12. Der Wechselkurs am Vorjahres-Bilanzstichtag (1.1.) betrug EUR/CHF 1.10 bei einem Anfangsbestand von EUR 1'000'000. Die Bewertung zum Jahresabschluss errechnet sich wie folgt:

1'000'000 €	1.1.	CHF 1'100'000
1'040'000 €	1.12.	CHF 1'164'800
Fremdwährungsgewinn		CHF 64'800
Flüssige Mittel / Fremdwährungsertrag		CHF 64'800

12.2 Kurzfristig gehaltene Wertschriften

Wertschriften, die kurzfristige gehalten werden und einen Börsenkurs aufweisen, zählen nach OR 959a I Ziff. 1 zu den flüssigen Mitteln.

Wertschriften können je nach Nutzung und Zweck der Haltung zum Umlauf- oder Anlagevermögen zugeordnet werden. Zu den Wertschriften zählen u. a. Anteilsrechte an anderen Unternehmen, Urkunden des Kapitalverkehrs, Edelmetalle oder derivative Finanzinstrumente. Auch Kryptowährungen können den Wertschriften zugeordnet werden.[52]

Bei der Ersterfassung sind Wertschriften immer zu Anschaffungskosten zu bewerten. Bei der Folgebewertung ergibt sich ein Wahlrecht nach OR 960b I (▶ Dar. 31). Vermögenswerte mit einem Börsenkurs oder beobachtbarem Marktpreis können zum Börsenkurs bzw. zum beobachtbaren Marktpreis oder zu Anschaffungskosten bewertet werden.[53] Wertschwankungen bei Marktbewertung können deshalb zu erfolgswirksamen Gewinnen oder Verlusten führen. Nach OR 960b ist es jedoch erlaubt, erfolgswirksame Schwankungsreserven zu bilden, um Wertberichtigungen zu berücksichtigen. Dies führt dazu, dass die Anwendung einer höheren Marktbewertung und das gleichzeitige Bilden von Schwankungsreserven schliesslich erfolgsneutral gebucht werden und nicht zu einer höheren Steuerbelastung im Unternehmen führen. Es dürfen jedoch mit der Schwankungsreserve keine stillen Reserven gebildet werden. Sofern die Marktwerte in der Folgebewertung tiefer sind als die Anschaffungskosten, sind diese aufgrund des Niederstwertprinzips einzusetzen.

52 EXPERTsuisse, 2023, S. 127.
53 EXPERTsuisse, 2023, S. 130 f.

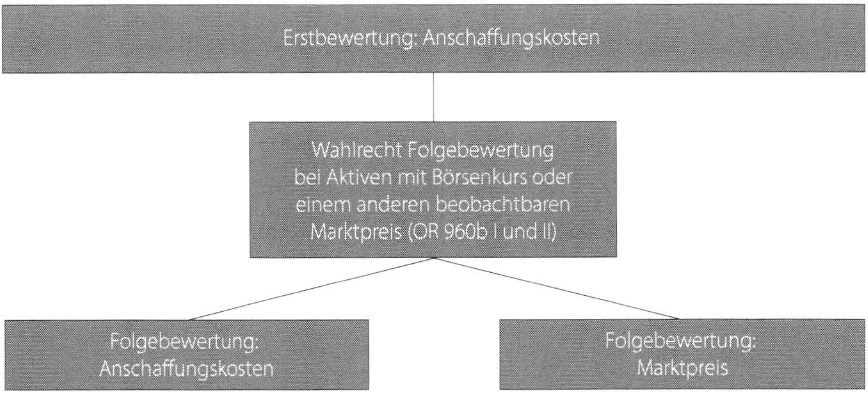

Dar. 31: Erst- und Folgebewertung von Wertschriften

Ein Markt kann nur dann angenommen werden, wenn der Marktpreis jederzeit durch Verkauf realisiert werden kann.[54] Dies setzt daher eine regelmässige Preisstellung voraus.

Beispiel Wahlrecht Wertschriften

Die Fuchs AG kauft fünf Aktien des kotierten Unternehmens Glycia zum Preis von CHF 1'000 je Aktie am 1. März. Am Bilanzstichtag beträgt der Marktkurs an der Börse CHF 1'200 je Aktie. Die Fuchs AG kann die Wertschriften (5 Aktien) zum Kaufkurs von CHF 5'000 oder zu Marktpreisen zu CHF 6'000 bewerten (Wahlrecht). Bei der Marktbewertung darf sie eine Wertberichtigung (Schwankungsreserve) von CHF 1'000 vornehmen, allerdings nicht höher, da die Anschaffungskosten CHF 5'000 betragen haben.
Die Buchungen für den Erwerb lauten (Erstbewertung):

Kurzfristige gehaltene Wertschriften / Bank	CHF 5'000

Die Buchungen zu Anschaffungskosten am Jahresabschluss lauten:
Keine Buchung
Die Buchungen zu Marktpreisen mit Berücksichtigung von Schwankungsreserven lauten:

Kurzfristige gehaltene Wertschriften / Finanzertrag	CHF 1'000
Finanzaufwand / Schwankungsreserve Wertschriften	CHF 1'000

Durch diese Buchung wird durch die Marktbewertung kein Gewinn verbucht, da auch Schwankungsreserven gebucht werden. Eine höhere Schwankungsreserve

54 Hüttche, 2019, S. 553, N 20.

ist nicht erlaubt, weil dann stille Reserven gebildet würden, die bei dieser Position nach Marktwerten nicht zulässig sind. Der Gesetzgeber möchte sicherstellen, dass eine verlässliche Beurteilung der Finanzanlagen möglich ist. Dies ist jedoch kritisch zu betrachten, da auch bei anderen Bilanzpositionen stille Reserven zugelassen werden.

Die Buchführung von Wertschriften erfolgt in der Regel in einer Nebenbuchhaltung. Dabei sollten die Merkmale wie zum Beispiel Stückzahl, Nominalwert, Zinstermin, Kauf- und Marktkurs, Identifikationsnummer oder Konditionen einer Wertschrift erfasst werden.

Marchzinsen bei Obligationen sind aufgelaufene Zinsen, die dem Voreigentümer (Verkäufer) gehören. Beim Kauf von Obligationen werden diese abgezogen und beim Verkauf gutgeschrieben. Sie stellen die anteiligen Zinsen dar und werden beim Kauf entweder als Anschaffungskosten oder als Ertragsminderung erfasst. Bei Aktien bzw. Dividenden werden keine Marchzinsen berücksichtigt.

Beispiel Marchzinsen

Die Fuchs AG kauft eine Obligation von Novartis als kurzfristige Kapitalanlage am 30.6. zum Kurs von 98 % (Nominal CHF 30'000, Zins 2 %, Zinstermin 31.3.). Der Kaufpreis beträgt CHF 29'400. Der Marchzins beläuft sich auf CHF 150 (CHF 30'000 x 0.02 / 360 x 90). Der Buchungssatz bei der Fuchs AG lautet daher für die Berücksichtigung der Marchzinsen: Wertschriftenertrag / Bank 150. Später am 31.3. des Folgejahres wird der gesamte Zinsertrag von CHF 600 gutgeschrieben. Durch die Abgrenzung von CHF 150 wird der anteilige Zinsertrag im Konto Wertschriftenertrag später korrekt ausgewiesen.

Wenn Wertschriften als Liquiditätsreserven geführt werden, zählen sie zum Umlaufvermögen. Wenn sie sich jedoch als strategische Investition qualifizieren, gelten sie als Anlagevermögen (Finanzanlagen) und weisen einen langfristigen Charakter auf (▸ Kap. 20).

Der Finanzerfolg lässt sich als Finanzertrag oder Finanzaufwand verbuchen. Die Führung der Erfolgskonten kann weiter unterteilt werden, indem für die Wertschriften ein Wertschriftenertrags- und Wertschriftenaufwandskonto geführt werden. Weiterhin ist auch zwischen realisiertem und nicht realisiertem Kurserfolg zu unterscheiden (▸ Dar. 32).

Dar. 32: Realisierter und nicht realisierter Kurserfolg bei Wertschriften

	Realisierter Kurserfolg	Nicht realisierter Kurserfolg
Entstehung	Verkauf von Wertschriften	Bewertung am Jahresabschluss
Wertermittlung	Differenz zwischen Verkaufs- und Kaufpreis	Differenz zwischen Buchwert und Kaufpreis
Auswirkung auf das Jahresergebnis	Erfolgswirksame Buchung	Erfolgswirksame Buchung (Niederstwertprinzip zu beachten)

Um den Erfolg einer Wertschrifteninvestition zu beurteilen, lässt sich die (kaufmännische) Wertschriftenrendite berechnen. Hierzu werden die Jahreserträge ins Verhältnis zum eingesetzten Kapital gesetzt:

Formel: (Kaufmännische) Wertschriftenrendite

$$\text{Jährliche Wertschriftenrendite} = \frac{100 \times \text{Jahresertrag}}{\text{eingesetztes Kapital}}$$

Die Wertschriftenrendite ist auf Jahresbasis zu berechnen. Daher ist der Ertrag auf 360 Tage[55] umzurechnen. Beim Jahresertrag sind Zinsen bei Obligationen bzw. Dividenden bei Aktien, Kursdifferenzen (Gewinne bzw. Verluste) und Spesen zu berücksichtigen. Das investierte Kapital setzt sich aus den Wertschriften zu Anschaffungskosten zuzüglich der Ankaufspesen zusammen.

Beispiel Wertschriftenrendite Aktien

Die Helmut GmbH kauft fünf Aktien der Gut AG (börsenkotiertes Unternehmen) zum Kurs von CHF 1'500. Die Kaufspesen belaufen sich auf CHF 100. Im ersten und zweiten Jahr wird je eine Dividende von CHF 250 je Aktie ausgezahlt. Die Aktien werden zwei volle Jahre gehalten. Der Verkaufskurs beläuft sich auf CHF 1'600, die Verkaufsspesen betragen CHF 80. Mit diesen Angaben lassen sich folgende Erträge erwirtschaften:

Dividenden	2 x 5 x CHF 250	= CHF 2'500
+ Kursgewinn	5 x CHF 100	= CHF 500

55 In der Schweiz wird üblicherweise mit 360 Tage im kaufmännischen Bereich gerechnet (sogenannte deutsche Zinsmethode), bei welcher der Monat mit 30 Tagen und das Jahr mit 360 Tage erfasst wird (ungleich englische Zinsmethode mit 365 oder 366 Tage pro Jahr).

– Spesen	CHF 100 + CHF 80	= CHF 180
Ertrag netto		= CHF 2'820
Jahresertrag	CHF 2'820 / 720 x 360	= CHF 1'410

Das investierte Kapital beträgt CHF 7'600 (5 x CHF 1'500 + CHF 100). Die Jahresrendite beträgt daher 18.55 % (CHF 1'410 / CHF 7'600 x 100). Die Verkaufsspesen werden nicht berücksichtigt, da sie nicht Bestandteil des investierten Kapitals sind.

In der Praxis werden von der Liquidität teilweise kurzfristige Bankverbindlichkeiten abgezogen. Dies führt zu den Netto-Flüssigen Mitteln. Diese Grösse sagt aus, ob nach Abzug von kurzfristigen Bankverbindlichkeiten genügend flüssige Mittel zur Deckung von operativen Kosten übrigbleiben.

13 Forderungen aus Lieferungen und Leistungen

Unternehmen verkaufen Produkte und Dienstleistungen an Kunden. Daraus ergeben sich Forderungen gegenüber Kunden, sofern sie nach der Lieferung nicht in bar, d. h. unmittelbar mit flüssigen Mitteln beglichen werden. Solche Forderungen werden auch als Debitoren bezeichnet. Im Rechnungslegungsrecht werden sie als Forderungen aus Lieferungen und Leistungen (kurz FLL) geführt. Sie stellen sämtliche realisierten Zahlungsansprüche eines Unternehmens dar, die aus dem eigentlichen Betriebszweck des Unternehmens resultieren.[56] Sie müssen erbracht und fakturiert sein. In der Praxis der Rechnungslegung werden üblicherweise folgende Konten für die Forderungen aus Lieferungen und Leistungen geführt:

- Forderungen aus Lieferungen und Leistungen Schweiz
- Forderungen aus Lieferungen und Leistungen Ausland
- Forderungen aus Lieferungen und Leistungen Ausland in fremder Währung
- Wertberichtigungen Forderungen aus Lieferungen und Leistungen (Delkredere)

Das Wertberichtigungskonto wird als negatives Aktivkonto geführt, welches provisorische, mutmassliche Wertberichtigungen zu den Forderungen umfasst (mutmassliche Forderungsausfälle aufgrund von Zahlungsschwierigkeiten von Kunden). Forderungen aus Lieferungen und Leistungen in fremder Währung sind zum Zeitpunkt des Jahresabschlusses in Schweizer Franken umzurechnen. In der Praxis werden hierzu häufig die Jahresabschluss-Kurse der ESTV (Eidgenössische Steuerverwaltung) verwendet. Forderungen, die nicht mit dem unternehmerischen Zweck im Zusammenhang stehen, müssen als übrige kurzfristige Forderungen dargestellt bzw. verbucht werden.

Beispiel Forderung aus Lieferungen und Leistungen

Die Gsell GmbH liefert am 21. Dezember Produkte an einen Kunden für CHF 35'000 gegen Rechnung. Der Jahresabschluss erfolgt am 31. Dezember. Da der Kunde die Rechnung noch nicht bezahlt hat, zeigt die Gsell GmbH eine Forderung aus Lieferungen und Leistungen in Höhe von CHF 35'000 (Forderungen aus Lieferungen und Leistungen / Nettoerlöse 35'000). Am 10. Januar wird die Rechnung durch den Kunden bezahlt.

56 Gutsche, 2019, S. 340, N 53.

Der Zeitpunkt der Erlöserfassung gilt im Rechnungslegungsrecht, wenn eine Leistung erbracht ist. Ab diesem Zeitpunkt besteht die Fakturierungsfähigkeit. Bei Produkteverkauf erfolgt die Faktura in der Regel nach erfolgter Auslieferung und bei einem Dienstleistungsvertrag nach dem Grad der Leistungserbringung.

Beispiel Zeitpunkt der Erfassung von Forderungen aus Lieferungen und Leistungen

Die Fasel AG ist im Gemüsehandel tätig. Das Altersheim Sonnenblick bestellt am 25. Mai Gemüse im Wert von CHF 215. Die Auslieferung erfolgt am 27. Mai, die Rechnung wird am 29. Mai verschickt. Die Fasel AG hat den Umsatz nach Rechnungslegungsrecht zum Zeitpunkt der Auslieferung, also am 27. Mai, als Nettoerlös in der Buchhaltung zu erfassen.

In der Praxis wird der Nettoerlös meist mit dem Versand der Rechnung gebucht und nicht mit der Auslieferung bzw. Erbringung der Dienstleistung. Sofern die Zeitintervalle zwischen Rechnungsstellung und Leistungserbringung weit auseinander liegen, besteht ein Verstoss gegen die Grundsätze ordnungsgemässer Rechnungslegung in Bezug auf die Vollständigkeit der Jahresrechnung.

Die Forderungen aus Lieferungen und Leistungen können ordentlich (in Form von einzelnen Konten) oder in einer Offenpostenbuchhaltung geführt werden. Beide Ansätze müssen am Jahresende zum gleichen Ergebnis führen. Bei der Offenpostenbuchhaltung werden die offenen Forderungen zum Jahresabschluss im Vergleich zum Vorjahr angepasst. Eine ordnungsgemässe Buchführung verlangt für die Offenpostenbuchhaltung, dass diese jederzeit in einem Nebenbuch nachgeführt ist, so dass eine vollständige Buchhaltung gewährleistet ist bzw. alle Geschäftsvorfälle nachvollzogen werden können.

Beispiel Offenpostenbuchhaltung

Die Tobler & Cie. führt eine Offenpostenbuchhaltung. Der Anfangsbestand der Debitoren beträgt CHF 80'000. Es wurden Rechnungen im Wert von CHF 250'000 erstellt, welche zu CHF 210'000 bezahlt wurden. Am Jahresende betragen die Forderungen demnach noch CHF 120'000. Die Buchungen lauten:

1.1.	Eröffnung	Forderungen L+L / Eröffnungsbilanz	80'000
	Rechnungen	keine Buchung	
	Bezahlung	flüssige Mittel / Nettoerlöse	210'000
31.12	Abschluss	Forderungen L+L / Nettoerlöse	40'000
31.12	Abschluss	Schlussbilanz / Forderungen L+L	120'000

Bei der Einzelkontenführung werden offene Forderungen zeitnah bzw. laufend erfasst und geführt (▶ Dar. 33).

Dar. 33: Verbuchungsmethoden für Forderungen

	Ordentliche Erfassung	Offenpostenbuchhaltung
Buchführung	Kontoführung für jeden Kunden	Gesamtforderungen zum Jahresabschluss geführt
Aktualität	gegeben	nicht gegeben
Buchungen	Verkauf: FLL/Nettoerlöse Bezahlung der Rechnung: FlüMi / FLL	Verkauf: Keine Buchung Bezahlung: FlüMi / Nettoerlös
Jahresabschluss	Keine Korrekturbuchung notwendig	Zunahme Forderungen: FLL / Nettoerlöse Abnahme Forderungen: Nettoerlöse / FLL

Forderungen aus Lieferungen und Leistungen sind im Normalfall zum Nominalwert und einzeln zu bewerten. Erlösminderungen führen zu einer Reduktion der Forderungen aus Lieferungen und Leistungen.[57]

Beispiel Erlösminderungen Forderungen aus Lieferungen und Leistungen

Die Gsell GmbH liefert am 21. Dezember Produkte an einen Kunden in Höhe von CHF 35'000. Der Jahresabschluss erfolgt am 31. Dezember. Da der Kunde die Rechnung noch nicht bezahlt hat, weist die Gsell GmbH diese Forderung zum Jahresabschluss aus. Am 10. Januar wird die Rechnung durch den Kunden beglichen. Dabei gewährt die Gsell GmbH einen Kundenrabatt von 10 %. Die Forderung reduziert sich daher um CHF 3'500 (Buchung: Nettoerlöse / Forderungen aus Lieferungen und Leistungen 3'500).

Für tatsächliche und mutmassliche Forderungsausfälle muss eine Wertberichtigung gebucht werden. Dabei sind tatsächliche Verluste von Forderungen erfolgswirksam und einzeln zu buchen. Auf den restlichen offenen Forderungen dürfen für ein allgemeines, mutmassliches Delkredere-Risiko pauschale Wertberichtigungen zwischen 5 bis 10 % (5 % auf inländische Forderungen, 10 % auf ausländische Forderungen) nach steuerrechtlichen Vorschriften angesetzt werden. Üblich ist es zusätzlich, dass aufgrund von Erfahrungswerten aus der Vergangenheit mutmassliche

57 EXPERTsuisse, 2023, S. 153.

Wertberichtigungen gebildet werden. Wenn in Wirklichkeit keine Forderungsausfälle zu erwarten sind bzw. die gebuchten Wertberichtigungen über den Erfahrungswerten liegen, stellen diese Beträge stille Reserven dar (▶ Dar. 34).

Dar. 34: Tatsächliche und mutmassliche Forderungsverluste

	Tatsächliche Verluste	**Mutmassliche Verluste**
Wirkung	Tatsächlicher Verlust von Forderungen	Erwarteter Verlust von Forderungen
Zeitpunkt	Erfassung während des ganzen Jahres	Erfassung beim Jahresabschluss
Buchungen	Forderungsverluste/Forderungen aus Lieferungen und Leistungen	
		Erhöhung: Forderungsverluste/Delkredere[58] Senkung: Delkredere/ Forderungsverluste

Verjährte oder uneinbringliche Forderungen sind auszubuchen.[59]

In der Praxis werden oft Altersstrukturen verwendet (»Aging-Liste«), um die Verjährung von offenen Forderungen zu prüfen. Dabei kann das Kreditrisiko nach der Dauer des Ausstands errechnet werden. Es gilt der allgemeine Grundsatz, dass offene Forderungen, die älter sind als 180 Tage (seit Lieferung oder Ausübung), als verloren betrachtet werden und daher ausgebucht werden können.

Forderungs- bzw. Debitorenverluste werden ordentlich als übriger Betriebsaufwand bzw. Minderung der Bruttoerlöse (als Erlösminderung) verbucht. Wenn die Wertkorrekturen indirekt erfasst werden (bei den mutmasslichen Forderungsverlusten), ist ein Konto Wertberichtigung Forderungen aus Lieferungen und Leistungen zu führen (kurz WB FLL bzw. Forderungsverluste in der Erfolgsrechnung). Sofern diese aus einem anderen Geschäftsjahr stammen, müssen sie als ausserordentlicher Aufwand oder Ertrag erfasst werden.

Eine Verrechnung von Forderungen und Verbindlichkeiten ist grundsätzlich möglich, wenn diese gegenseitig, fällig und erfüllbar sind. Zudem müssen sie gleichartig sein. Das heisst, sie müssen aus einem ähnlichen Geschäftszweck stammen (z. B. aus dem Verkauf von Gütern und Dienstleistungen). In den übrigen Fällen ist eine Verrechnung von Vermögenswerten und Verbindlichkeiten untersagt.[60]

Von den Forderungen sind Anzahlungen zu unterscheiden. Anzahlungen werden in der Praxis verlangt, um einen Teil der Vorfinanzierung sicherzustellen. In der Industrie wird häufig eine Anzahlung von einem Drittel bei Auftragsbeginn

58 Delkredere auch als WB-Forderungen geführt in der Praxis
59 EXPERTsuisse, 2023, S. 154.
60 EXPERTsuisse, 2023, S. 154.

vereinbart, die übrigen zwei Drittel während der Produktion oder bei Produktionsende. Sofern Kunden eine Vorauszahlung leisten, ist diese als Verbindlichkeit zu führen, welche zu den kurzfristigen Verbindlichkeiten zählt. Wenn hingegen an einen Lieferanten eine Vorauszahlung erfolgt, kann dies als Vermögenswert geführt werden. Beide Anzahlungskonten werden mit dem zeitlichen Fortschritt der Produktion oder Auftragserfüllung entsprechend angepasst.

In der Praxis wird oft eine Nebenbuchhaltung für Forderungen aus Lieferungen und Leistungen geführt. Das heisst, auch Forderungen gegenüber staatlichen Stellen (z. B. Verrechnungssteuer, Guthaben aus der Vorsteuer der Mehrwertsteuer, Versicherungsguthaben usw.) werden in dieser Position geführt. Daher müssen sie zum Jahresabschluss auf die übrigen kurzfristigen Forderungen umgegliedert werden.

14 Übrige kurzfristige Forderungen

Als übrige kurzfristige Forderungen werden jene Forderungen verstanden, welche nicht aus Lieferungen und Leistungen eines Unternehmens stammen. Hierbei ist der Zweck des Unternehmens zu berücksichtigen.[61] Die Abgrenzung zwischen lang- und kurzfristigen Forderungen liegt bei einem Jahr.

Die übrigen kurzfristigen Forderungen umfassen u. a.:

- Forderungen gegenüber dem Personal
- WIR-Guthaben
- Verbindlichkeiten aus Lieferungen und Leistungen mit einem Sollüberschuss (Sollsaldo) durch eine zu hohe Begleichung einer offenen Verbindlichkeit aus Lieferungen und Leistungen
- Vorschüsse und kurzfristige Aktiv-Darlehen
- Wertberichtigungen auf Vorschüssen und kurzfristigen Aktiv-Darlehen
- Mehrwertsteuer-Guthaben (Vorsteuerguthaben) aus Materialaufwand, Betriebsaufwand und Investitionen
- Verrechnungssteuerforderungen
- Forderungen gegenüber der Oberzolldirektion
- Forderungen aus Kautionen
- Forderungen gegenüber Sozialversicherungen
- Quellensteuerforderungen
- Vorauszahlungen an Lieferanten und Dritte

Eine Aufteilung zwischen verzinslichen und unverzinslichen Positionen ist bei dieser Position nicht gesetzlich vorgeschrieben. Die Bewertung erfolgt in der Regel zu Nominal bzw. Anschaffungskosten, wobei zweckmässige Wertberichtungen zu prüfen sind. Für verjährte Forderungen sind Wertberichtigungen vorzunehmen.

---

61 Gutsche, Robert, 2019, S. 341, N 57.

Beispiel Wertberichtigung bei kurzfristigen Forderungen

Die Weibel GmbH gewährt einem Mitarbeitenden ein Darlehen über CHF 1'000. Der Mitarbeitende muss Privatkonkurs anmelden und verliert die Stelle bei der Weibel GmbH. Das Darlehen wird wertberichtigt um CHF 500, da der Rest gemäss schriftlicher Vereinbarung durch den Mitarbeitenden zurückbezahlt wird. Die Buchungen lauten:

Gewährung Darlehen	übrige kurzfristige Forderungen / Bank	1'000
Wertberichtigung	Forderungsverluste / übrige kurzfristige Forderungen	500
Amortisation Darlehen	Bank / übrige kurzfristige Forderungen	500

Eine Verrechnung von Forderungen und Verbindlichkeiten ist wiederum nur möglich, sofern sie gegenseitig fällig sind und gegenüber der gleichen Person bestehen. Beispielsweise sind die Vorsteuern und Umsatzsteuern bei der Mehrwertsteuer zu verrechnen und der offene Betrag an die eidgenössische Steuerverwaltung zu überweisen.

Für die Vorsteuer der Mehrwertsteuer werden in der Rechnungslegungspraxis folgende Konten geführt:

- Vorsteuer auf Material-, Waren und Dienstleistungsaufwand
- Vorsteuer aus Investitionen und übrigem Betriebsaufwand
- Vorsteuerkürzungen
- Vorsteuerkorrekturen

15 Forderungen gegenüber nahestehenden Personen

Nahestehende Personen sind Personen, denen das Unternehmen entweder gehört (natürliche oder/und juristische Personen) oder solche, die dem Unternehmen gehören (nur juristische Personen in Form von Beteiligungen). Forderungen oder Verbindlichkeiten ihnen gegenüber sind im Anhang oder in der Bilanz nach OR 959a IV gesondert darzustellen. Sie können Geschäfte in ihrem Sinne beeinflussen und sind daher von erhöhter Bedeutung für die Finanzbuchhaltung. Das entscheidende Kriterium ist hierbei die Frage der Einflussnahme.

Beispiel Einflussnahme von Nahestehenden

Nahestehende können wie folgt Einfluss auf die Finanzbuchhaltung oder Rechnungslegung nehmen bzw. von folgenden Vorfällen profitieren:

- Gewährung von Aktivdarlehen zu einem tiefen Zinssatz
- Verkauf von Waren eines Unternehmens zu einem tieferen Verkaufspreis
- Unentgeltliche Übernahme von Schulden eines Anteilseigners durch das Unternehmen

Als Beteiligungen gelten Investitionen in andere Unternehmen, die langfristig gehalten werden und bei welchen nach OR 960d III ein massgeblicher Einfluss ausgeübt werden kann. Das Gesetz geht von einer gesetzlichen Vermutung von 20 % aus. Als Organe gelten der Verwaltungsrat bei einer AG, die Geschäftsführung bei der GmbH, der Stiftungsrat bei einer Stiftung oder der Vorstand bei einem Verein.[62]

Der Ausweis von Forderungen gegenüber nahestehenden Personen ist insbesondere bei Kapitalgesellschaften von hoher Relevanz, da bei diesen Gesellschaften Haftungsbeschränkungen bestehen. Wenn sich Anteilseigner einer Kapitalgesellschaft Vermögenswerte ausgeschüttet haben anstelle einer ordentlich beschlossenen Dividende, reduziert die Kapitalgesellschaft ihre Vermögenswerte. Diese Vermögenswerte sollen jedoch als Haftungssubstanz für offene Schulden dienen.

62 EXPERTsuisse, 2023, S. 160.

Von hoher Relevanz ist das Verbot der Einlagenrückgewähr nach OR 680 I. Aktionären ist es untersagt, sich das einbezahlte Kapital von der Kapitalgesellschaft zurückerstatten zu lassen. Sofern ein Darlehen an einen Aktionär jedoch geringer als das frei verfügbare bzw. ausschüttbare Eigenkapital ist, liegt kein Verstoss gegen die Einlagerückgewähr vor (▶ Kap. 33).

Darlehen an Nahestehende bergen auch steuerrechtliche Risiken. Wenn Sicherheiten fehlen, die Zinsen zu hoch (bei einem Passivdarlehen) bzw. zu tief (bei einem Aktivdarlehen) sind oder das Darlehen für den Privatkonsum verwendet wird, kann dies als verdeckte Gewinnausschüttung qualifiziert werden. Es ist daher immer auf einen möglichen Drittvergleich (arm's length principle) abzustellen. Das heisst, es stellt sich die Frage bei einem Aktivdarlehen, ob dieses auch einer Drittperson zu gleichen Konditionen wie einer nahestehenden Person gewährt worden wäre. Wenn dies verneint wird, kann nicht von einem Drittvergleich gesprochen werden und es führt zu steuerrechtlichen Aufrechnungen beim steuerbaren Gewinn.[63]

Beispiel Darlehen mit fehlendem Drittvergleich

Die Müller AG gewährt ihrem Aktionär Max Müller ein Aktivdarlehen über CHF 1 Mio., welches keine Sicherheiten verlangt und nicht verzinst ist. Die Bank offeriert Max Müller ein identisches Darlehen mit einem Zinssatz von 2 %. Es liegt eine Differenz von CHF 20'000 vor, weshalb das Darlehen einem Drittvergleich nicht standhalten würde. Die Folge ist, dass die fehlende Verzinsung des Aktivdarlehens dem steuerbaren Gewinn hinzugerechnet wird. Weiter kann ein Problem aus der Einlagerückgewähr entstehen.

Sinngemäss sind auch Verbindlichkeiten gegenüber nahestehenden Personen gesondert im Jahresabschluss auszuweisen.

63 EXPERTsuisse, 2023, S. 166.

16 Anzahlungen und Vorauszahlungen

Anzahlungen oder Vorauszahlungen sind geleistete Zahlungen für noch nicht oder erst teilweise erhaltene Leistungen und Lieferungen von Dritten oder an Dritte. Dabei ist die Abgrenzung zu den Rechnungsabgrenzungen nicht in jedem Fall klar.[64] Anzahlungen stellen in der Regel ein einmaliges Ereignis dar.

Als Konten werden in der Praxis geführt:

- Anzahlungen an Lieferanten als Aktivkonto bis zur Leistungserbringung
- Anzahlungen von Kunden als Passivkonto bis zur Leistungserbringung

Aktive und passive Anzahlungen bzw. Vorauszahlungen werden zu Nominalwerten bzw. Anschaffungskosten geführt. Zum Zeitpunkt der Leistungserbringung wird die Anzahlung mit dem vereinbarten Preis erfolgswirksam verrechnet.

Beispiel Anzahlung

Die Tobler AG arbeitet mit der Knaus GmbH zusammen. Die Knaus GmbH liefert eine neue Maschine an die Tobler AG. Der Kaufpreis beträgt CHF 500'000, wobei 40 % im Voraus zu überweisen sind. Die Buchung lautet bei der Tobler AG: Vorauszahlung / Flüssige Mittel CHF 200'000.
Einen Monat später wird die Maschine geliefert und nochmals einen Monat später bezahlt, womit folgende Buchungen bei der Tobler AG notwendig sind (MwSt unberücksichtigt):

Maschine / Verbindlichkeiten aus Lieferung und Leistung	300'000 (Lieferung)
Maschine / Vorauszahlungen	200'000 (Lieferung)
Verbindlichkeiten aus Lieferung und Leistung / Flüssige Mittel	300'000 (Bezahlung)

Sofern Zweifel an der Werthaltigkeit bestehen, sind entsprechende Wertberichtigungen bei den Anzahlungen zu berücksichtigen.

64 EXPERTsuisse, 2023, S. 169.

17 Vorräte

Für viele Unternehmen sind Vorräte (Lagerbestände) eine sehr entscheidende Führungsgrösse. Ihre effiziente Bewirtschaftung und die Sicherung der Lieferbereitschaft ist für viele Geschäftsmodelle ein wichtiger Faktor für den Unternehmenserfolg, da sie oftmals substanzielle flüssige Mittel binden. Zu den Vorräten und nicht fakturierten Dienstleistungen zählen:[65]

- Rohstoffe
- Hilfs- und Betriebsstoffe
- Fertige Erzeugnisse (Fertigfabrikate)
- Unfertige Erzeugnisse (Halbfabrikate)
- Handelswaren
- Nicht fakturierte Dienstleistungen (▶ Kap. 18)

Ob ein Vermögenswert sich als Vorrat qualifiziert, hängt vom Verwendungszweck ab.

Beispiel Vorräte nach Unternehmenszweck

Liegenschaften können je nach Branche bzw. Zweck dem Anlagevermögen oder den Vorräten zugeordnet sein. Bei einem Liegenschaftshändler, der rasch Immobilien erwirbt und veräussert, können Liegenschaften als Vorräte eingestuft werden. Ein Industrieunternehmen hingegen, das eine Liegenschaft langfristig zu Renditezwecken hält, zählt diese zum Anlagevermögen (Sachanlage).

Wenn der Bilanzstichtag in die laufende Produktion fällt, sind in der Regel nicht alle Erzeugnisse fertiggestellt. Dies hat zur Konsequenz, dass unfertige und fertige Erzeugnisse ausgewiesen werden. Unfertige Erzeugnisse (Halbfabrikate) befinden sie sich noch in Arbeit, und die angefallenen Herstellkosten sind in der Buchhaltung entsprechend zu berücksichtigen. Fertige Erzeugnisse (Fertigfabrikate) sind selbst hergestellte, für den Verkauf bereitgestellte Produkte und Dienstleistungen. Handelswaren hingegen wurden von einem Dritten angekauft und in der Regel zu einem höheren Preis weiterveräussert. Die Buchführung bei den Vorräten kann in der Praxis auf drei Arten erfolgen (▶ Dar. 35).

65 EXPERTsuisse, S. 170.

Dar. 35: Buchführungsmethoden für Vorräte (Quelle: EXPERTsuisse, Schweizer Handbuch für Wirtschaftsprüfung, Band für Buchführung und Rechnungslegung, 2023, S. 170)

Ruhendes Konto	Laufende Buchführung nur mengenmässig	Laufende Buchführung wert- und mengenmässig
Keine Erfassung der Zu- und Abgänge während des Jahres	Erfassung der Zu- und Abgänge während des Jahres nur mengenmässig	Erfassung der Zu- und Abgänge während des Jahres nur wertmässig (Anzahl und Kosten)
Korrekturverbuchung am Ende des Jahres (Lagerveränderung)	Keine Korrekturverbuchung am Ende des Jahres (Lagerveränderung)	Keine Korrekturverbuchung am Ende des Jahres (Lagerveränderung)

Bei der **ruhenden Buchführung** ist am Jahresende eine Lagerkorrekturbuchung (Lagerveränderungen, d. h. Zu- oder Abnahme) notwendig. Die Lagerbewirtschaftung hängt von der Grösse und Komplexität eines Unternehmens ab. Am Jahresende wird in der Regel eine Inventur durchgeführt, um die Bestände zu kontrollieren. Eine Inventur ist eine physische Bestandsaufnahme der Vorräte, bei welcher die Anzahl und die Einkaufspreise der einzelnen Vorräte ermittelt wird. Sie kann rollierend (mehrmals während des Jahres) oder stichtagsbezogen (am Jahresende) vollzogen werden. Die Inventur dient auch der Kontrolle, ob keine Vorräte entwendet worden sind oder Altbestände an Vorräten bestehen, die ausgebucht werden müssen. Die ruhende Kontoführung kommt vor allem bei Klein- und Mittelunternehmen zur Anwendung.

Die Buchführung mit ruhender Inventur zeichnet sich wie folgt aus bei einer Bestands**zunahme (Beispiel von Handelswaren)** (▶ Dar. 36).

Dar. 36: Beispiel: Bestandeszunahme von Warenvorräten (ruhend geführt)

Warenvorräte

Anfangsbestand	200		
Bestandszunahme	**40**	240	Endbestand
	240	240	

Warenaufwand

Einkäufe	500	40	Preisnachlässe
Bezugskosten	50	**40**	**Bestandszunahme**
		470	Saldo
	550	550	

Eine Bestandszunahme wird wie folgt verbucht: Warenvorräte / Warenaufwand 40

Der Wareneinkauf wird folgendermassen berechnet: 500 + 50 - 40 = 510 (Einstandswert der **eingekauften** Ware).

Der Warenaufwand berechnet sich wie folgt: 510 - 40 = 470 (Saldo des Kontos Warenaufwand, Einstandswert der **verkauften** Ware)

Die Buchführung mit ruhender Inventur zeichnet sich wie folgt aus bei einer **Bestandsabnahme** (Beispiel von Handelswaren) (▶ Dar. 37).

Dar. 37: Beispiel: Bestandesabnahme von Warenvorräten (ruhend geführt)

Warenvorräte

Anfangsbestand	200	**40**	**Bestandsabnahme**
		160	Endbestand
	200	200	

Warenaufwand

Einkäufe	500	40	Preisnachlässe
Bezugskosten	50	550	Saldo
Bestandsabnahme	**40**		
	590	590	

Eine Bestandsabnahme wird wie folgt verbucht: Warenaufwand / Warenvorräte 40

Der Wareneinkauf wird folgendermassen berechnet: 500 + 50 - 40 = 510 (Einstandswert der **eingekauften** Ware)

Der Warenaufwand berechnet sich wie folgt: 510 + 40 = 550 (Saldo des Kontos Warenaufwand, Einstandswert der **verkauften** Ware)

Bei der **laufenden Inventur** wird eine Inventurbuchhaltung permanent geführt (laufende Kontoführung). Sie kann nur die Menge oder auch die Preise umfassen. Das Vorratskonto wird bei dieser Buchführung während des Jahres laufend bebucht (Einkäufe im Soll, Verbrauch = Verkäufe im Haben zu Einkaufspreisen). Der Vorteil ist, dass jederzeit der aktuelle Bestand an den Vorräten bekannt ist. Die Konten sehen wie folgt aus (inkl. einer Inventurdifferenz) (▶ Dar. 38).

Der Verbrauch (Verkauf von Handelswaren zu Einkaufspreisen) wird wie folgt gebucht: Warenaufwand/Warenvorräte 450
Der Wareneinkauf ist demnach: 300 + 10 - 20 = 290
Der Warenaufwand beläuft sich auf: 460 (Saldo des Kontos Warenaufwand)

Durch die laufende Inventur ist jederzeit ersichtlich, welches die Bestandspositionen sind. Am Ende des Jahres können mit Hilfe einer Voll- oder Stichprobeninventur die Bestände gezählt und kontrolliert werden. Sofern es wie im oberen Beispiel eine Inventurdifferenz gibt, ist diese erfolgswirksam zu verbuchen. Gründe für eine Inventurdifferenz können vielseitig sein in der Praxis (z. B. Warendiebstahl oder Fehler in der Lagerbuchhaltung).

Dar. 38: Beispiel: Verbuchung der Warenkonten bei laufender Inventur

Warenvorräte

Anfangsbestand	200	20	Preisnachlässe
Wareneinkauf	300	**450**	**Verbrauch**
Bezugsspesen	10	10	Inventurdifferenz
		30	Endbestand
	510	510	

Warenaufwand

Verbrauch	**450**		
Inventurdifferenz	10		
		460	Saldo
	460	460	

Die Verbuchung der Bestandsveränderungen von unfertigen und fertigen Fabrikaten ist in der Praxis einzeln vorzunehmen. Hierzu wird je ein Bestandsveränderungskonto (Erfolgsrechnungskonto) geführt. Dieser Betrag wird entweder bei den Erträgen (Bestandszunahmen führen zu einem Ertrag, Bestandsabnahmen zu einer Ertragsminderung) als separate Position verbucht und ausgewiesen (Produktionserfolgsrechnung) oder fliesst in die Herstellkosten ein (Absatzerfolgsrechnung) (► Kap. 3.3). Bei den unfertigen und fertigen Erzeugnissen können sich folgende Schlussbuchungen am Jahresende ergeben:

- Zunahme unfertige Erzeugnisse: Unfertige Erzeugnisse / Bestandsveränderung UE
- Abnahme Unfertige Erzeugnisse: Bestandsveränderung UE / unfertige Erzeugnisse
- Zunahme Fertigfabrikate: Fertigfabrikate / Bestandsveränderung FF
- Abnahme Fertigfabrikate: Bestandsveränderung FF / Fertigfabrikate

Die Bewertung von Vorräten erfolgt bei der Ersterfassung maximal zu den Anschaffungs- oder Herstellkosten. Anschaffungskosten umfassen die Bezugs-, Transport-, Versicherungs- und Montagekosten. Nicht dazu zählt die Mehrwertsteuer, sofern diese zurückgefordert werden kann (► Kap. 41). Finanzierungskosten dürfen nicht aktiviert werden. Zu den Herstellkosten zählen Rohmaterial, Fertigungskosten sowie Material- und Fertigungsgemeinkosten. Aufgrund des Vorsichtsprinzips zählen die allgemeinen Verwaltungs- und Vertriebskosten nicht dazu. Es dürfen nur die Kosten berücksichtigt werden, die einen direkten Bezug zu den hergestellten Produkten oder Dienstleistungen aufweisen. Bei Akquisitionsaufwendungen ist ein Nachweis erforderlich und sie sollten eher zurückhaltend eingerechnet werden.[66]

Ausgeschlossen ist auch eine fiktive Verzinsung des Eigenkapitals gemäss den Rechnungslegungsvorschriften, welche sich in den Gemeinkosten niederschlagen könnte.

In der Folgebewertung (nach dem Kauf der Vorräte und Bestandteile) dürfen die Vorräte maximal zu Anschaffungs- oder Herstellkosten bewertet werden. Sofern der Veräusserungspreis nach OR 960c I tiefer als die Anschaffungs- oder Herstellkosten sind, ist dieser Veräusserungswert als Höchstwert anzusetzen (▶ Kap. 7.3). Er wird in der Regel intern festgelegt. Der Veräusserungspreis entspricht dem Netto-Marktwert bzw. dem Marktpreis auf dem Absatzmarkt nach Abzug der Vertriebskosten.[67] Man spricht in diesem Zusammenhang vom Niederstwertprinzip (lower cost or market). Dadurch wird im Vorratslager eine verlustfreie Bewertung sichergestellt.

Eine Wertaufholung von verbuchten Wertkorrekturen bei den Vorräten ist unüblich.[68]

Der Veräusserungspreis wird in der Regel durch die Situation am Absatzmarkt zum Bilanzstichtag beeinflusst. Vom Bruttoveräusserungswert können Erlösminderungen und anteilige Verwaltungs- und Vertriebskosten abgezogen werden, um den Nettoveräusserungspreis zu erhalten. Der Beschaffungspreis am Bilanzstichtag spielt für eine mögliche Wertberichtigung eine untergeordnete Rolle.

Beispiel Niederstwertprinzip bei den Vorräten

Die Günthert AG kauft am 1. April des Jahres 1'000 kg Rohmaterial zum Preis von Total CHF 5'000. Der Zweck der Günthert AG ist der Handel mit Rohmaterialien. Am Bilanzstichtag, 31. Dezember des Jahres, ist der Veräusserungspreis nur noch CHF 4'500 für 1'000 kg. Die Vertriebskosten belaufen sich auf CHF 150. Die Vorräte sind daher um mindestens CHF 650 (CHF 5'000 - CHF 4'500 - CHF 150) wertmässig zu berichtigen:

Materialaufwand / Materialvorräte	650

Vorräte sind im Grundsatz einzeln zu bewerten. Minder- und Mehrwerte dürfen bei Anwendung der Einzelbewertung daher nicht miteinander verrechnet werden in den verschiedenen Warenkategorien. Gruppenbewertung kann nur als Ausnahme als zulässig erachtet werden.[69]

66 EXPERTsuisse, 2023, S. 174.
67 Handschin, 2013, S. 289, N 625.
68 Böckli, 2014, S. 199, N 895.
69 EXPERTsuisse, 2023, S. 176.

Da die Führung von Vorräten in Unternehmen sehr unterschiedlich und komplex ausgestaltet sein kann (auch aufgrund sich laufend ändernder Einkaufspreise), bieten sich eine Reihe von Methoden für die Ermittlung der Anschaffungs- und Herstellkosten per Bilanzstichtag an. Immer dann, wenn eine individuelle Ermittlung der Anschaffungs- und Herstellkosten nicht möglich oder sachgerecht ist, stehen die folgenden Methoden zur Bewertung zur Verfügung:[70]

- Gewichtete (gleitende) Durchschnittsmethode
- FIFO-Methode (First-in, First-out)
- LIFO-Methode (Last-in, First-out)
- HIFO-Methode (Highest-in, First-out)
- Rückrechnungsmethode vom Verkaufspreis
- Methode der Standardkosten oder Plankosten (Fixpreis)

Bei der gewichteten Durchschnittsmethode werden die Zu- und Abgänge mit einem Durchschnittswert bewertet. Dieser ergibt sich aus der Division des wertmässigen Einkaufsvolumens und der vorhandenen Bestände durch die Einkäufe in Stückzahl zuzüglich der Bestände in Stückzahl oder Mengeneinheiten. Die Berechnung erfolgt entweder jeweils nach einem Einkauf (gleitender Durchschnitt) oder auf das Jahresende. Der Vorteil dieser Bewertungsmethode ist, dass starke Schwankungen während des Jahres ausgeglichen werden können.

Beispiel gewichtete Durchschnittsmethode

Die Schweizer GmbH ist ein Warenhandelsunternehmen und führt ihr Warenlager nach der gewichteten Durchschnittsmethode. Folgende Werte liegen für das abgelaufene Jahr vor, wobei der Anfangsbestand 100 Stück (Bewertungsansatz CHF 3.00 je Stück) betragen hat:

Monat	Einkauf (Stück)	Einkaufspreis (CHF/Stück)	Bezüge (Stück)
Januar	100	3.40	
Februar	150	3.60	
März	0		200
April	250	3.20	
Mai	0		100
Juni	0		450
Juli	450	3.40	

70 EXPERTsuisse, 2023, S. 177.

August	370	3.30	
September	170	3.70	
Oktober	0		300
November	120	3.90	
Dezember	0		400
Totale	1'610		1'450

Lagerwert

Anfangsbestand	100 Stück
Einkauf	1'610 Stück
Lagerbezüge	–1'450 Stück
Endbestand	260 Stück

Bewertung zum gewichteten Durchschnittspreis

Wertmässiger Anfangsbestand	CHF 300
Wertmässiges Einkaufsvolumen	CHF 5'528
Einkaufswert inklusive Anfangsbestand	CHF 5'828
Mengenmässiges Einkaufsvolumen in	1'710 Stück
Durchschnittlicher Preis (CHF 5'528 / 1'710 Stück)	CHF 3.41
Bewertung Restbestand (CHF 3.41 je Stück x 260 Stück)	CHF 886.13

Bei der FIFO-Methode (first in, first out) werden die ältesten Lagereinkäufe zu den jeweiligen Einkaufskosten immer zuerst aus dem Lager für die Bezüge (Verbrauch) wertmässig ausgebucht. Dadurch zeigen die Vorräte am Bilanzstichtag die zuletzt erzielten Einkaufspreise. Der Vorteil dieser Methode ist, dass in der Bilanz die aktuellsten Einkaufspreise der Vorräte dargestellt werden und auf diese Weise »Lagerhüter« ansatzweise vermieden werden können.

Beispiel FIFO-Methode

Der Lagerwert ergibt sich aus der Bewertung der 260 Stück, welche am Jahresende noch am Lager sind. Sie werden mit den Einkaufspreisen der letzten beiden Einkaufs-Chargen bewertet.

Monat	Einkauf (Stück)	Einkaufspreis (CHF/Stück)	Bezüge (Stück)
Januar	100	3.40	
Februar	150	3.60	
März	0		200
April	250	3.20	
Mai	0		100
Juni	0		450
Juli	450	3.40	
August	370	3.30	
September	170	3.70	
Oktober	0		300
November	120	3.90	
Dezember	0		400
Totale	1'610		1'450

Lagerwert	
Anfangsbestand	100 Stück
Einkauf	1'610 Stück
Lagerbezüge	–1'450 Stück
Endbestand	260 Stück

Bewertung Lagerwert FIFO	
120 x 3.90	CHF 468
140 x 3.70	CHF 518
Lagerwert am Bilanzstichtag	CHF 986

Die LIFO-Methode (last in, first out) ist die umgekehrte Vorgehensweise zur FIFO-Methode. Die letztverfügbaren Bezüge (last) mit den entsprechenden Einkaufspreisen werden sofort laufend zur Bewertung der Bezüge (Verbrauch) verwendet und die Vorräte zeigen somit am Bilanzstichtag die älteren Einkaufspreise.

Beispiel LIFO-Methode

Der Lagerwert der 260 Stück Endbestand ergibt sich aus dem Lageranfangsbestand und den Einkaufspreisen der zwei ersten Einkäufe (Chargen).

Monat	Einkauf (Stück)	Einkaufspreis (CHF/Stück)	Bezüge (Stück)
Januar	100	3.40	
Februar	150	3.60	
März	0		200
April	250	3.20	
Mai	0		100
Juni	0		450
Juli	450	3.40	
August	370	3.30	
September	170	3.70	
Oktober	0		300
November	120	3.90	
Dezember	0		400
Totale	1'610		1'450

Lagerwert	
Anfangsbestand	100 Stück
Einkauf	1'610 Stück
Lagerbezüge	–1'450 Stück
Endbestand	260 Stück

Bewertung Lagerwert LIFO	
100 x 3	CHF 300
100 x 3.40	CHF 340
60 x 3.60	CHF 216
Lagerwert am Bilanzstichtag	CHF 856

Die LIFO-Methode ist in der Schweizer Praxis wenig verbreitet. Der Nachteil ist, dass in der Bilanz nicht mehr aktuelle Einkaufspreise dargestellt werden und daher aufgrund des Vorsichtsprinzips ein erhöhter Wertberichtigungsdruck besteht, sofern die Veräusserungswerte stark rückläufig sind. Das Niederstwertprinzip bedarf hier einer erhöhten Aufmerksamkeit.

Bei der HIFO-Methode (highest in, first out) wird immer der teuerste Vorratseinkaufspreis zuerst für die Verwendung bezogen (wertmässige Auswahl der Warenbezüge). Eine Priorisierung nach den mengenmässig höchsten Beständen ist in der Praxis auch möglich. Diese Methode wird allerdings selten angewendet.

Beispiel HIFO-Methode

Der Lagerwert der 260 Stück Endbestand ergibt sich aus dem Lageranfangsbestand und den Einkaufspreisen der Einkäufe mit den zwei tiefsten Werten. Da jeweils die tiefsten Werte verwendet werden, ist die Gefahr einer Überbewertung tendenziell kleiner als bei den übrigen Methoden.

Monat	Einkauf (Stück)	Einkaufspreis (CHF/Stück)	Bezüge (Stück)
Januar	100	3.40	
Februar	150	3.60	
März	0		200
April	250	3.20	
Mai	0		100
Juni	0		450
Juli	450	3.40	
August	370	3.30	
September	170	3.70	
Oktober	0		300
November	120	3.90	
Dezember	0		400
Totale	1'610		1'450

Lagerwert	
Anfangsbestand	100 Stück
Einkauf	1'610 Stück

Lagerbezüge	–1'450 Stück
Endbestand	260 Stück

Bewertung Lagerwert HIFO (Selektion nach Höhe Bezugspreis)	
100 x 3	CHF 300
100 x 3.20	CHF 480
10 x 3.30	CHF 33
Lagerwert am Bilanzstichtag	CHF 813

Die Methode der Standardkosten verwendet festgelegte Einkaufspreise für die Lagerbezüge. Das heisst, dass für das Jahr ein Standardpreis je Produkt oder Dienstleistung festgelegt wird. Dieser Ansatz wird häufig bei Fertigprodukten gewählt, deren Herstellkosten durch die Produktkalkulation ermittelt werden.

In der Praxis wird oft ein privilegiertes Warendrittel (Warenreserve) steuerrechtlich gewährt (dies gilt jedoch nicht nur für Warenvorräte, sondern auch für andere Vorräte). Hierzu wird der Vorratswert um ein Drittel wertberichtigt, d. h. tiefer angesetzt. Daher hat dieses Drittel Reservecharakter (stille Reserven). Hierzu bedarf es einer vollständigen und korrekten Ermittlung des Inventars, damit die Kalkulation des Warendrittels nachgewiesen werden kann (▶ Kap. 9).[71]

Beispiel Warendrittel

Die Knaus AG hat für die Vorräte eine Inventarliste erstellt. Die Vorräte belaufen sich demnach auf CHF 1'450'000. Am Jahresende wird der Warendrittel gebucht:

Warenaufwand / Warenvorräte	483'333

In der Bilanz wird anschliessend ein Lagerwert von CHF 966'667 ausgewiesen.

In der Bilanz ist als Mindestgliederung nach OR 959a I Ziff. 1 die Position Vorräte und nicht fakturierte Dienstleistungen zu erfassen (▶ Kap. 18). Sofern detailliertere Informationen im Anhang offengelegt werden, erhöht dies die Transparenz im Unternehmen. Insbesondere die Bewertung sollte im Anhang erklärt und erläutert werden.

71 EXPERTsuisse, 2023, S. 181.

18 Nicht fakturierte Dienstleistungen und langfristige Aufträge

Dienstleistungsunternehmen verfügen nicht über Vorräte, sondern über angefangene Arbeiten, langfristige Aufträge und mehrjährige Dienstleistungsaufträge. In der Praxis werden solche Geschäfte auch als Fertigungsaufträge bezeichnet. Daher sind spezielle Überlegungen in der Finanzbuchhaltung notwendig. Grundsätzlich darf der Ertrag bzw. Umsatz erst verrechnet bzw. verbucht werden, wenn die Dienstleistungsaufträge erfüllt sind und ein Entschädigungsanspruch besteht. Sofern diese abgerechnet sind, stellen sie Forderungen aus Lieferungen und Leistungen dar.[72]

Nicht fakturierte Dienstleistungen sind jedoch auftragsbezogene Arbeiten, die am Bilanzstichtag noch nicht abgerechnet worden sind. Fertigungsaufträge oder angefangene Arbeiten fallen ebenfalls unter diese Position. Im Rechnungslegungsrecht wird das Konto »Nicht fakturierte Dienstleistungen« geführt und ist somit Bestandteil des Umlaufvermögens.

Bei langfristigen Aufträgen über mehrere Jahre ist es möglich, angefangene Arbeiten gewinnanteilig zu erfassen. Bei der Bewertung ist Vorsicht geboten, aber um ein verlässliches Bild über den wirtschaftlichen Erfolg zu geben, ist eine entsprechende Offenlegung notwendig. Hierzu kann unter anderem die **Percentage-of-Completion-Methode** angewendet werden. Demnach werden die Erträge nach dem Fertigstellungsgrad erfasst, sofern die Kosten entsprechend angefallen oder festgelegte Meilensteine erreicht wurden. Hierzu sind erfolgswirksam die entsprechenden Buchungen als angefangene Arbeiten, Fertigungsaufwand und -erlös zu erfassen. Es sind allerdings einige Voraussetzungen kumulativ zu prüfen und zu erfüllen, damit die Percentage-of-Completion-Methode angewendet werden kann:[73]

- Die Wahrscheinlichkeit einer Gewinnerzielung muss als hoch eingestuft sein.
- Es muss eine genaue Auftragserfassung erfolgen (mit Meilensteinen, Arbeitsstunden und festgelegten Projektzielen) und eine Projektüberwachung sichergestellt sein.
- Der Fertigungsstand muss genau ermittelt werden können.
- Die Kosten können verlässlich ermittelt werden.

72 Hüttche, 2019, S. 565, N 8.
73 Handschin, 2013, S. 291, N 631.

- Es sollte eine schriftliche Vertragsbasis vorliegen, aus welcher der vereinbarte Entschädigungsanspruch hervorgeht. Dieser muss vertraglich genau ermittelbar und fällig bzw. sicher sein.

Der Fertigstellungsgrad kann nach Meilensteinen, Aufwendungen oder geleisteten Stunden festgelegt werden. Swiss GAAP FER nennt ähnliche Kriterien für die Anwendung der Percentage-of-Completion-Methode.

In der Schweizer Rechnungslegungspraxis kann die anteilige Gewinnrealisation (Percentage-of-Completion) oder die Erfassung des Gesamtertrages am Ende der Fertigung **(Completed-Contract-Methode)** angewendet werden. Es besteht aufgrund der fehlenden Regelung im Rechnungslegungsrecht und der unterschiedlichen Lehrmeinungen ein Wahlrecht, wenn die aufgeführten Voraussetzungen der anteiligen Gewinnrealisation (Percentage-of-Completion) erfüllt sind. Tendenziell wird die vollständige Erfassung am Ende des Projektauftrages (Completed Contract-Methode) in der Praxis mehrheitlich angewendet, da sie einfacher ist und dem Vorsichtsprinzip näherkommt.[74]

Beispiel Verbuchungsmethoden für langfristige Fertigungsaufträge

Die Bechtiger AG hat einen langfristigen Fertigungsauftrag über zwei Jahre erhalten. Das Erlösvolumen beträgt CHF 5 Mio., wobei die Fertigungskosten auf CHF 1.5 Mio. im ersten und CHF 2.5 Mio. im zweiten Jahr geschätzt werden. Ein schriftlicher Vertrag mit dem Kunden und ein Projektcontrolling sind vorhanden. Nach der anteiligen Gewinnermittlung **(Percentage-of-Completion-Methode)** würden folgende Buchungen vorgenommen, wobei der Gesamterlös gemäss Vertrag im zweiten Jahr mittels Banküberweisung (flüssige Mittel) beglichen wird (zudem Fertigungsaufwendungen über flüssige Mittel verbucht und Abschreibungen zu ignorieren):

Jahr 1	
Fertigungsaufwand / Flüssige Mittel	CHF 1.5 Mio.
Angefangene Arbeiten / Fertigungserlös	CHF 1.875 Mio.
	(1.5 / (1.5 + 2.5) x 5.0 = 1.875 (entspricht 37.5 % Fertigungsgrad aufgrund der Kostenaufteilung)
Jahr 2	
Fertigungsaufwand / Flüssige Mittel	CHF 2.5 Mio.
Angefangene Arbeiten / Fertigungserlös	CHF 3.125 Mio.
Flüssige Mittel / Angefangene Arbeiten	CHF 5.0 Mio.

74 Hüttche, 2019, S. 565, N 9.

(2.5 / (1.5 + 2.5) x 5.0 = 3.125 (entspricht 62.5 % Fertigungsgrad aufgrund der Kostenaufteilung)

Wenn die Verbuchung nach der Gesamtkostenlogik **(Completed-Contract-Methode)** erfasst würde, lauten die Buchungen wie folgt:

Jahr 1	
Fertigungsaufwand / Flüssige Mittel	CHF 1.5 Mio.
Angefangene Arbeiten / Fertigungsaufwand	CHF 1.5 Mio.
Jahr 2	
Fertigungsaufwand / Flüssige Mittel	CHF 2.5 Mio.
Forderungen LL/ Fertigungsertrag	CHF 5.0 Mio.
Flüssige Mittel / Forderungen LL	CHF 5.0 Mio.
Fertigungsaufwand / angefangene Arbeiten	CHF 1.5 Mio.

Mit dieser Methode wird der Gesamtgewinn des Auftrags erst im zweiten Jahr abgebildet in der Höhe von CHF 1 Mio. (CHF 5 Mio. - CHF 4 Mio.).

Die Herausforderung bei langfristigen Aufträgen (Fertigungsaufträgen) ist somit, dass die Aufwendungen über verschiedene Jahre anfallen, der Ertrag in der Regel erst am Ende der Leistungsperiode. Somit steht eine periodengerechte Erfassung nach dem Vorsichtsprinzip im Widerspruch zu einer möglichst zuverlässigen Darstellung des wirtschaftlichen Erfolgs nach OR 958 I. Die Lehrmeinung geht davon aus, dass die Anwendung der Percentage-of-Completion-Methode im Rechnungslegungsrecht zulässig ist.[75]

Die Bewertungsgrundsätze sind im Anhang offenzulegen, damit sich ein Bilanzadressat ein verlässliches Bild über die nicht fakturierten Dienstleistungen machen kann.

75 Böckli, 2014, S. 139, N 596.

19 Aktive und passive Rechnungsabgrenzungen

Aktive und passive Rechnungsabgrenzungen sind wichtige Themen und Anforderungen in der Finanzbuchhaltung. Sie stellen sicher, dass die Bilanz und Erfolgsrechnung vollständig und korrekt sind, indem die Erträge und Aufwendungen in jenem Geschäftsjahr periodengerecht abgebildet und abgrenzt werden, in dem sie angefallen sind. Umgangssprachlich spricht man auch von transitorischen Aktiven bzw. transitorischen Passiven.

Nach OR 958b I sind zeitliche und sachliche Abgrenzungen vorzunehmen. Die zeitliche Abgrenzung verlangt, dass Erträge und Aufwendungen in jener Geschäftsperiode periodengerecht zu erfassen sind, in welcher sie verursacht wurden. Die sachliche Abgrenzung verlangt, dass Erträge und Aufwendungen korrekt strukturiert und dargelegt sind. Das heisst, Aufwendungen und Erträge sind in der Erfolgsrechnung korrekt zuzuteilen und darzulegen (z. B. betriebliche und betriebsfremde Aufwendungen und Erträge). Hierbei ist wiederum die Mindestgliederung nach dem Rechnungslegungsrecht zu beachten, wonach die Rechnungsabgrenzung gesondert abzubilden ist.[76]

Weiterhin besteht die Ausnahme nach OR 959 II, dass bei einem Nettoerlös oder Finanzerträgen von weniger als CHF 100'000 die zeitlichen Abgrenzungen (Kleinstunternehmen) entfallen und lediglich die Einnahmen und Ausgaben verbucht werden müssen.

Ziel der Rechnungsabgrenzungen ist es daher, den wirtschaftlichen Erfolg und die Vermögenswerte bzw. Verbindlichkeiten zum Jahresabschluss möglichst realitätsnah und periodengerecht abzubilden, um die Grundsätze der ordnungsgemässen Rechnungslegung – Vollständigkeit, Klarheit und Stetigkeit – zu erfüllen.

Die Ursache von Rechnungsabgrenzungen liegt in der zeitlichen Differenz zwischen Leistungserbringung und Zahlungszeitpunkt. Wenn der Bilanzstichtag zwischen diese beiden Daten fällt, sind Abgrenzungen vorzunehmen.

Beispiel zeitliche Differenz von Leistung und Zahlungszeitpunkt

Die Huber AG lässt im Dezember an ihrem Betriebsgebäude eine Reparatur durch den Sanitärbaudienstleiter Müller GmbH durchführen. Die Reparaturleistung vor Ort erfolgt am 20. Dezember (Werktag). Die Kosten werden auf CHF

76 Gutsche, 2019, S. 344, N 67.

10'000 geschätzt. Am 31. Dezember ist der Bilanzstichtag für beide Unternehmen. Die Huber AG hat eine Verpflichtung und die Müller GmbH eine Forderung am Bilanzstichtag (die Rechnung ist Ende Jahr noch nicht verschickt worden). Die Rechnung wird am 15. Januar gezahlt. Die Buchungen für den Bilanzstichtag und die Zahlung lauten daher:
Huber AG

31.12.	Reparaturaufwand / Passive Rechnungsabgrenzung	CHF 10'000
1.1.	Passive Rechnungsabgrenzung / Reparaturaufwand	CHF 10'000
15.1.	Reparaturaufwand / Bank	CHF 10'000

Müller GmbH

31.12.	Aktive Rechnungsabgrenzung / Nettoerlös LL	CHF 10'000
1.1.	Nettoerlös LL / aktive Rechnungsabgrenzung	CHF 10'000
15.1.	Bank / Nettoerlös	CHF 10'000

Im neuen Jahr werden die Rechnungsabgrenzungen wieder aufgelöst.

Es werden zwei Arten von aktiven und passiven Rechnungsabgrenzungen unterschieden, wobei jeweils zwischen transitorischen (vorübergehenden) und antizipativen (vorwegnehmenden) Geschäftsvorfällen unterschieden wird. In der Praxis wird jedoch diese Unterscheidung oft vernachlässigt und nur nach aktiver und passiver Rechnungsabgrenzung differenziert (▶ Dar. 39).

Dar. 39: Arten von Rechnungsabgrenzungen (Quelle: EXPERTsuisse, Schweizer Handbuch für Wirtschaftsprüfung, Band für Buchführung und Rechnungslegung, 2023, S. 182)

	Transitorische Aktiven	**Antizipative Aktiven**	**Transitorische Passiven**	**Antizipative Passiven**
Inhalt	Ausgaben im alten Jahr, die als Aufwand im neuen Jahr zu erfassen sind	Erträge des alten Jahres, die erst im neuen Jahr gezahlt werden	Einnahmen im alten Jahr, die als Ertrag dem neuen Jahr zu zählen sind	Aufwand des alten Jahres, der erst im neuen Jahr bezahlt wird
Buchungssatz	Aktive Rechnungsabgrenzung / Aufwand	Aktive Rechnungsabgrenzung / Ertrag	Ertrag / passive Rechnungsabgrenzung	Aufwand / passive Rechnungsabgrenzung
Beispiele	• Vorausbezahlte Miete • Vorausbezahlte	• Offene Mieteinnahmen • Offene Jahres-	• Voraus erhaltene Mieterträge	• Offene Rechnung für Reparaturen aus-

Dar. 39: Arten von Rechnungsabgrenzungen (Quelle: EXPERTsuisse, Schweizer Handbuch für Wirtschaftsprüfung, Band für Buchführung und Rechnungslegung, 2023, S. 182) – Fortsetzung

	Transitorische Aktiven	**Antizipative Aktiven**	**Transitorische Passiven**	**Antizipative Passiven**
	Versicherungsprämien	provisionen aus dem Umsatz		stehend • Definitive Steuerrechnungen des alten Jahres

Bei allen vier Arten von Rechnungsabgrenzungen ist jeweils zu prüfen, welches das Grundgeschäft ist, das zu korrigieren ist. Das Grundgeschäft kann vor- oder nachgelagert zum Bilanzstichtag sein.

Beispiel Grundgeschäft und Abgrenzung

Die Fuchs GmbH hat die Jahresmiete für das gemietete Gewerbehaus über CHF 100'000 für das nächste Jahr vorausgezahlt. Der Buchungssatz lautet: Mietaufwand / Flüssige Mittel CHF 100'000. Diese Buchung bildet das Grundgeschäft. Am Bilanzstichtag ist die Jahreskorrektur vorzunehmen mit der Buchung: Aktive Rechnungsabgrenzung / Mietaufwand CHF 100'000. Bei der Neueröffnung im nächsten Jahr ist die die Abgrenzung zu stornieren: Mietaufwand / aktive Rechnungsabgrenzung CHF 100'000. So ist der Aufwand im nächsten Jahr verbucht, obwohl die Zahlung bereits im alten Jahr erfolgt ist. Die Jahresrechnung ist in diesem Fall vollständig und zeigt ein tatsächliches Bild über die Finanz- und Ertragslage der Fuchs GmbH.

Anzahlungen sind von den Rechnungsabgrenzungen zu differenzieren und über separate Konten abzubilden. Anzahlungen bzw. Vorauszahlungen sind Forderungen oder Verbindlichkeiten, mit denen ein Leistungsanspruch im Zusammenhang steht. Sie stellen keine eigentlichen Abgrenzungen im klassischen Sinne dar (▶ Kap. 16). Auch sind Rechnungsabgrenzungen von Rückstellungen zu differenzieren und separat zu erfassen, da die mit den Rückstellungen verbundene Unsicherheit deutlich höher ist. Die Beträge und die Fälligkeit müssen beispielsweise bei den Rückstellungen geschätzt werden, wobei dies bei Rechnungsabgrenzungen in der Regel nicht der Fall ist (▶ Kap. 27).[77]

77 EXPERTsuisse, 2023, S. 182.

Beispiel Rechnungsabgrenzung und Rückstellungen

Die Huber AG hat für eine vermietete Wohnung die Januarmiete des Folgejahres im Voraus erhalten (Betrag CHF 1'500). Weiterhin besteht eine Unsicherheit im Zusammenhang mit einem Umweltschaden. Die im Voraus erhaltene Miete kann als passive Rechnungsabgrenzung verbucht werden, beim Umweltschaden ist eine Rückstellung zu bilden. Die Höhe und der Zeitpunkt der Zahlung für den Umweltschaden lassen sich nur schätzen und nicht genau bestimmen.

Des Weiteren sind die Rechnungsabgrenzungen von Forderungen und Verbindlichkeiten aus Lieferungen und Leistungen zu unterscheiden. Sofern eine Leistung erbracht worden ist und die Rechnung noch fehlt, handelt es sich um aktive oder passive Rechnungsabgrenzungen. Sobald eine Fakturierung erfolgt, sind diese Beträge als Forderungen oder Verbindlichkeiten aus Lieferungen und Leistungen zu erfassen (▶ Kap. 13).

Die aktiven und passiven Rechnungsabgrenzungen sollten in separaten Konten geführt werden, da sie auch zur Mindestgliederung in der Bilanz nach dem Rechnungslegungsrecht zählen. In der Praxis wird innerhalb der Rechnungsabgrenzungen noch jeweils ein Konto für transitorische und antizipative Positionen geführt. Im KMU-Kontenrahmen werden hierzu folgende Konten geführt:

- 1'300 Bezahlter Aufwand des Folgejahres
- 1'301 Noch nicht erhaltener Ertrag
- 2'300 Noch nicht bezahlter Aufwand
- 2'301 Erhaltener Ertrag des Folgejahres

Eine Saldierung bzw. Verrechnung dieser beiden Konten (aktive und passive Rechnungsabgrenzungen) ist untersagt. Die Kontenführung kann auf zwei Arten in der Praxis angewendet werden (▶ Dar. 40).

Dar. 40: Kontenführung bei den Rechnungsabgrenzungen

	Transferkonto	Ruhendes Konto
Zeitpunkt	jeweils zum Bilanzstichtag (Einbuchung im alten Jahr und Auflösung im Folgejahr)	Unveränderte Kontenposition (Buchung nur bei Veränderungen der Bestände)
Praxis der Rechnungslegung	bei einmaligen Geschäftsvorfällen oder grösserer Anzahl	bei regelmässigen Abgrenzungen jeweils zum Jahresabschluss

Die Bewertung erfolgt zu Nominalwerten bzw. Anschaffungskosten. In der Regel ist dies der Nominalwert.[78] Die Bewertung lässt sich mit Hilfe von Vorjahreszahlungen oder Offerten abschätzen. Eine Diskontierung ist nicht notwendig, da die Rechnungsabgrenzungen kurzfristiger Natur sind.

Beispiel Kontoführung als Transferkonto

Die Rutishauser AG hat am 18. Dezember Unterhaltsarbeiten an Maschinen in Auftrag für CHF 2'000 gegeben. Die Arbeiten wurden am gleichen Tag abgeschlossen. Die Rechnung trifft erst am 10. Januar des neuen Geschäftsjahres ein. Die Buchungen lauten daher:

31.12.	Unterhaltsaufwand / passive Rechnungsabgrenzung	2'000
1.1.	Passive Rechnungsabgrenzung / Unterhaltsaufwand	2'000
10.1.	Unterhaltsaufwand / Bank	2'000

Da dies nur ein einmaliges Ereignis ist, wird dies am Ende des Jahres über ein Transferkonto erfasst (nicht ruhend), welches am 1.1. wieder aufgelöst wird.

In der Praxis werden Rechnungsabgrenzungen bei gleichbleibenden Beträgen oft ruhend geführt, da dies weniger Buchungen auslöst.

Beispiel Kontoführung als ruhendes Konto

Die Rutishauser AG hat eine Hypothek über CHF 2 Mio. am 30. Juni zu 2 % Zins aufgenommen. Der Bilanzstichtag ist jeweils der 31. Dezember des Jahres. Folgende Abschlussbuchungen sind notwendig zum Jahresabschluss, wobei der Zinstermin jeweils der 30. Juni ist (nachschüssige Verzinsung):

31.12.	Finanzaufwand / passive Rechnungsabgrenzung	CHF 20'000
	Berechnung: 0.02 x 2'000'000 = 40'000 / 12 x 6 Monate	= CHF 20'000

Im Folgejahr wird das Konto passive Rechnungsabgrenzung nicht aufgelöst, sondern stehen gelassen. Am Anfang und am Ende des Jahres erfolgt keine Buchung:

30.6.	Finanzaufwand / Bank	CHF 40'000
31.12.	keine Buchung	

78 EXPERTsuisse, 2023, S. 183.

Das Konto Finanzaufwand weist im ersten Jahr einen Saldo von CHF 20'000 aus, was wirtschaftlich korrekt ist, da die Hälfte der Zinskosten in das abgeschlossene Jahr gehören. Da dies ein wiederkehrendes Ereignis ist, kann dies als ruhendes Konto geführt werden.

20 Finanzanlagen

Als Finanzanlagen gelten langfristige Investitionen in Fremd- und Eigenkapitalinstrumente anderer Unternehmen mit langfristiger Haltefrist.[79] Beteiligungen müssen nach OR 959a I Ziff. 2 separat ausgewiesen werden. Zu den Finanzanlagen zählen u. a.:[80]

- Langfristig gehaltene Wertschriften
- Optionen
- Darlehensforderungen
- Investitionen in Renditeobjekte
- Vorschüsse an Mitarbeitende mit einer langfristigen Darlehensvergabe
- Arbeitgeberbeitragsreserven (▶ Kap. 49)
- Mietzinsdepot
- Aktivhypotheken
- Langfristige Forderungen

Zu den Wertschriften zählen Aktien, Partizipationsscheine, Genussscheine, Obligationen oder Anteile an kollektiven Kapitalanlagen. Auch Festgeldanlagen, Treuhandanlagen, Geldmarktpapiere oder derivative Finanzinstrumente können in den Finanzanlagen verbucht werden. Sofern jedoch die Absicht besteht, die Wertschriften innerhalb eines Jahres zu verkaufen, zählen sie zum Umlaufvermögen (▶ Kap. 12.2) und nicht zum Anlagevermögen (Finanzanlagen).[81] Finanzanlagen gegenüber Anteilseignern oder Beteiligungen sind einzeln im Anhang oder in der Bilanz darzulegen (▶ Kap. 21).

Wenn eine Aktiengesellschaft eigene Kapitalanteile erwirbt von Aktionären, so müssen diese als Minusposition im Eigenkapital dargestellt werden. Wichtig ist zu erwähnen, dass diese grundsätzlich auch Finanzanlagen sind, die allerdings auf der Passivseite aufgrund der Mindestgliederung ausgewiesen werden müssen.

Partizipationsscheine sind Aktien, bei denen der Inhaber zwar einen Anteil am Bilanzgewinn oder Liquidierungserlös erhält, aber keinerlei Mitwirkungs- oder Stimmrechte besitzt.

79 EXPERTsuisse, 2023, S. 183.
80 Gutsche, 2019, S. 347, N 75.
81 EXPERTsuisse, 2023, S. 184.

Ein Genussschein ist weder ein Finanzierungsinstrument noch ein einklagbares »Gläubigerrecht«, sondern gewährt Ansprüche auf einen Anteil am Bilanzgewinn, am Liquidationsergebnis und auf den Bezug neuer Aktien. Die detaillierten Ansprüche sind in den Statuten fixiert und müssen von der Generalversammlung beschlossen werden.

Die Bilanzierung bei der Ersterfassung erfolgt zu Nominal- bzw. Anschaffungswerten. Für jede Unterkategorie der Finanzanlagen sollten Einzelkonten geführt werden, damit ihr Nachweis gewährleistet ist. Sofern Anzeichen für eine fehlende Werthaltigkeit einer Finanzanlage bestehen, ist dieser Wert zu berichtigen. Dabei ist jede Position einzeln zu beurteilen und zu analysieren. Weiterhin darf keine Wertberichtigung für unrealisierte Kursgewinne in fremder Währung erfasst werden.[82]

Beispiel Werthaltigkeitsprüfung eines Aktivdarlehens

Die Gabathuler AG gewährt einem Partnerunternehmen ein Darlehen über CHF 1.5 Mio., welches zu 4 % jährlich nachschüssig verzinst wird. Als Sicherheit werden Forderungen aus Lieferungen und Leistungen des Partnerunternehmens über CHF 350'000 angeboten. Im Folgejahr kann das Partnerunternehmen seine Zinsen gegenüber der Gabathuler AG nicht zahlen und bittet um Aufschub. Auch kann die vertragliche Amortisation über CHF 100'000 pro Jahr nicht geleistet werden. Zwei Jahre später kann das Partnerunternehmen seinen Verpflichtungen nicht nachkommen. Daher gibt es Anzeichen, dass auf dem Aktivdarlehen eine Wertberichtigung vorzunehmen ist. Die Geschäftsführung korrigiert den Wert des Darlehens daher über die zwei Jahre wie folgt, wobei sie Annahmen für die Einhaltung des Vorsichtsprinzips treffen muss:
Ende Jahr 1: Sicherheiten angeboten, Amortisationsplan, geringe Wertberichtigung sinnvoll (Schätzung)

Wertberichtigung Aktivdarlehen / Aktivdarlehen	CHF 500'000

Die Wertberichtigung stellt einen Aufwand dar und das Konto »Wertberichtigung Aktivdarlehen« ist ein Erfolgsrechnungskonto.

Ende Jahr 2: Konkurs des Partnerunternehmens mit hoher Wahrscheinlichkeit, effektive Ausbuchung notwendig

Wertberichtigung Aktivdarlehen / Aktivdarlehen	CHF 1'000'000

Sofern bei Darlehen eine Sicherheit angeboten wird, ist bei möglicher Wertberichtigung die Werthaltigkeit dieser Sicherheit zu prüfen. Dabei steht die Verwertbarkeit der Sicherheit im Zentrum des Interesses.[83] Allenfalls kann eine Wertberichti-

82 EXPERTsuisse, 2023, S. 184.
83 EXPERTsuisse, 2023, S. 185.

gung auch ausgesetzt werden, wenn die Sicherheit die Forderung zu 100 % zu decken vermag. Wertberichtigungen sind erfolgswirksam zu buchen (Abschreibung und Wertberichtigungen auf Positionen des Anlagevermögens). Ausschüttungen aus den Finanzanlagen werden erfolgswirksam dem Finanzertrag gutgeschrieben.

Langfristige Forderungen können diskontiert werden mit einem vorsichtig angesetzten Diskontierungssatz. Dies führt dazu, dass die Forderung wertberichtigt und tiefer ausgewiesen wird. Dies entspricht dem Vorsichtsprinzip und kann zur Bildung von stillen Reserven führen. Eine Wertberichtigung durch eine Diskontierung kann über den Finanzaufwand erfasst werden. Dies wird in der Praxis jedoch gemäss Handelsrecht selten angewendet.

Beispiel Diskontierung einer langfristigen Forderung

Die Hungerbühler AG gewährt einem Partnerunternehmen ein Darlehen über CHF 1.5 Mio. Die Laufzeit beträgt zehn Jahre. Das Darlehen wird mit 2 % diskontiert, um mögliche Ausfälle abfangen zu können. Der Barwert beträgt 1'230'522 (1'500'000 / 1.02^{10}). Die Buchungen lauten im Zeitpunkt der Gewährung:

Aktivdarlehen / Flüssige Mittel	1'500'000
Finanzaufwand / Wertberichtigung Aktivdarlehen	269'478

Das Konto Wertberichtigung Aktivdarlehen stellt ein Erfolgsrechnungskonto dar.

Ein Wertschriftenkonto kann bei der Erstbewertung nur die Anschaffungskosten erfassen, die Spesen können separat in einem Konto für Anschaffungsnebenkosten geführt und somit aktiviert werden. Die Spesen lassen sich auch als Finanzaufwand (Wertschriftenaufwand) verbuchen. Marchzinsen (anteilige Zinsen zum Zeitpunkt des Erwerbs) auf Obligationen hingegen zählen nicht zu den Anschaffungskosten. Marchzinsen werden zum Zeitpunkt des Eigentümerwechsels (Kauf bzw. Verkauf) dem Käufer belastet und dem Verkäufer gutgeschrieben (▶ Kap. 12.2).

Beispiel Anschaffungskosten beim Kauf einer Obligation und Marchzinsen

Die Löhrer GmbH investiert in Obligationen mit einer langfristigen Haltedauer. Eine Obligation (Nominal CHF 10'000) wird zu 99 % am 30.4. des Jahres erworben (Zinstermin 30.5., Zins 3 %), die Spesen belaufen sich auf CHF 200. Die Verrechnungssteuer beträgt 35 %. Der Erwerb dieser Obligation kann wie folgt erfasst werden:

Wertschriftenbestand / Bank	CHF 9'900 (99 % x 10'000)

Wertschriftenbestand / Bank	CHF 200	(oder über Finanzaufwand verbuchen)
Finanzertrag / Bank	CHF 275	(10'000 x 3 % / 12 x 11)

Am 30.5. wird der Zins wie folgt verbucht:

Bank / Finanzertrag	CHF 195	(65 % x 300)
Forderung Verrechnungssteuer / Finanzertrag	CHF 105	(35 % x 300)

Bei den Wertschriften mit einem beobachtbaren Marktpreis sind die Bestimmungen von OR 960b zu beachten (▶ Kap. 12.2).

21 Beteiligungen

Beteiligungen stellen Investitionen in andere Unternehmen dar, die langfristig gehalten werden und einen massgeblichen Einfluss auf diese Unternehmen mit sich bringen. Ein massgeblicher Einfluss wird angenommen, wenn die Beteiligung nach OR 960d III mindestens 20 % an Stimmrechten und Kapital repräsentiert. Allerdings kann ein massgeblicher Einfluss auch mit weniger als 20 % erfolgen, beispielsweise durch die Bestimmung des Verwaltungsrates.

Beteiligungen bestehen aus Anteilen an:[84]

- Aktiengesellschaften (AG)
- Gesellschaften mit beschränkter Haftung (GmbH)
- Genossenschaften
- Einfachen Gesellschaften (in Form von Konsortien oder Arbeitsgemeinschaften) oder Personengesellschaften des ausländischen Rechts

Die Buchführung von Beteiligungen erfolgt einzeln, d. h. je Beteiligung ist ein Konto zu führen. Des Weiteren ist ein Verzeichnis über den Zweck, die Firma, die Art der Beteiligungstitel sowie die Anzahl der Anteile, Nennwert, Beteiligungsquote und Buchwert zu führen. Diese Informationen sind wichtig für die Offenlegung im Anhang nach OR 959c II Ziff. 3, die gesetzlich vorgeschrieben ist.

Eine Beteiligung ist bei der Erstbewertung maximal zu Anschaffungswerten zu anzusetzen.[85] Nebenkosten dürfen ebenfalls aktiviert werden, wenn sie in engem, direktem Zusammenhang mit dem Erwerb der Anteile stehen. In der Praxis ist es üblich, dass je Beteiligung ein Wertberichtigungskonto geführt wird. So ist ersichtlich, wie hoch die Anschaffungskosten und die verbuchte, kumulierte Wertberichtigung je Beteiligung zum Bilanzstichtag sind. Das Wertberichtigungskonto wird in der Praxis indirekt geführt, d. h. das Wertberichtigungskonto wird als Minus-Aktivkonto dargestellt.

Ein Spezialfall ist im Zusammenhang mit Gratisaktien[86] zu erläutern: Wenn eine Beteiligung Gratisaktien ausschüttet, führt dies nicht zu einer Erhöhung der An-

84 EXPERTsuisse, 2023, S. 186.
85 EXPERTsuisse, 2023, S. 187.
86 Gratisaktien werden nicht gegen Einlage von flüssigen Mitteln, sondern zulasten von freien Gewinnreserven oder Gewinnvorträgen geschaffen (Buchungssatz: Gewinnreserven / Aktienkapital).

schaffungskosten. Dies ist nur zulässig, wenn die Barausschüttung für die Erhöhung der Kapitalerhöhung verwendet wird.[87]

Beispiel Kauf einer Beteiligung

Die Weibel AG hat den Beteiligungserwerb zum Zweck. Sie kauft am 30. April 30 % des Stimmrechts- und Aktienkapitals der Müller AG (Aktienkapital CHF 300'000) für CHF 500'000. Die Beratungskosten für die Due Diligence eines Wirtschaftsprüfers belaufen sich auf CHF 10'000. Die Buchungen lauten:

30.4.	Beteiligung / Bank	CHF 500'000
30.4.	Beteiligung / Bank	CHF 10'000

Da die Due Diligence Kosten in einem direkten Zusammenhang mit der Akquisition stehen, können die Beratungskosten als Nebenkosten aktiviert werden.

Beteiligungen werden in der Regel einzeln bewertet. Sofern die Beteiligungen gleichwertig sind, können sie nach OR 960 I auch als Gruppe bewertet werden. Beispielsweise lassen sich Vertriebsgesellschaften einer gemeinsamen Muttergesellschaft als Gruppe betrachten. Hingegen sind Beteiligungen in verschiedene Unternehmen in verschiedenen Branchen nicht als Gruppe anzusehen, da ein unmittelbarer Zusammenhang fehlt. Die Gruppenbewertung von Beteiligungen führt dazu, dass Minder- und Mehrwerte kompensiert werden und allenfalls keine Wertkorrekturen notwendig sind.

Beispiel Gruppenbewertung bei Beteiligungen

Die Egloff AG hat folgende vier Beteiligungen vor Jahren erworben und für den Jahresabschluss 31.12. folgende Werte zusammengetragen, wobei der Buchwert dem Anschaffungswert entspricht (alle Zahlen in Mio. CHF):

Beteiligung	Buchwert	Verkehrswert (intern ermittelt)
A	2.5	1.5
B	3.6	4.6
C	2.0	2.0
Total	8.1	8.1

87 EXPERTsuisse, 2023, S. 187.

Sofern Einzelbewertungen gemacht werden, zeigt sich, dass eine Wertberichtigung von CHF 1.0 Mio. bei Beteiligung A notwendig ist. Bei Beteiligung B hingegen ist keine Aufwertung möglich, da Beteiligung B maximal zu Anschaffungswerten geführt werden kann. Bei Beteiligung C ist keine Wertkorrektur notwendig.
Wenn eine Gruppenbewertung durchgeführt wird, ist keine Wertberichtigung notwendig, da die Minder- und Mehrwerte je Beteiligung sind gegenseitig kompensieren. Der Minderwert bei Beteiligung A (CHF -1.0 Mio.) wird durch den Mehrwert bei Beteiligung B kompensiert (CHF +1.0 Mio.).

In der Folgebewertung ist jährlich zu prüfen, ob auf den Beteiligungen Wertkorrekturen notwendig sind.[88] Bei Beteiligungen werden keine Abschreibungen vorgenommen, sondern Wertberichtigungen. Beteiligungen erfahren daher keine abnutzungsbedingte Entwertung.[89] Verluste in der Jahresrechnung der entsprechenden Unternehmen können zu Wertberichtigungen führen. Diese können zu jedem Zeitpunkt wieder aufgelöst werden. Eine Aufwertung bis zu den Anschaffungskosten ist möglich, sofern sich eine Beteiligung wirtschaftlich erholt. Beispielsweise sind regelmässige Dividendenzahlungen ein Anzeichen, dass der Verkehrswert einer Beteiligung höher als die Anschaffungskosten bzw. Buchwert sein können (▶ Dar. 41).

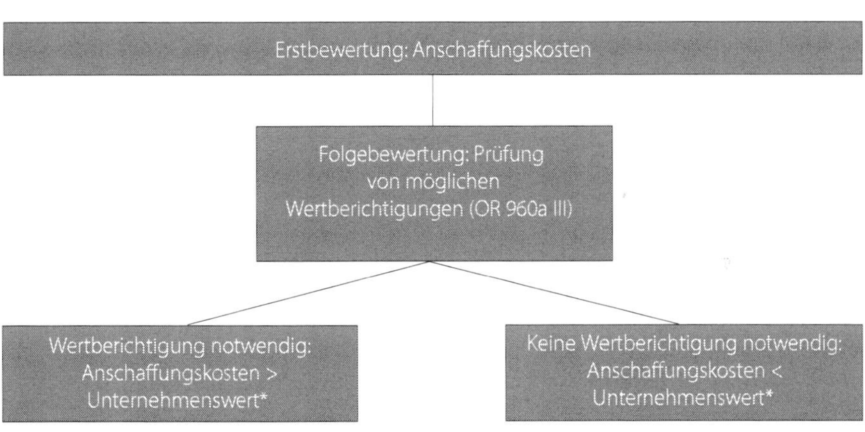

*Mögliche Methoden für die Ermittlung eines Unternehmenswerts:
- Discounted Cashflow Methode (Nutzwert)
- Substanzwert
- Ertragswert
- Mittelwertmethode (Praktikermethode)
- Multiplikatormethode

Dar. 41: Bewertung von Beteiligungen

88 EXPERTsuisse, 2023, S. 189.
89 Handschin, 2013, S. 312, N 674.

Sofern Beteiligungen kotierte Aktien darstellen, kann in der Folgebewertung auch der Börsenkurs eingesetzt werden. Dabei sind die Anforderungen an einen beobachtbaren Marktpreis zu beachten (▶ Kap. 12.2).[90]

Zur Beurteilung der Werthaltigkeit wird in der Rechnungslegungspraxis auf ein Bewertungsverfahren (Unternehmenswert) nach Swiss GAAP FER bzw. IFRS zurückgegriffen. Dieses Verfahren wird als Impairment-Test bezeichnet. Die Bewertung von Beteiligungen erfolgt in der Praxis grundsätzlich mit Hilfe allgemein anerkannter Bewertungsmethoden.[91] Hierzu zählen insbesondere die Substanz-, Ertragswert-, Mittelwert- und Multiplikatormethode[92].

Bei grösseren Unternehmen wird jedoch meist die Discounted-Cashflow (DCF)-Methode im Rahmen des erwähnten Impairment-Tests angewendet.[93] Dieser wird wie folgt durchgeführt: Der Buchwert einer Beteiligung wird mit dem erzielbaren Betrag verglichen. Der erzielbare Betrag (Nutzwert) entspricht in der Regel den geschätzten Geldflüssen (Zuflüsse abzüglich Abflüsse)[94] der Beteiligung für die nächsten drei bis fünf Jahre, die mit einem risikoadäquaten Zinssatz diskontiert werden. Ein Restwert in der letzten Periode ist zu berücksichtigen. Beim Diskontierungssatz gilt der Grundsatz, je risikobehafteter eine Beteiligung ist, desto höher sollte er sein. Aufgrund des Vorsichtsprinzips kann ein Diskontierungssatz zwischen 5 und 15 % praxisüblich sein. Die Berechnung des Nutzwertes entspricht im Wesentlichen der Discounted Cashflow Methode (DCF-Methode).[95]

Mögliche Anzeichen für eine Wertbeeinträchtigung können u. a. sein:

- Wirtschaftliche oder technologische Veränderung im Umfeld der Beteiligung eines Unternehmens
- Verluste und Cash Drains bei den Beteiligungen
- Sinkende Bonität und rückläufige Liquiditätskraft
- Politische Unsicherheiten
- Rückläufige Nachfrage
- Operative Risiken und Probleme

Ein Impairment setzt somit voraus, dass eine Planungsrechnung aus Bilanz, Erfolgsrechnung und Geldflussrechnung für die nächsten, künftigen Perioden vorhanden ist, damit eine möglichst verlässliche Beurteilung vorgenommen werden kann.

---

90 EXPERTsuisse, 2023, S. 190.

91 EXPERTsuisse, 2023, S. 189.

92 Die Mittelwert-Methode wird auch als Praktikermethode bezeichnet, welche in steuerrechtlichen Fragen angewendet wird.

93 Böckli, 2014, S. 205, N 916.

94 In der Praxis wird hierzu der Free Cashflow eingesetzt bzw. ermittelt.

95 Die DCF-Methode ist eine weit verbreitete Methode der Unternehmensbewertung. Zu den Methoden der Unternehmensbewertung wird auf das Lehrbuch Unternehmensbewertung und Aktienanalyse (Hauser / Turnes, 2021) verwiesen.

Beispiel Wertberichtigung bei Beteiligungen auf Basis eines Impairment-Tests

Die Körner AG hat vor zwei Jahren die Huber AG für CHF 1.5 Mio. erworben (100 % der Stimmrechte und des Kapitals). Für die nächsten fünf Jahre werden folgende Netto-Geldflüsse (Zuflüsse abzüglich Abflüsse von flüssigen Mitteln) für die Huber AG erwartet, wobei ein Diskontierungssatz von 10 % angewendet wird:

Jahr	Geldfluss netto	Diskontierungssatz	Geldfluss diskontiert
1	CHF 400'000	1.10^1	CHF 363'636
2	CHF 350'000	1.10^2	CHF 289'256
3	CHF 280'000	1.10^3	CHF 210'368
4	CHF 340'000	1.10^4	CHF 232'225
5	CHF 470'000	1.10^5	CHF 291'833
Total	CHF 1'840'000		CHF 1'387'318

Im Jahr 5 ist ein Restwert im Geldfluss netto bereits berücksichtigt. Jedes Jahr wird der geschätzte Cashflow diskontiert (Jahr 1: CHF 400'000 / 1.10 = CHF 363'636). Die Bewertung ist mit erheblichen Unsicherheiten behaftet, da die Geldflüsse geschätzt und der Diskontierungssatz festgelegt werden müssen.
Der erzielbare Betrag (Summe der diskontierten Geldflüsse) ist somit CHF 1'387'318. Dieser ist tiefer als der Buchwert, womit ein Impairment notwendig ist in Höhe von CHF 112'682:

Wertberichtigungsaufwand / Wertberichtigung Beteiligung	CHF 112'682

Abschliessend soll nochmals zusammengefasst werden, dass Beteiligungen im Anlagevermögen einzeln auszuweisen sind. Im Anhang sind die Beteiligungen und weiterführenden Informationen offenzulegen, die nach dem Rechnungslegungsgesetz vorgeschrieben sind. Weiterhin ist die Anwendung als Bewertungsgrundsatz zu beschreiben und offenzulegen. Das heisst, es muss erklärt werden, ob die Einzel- oder Gruppenbewertungen angewendet werden.

22 Sachanlagen

22.1 Mobile Sachanlagen

Sachanlagen stellen materielle – physisch identifizierbare – Vermögenswerte dar, welche dem Unternehmen langfristig und zur mehrmaligen Nutzung zur Verfügung stehen. Langfristig bedeutet, dass die Sachanlagen länger als ein Jahr lang genutzt werden können. Ansonsten handelt es sich um Umlaufvermögen nach OR 959 III. Zu den Sachanlagen zählen u. a. folgende Positionen, für welche nach der Praxis des Rechnungslegungsrechts auch separate Konten in der Buchhaltung geführt werden sollten:

- Maschinen und Apparate
- Mobiliar und Einrichtungen
- Büromaschinen und Informatik
- Fahrzeuge
- Werkzeuge und Geräte
- Lagereinrichtungen
- Feste Einrichtungen
- Übrige mobile Sachanlagen

Mobile Sachanlagen werden zum Zeitpunkt der Lieferung, spätestens mit dem Eigentumsübergang bzw. der Rechnungsstellung des Lieferanten, in der Bilanz erfasst. Hierbei sind die Ansatzkriterien nach OR 959 II für Aktiven kumulativ zu erfüllen (▶ Kap. 7.3). Mobile Sachanlagen sind einzeln zu erfassen und in den Büchern (Konten) zu führen. Allerdings ist es üblich und zulässig, dass artverwandte mobile Sachanlagen in einem Konto geführt werden. Hierbei dient der KMU-Kontenrahmen als sinnvolle Orientierung.

Beispiel Sachanlagen

Die Hilber GmbH besitzt zwei Fahrzeuge und IT-Infrastruktur. Sie zählen beide zu den Sachanlagen, wobei es zweckmässig ist, für die Fahrzeuge und die IT-Infrastruktur separate Konten zu führen. Dies ist auch aufgrund der Grundsätze der ordnungsgemässen Buchführung wichtig, damit Klarheit und Verlässlichkeit gewahrt sind.

Bei der Erstbewertung dürfen mobile Sachanalgen maximal zu Anschaffungs- oder Herstellkosten bewertet werden.[96] Sofern diese erworben werden, können sich die Anschaffungskosten wie folgt zusammensetzen:

	Anschaffungskosten
+	Anschaffungsnebenkosten (z. B. Transportkosten, nicht rückforderbare Quellensteuer usw.)
+	nachträgliche Anschaffungskosten
–	Anschaffungspreisminderungen (Rabatte, Skonti)
=	**Anschaffungskosten**

Sofern die Mehrwertsteuer zurückerstattet wird, ist diese in separaten Forderungskonten zu erfassen (▶ Kap. 41). Sofern die Rechnung auf eine Fremdwährung lautet, ist die Fremdwährung zum Zeitpunkt des Eigentumsübergangs bzw. des Zahlungszeitpunktes mit den Devisenkursen zu diesem Zeitpunkt in Schweizer Franken umzurechnen (▶ Kap. 45). Die Fremdwährungskurse sind nach der Bezahlung der Lieferantenrechnungen in den Folgejahren nicht mehr anzupassen.

Beispiel Bestimmung der Anschaffungskosten beim Kauf einer Maschine

Die Gabathuler AG erwirbt eine Maschine für CHF 1'026'000 inklusiv einer Mehrwertsteuer von 8 % (rückforderbar). Die Gabathuler AG ist mehrwertsteuerpflichtig. Die Transportkosten belaufen sich auf CHF 30'000 (ohne MwSt). Der Lieferant gewährt einen Rabatt auf den Einstandspreis von 10 %. Am 1. Juni wird die Maschine geliefert, die Rechnung wird am 25. August zugestellt. Die Buchungen lauten am 25. August des Jahres:

Mobile Sachanlagen / Verbindlichkeiten L&L	950'000
Vorsteuer / Verbindlichkeiten L&L	76'000 (8 % MwSt)
Verbindlichkeiten L&L / Mobile Sachanlagen	95'000 Rabatt
Mobile Sachanlagen / Verbindlichkeiten L&L	30'000 Transport

Die Anschaffungskosten für die Maschine betragen daher CHF 885'000.

Sofern mobile Sachanlagen selbst hergestellt werden, sind die Herstellungskosten (▶ Kap. 7.3) zu ermitteln. Aufgrund des Vorsichtsprinzips sollten Vertriebs- und Verwaltungskosten nicht in die Herstellkosten eingerechnet werden. Sie könnten

96 EXPERTsuisse, 2023, S. 196.

dann berücksichtigt werden, wenn sie einen unmittelbaren Zusammenhang mit der Herstellung einer Maschine haben. Eine Legaldefinition für Anschaffungs- und Herstellkosten existiert nach dem Rechnungslegungsrecht nicht.

Beispiel Bestimmung der Herstellkosten

Die Moser AG stellt eine Maschine selbst her. Die Materialkosten belaufen sich auf CHF 150'000, die Materialgemeinkosten auf CHF 20'000, die Fertigungsgemeinkosten auf CHF 140'000 und die allgemeinen Verwaltungskosten auf CHF 55'000. Die Maschine ist am Jahresende fertiggestellt und für die Eigennutzung zu buchen:

Maschine / Ertrag aus Eigenfertigung	CHF 310'000

Die Verwaltungskosten dürfen nicht aktiviert werden nach dem Rechnungslegungsrecht.

In der Folgebewertung sind Abschreibungen für Abnutzung und Alterung zu berücksichtigen. Dabei sind Abschreibungsmethode und Nutzungsdauer zu bestimmen (planmässige Abschreibungen). Sofern die Abschreibungen den Wertverlust nicht ausreichend abbilden, sind zusätzliche Wertberichtigungen nach OR 960 III zu buchen.[97]

Im Rechnungslegungsrecht besteht ein generelles Aufwertungsverbot. Es bestehen jedoch Ausnahmen bei mobilen Sachanlagen. Sofern stark abgeschrieben worden ist und dies zu hohen stillen Reserven geführt hat, ist eine Wertaufholung bis ist eine Wertaufholung bis maximal zum aktuellen Nutz- oder Veräusserungswert bzw. bis zu den fortgeschriebenen Anschaffungs- und Herstellkosten denkbar, jedoch nicht höher als der Nutz- oder Veräusserungswert.[98] Dabei ist zu berücksichtigen, ob eine mögliche Aufwertung sachgerecht ist und dem Vorsichtsprinzip entspricht.

Beispiel Aufwertung bei einer Maschine

Die Halter GmbH hat zu Beginn des Jahres 1 ein Fahrzeug für CHF 28'000 erworben. Das Fahrzeug wird in der Finanzbuchhaltung über zwei Jahre linear vollständig abgeschrieben, wobei die effektive Nutzung jedoch fünf Jahre beträgt (CHF 28'000 / 5 Jahre = CHF 5'600 lineare Abschreibung pro Jahr). In der Finanzbuchhaltung ergeben sich folgende Werte für die zwei Jahre:

97 Diese werden auch als ausserplanmässige Abschreibungen bzw. Impairment bezeichnet.
98 Böckli, 2014, S. 192, N 860.

Jahr	Buchwert Finanzbuchhaltung	interner Wert (=effektiv fortgeschriebene Anschaffungskosten)
1	CHF 14'000	CHF 22'400
2	CHF 14'000	CHF 16'800
3	CHF 0	CHF 11'200
4	CHF 0	CHF 5'600
5	CHF 0	CHF 0

Im Jahr 3 (aktuelles Jahr) ist es möglich, das Fahrzeug auf die effektiv fortgeschriebenen Anschaffungskosten von CHF 11'200 aufzuwerten, da in den Jahren zuvor alles abgeschrieben wurde. Die Buchung lautet:

Fahrzeuge / ausserordentlicher Ertrag CHF 11'200

Eine solche Aufwertung sollte in diesem Beispiel im Anhang offengelegt sein.

In der Praxis werden oft Aktivierungsuntergrenzen bestimmt. Alle Bezüge unter diesen Limiten werden direkt als Aufwand verbucht. Beispiele können in der Praxis Investitionen im unwesentlichen Bereich oder Anschaffungen von Mobilien darstellen, sofern es sich um grössere Unternehmen handelt. Dies kann aufgrund der Wesentlichkeit vertreten werden, obwohl eine Aktivierungspflicht besteht, wenn die Ansatzkriterien für Aktiven kumulativ erfüllt sind. Zudem können stille Reserven auf diesen Positionen gebildet werden, womit Aktivierungsuntergrenzen rechtlich zulässig sind.

Für die Ermittlung der stillen Reserven kann es angebracht sein, dass eine Anlagenbuchhaltung geführt wird. Hierbei werden die Anschaffungswerte, interne und externe Abschreibungen sowie die entsprechenden internen und externen Restwerte geführt. Externe Abschreibungen sind in den ersten Nutzungsjahren in der Regel höher als die internen Abschreibungen, um einen steueroptimierten Jahresabschluss erstellen zu können.

Das Rechnungslegungsrecht schreibt keinen Anlagespiegel im Anhang vor. Dabei geht es um eine Zusammentragung von Anschaffungswerten, Zugängen, Abgängen und kumulierten Abschreibungen und Wertberichtigungen für alle Konten im Anlagevermögen. Ein Anlagespiegel wird in der Praxis auf freiwilliger Basis in der Regel erstellt, um die Qualität des Jahresabschlusses zu erhöhen. Er erhöht die Transparenz im Jahresabschluss. Im Vergleich ist dies eine zwingende Angabe nach einem Jahresabschluss nach Swiss GAAP FER oder IFRS.

Beispiel: Anlagenspiegel der Säntis Schwebebahn AG (Quelle: Geschäftsbericht Säntis Schwebebahn AG 2022)

Anlagenrechnung

In CHF	Investitionen		Abschreibungen		Buchwert
	Veränderung	Stand per	Veränderung	Stand per	per
Bezeichnung der Anlagen	**2021 +/–**	**31.12.2021**	**2021+/–**	**31.12.2021**	**31.12.2021**
Transportanlagen	**0**	**22'615'133**	**158'000**	**21'243'133**	**1'372'000**
Särdis-Anteil Mehrzweckgebäude		2'396'125		2'396'125	0
Talstation Schwägalp		7'594'096	102'000	6'444'096	1'150'000
Mech. und elektr. Einrichtungen		6'677'466	56'000	6'455'466	222'000
Stützen und Fundamente		2'025'185		2'025'185	0
Tragseile		750'787		750'787	0
Zug-, Gegen- und Hilfsseile		351'409		351'409	0
Fernmelde- und Sicherungsanlagen		994'937		994'937	0
Kabinen, Gehänge etc.		1'545'634		1'545'634	0
Skilift Schwägalp inkl. Gebäude		279'494		279'494	0
Liegenschaften	**728'111**	**59'795'501**	**2'348'111**	**23'767'501**	**36'028'000**
»Säntis- das Hotel«		38'359'772	1'404'000	12'620'772	25'739'000
Haus Girenspitz		3'466'810	42'000	2'524'810	942'000
Land Säntisgipfel		144'000		0	144'000
Gasthaus Passhöhe		1'724'168	40'000	766'168	958'000
Haus Säntisblick Beieregg		278'880		19'880	259'000
Gipfelgebäude Säntis	728'111	15'821'871	862'111	7'835'871	7'986'000
Infrastruktur und Nebenbetriebe	**507'853**	**9'539'488**	**487'853**	**8'265'488**	**1'274'000**
Strassen, Wege und Parkplätze		2'935'998	79'000	2'224'998	711'000

In CHF	Investitionen		Abschreibungen		Buchwert
	Veränderung	Stand per	Veränderung	Stand per	per
Bezeichnung der Anlagen	**2021 +/–**	**31.12.2021**	**2021+/–**	**31.12.2021**	**31.12.2021**
Wasserversorgung		2'075'587	43'000	1'794'587	281'000
Abwasserreinigung		613'170	9'000	553'170	60'000
Trafostation und elektr. Leitungen		1'594'888		1'594'888	0
Motorfahrzeuge	300'322	935'373	149'322	713'373	222'000
Diverse Infrastruktur	207'531	1'384'472	207'531	1'384'472	0
Mobiliar und Einrichtungen Gasthäuser	**54'966**	**4'056'751**	**181'966**	**3'329'751**	**727'000**
Schwägalp	37'520	2'443'544	174'520	1'746'544	727'000
Säntis	17'446	1'407'790	3'446	1'393'790	697'000
Passhöhe		205'417	4'000	189'417	14'000
Gesamttotal	**1'290'930**	**96'006'873**	**3'175'930**	**56'606'873**	**39'401'000**

Der Anlagenspiegel zeigt die Investitionen je Anlagekategorie auf. Er lässt Schlüsse über das Wachstum und die Innenfinanzierungskraft eines Unternehmens zu. Zudem zeigen sich die Investitionen und Desinvestitionen, welche auch in der Geldflussrechnung aufgeführt sind. Sofern ein Anlagenspiegel geführt wird, jedoch keine Geldflussrechnung, werden zumindest die Investitionstätigkeiten dargelegt.

22.2 Immobile Sachanlagen

In der Bilanz ist das Konto Sachanlagen auszuweisen, wobei gemäss Rechnungslegungsrecht nicht zwingend zwischen mobilen und immobilen Sachanlagen zu differenzieren ist. Allerdings kann dies auf freiwilliger Basis gemacht werden. Zu den immobilen Sachanlagen zählen Boden, Geschäftsliegenschaften (Betriebsliegenschaften), Lagerhäuser, Werkplätze, Verwaltungsgebäude, Wohnhäuser (Kapitalliegenschaften) oder Landparzellen. Immobile Sachanlagen sind zum Zeitpunkt des Grundbucheintrags in der Bilanz zu erfassen, sofern die Ansatzkriterien für Aktiven kumulativ erfüllt sind (▶ Kap. 7.3).[99] Unbebaute Grundstücke (Boden) sollten einzeln und separat erfasst werden.

99 EXPERTsuisse, 2023, S. 200.

Immobile Sachanlagen dürfen in der Ersterfassung maximal zu Anschaffungs- oder Herstellkosten bewertet werden. In der Folgebewertung sind die entsprechenden Abschreibungen vorzunehmen. Im Grundsatz sind Immobilien einzeln zu bewerten, in Ausnahmefällen ist eine Gruppenbewertung möglich.[100] Boden und unbebaute Grundstücke werden in der Regel nicht abgeschrieben, da sie keinen Wertverlust aufweisen bzw. sie kaum an Wert verlieren. Abschreibungen auf immobilen Sachanlagen sind aufgrund des Wertverlustes zu buchen.[101]

Kosten im Zusammenhang mit dem Unterhalt dürfen nicht aktiviert werden. Aktivierungen von Aufwänden für Erneuerungen, Verbesserungen und Umbauten können gerechtfertigt sein, sofern die Ansatzkriterien erfüllt sind und ein Mehrwert entsteht.[102]

Da immobile Sachanlagen oft zentrale Werte in vielen Bilanzen darstellen, ist es für bestimmte Situationen wichtig, die Verkehrswerte regelmässig zu bestimmen. Sie dienen beispielsweise bei Fremdfinanzierung als Referenzwert in der Kreditvergabe. Hierzu können folgende Werte als Vergleich für den Buchwert ermittelt werden, welche in die Berechnung des Verkehrswerts einfliessen (▶ Dar. 42).

Dar. 42: Realwert und Ertragswert bei Immobilien

	Realwert (Substanzwert)	**Ertragswert**
Inhalt	Ermittlung der Substanz	Wert der kapitalisierten Einnahmen (zentrale Grösse für die Tragbarkeit)
Berechnung	Summe aus Landwert (Boden), Bauwert und Wert des Zubehörs	Kapitalisierung der Netto-Mieteinnahmen

Der Kapitalisierungssatz für den Ertragswert liegt in der Praxis zwischen 3 bis 4.5 %. Hierzu werden die Mieteinnahmen (brutto oder netto) kapitalisiert. Der Verkehrswert ergibt sich aus der einfachen Gewichtung des Realwerts und der zweifachen Gewichtung des Ertragswerts. Dieser Wert kann mit dem amtlichen, steuerrechtlichen Wert und dem Versicherungswert verglichen werden. Der Versicherungswert zeigt in der Regel den Neuwert (ohne den Wert des Bodens) oder den Zeitwert an.

Ausgeschlossen ist, dass in der Folgebewertung der Marktwert eingesetzt werden kann, womit eine Bewertung über den Anschaffungs- und Herstellungskosten verboten ist. Unabhängige Bewertungsgutachten stellen keinen Marktwert im Sinne des Rechnungslegungsrechts dar.[103] Beispielsweise kann nicht von einem

100 EXPERTsuisse, 2023, S. 202.
101 EXPERTsuisse, 2023, S. 202.
102 EXPERTsuisse, 2023, S. 202.
103 EXPERTsuisse, 2023, S. 203.

Marktwert gesprochen werden, wenn regelmässige Bewertungen für Liegenschaften durch Dritte erstellt werden.

Formel: Rendite einer Immobilie

$$\text{Bruttorendite einer Immobilie} = \frac{\text{Immobilienertrag}}{\text{eingesetztes Gesamtkapital}}$$

$$\text{Nettorendite einer Immobilie} = \frac{(\text{Immobilienertrag} - \text{Immobilienaufwand})}{\text{eingesetztes Eigenkapital}}$$

Das eingesetzte Eigenkapital für die Nettorendite einer Immobilie lässt sich als Differenz zwischen Buchwert oder Anschaffungskosten und der eingesetzten Hypothek (Fremdkapital) errechnen. Es ist zweckmässig, für Kapitalliegenschaften je ein einzelnes Ertrags- und Aufwandkonto zu führen, um die entsprechenden Immobilienrenditen ermitteln zu können. Eine Bruttoimmobilienrendite sollte in der Regel 3 bis 5 % betragen, damit die Immobilie als rentabel gilt.

Beispiel Berechnung Immobilienrendite

Die Müller AG besitzt eine Liegenschaft. Im letzten Jahr betrugen die Immobilienerträge CHF 1.5 Mio. und die Immobilienaufwände CHF 0.9 Mio. (inkl. Hypothekarzinsen). Der Buchwert in der Bilanz beträgt CHF 18.1 Mio. Dieser Wert entspricht dem eingesetzten Eigenkapital (ohne die Hypothek). Die Nettoimmobilienrendite berechnet sich wie folgt:

$$\frac{(\text{Immobilienertrag} - \text{Immobilienaufwand})}{\text{eingesetztes Kapital}} = \frac{(1.5 - 0.9) \times 100}{18.1} = 3.3\,\%$$

Die Immobilienrendite kann als knapp angesehen werden. Der Zins für das entsprechende Fremdkapital sollte auf jeden Fall tiefer sein.

23 Immaterielle Vermögenswerte

Immaterielle Vermögenswerte sind alle identifizierbaren, nicht monetären Vermögenswerte ohne physische Substanz. Typische Beispiele dafür sind:[104]

- Softwarekosten
- Schutzrechte (Patente)
- Kundenlisten
- Konzessionen (Bergbaurechte, Energieversorgungsrechte usw.)
- Franchiseverträge
- Vertriebsrechte
- Lieferrechte
- Baurechte
- Erfindungen und Rezepturen (Vorstufe zu einem Patent)
- Entwicklungskosten
- Lizenzen

Immaterielle Vermögenswerte dürfen nur aktiviert werden, wenn sie die Ansatzkriterien für Aktiven nach OR 959 II erfüllen (▶ Kap. 7.3):

- Verfügungsmacht aus einem vergangenen Ereignis
- Verlässliche Bestimmung der Kosten und
- ein wahrscheinlicher Nutzenzufluss.

Bei immateriellen Vermögenswerten ist mit grösster Vorsicht vorzugehen. Von hoher Relevanz ist die Frage, ob ein wahrscheinlicher Nutzenzufluss bewiesen werden kann. Voraussetzung ist in der Regel, dass ein Produkt oder eine Dienstleistung in Form eines Prototyps vorhanden ist und erste Marktversuche gemacht wurden. Jedenfalls ist eine besondere Aufmerksamkeit bei der Zuordnung der Kosten bzw. dem Nutzennachweis geboten.[105]

---

104 Gutsche, 2019, S. 351., N 94 f.
105 Böckli, 2014, S. 211, N 953.

Beispiel Aktivierung einer Lizenz

Die Progress SA hat eine Lizenz für die Verwendung einer Software erworben. Die Lizenz kostete CHF 750'000. Durch die Lizenz wird erwartet, dass die Progress SA spezifische Softwaredienstleistungen für Kunden anbieten kann. Ein entsprechender Marktauftritt und die Bewerbung laufen bereits. Der Lizenzvertrag läuft neun Jahre. Die Kosten von CHF 750'000 dürfen erst aktiviert werden, wenn die Ansatzkriterien von OR 959 II vollständig erfüllt sind. Der wahrscheinliche Nutzenzufluss kann erst dann erwartet werden, wenn eine Nachfrage nachgewiesen werden kann. Da die Progress SA aber bereits einen Marktauftritt hat und die Bewerbung bereits läuft, kann eine Aktivierung vollzogen werden.

Eine besondere Betrachtung erhält der Goodwill nach dem Rechnungslegungsrecht. Goodwill stellt einen Mehrwert dar und ist daher ein Werttreiber in einem Unternehmen. Es werden grundsätzlich für die Rechnungslegung zwei Arten von Goodwill differenziert (▶ Dar. 43):

Dar. 43: Originärer und derivativer Goodwill (Quelle: Eigene Darstellung in Anlehnung EXPERTsuisse, 2023, S. 213)

Art des Goodwills	Inhalt des Goodwills	Behandlung im Einzelabschluss	Behandlung im Konzernabschluss
Selbst geschaffener Goodwill (originärer Goodwill)	Mehrwert durch die Tätigkeit des Unternehmens: Bekanntheit, Marken und Namen	Keine Aktivierung möglich aufgrund des fehlenden Nutzennachweises und zuverlässigen Kostenschätzung	Keine Aktivierung möglich aufgrund des fehlenden Nutzennachweises und zuverlässigen Kostenschätzung
Käuflicher Goodwill (derivativer Goodwill)	Differenz zwischen Kaufpreis eines Targets (neue Tochtergesellschaft) und dem Eigenkapital des Targets	Ausweis als Bestandteil der Beteiligung im Einzelabschluss	Ausweis als Goodwill über die Konsolidierung

Grundsätzlich nicht aktivierbar ist selbst erarbeiteter Goodwill. Auch nicht aktivierbar sind Aus- und Weiterbildungskosten sowie Restrukturierungskosten. Auch die Grundlagenforschung oder angewandte Forschung stellen in der Regel immer Aufwand dar, da der Nutzennachweis schwierig zu belegen ist. Neu entwickelte Marken sind auch kaum aktivierbar, da die Ansatzkriterien kaum nachgewiesen werden können.[106] Entwicklungskosten können im Gegensatz zur Forschung aktiviert werden, wenn die Ansatzkriterien erfüllt sind.

Der käufliche Goodwill ist im Einzelabschluss im Wert der Beteiligung enthalten. Sofern eine Konzernrechnung erstellt werden muss, wird der käufliche Goodwill separat ausgewiesen (▶ Kap. 54).

Auch der Erwerb von Daten ist den immateriellen Vermögenswerten zuzuordnen. Ob Daten bei einem Kauf oder bei Eigenherstellung als immaterielle Vermögenswerte qualifiziert werden können, ist im Einzelfall zu prüfen. Der Nutzennachweis ist auch hier zu erbringen.

Nachträglich dürften keine immateriellen Vermögenswerte erfasst werden, die bereits dem Periodenergebnis belastet worden sind.[107]

In der Erstbewertung dürfen die immateriellen Vermögenswerte maximal zu Anschaffungs- oder Herstellkosten bewertet werden, wobei für jede Position einzeln ein Konto zu führen ist. In der Folgebewertung ist dem Wertverlust durch nutzungsbedingte Abschreibungen oder Wertverluste Rechnung zu tragen. Sofern sich die Nutzungsdauer nicht genau bestimmen lässt, sollte sie zwischen fünf bis zwanzig Jahren betragen.[108] Immaterielle Vermögenswerte sind gesondert im Anlagevermögen auszuweisen.

Beispiel Abschreibung von immateriellen Vermögenswerten

Die Progress SA hat eine Lizenz für die Verwendung einer Software erworben. Die Lizenz kostete CHF 750'000. Die Lizenz wird über zehn Jahre linear abgeschrieben. Die Buchung lautet: Abschreibung / Immaterielle Vermögenswerte CHF 75'000.

Zusätzlich sollten jährlich mögliche weitere Wertberichtigungen (Ausserordentliche Abschreibungen) durch Ermittlung des erzielbaren Betrags geprüft werden. Der erzielbare Betrag bestimmt sich nach dem Nutzwert oder Nettomarktwert, wobei der erstere die Regel bildet. Der Nutzwert stellt den Barwert der künftig erwarteten Geldflüsse für die nächsten drei bis fünf Jahre dar. Der Nettomarktwert stellt den Nettoverkehrswert dar, der in der Praxis kaum ermittelt werden kann.

106 Bei der Prüfung der Ansatzkriterien sind die Umstände des Einzelfalls zu prüfen.

107 EXPERTsuisse, 2023, S. 211.

108 EXPERTsuisse, 2023, S. 212.

24 Verbindlichkeiten aus Lieferungen und Leistungen

Geschäfte mit Lieferanten werden als Verbindlichkeiten aus Lieferungen und Leistungen bezeichnet. Umgangssprachlich werden sie auch Kreditoren genannt. Es handelt sich dabei um eine kurzfristige, aus betrieblicher Tätigkeit resultierende Verpflichtung des Unternehmens zur Zahlung des vereinbarten Preises für eine von der Gegenpartei erbrachte Dienstleistung oder Lieferung.[109] Die Leistung wurde dabei erbracht, aber vom bilanzierenden Unternehmen noch nicht bezahlt. Die Verbindlichkeiten aus Lieferungen und Leistungen sind aufgrund der Mindestgliederung in der Bilanz zu zeigen.

Verbindlichkeiten aus Lieferungen und Leistungen sind zum Nominalwert zu bewerten. Fremdwährungseffekte zwischen dem Zeitpunkt der Leistungserfassung als Verbindlichkeit und dem Zeitpunkt der effektiven Bezahlung der Verbindlichkeit sind erfolgswirksam umzubuchen (▶ Kap. 45). Es ist in der Rechnungslegungspraxis üblich, die Verbindlichkeiten aus Lieferung und Leistung in separaten Konten geführt werden: inländischen Lieferanten in Schweizer Franken und ausländischen Lieferanten in der entsprechenden Fremdwährung. So lassen sich die Fremdwährungseffekt am Jahresende besser überprüfen und nachvollziehen. Eine Umrechnung nach ESTV-Kursen zum Bilanzstichtag ist üblich.

Die Verbindlichkeiten aus Lieferungen und Leistungen werden in der Regel in einer Nebenbuchhaltung geführt. Dort werden wesentliche Daten zu den offenen Verbindlichkeiten erfasst wie Buchungsdatum, Lieferdatum, mögliche Anzahlungen und Fälligkeit. Mit Hilfe der Fälligkeitsliste kann vermieden werden, dass der Bestand an offenen Verbindlichkeiten zu hoch wird.

Beispiel unterschiedliche Zeitpunkte bei den Verbindlichkeiten

Die Hy AG hat eine neue Maschine gegen Rechnung am 1.5. des Jahres erhalten. Die Rechnung wird mit der Lieferung zugestellt. Der Betrag beläuft sich auf € 150'000. Der Wechselkurs ist am 1.5 EUR 1 = 1.20 CHF. Am 1.9. wird die Rechnung beglichen bei einem Wechselkurs von 1 EUR = 1.25 CHF. Die Buchungen lauten:

1.5	Maschine / Verbindlichkeiten aus Lieferungen und Leistungen	180'000

109 Gutsche, 2019, S. 356, N 109.

1.9.	Verbindlichkeiten aus Lieferungen und Leistungen / Bank	180'000
1.9.	Finanzaufwand / Bank	7'500
	Berechnung = (150'000 x 1.25) – (150'000 x 1.20)	= 7'500

Bei der Kontoführung kann wie bei den Forderungen zwischen zwei verschiedenen Erfassungsmethoden differenziert werden (▶ Dar. 44).

Dar. 44: Verbuchungsmethoden für Verbindlichkeiten

	Ordentliche Erfassung	**Offenpostenbuchhaltung**
Buchführung	Kontoführung für jeden Lieferanten	Gesamtverbindlichkeiten zum Jahresabschluss geführt
Aktualität	gegeben	nicht gegeben
Buchungen	Leistungsbezug: Aktiv- oder Aufwandskonto / VLL Bezahlung der Rechnung: VLL / FlüMi	Leistungsbezug: Keine Buchung Bezahlung: Aktiv- oder Aufwandskonto / FlüMi
Jahresabschluss	Keine Korrekturbuchung notwendig	Zunahme Verbindlichkeiten: Aktiv- oder Aufwandskonto / VLL Abnahme Verbindlichkeiten: VLL / Aktiv- oder Aufwandskonto

Eine Offenpostenbuchhaltung ist für Klein- und Mitteunternehmen geeigneter, da es zu weniger Buchungen führt. Allerdings ist auf diese Weise kein Zwischenabschluss oder eine zeitnahe Überwachung möglich.

Verbindlichkeiten aus Lieferungen und Leistungen gegenüber nahestehenden Personen (Organen, Beteiligungen, Beteiligten, Anteilseigner) sind separat auszuweisen.

Langfristige Verbindlichkeiten sind als langfristiges Fremdkapital auszuweisen, sofern eine Verbindlichkeit eine Fälligkeit von mehr als einem Jahr aufweist. Eine Verrechnung von Haben und Sollsalden zwischen Verbindlichkeiten ist nicht zulässig. Verbindlichkeiten mit einem Sollsaldo (debitorische Kreditoren) sind als übrige kurzfristige Forderungen auszuweisen. Dies kann der Fall sein, wenn höhere Beträge an einen Lieferanten gezahlt werden. Dies stellt betriebswirtschaftlich eine Anzahlung an den Lieferanten dar, die als kurzfristige Forderung auszuweisen ist.

Fiktive Verbindlichkeiten stellen einen groben Verstoss gegen das Prinzip der Klarheit dar und sind nicht zulässig. Hingegen ist auf das Prinzip der Vollständigkeit der Verbindlichkeiten am Bilanzstichtag zu achten. Bestrittene Verbindlichkeiten sind allenfalls als Eventualverbindlichkeiten im Anhang offenzulegen.[110]

Beispiel fiktive Verbindlichkeit

Die Koller AG erfasst am Bilanzstichtag eine fiktive Verbindlichkeit aus Lieferungen und Leistungen in Höhe von CHF 9'500. Dadurch wird ein voraussichtlicher Verlust von CHF 4'500 ausgewiesen. Eine solche Buchung gilt als Verstoss gegen den Grundsatz der Klarheit und stellt ausserdem eine Urkundenfälschung dar, welche straf-, steuer- und zivilrechtliche Konsequenzen nach sich ziehen kann.

110 EXPERTsuisse, 2023, S. 217.

25 Übrige kurzfristige Verbindlichkeiten

Alle kurzfristigen Verbindlichkeiten, die nicht Verbindlichkeiten aus Lieferungen und Leistungen, kurzfristige verzinsliche Verbindlichkeiten, erhaltene Anzahlungen oder passive Rechnungsabgrenzung sind, gehören zu den kurzfristigen Verbindlichkeiten.[111] Hierzu zählen u. a. die Umsatzsteuer der Mehrwertsteuer, das Abrechnungskonto für die Mehrwertsteuer, die Verrechnungssteuerverbindlichkeiten, direkte Steuerschulden, beschlossene Ausschüttungen, Sozialversicherungsverbindlichkeiten oder Quellensteuerverbindlichkeiten.

Beispiel übrige kurzfristige Verbindlichkeiten

Wenn gegenüber der AHV-Ausgleichskasse eine offene Verbindlichkeit von CHF 5'100 besteht, ist diese Verbindlichkeit nicht bei den Verbindlichkeiten aus Lieferungen und Leistungen, sondern bei den übrigen kurzfristigen Verbindlichkeiten auszuweisen.

Für die einzelnen Verbindlichkeiten ist einzeln ein Konto zu führen, wobei auf Vollständigkeit zu achten ist. Die Bewertung erfolgt zum Nominalwert. Weiterhin dürfen unter dieser Position keine passiven Rechnungsabgrenzungen geführt werden. Die übrigen kurzfristigen Verbindlichkeiten und die passiven Rechnungsabgrenzungen stellen eine Mindestangabe in der Bilanz dar, daher dürfen sie nicht miteinander verrechnet werden (▶ Kap. 19).

Von den übrigen Verbindlichkeiten sollten zudem Anzahlungen von Kunden unterschieden werden. Es ist zu bevorzugen, dass Anzahlungen separat in einem Konto geführt werden. Anzahlungen sollten möglichst separat in der Bilanz oder im Anhang offengelegt werden (▶ Kap. 16).

111 Gutsche, 2019, S. 357, N 111.

26 Verzinsliches Fremdkapital

Das verzinsliche Fremdkapital setzt sich aus den kurzfristigen und den langfristigen verzinslichen Verbindlichkeiten zusammen. Diese beiden Positionen sind Teil der Mindestgliederung nach OR. Die kurzfristigen verzinslichen Verbindlichkeiten stellen eine Position des kurzfristigen Fremdkapitals dar mit einer Fälligkeit bis zu einem Jahr, die langfristigen verzinslichen Verbindlichkeiten gehören zum langfristigen Fremdkapital mit einer Laufzeit von mehr als einem Jahr.

Das kurzfristige verzinsliche Fremdkapital umfasst:

- Bankverbindlichkeiten (z. B. Bank-Kontokorrent)
- Verbindlichkeiten aus kurzfristigen Leasingverbindlichkeiten
- Übrige verzinsliche Verbindlichkeiten

Das langfristige verzinsliche Fremdkapital umfasst:

- Bankverbindlichkeiten
- Verbindlichkeiten aus langfristigen Leasingverbindlichkeiten
- Obligationsanleihen/ Anleihen (selbst emittiert)
- Darlehen
- Hypotheken

Die separate Darstellung von verzinslichem und nicht verzinslichem Fremdkapital ist für die Bilanzadressanten von hohem Nutzen. Im Rahmen der Finanzanalyse (Kennzahlenberechnung, Geldflussrechnung) lässt sich die Höhe der Zins- und Schuldlast besser ermitteln.

Beispiel Nutzen des Ausweises von verzinslichem Fremdkapital

Die Galliker GmbH weist folgende Fremdkapitalpositionen aus:

Verbindlichkeiten aus Lieferungen und Leistungen	CHF 3'400'000
Bankverbindlichkeiten (verzinst mit 2 %)	CHF 1'000'000
Total Fremdkapital	CHF 4'400'000

Aus dieser Darstellung lässt sich die Schuld aus verzinslichem Fremdkapital (CHF 1'000'000) und die Zinslast errechnen. Die Zinslast beträgt CHF 20'000 und nicht etwa CHF 88'000 (2 % auf 4 CHF 400'000).

Es ist zweckmässig, für jede verzinsliche Verbindlichkeit ein separates Konto zu führen. So lässt sich die Schuld gegenüber Dritten besser nachvollziehen. Bei längerfristigen Darlehensverträgen sollte ein schriftlicher Vertrag vorhanden sein. Die Bewertung von Verbindlichkeiten erfolgt zum Nennwert. Fremdwährungsschwankungen sind zum Bilanzstichtag erfolgswirksam zu buchen.[112] Verbindlichkeiten gegenüber Nahestehenden oder Vorsorgeeinrichtungen sind einzeln auszuweisen.

Sofern die kreditgebenden Banken Covenants[113] auferlegt haben, sind diese aus Transparenzgründen im Anhang auf freiwilliger Basis offenzulegen. Ihre Einhaltung ist beim Jahresabschluss zu prüfen, da sonst eine Kündigung von offenen Krediten erfolgen kann. Ausserdem kann Zweifel an der Annahme des Going Concerns bestehen.

Beispiel Verletzung Covenant

Die Heinrich GmbH hat eine langfristige Bankfinanzierung über CHF 5'000'000 erhalten. Die Flüssigen Mittel betragen CHF 1'200'000 inkl. Forderungen aus Lieferungen und Leistungen. Als Kreditbedingung hat die Heinrich GmbH zum Bilanzstichtag jeweils mindestens eine EBIT-Marge von 1 % zu erzielen. Im abgelaufenen Jahr wurde eine EBIT-Marge von 0.6 % erreicht. Im Extremfall könnte es zu einer Kündigung des Kredites kommen. Die Nettoschulden von CHF 3'800'000 (CHF 5'000'000 - CHF 1'200'000) müssten in diesem Fall beispielsweise durch den Verkauf von Anlagevermögen oder durch Nachschuss der Kapitalgeber gedeckt werden, um das Going Concern zu sichern.

Bei Hypotheken ist es üblich, dass für ihre Sicherung zugunsten der kreditgebenden Bank eine Grundpfandverschreibung erfolgt. Dabei wird im Grundbuchamt ein Verwertungsrecht für die Bank im Illiquiditätsfall des Unternehmens eingetragen. Im Konkursfall haftet somit neben dem schuldenden Unternehmen auch eine Liegenschaft für die Deckung des ausstehenden Kredits. In der Regel werden jährlich die Zinsen und eine Amortisation gebucht, die aus den Hypothekarver-

112 EXPERTsuisse, 2023, S. 219.

113 Als Covenants werden Kreditnebenabredungen verstanden, die meist in Form von Kennzahlen erfolgen. Sie dienen Banken für die Überwachung von hohen oder risikoreichen Kreditengagements.

trägen mit der Bank hervorgehen.[114] Im Anhang sind daher entsprechende Angaben nach OR 959c II Ziff. 8 anzubringen.[115]

Beispiel Hypothek mit Zins und Amortisation

Die Egloff GmbH hat eine Hypothekarschuld über CHF 3'100'000 mit einem Jahreszins von 1 % aufgenommen. Jährlich sind CHF 100'000 zu amortisieren. Die Buchungen lauten:

Finanzaufwand / Bank	31'000
Hypotheken / Bank	100'000

In der Praxis weit verbreitet sind Anleihen. Anleihen sind in Teilschuldverschreibungen (Obligationen) unterteilt und zu gleichen Bedingungen an zahlreiche Investoren am Markt ausgegeben. Die Gestaltungsformen sind vielfältig. Es bestehen beispielsweise Wandel- und Optionsanleihen. Die Bewertung der Anleihen erfolgt in der Regel zu Nominalwerten. Agios sind dabei auf der Passivseite darzustellen.[116]

114 EXPERTsuisse, 2023, S. 219.
115 EXPERTsuisse, 2023, S. 220.
116 EXPERTsuisse, 2023, S. 222.

27 Rückstellungen

Rückstellungen sind in der Praxis des Rechnungswesens eine besonders herausfordernde Position. Sie stellen Verbindlichkeiten als Teil des Fremdkapitals dar, bei denen der Zeitpunkt der Zahlung (Fälligkeit) und die Höhe des Betrags unsicher sind.[117] Zudem ist oft nicht bekannt, wem konkret die Verbindlichkeit geschuldet und wie wahrscheinlich der künftige Mittelabfluss ist. Es sind daher viele Schätzungen für die Zukunft notwendig, welche mit einem hohen Mass an Unsicherheit verbunden sind. Hier ist insbesondere das Vorsichtsprinzip zu beachten.

Rückstellungen sind zu erfassen, wenn sie nach OR 959 V aus vergangenen Ereignissen (d. h. durch ein vergangenes Ereignis bewirkte rechtliche oder faktische[118] Verbindlichkeit) stammen, ein wahrscheinlicher Mittelabfluss besteht und sie verlässlich geschätzt werden können.[119] Nach OR 960e II sind Rückstellungen zu Lasten der Erfolgsrechnung zu buchen, sofern die erwarteten Mittelabflüsse aus vergangenen Ereignissen resultierten. Der Bezug zu vergangenen Ereignissen stellt sicher, dass keine Rückstellungen für künftige Ereignisse gebildet werden.

Rückstellungen sind folglich anzusetzen, wenn die folgenden Bedingungen dazu kumulativ erfüllt sind, wobei zusätzlich die Abgrenzung zu den Eventualverbindlichkeiten dargestellt wird (▶ Dar. 45).

Dar. 45: Unterschiede Rückstellungen und Eventualverbindlichkeiten

	Rückstellungen	**Eventualverbindlichkeit**
Durch ein vergangenes Ereignis bewirkte Verbindlichkeit (rechtlich oder faktisch)	erfüllt	erfüllt
Kosten verlässlich schätzbar	erfüllt	erfüllt
Wahrscheinlicher Mittelabfluss	erfüllt	nicht erfüllt, da Mittelabfluss unwahrscheinlich ist
Konsequenz für den Jahresabschluss	Bildung einer Rückstellung	Keine Rückstellung Ausführungen im Anhang

117 EXPERTsuisse, 2023, S. 225.

118 Faktisch bedeutet, dass eine Verbindlichkeit besteht, bei welcher der Zahlungszeitpunkt und -höhe ungewiss ist.

119 EXPERTsuisse, 2023, S. 225.

Ausserdem dürfen nach OR 960e III insbesondere Rückstellungen für regelmässig anfallende Aufwendungen aus Garantieverpflichtungen, aus Sanierungen von Sachanlagen, für Restrukturierungen und zur Sicherung des Fortbestands des Unternehmens gebildet werden. Nicht mehr benötigte Rückstellungen müssen nach OR 960 V nicht aufgelöst werden. Dadurch sind stille Reserven explizit in der Rechnungslegungspraxis gesetzlich erlaubt.

Rückstellungen sind keine Wertberichtigungen oder Abschreibungen. Sie stellen keine Wertkorrekturen von Vermögenswerten dar. Während die Rechnungsabgrenzung mit einem Grundgeschäft zusammenfällt, ist dies bei Rückstellungen nicht gegeben.[120] Zwar sind bei passiven Rechnungsabgrenzungen oft auch Schätzungen notwendig, allerdings ist der Grad der Unsicherheit deutlich niedriger als bei Rückstellungen. Passive Abgrenzungen können sich bei Provisionen, für laufende Steuern, bei Ferienguthaben oder Guthaben aus Überzeit oder Rabattverpflichtungen ergeben. In der Praxis ist die Abgrenzung zwischen Rückstellungen und passiven Rechnungsabgrenzungen jedoch fliessend und nicht immer eindeutig festzustellen.

Eine Eventualverbindlichkeit ist inhaltlich einer Rückstellung gleichgesetzt, allerdings ist die Eintretenswahrscheinlichkeit tiefer bzw. der Abfluss ist unwahrscheinlicher (► Dar. 46). Eventualverbindlichkeiten sind im Anhang offenzulegen, zu beziffern und zu erklären. Sie müssen nicht in der Bilanz erfasst bzw. nicht gebucht werden.

Rückstellungen müssen in langfristige und kurzfristige Rückstellungen nach OR 959 VI aufgeteilt werden. Sofern eine Rückstellung innerhalb eines Jahres verwendet wird, ist sie im Jahresabschluss beim kurzfristigen Fremdkapital auszuweisen.

Beispiel Ansatz einer Rückstellung

Die Hilber GmbH erhält eine Klageschrift. Ein Kunde hat die Produkte der Hilber GmbH (Küchengeräte) benutzt und schwere Verbrennungen dadurch erlitten. Ein Anwalt fordert von der Hilber GmbH einen Schadenersatz von CHF 850'000. Die Wahrscheinlichkeit, den Prozess vor Gericht zu verlieren, wird mit 90 % eingestuft. Der Fall ist aus einem vergangenen Ereignis (Verkauf der Küchengeräte) hervorgegangen, die Wahrscheinlichkeit einer Zahlung ist mit 90 % wahrscheinlich, und der Betrag lässt sich verlässlich beziffern, somit ist eine Rückstellung wie folgt anzusetzen:

Rückstellungsaufwand* / Rückstellungen	CHF 850'000

(*Es ist auch zulässig, wenn dies als ausserordentlicher Aufwand oder Betriebsaufwand gebucht wird.)
Alternativ ist es auch denkbar und zulässig, dass die Verbindlichkeit zu 90 % bewertet wird. Dies entspricht dem Erwartungswert, dass es zu einem Abfluss

120 EXPERTsuisse, 2023, S. 225.

kommt (90 % von CHF 850'000). Aufgrund des Vorsichtsprinzips ist eine vollständige Erfassung mit dem gesamten Betrag jedoch zu präferieren.

Die Analyse des wahrscheinlichen Mittelabschluss nach OR 959 V ist in der Praxis anspruchsvoll. Eine nach IFRS angelegte Wahrscheinlichkeitsüberlegung »more likely than not« wird für das Handelsrecht abgelehnt.[121] Alternativ kann mit Bandbreiten gearbeitet werden.[122] Hier ist insbesondere das Vorsichtsprinzip als Grundsatz ordnungsgemässer Rechnungslegung anzuwenden (▶ Dar. 46).

Dar. 46: Differenzierung von erwartetem Mittelabfluss gemäss Wahrscheinlichkeit (Quelle: Böckli, Peter, 2014, S. 230, N 1025, EXPERTsuisse, 2023, S. 226)

Wahrscheinlichkeit eines Mittelabflusses	Ausweis	Gesetzliche Grundlage
ca. 75 bis 100 %	Ausweis als Verbindlichkeit	Ansatzkriterien nach OR 959 V: durch vergangenes Ereignis begründet, Mittelabfluss wahrscheinlich, höhe verlässlich bestimmbar
25 bis 75 %	Ausweis als Rückstellung	Ansatzkriterien nach OR 959 V + OR 960e II: Mittelabfluss wahrscheinlich, vergangenen Ereignis zu erwarten
Bis zu 25 %	Ausweis als Eventualverbindlichkeit im Anhang	OR 959 c II Ziff. 10 + OR 959 V: Mittelabfluss unwahrscheinlich, Höhe nicht verlässlich bestimmbar
Gegen 0 %	Kein Ausweis in der Jahresrechnung	Im Gesetz nicht geregelt

Von einem wahrscheinlichen Mittelabfluss ist in der Schweizer Rechnungslegungspraxis auszugehen, wenn die Wahrscheinlichkeit zwischen 25 bis 75 % geschätzt wird. In diesem Bereich ist eine vollständige Rückstellung zu bilden, damit das Vorsichtsprinzip eingehalten ist.

Die Kosten sind möglichst objektiv zu schätzen. Im Zweifelsfall sollte der Betrag aufgrund des Vorsichtsprinzips eher zu hoch als zu tief angesetzt werden. Kritisch sind Fälle, in welchen von einer Rückstellung abgesehen wird mit der Argumentation, dass die Kosten nicht verlässlich abschätzbar sind.[123]

121 Böckli, 2014, S. 229, N 1022.
122 Sinngemäss nach Böckli, 2014, S. 230, N 1025.
123 Böckli, 2014, S. 231, N 1028.

Rückstellungen sind schwierig zu bewerten, und es besteht ein erheblicher Bewertungsspielraum. In der Regel wird auf einen erwarteten Mittelabfluss gesetzt und es wird oft mit Bandbreiten gearbeitet.[124] Eine zentrale Orientierungsgrösse sind Erfahrungswerte auf Basis der Vergangenheit. Rückstellungen müssen zudem einzeln bewertet werden.

Beispiel Bewertung von Rückstellungen

Die Siegenthaler AG ist ein Industrieunternehmen. In der Vergangenheit entsprachen die abgerufenen Wartungsarbeiten für Kunden in Prozent des Umsatzes ungefähr 4 %. Im abgelaufenen Jahr betragen die Umsätze CHF 31 Mio. Rückstellungen für Garantiearbeiten belaufen sich aktuell auf CHF 1 Mio. Daher ist eine Korrekturbuchung für die Bewertung der Rückstellung vorzunehmen:

Rückstellungsaufwand / Rückstellungen	CHF 240'000

Die Rückstellungen müssen am Jahresende CHF 1.24 Mio. betragen (4 % von CHF 31 Mio. Umsatz).

Nach OR 960e IV müssen nicht mehr benötigte Rückstellungen nicht aufgelöst werden. Dies führt somit zu stillen Reserven. Nach OR 958 ist es das Ziel der Rechnungslegung, ein möglichst zuverlässiges Bild über die wirtschaftliche Lage eines Unternehmens zu geben. Bei Rückstellungen besteht deshalb im Speziellen ein Zielkonflikt.

Die Schätzung und Bewertung der Rückstellungen sollte im Sinne von OR 958 I möglichst nach objektiven Kriterien erfolgen, um eine möglichst realitätsnahe und zuverlässige Berichterstattung zu ermöglichen. Hingegen ist eine aktive Gewinnsteuerung über Rückstellungen möglich. Auch ist die Diskontierung von Rückstellungen mit langfristiger Perspektive zulässig.[125]

Wenn die Ansatzkriterien für die Rückstellungen nicht erfüllt sind, dürfen keine Verbindlichkeiten bzw. Rückstellungen gebildet werden. Gewisse Rückstellungen sind kritisch, da die Ansatzkriterien kaum erfüllt sind. Insbesondere Investitionsrückstellungen und Rückstellungen für künftige Verluste sind nicht zulässig, da der Bezug zu einem vergangenen Ereignis kaum herzustellen ist. Bei den Ansatzkriterien besteht somit ein erheblicher Ermessensspielraum.[126] Entsprechende Angaben im Anhang sind daher von hoher Relevanz.

Bei den Rückstellungen ist zwischen Bildung und Verwendung (bzw. Bezahlung) einer Rückstellung zu unterscheiden. Die Bildung ist erfolgswirksam nach OR 960e II zu buchen (jedoch noch nicht liquiditätswirksam): Rückstellungsaufwand (oder

124 EXPERTsuisse, 2023, S. 228.
125 Stenz, 2019, S.583, N 8.
126 Stenz, 2019, S. 590, N 29.

ähnlich) / Rückstellungen. Die künftige Verwendung bzw. Bezahlung führt zu einer Verkürzung der Bilanz und wird somit liquiditätswirksam: Rückstellungen / Flüssige Mittel. Sofern eine Rückstellung nicht mehr benötigt wird, darf sie stehen gelassen werden. Eine Rückstellung ohne Verwendungszweck stellt in der Regel eine stille Reserve dar. Eine Auflösung von Rückstellungen aus vergangenen Jahren ist erfolgswirksam als ausserordentlicher Ertrag zu buchen.

Sofern eine Rückstellung zudem auf eine frühere Periode zurückzuführen ist bzw. einen betriebsfremden Grund aufweist, ist hierzu eine ausserordentliche bzw. betriebsfremde Rückstellung zu bilden oder aufzulösen.

Beispiel Bildung, Verwendung und Auflösung einer Rückstellung

Der Rüegsegger AG muss für einen Umweltschaden eine Rückstellung über CHF 1'500'000 bilden. Die Buchung lautet:

Rückstellungsaufwand* / Rückstellungen	1'500'000

* (auch ausserordentlicher Aufwand oder Betriebsaufwand)
Zwei Jahre später wird an die lokale Behörde der Betrag von CHF 1'400'000 überwiesen, da man sich im gegenseitigen Einvernehmen auf eine Lösung verständigen konnte. Die Buchung lautet:

Rückstellungen / Bank	1'400'000

Die restlichen CHF 100'000 werden noch zwei Jahre stehen gelassen. Sie stellen stille Reserven dar. Anschliessend werden sie erfolgswirksam aufgelöst:

Rückstellungen / ausserordentlicher Ertrag	100'000

Für jede Rückstellungsart sollte ein eigenes Konto geführt werden. Eine Verrechnung von verschiedenen Rückstellungskonten ist nicht sachgerecht und stellt einen Verstoss gegen das Verrechnungsprinzip nach den Grundsätzen ordnungsgemässer Rechnungslegung dar. Eine Verrechnung ist allenfalls für artgleiche Rückstellungen (z. B. Rückstellungen für Garantiearbeiten für ähnliche Kunden) denkbar.

Für viele Rückstellungen sind bestimmte Ursachen zu nennen, um sie zu begründen. Mögliche Ursachen in der Praxis können sein:[127]

- Garantieverpflichtungen für Lieferungen und Leistungen, Gewährleistungen
- Umweltschäden
- Restrukturierungsvorhaben

127 EXPERTsuisse, 2023, S. 227.

- Rücknahmeverpflichtungen (beispielsweise Gebinde, Miete/ Kauf)
- hängige Prozesse oder angedrohte Klagen
- Wiederherstellungs-, Instandsetzungs- oder Rückbauverpflichtungen
- Dienstalters- oder Jubiläumsgeschenke
- Währungs- und Transferrisiken
- allgemeine Steuerrisiken (direkt und indirekt)
- Regressansprüche auf weitergegebene Wechsel (Wechselobligo, Regressverpflichtungen)
- Bürgschaften
- Generelle Haftungsfragen
- Haftung aus der Übernahme eines Geschäfts
- Verluste aus schwebenden Geschäften (beispielsweise Termin- und Prämiengeschäfte)
- Konventionalstrafen, Reugelder
- Solidarschuldverhältnisse laut Vertrag oder Gesetz
- Verluste aus Liefer- und Abnahmeverpflichtungen
- Verluste aus langfristigen Verpflichtungen (beispielsweise aufgelöste Mietverträge Konkurrenzverbote)
- Sanierungsleistungen an Vorsorgeeinrichtungen bei Unterdeckung
- Sicherung des dauernden Gedeihens eines Unternehmens

OR 960e III nennt namentlich Rückstellungen für Sanierung von Sachanlagen, Restrukturierungen und für die Sicherung des dauernden Gedeihens des Unternehmens.

Besondere Aufmerksamkeit bedürfen Gewährleistungsansprüche aus dem Verkauf von Produkten und Dienstleistungen. Es ist üblich, hierzu Rückstellungen in Prozent des Umsatzes auf Basis von Erfahrungswerten zu bilden. Auch Rückstellungen für Wiederherstellungen sind oft notwendig. Für Restrukturierungen sind Rückstellungen notwendig, wenn ein verbindlicher Beschluss des Managements vorliegt und eine Rückstellung nach dem erwarteten Aufwand gebildet werden kann.

Auf Rückstellungen sollte nicht verzichtet werden, wenn Anzeichen für mögliche Mittelabflüsse zu erwarten sind, die bereits in einem abgeschlossenen Geschäftsjahr bekannt sind. Es gilt die Regel, dass für alle Ursachen und Sachverhalte eine Rückstellung zu bilden ist, wenn die Ursache vor dem Bilanzstichtag liegt. Wenn die Ursachen im nächsten Jahr liegen, ist in der Regel keine Rückstellung zu bilden.[128]

Normalerweise dürften keine Rückstellungen für künftige Verluste gebildet werden. Jedoch kann es angezeigt sein, dass für einzelne Geschäftsursachen und Sachverhalte eine Rückstellung notwendig ist, wenn aus diesen eine Verlustgefahr besteht. Die Ansatzkriterien müssen im Einzelfall geprüft werden.

128 EXPERTsuisse, 2023, S. 229.

Steuerrechtlich können erhebliche Differenzen zum Rechnungslegungsrecht bestehen. Das Steuerrecht prüft jede einzelne Rückstellung, ob sie geschäftlich begründet ist. Nicht begründete Rückstellungen werden dem steuerbaren Gewinn zugerechnet. Dadurch können erhebliche Differenzen zwischen Handels- und Steuerrecht bestehen.

Gesetzlich nicht vorgeschrieben, aber üblich ist die Offenlegung eines Rückstellungsspiegels im Anhang. Hierzu werden die Anfangsbestände, Bildung, Verwendung sowie Auflösung von Rückstellungen pro Position dargelegt. Ein Rückstellungsspiegel erhöht die Transparenz.

Offensichtlich besteht ein grosses Potenzial zur Bildung von stillen Reserven. Allerdings bestehen auch Gefahren dabei: Durch die Bildung von stillen Reserven wird der Gewinn reduziert und die mögliche Ausschüttung an die Aktionäre verringert sich ebenfalls. Minderheitsaktionäre haben keine Kenntnis von gebildeten stillen Reserven, da die Bildung im Anhang nicht offengelegt wird.

Die Kompetenz über die Verwendung des Eigenkapitals bei Kapitalgesellschaften liegt bei der Generalversammlung. Die Entscheidung über die Bildung und Auflösung von stillen Reserven hingegen liegt beim Verwaltungsrat. Daher sollte entweder massvoll damit umgegangen oder die Offenlegung im Anhang ins Auge gefasst werden.[129]

Besonders relevant sind Rückstellungen in Fällen von hälftigen Kapitalverlusten und Überschuldungsgefahr. Der Anreiz ist gross, in solchen Situationen Rückstellungen auszusetzen, um die Verschuldungssituation und die Folgen nach OR 725 ff. zu vermeiden (▶ Kap. 32).

129 Stenz, 2019, S. 598, N 53.

28 Übrige langfristige Verbindlichkeiten

Die übrigen langfristigen Verbindlichkeiten sind Bestandteil des langfristigen Fremdkapitals. Es ist eine Sammelposition für all jene Positionen, die sich nicht als Rückstellung oder langfristige, verzinsliche Verbindlichkeiten qualifizieren.[130] Alle Positionen der übrigen kurzfristigen Verbindlichkeiten, die nicht innerhalb eines Jahres getilgt oder zurückbezahlt werden, müssen ebenfalls dieser Position zugeordnet werden. Sofern langfristige Verbindlichkeiten gegenüber Beteiligten oder Beteiligungen bestehen, sind diese wiederum separat auszuweisen. In der Praxis ist es oft möglich, dass Verbindlichkeiten gegenüber der Vorsorgeeinrichtung (Pensionskasse) bestehen.

---

130 Gutsche, 2019, S. 360, N 125.

29 Positionen des Eigenkapitals

29.1 Einleitung

Das Eigenkapital ist in der Finanzanalyse eine zentrale Grösse. Sie ist Ausdruck für die Unabhängigkeit gegenüber Fremdkapitalgebern und spielt daher für die Beurteilung der Bonität eine wichtige Rolle. Auch ist es oft Grundlage für die Haftung von Unternehmensverbindlichkeiten gegenüber Dritten und um Verluste in Krisenzeiten tragen zu können.

Die Darstellung des Eigenkapitals wird durch die Rechtsform bestimmt. Für eine Aktiengesellschaft beispielsweise ist das Eigenkapital nach OR 959a II Ziff. 3 zu gliedern nach dem Grund- oder Stammkapital, gesetzlichen Kapitalreserven, gesetzlichen Gewinnreserven, freiwilligen Gewinnreserven, Gewinnvortrag oder Verlustvortrag als Minusposition, dem Jahresgewinn oder Jahresverlust als Minusposition sowie nach eigenen Anteilen[131] als Minuskapital. Sofern Unternehmen bzw. Anteilseigner nicht das gesamte Kapital bei Kapitalgesellschaften eingezahlt haben, ist auf der Vermögensseite nach OR 959a I Ziff. 2 let. e das nicht einbezahlte Grund- oder Stammkapital darzulegen.

Das Grundkapital ist das von den Anteilseignern – also den Eigentümern – zur Verfügung gestellte Eigenkapital. Das Grund- bzw. Stammkapital ist wichtig, da es Vermögens- und Mitbestimmungsrechte verkörpert. In der Praxis ist hierzu ein Grund- oder Stammkapitalskonto einzeln zu führen. Die Konten des Eigenkapitals liegen in der Entscheidungskompetenz der Anteilseigner – also der Eigentümer bzw. Eigenkapitalgeber. Daher bedarf es bei vielen Unternehmen einer Versammlung (z. B. Generalversammlung bei einer Aktiengesellschaft), bei welcher die Verwendung des Gewinns bzw. des Verlusts sowie die Abnahme oder Ablehnung der Jahresrechnung beschlossen wird.

131 Beispielsweise kann eine Aktiengesellschaft eigene Aktien erwerben und diese als Minuskapital im Eigenkapital darstellen. Die Anteile stellen im wirtschaftlichen Sinne einen Vermögenswert dar.

29.2 Einzelunternehmen

Bei einem Einzelunternehmen liegt keine Rechtsform vor. Ein Einzelunternehmer ist Geschäftsmann und Privatperson in einer Person. In der Finanzbuchhaltung werden jedoch diese beiden Rollen differenziert.

Bei Einzelunternehmen bestehen keine Haftungsbeschränkungen für Gesellschaftsschulden, was bedeutet, dass der Eigentümer auch mit seinem Privatvermögen haftet. Nach dem KMU-Kontenrahmen werden folgende Konten für ein Einzelunternehmen empfohlen:

- Eigenkapital
- Kapitaleinlagen und -rückzüge
- Konto Privat (laufender Geschäftsverkehr zwischen Einzelunternehmer und Einzelunternehmen)
- Jahresgewinn oder -verlust

Bei einem Einzelunternehmen werden ein Kapital- und ein Privatkonto geführt. Das Eigenkapitalkonto zeigt das Gründungskapital, langfristige Kapitaleinlagen und -bezüge. Das Privatkonto weist den laufenden Geschäftsverkehr (private Bezüge- und Gutschriften) zwischen dem Einzelunternehmer und der Unternehmung auf. Hier werden u. a. Barbezüge, Naturalbezüge, Privatanteile für den Betriebsaufwand, Lohn- und Zinsgutschriften, private Steuern und Vorsorgebeiträge erfasst.

Die Kontoführung des Privatkontos kann folgende Positionen umfassen und wird als Passivkonto während des Jahres in der Bilanz geführt.

Konto Privat

Belastungen (Soll)	Gutschriften (Haben)
Privatbezüge	Lohngutschriften
Privatrechnungen bezahlt	Zinsgutschrift
Private Verwendung von Geschäftsvermögen	Private Bezahlung von geschäftlichen Aufwänden
Saldo auf das Eigenkapital (Habensaldo = Habenüberschuss)	Saldo auf das Eigenkapital (Sollsaldo = Sollüberschuss)

Die Trennung in das Konto Eigenkapital und Privat ist notwendig zur Einhaltung der Grundsätze einer ordnungsgemässen Buchhaltung und wird auch vom KMU-Kontenrahmen so vorgesehen. Die Führung des Kontos Eigenkapital und Privat ist auch aus steuerrechtlicher Perspektive relevant, da zwischen Privatbezügen und Kapitaleinlagen differenziert werden kann. Die Kapitaleinlagen dienen dazu, dass die langfristigen Einlagen in das Einzelunternehmen steuerfrei zurückgeführt werden können. Gesellschaftsrechtlich ist jedoch beim Kapital des Einzelunternehmers nicht geregelt, welcher Betrag als Einlage zu erfassen ist.[132]

Der Saldo des Kontos Privat wird auf das Eigenkapitalkonto am Jahresende umgebucht. Es können folgende Buchungen bestehen:

- Habensaldo Konto Privat: Privatkonto / Eigenkapital (Erhöhung Eigenkapital)
- Sollsaldo Konto Privat: Eigenkapital / Privatkonto (Reduktion Eigenkapital)

Die Verbuchung zwischen Privat- und Eigenkapital lässt sich grafisch wie folgt darstellen (▶ Dar. 47).

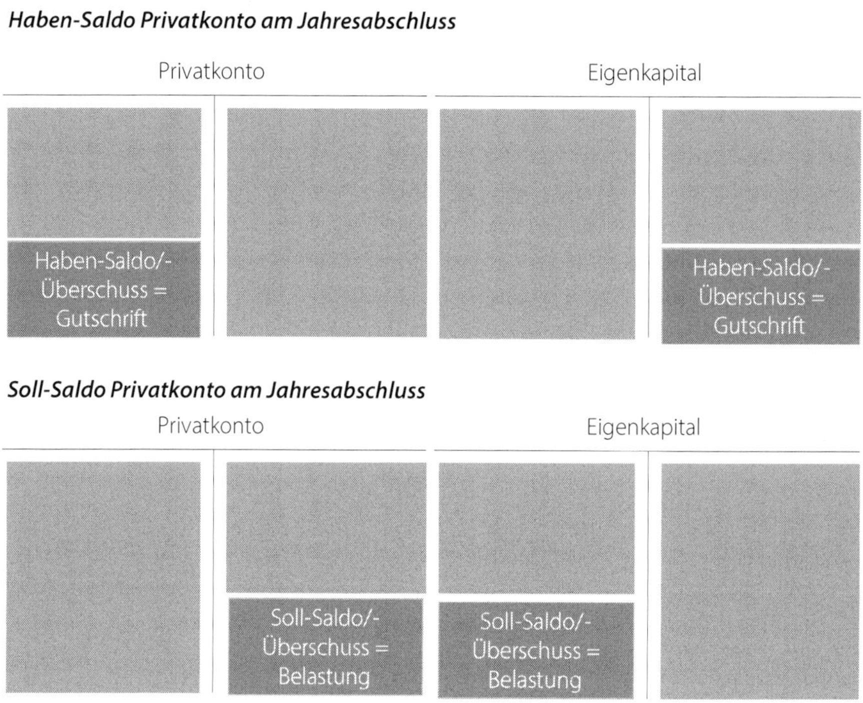

Dar. 47: Verbuchung des Privatkonto auf das Eigenkapitalkonto

Für die Gewinn- oder Verlustverwendung sind im Rechnungslegungsrecht keine Bestimmungen vorgesehen. In der Regel wird ein Gewinn dem Eigenkapital gutgeschrieben bzw. ein Verlust dem Eigenkapital belastet. Die Kontoführung zum Jahresabschluss sieht in der Praxis wie folgt aus, sofern ein Gewinn erzielt wird (inkl. Übertrag des Privatkontos am Beispiel eines Haben-Saldos) (▶ Dar. 48).

132 Gutsche, 2019, S. 371, N 154.

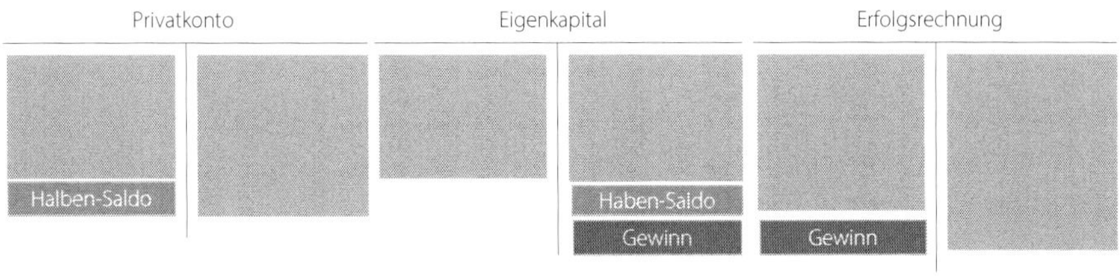

Dar. 48: Verbuchung des Privatsaldos und des Jahresgewinns bei einem Einzelunternehmen

Ein Jahresgewinn erhöht das Eigenkapital bei einem Einzelunternehmen. Der Gewinn aus der Erfolgsrechnung wird auf das Konto Eigenkapital übertragen mit der Buchung: Erfolgsrechnung / Eigenkapital.

Beispiel Einzelunternehmen mit einem Jahresgewinn

Das Einzelunternehmen Bechtiger hat einen Jahresgewinn von CHF 100'000 (d). Die Erträge betragen CHF 700'000 und die Aufwände CHF 600'000. Dabei wird ein Unternehmerlohn von CHF 120'000 (a) und ein Jahreszins auf dem Eigenkapital von CHF 20'000 (b) verbucht, welche auch im Aufwand von CHF 600'000 enthalten sind. Der Anfangsbestand des Eigenkapitals beträgt CHF 500'000. Der Habensaldo des Kontos Privat beträgt CHF 80'000 (c). Die Sozialversicherung in Höhe von CHF 40'000 sowie die Steuerschulden der Einkommens- und Vermögenssteuer in Höhe von CHF 20'000 sind im Privatkonto (Sollseite) bereits erfasst. Es ergeben sich daraus folgende Buchungen (in TCHF):

a	Personalaufwand / Privat	120
b	Zinsaufwand / Privat	20
c	Privat / Eigenkapital	80
d	Erfolgsrechnung / Eigenkapital	100

Im Jahresabschluss für ein Einzelunternehmen ergeben sich folgende Kontenführungen aus dem Beispiel mit einem Jahresgewinn, was zur Erhöhung des Eigenkapitals führt.

Privat		Eigenkapital		Erfolgsrechnung	
40	120 (a)		500	600	700
20	20 (b)		100 (d)	100 (d)	
80 (c)			80 (c)		
		680 (Saldo)			

Das steuerbare Unternehmenseinkommen beim Einzelunternehmen setzt sich aus Eigenlohn, Eigenzins und dem Jahresgewinn zusammen. Im Konto Privat sollten der Eigenlohn und der Eigenkapitalzins verbucht werden, wobei dies in der Praxis selten so ausgeführt wird. Meist erfolgen keine expliziten Buchungen für Eigenlohn und Eigenkapitalzins, wodurch sich der Gewinn in der Erfolgsrechnung erhöht. Auf die Einkommenssteuer wirken sich beide Verbuchungsvarianten gleich aus.

Wird am Jahresende ein Verlust erzielt, gestaltet sich die Kontoführung wie folgt (inkl. Übertrag des Privatkontos am Beispiel eines Haben-Saldos) (► Dar. 49).

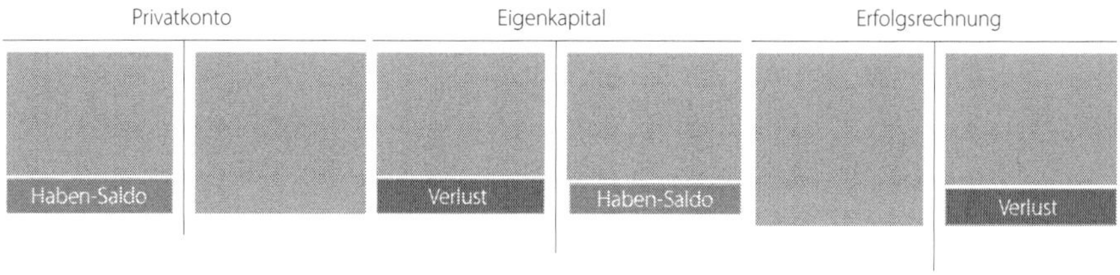

Dar. 49: Verbuchung des Privatsaldos und des Jahresverlusts bei einem Einzelunternehmen

Ein Jahresverlust reduziert das Eigenkapital bei einem Einzelunternehmen. Die Verlustverbuchung lautet: Eigenkapital / Erfolgsrechnung.

Beispiel Einzelunternehmen mit einem Jahresverlust

Das Einzelunternehmen Bechtiger hat einen Jahresverlust von CHF 200'000 (d). Die Erträge betragen CHF 600'000 und die Aufwände CHF 800'000. Dabei wird ein Lohn von CHF 100'000 (a) und ein Eigenkapitalzins von CHF 20'000 (b) verbucht, welche auch im Aufwand von CHF 800'000 enthalten sind. Der Anfangsbestand des Eigenkapitals beträgt CHF 500'000. Die Sozialversicherung in Höhe von CHF 40'000 sowie die Steuerschulden der Einkommens- und Vermögenssteuer in Höhe von CHF 20'000 sind im Privatkonto (Sollseite) bereits erfasst. Der Habensaldo des Kontos Privat beträgt CHF 60'000 (c). Es ergeben sich daraus folgende Buchungen (in TCHF):

a	Personalaufwand / Privat	100
b	Zinsaufwand / Privat	20
c	Privat / Eigenkapital	60
d	Eigenkapital / Erfolgsrechnung	200

Im Jahresabschluss für ein Einzelunternehmen ergeben sich folgende Kontenführungen aus dem Beispiel mit einem Jahresverlust, was zur Reduktion des Eigenkapitals führt.

Privat		Eigenkapital		Erfolgsrechnung	
40	100 (a)		500	800	600
20	20 (b)	200 (d)			200 (d)
60 (c)			60 (c)		
		360			

29.3 Personengesellschaft

Personengesellschaften stellen in der Praxis Kollektiv- und Kommanditgesellschaften (OR 552 ff. bzw. 594 ff.) dar. Ihr gemeinsames Merkmal ist, dass für die Haftung der Geschäftsschulden wie bei der Einzelunternehmung nicht allein das Geschäftsvermögen haftet. Für die Geschäftsschulden dient als Deckung primär das Geschäftsvermögen und subsidiär das private Vermögen der Gesellschafter.[133]

Bei den Kommanditgesellschaften werden zwei Arten von Gesellschaftern unterschieden, wobei die Haftung der Kommanditäre auf ihre Einlage bzw. die Kommanditsumme beschränkt ist.[134] Komplementäre hingegen haften unbeschränkt und subsidiär für Geschäftsschulden. Daher verfügen diese Gesellschaftsformen auch über keine gesetzlichen Reservebestimmungen.

Bei Personengesellschaften werden nach dem KMU-Kontenrahmen folgende Konten vorgeschlagen:

- Eigenkapital der Gesellschafter
- Kapitaleinlagen und -rückzüge der Gesellschafter
- Konto Privat (laufender Geschäftsverkehr zwischen Gesellschafter und Unternehmen)
- Jahresgewinn oder -verlust

Bei den Personengesellschaften werden somit ebenfalls die Konten Kapital und Privat geführt, jedoch für jeden Gesellschafter separat (▶ Dar. 50). Das Konto Kapital zeigt die vertraglich vereinbarten langfristigen Kapitaleinlagen. Hierbei ist der Gesellschaftervertrag massgebend.[135] Das Konto Privat zeigt den laufenden Geschäftsverkehr zwischen den Gesellschaftern und der Personengesellschaft. Bei Kommanditären einer Kommanditgesellschaft muss das Konto Kapital die Kommanditsumme gemäss Eintrag im Handelsregister ausweisen.[136] In der Bilanz er-

133 Meier-Hayoz / Forstmoser / Sethe, 2018, S. 396 f, N 35 f.
134 Meier-Hayoz / Forstmoser / Sethe, 2018, S. 419, N 26.
135 Gutsche, 2019, S. 371, N 154.
136 Gutsche, 2019, S. 371, N 154.

Dar. 50: Bilanzkonten bei Personengesellschaften

Bilanz Personengesellschaft	
Übrige kurzfristige Forderungen	**Übrige kurzfristige Verbindlichkeiten**
Privat A	Privat C
Privat B	
	Eigenkapital
	Kapital A
	Kapital B
	Kapital C

geben sich unterschiedliche Konstellationen, je nachdem, ob das Konto Privat eine Forderung oder Verbindlichkeit gegenüber der Personengesellschaft zeigt. Die Kontoführung entspricht im Wesentlichen der eines Einzelunternehmens.

Das Privatkonto ist Teil der übrigen kurzfristigen Forderungen oder übrigen kurzfristigen Verbindlichkeiten in der Bilanz. Im Gegensatz zum Einzelunternehmen werden neben dem Lohn und dem Eigenkapitalzins auch die Gewinnanteile als Einkommensbestandteile dem Konto Privat gutgeschrieben (Erfolgsrechnung / Privat). Dieses Vorgehen entspricht dem Grundsatz der Klarheit. Zudem wird der Saldo aus dem Konto Privat nicht zum Jahresabschluss dem Kapital belastet bzw. gutgeschrieben, da es mehrere Gesellschafter gibt. Somit bleiben im Gegensatz zur Einzelunternehmung die Privatkonten am Ende des Jahres bestehen und werden in die Schlussbilanz übertragen.

Ein Gewinn wird gemäss Vereinbarung im Gesellschaftsvertrag verteilt. Sofern keine Vereinbarung vorhanden ist, wird der Gewinn nach OR 533 I subsidiär nach der Anzahl der Gesellschafter verteilt (gleichmässig nach Köpfen).

Beispiel Personengesellschaft mit Jahresgewinn

Die Kollektivgesellschaft Hass & Cie. hat einen Jahresgewinn von CHF 150'000 erzielt. Dieser wird gemäss Gesellschaftervertrag zu einem Drittel dem Gesellschafter Hass und zwei Drittel dem Gesellschafter Müller gutgeschrieben mit folgenden Jahresbuchungen:

Erfolgsrechnung / Privat Hass	50'000
Erfolgsrechnung / Privat Müller	100'000

Sofern ein Jahresverlust erzielt wird, wird dieser gemäss Vereinbarung im Gesellschaftsvertrag verteilt. Sofern eine solche fehlt, ist er nach OR 533 II wieder subsidiär nach der Anzahl der Gesellschafter zu verteilen (gleichmässig nach Köpfen). Der Verlust wird nach OR 560 II in der Regel dem Kapitalkonto belastet.

Beispiel Personengesellschaft mit Jahresverlust

Die Kollektivgesellschaft Hass & Cie. hat einen Jahresverlust von CHF 150'000 erzielt. Es liegt kein Gesellschaftsvertrag vor. Die Verlustbuchung lautet daher wie folgt (zu gleichen Teilen nach Köpfen):

Kapital Hass / Erfolgsrechnung	75'000
Kapital Müller / Erfolgsrechnung	75'000

Sofern in den vergangenen Jahren die Kapitalkonten mit Verlusten belastet wurden, sind künftige Gewinne nach OR 560 I dem Kapitalkonto gutzuschreiben bis zur Höhe der ursprünglich vereinbarten Kapitaleinlage.

Bei der Kommanditgesellschaft wird wie bereits erwähnt zwischen Komplementär und Kommanditär unterschieden. Der Kommanditär haftet nach OR 601 bis zu der vorgesehenen Kommanditsumme. Diese wird im Gesellschaftsvertrag festgelegt. Sofern die Kommanditsumme durch vergangene Verluste reduziert wurde, dürfen Zinsen erst wieder bezahlt werden, sobald die Kommanditsumme wieder erreicht ist. Beim Komplementär darf auf der reduzierten Kapitaleinlage nach OR immer noch ein Zins erstattet werden. Auch der Lohnanspruch bleibt bei einem Verlust bestehen.

29.4 Aktiengesellschaft (AG)

Aktiengesellschaften haben als wesentliches Merkmal, dass die Gesellschafter gemäss OR 620 I und II nur mit der Kapitaleinlage, d. h. dem Aktienkapital, für Gesellschaftsschulden haften und nicht zusätzlich mit ihrem Privatvermögen wie bei Einzelunternehmen und Personengesellschaften.[137] Daher hat der Gesetzgeber gesetzliche Grundlagen geschaffen, welche die Handlungsoptionen bei der Gewinnverwendung und der Eigenkapitalstruktur einschränken:

- **Reservebestimmungen nach OR 672 ff.**: Gewisse Beträge des Jahresgewinns müssen zwingend den gesetzlichen Reserven zugewiesen werden. (▶ Kap. 31)
- **Massnahmen bei Verlustsituationen nach OR 725 ff.**: Sofern die Verluste eine gewisse Höhe erreichen, sind die gesetzlichen Erfordernisse zu befolgen. Auch ist der Verlust nach klaren Regeln zu kompensieren. (▶ Kap. 32)
- **Verbot von Rückerstattungen an die Gesellschafter nach OR 680**: Kapitalrückführungen an die Gesellschafter sind nur in geringem Ausmass möglich (Verbot der Einlagerückgewähr). (▶ Kap. 33)

137 Meier-Hayoz / Forstmoser / Sethe, 2018, S. 486, N 173.

Weiterhin ist eine Aktiengesellschaft verpflichtet, nach OR 686 I ein Aktienbuch zu führen. Hierbei werden die Namen und Adressen aller Anteilseigner (Aktionäre) geführt. Das Aktienkapital darf zudem nicht wie bei Einzelunternehmen und Personengesellschaften verzinst werden. Im Aktienrecht gibt es zwei Arten von Aktien nach OR 622 I: Inhaber- und Namensaktien.

Bei Aktiengesellschaften werden normalerweise folgende Konten des Eigenkapitals geführt (▶ Dar. 51).

Dar. 51: Konten des Eigenkapitals bei der Aktiengesellschaft (Quelle: Eigene Darstellung in Anlehnung an Meier-Hayoz / Forstmoser / Sethe, 2018)

	Aktienkapital	**Partizipationskapital**	**Nicht einbezahltes Aktienkapital**	**Gesetzliche und freiwillige Gewinnreserven**
Inhalt	Nominalkapital	Nominalkapital Stimmrechtsloses Eigenkapital	Offenes Aktienkapital, das nicht eingezahlt ist	Zurückgehaltene Gewinne
Merkmale	• Mindestkapital: CHF 100'000 • Mindestnennwert: grösser Null nach OR 622 IV • Mindesteinlage: 20 % des Nennwerts, mindestens aber CHF 50'000 nach OR 632	• Maximal das Zweifache des Aktienkapitals	• Forderung des Unternehmens gegenüber den Gesellschaftern • Darstellung als Forderung im Anlagevermögen nach OR 959a I	• Gesetzliche Reserven nach OR 672 • Freiwillige oder statutarische Reserven möglich nach OR 673 • Aufwertungsreserven nach OR 725c

	Gesetzliche Kapitalreserven	**Gewinnvortrag**	**Verlustvortrag**	**Eigene Aktien**
Inhalt	Über dem Aktienkapital eingezahltes Nominalkapital nach OR 671	Nicht zugeteilte Gewinnreserven bzw. unverteilter Jahresgewinn	Nicht gedeckte Verluste aus den Vorjahren	Erwerb von Aktien durch die Gesellschaft nach OR 659
Merkmale	• Agio-Einzahlungen bei Kapitalerhöhungen • A-fonds-perdu-Bei-			• Maximal 10 % des Aktienkapitals (maximal 20 % bei

Dar. 51: Konten des Eigenkapitals bei der Aktiengesellschaft (Quelle: Eigene Darstellung in Anlehnung an Meier-Hayoz / Forstmoser / Sethe, 2018) – Fortsetzung

	Gesetzliche Kapitalreserven	Gewinnvortrag	Verlustvortrag	Eigene Aktien
	träge (freiwillige Beiträge der Anteilseigner ohne Gegenansprüche) • Weitere Zuschüsse und Beiträge der Aktionäre			vinkulierten Aktien[138]) • Minus-Eigenkapital (Treasury Shares) nach OR 959a II

Das Aktienkapital muss nach OR 621 I mindestens CHF 100'000 betragen. Eine Führung des Aktienkapitals in einer für das Unternehmen wesentlichen Währung ist nach OR 622 II ebenfalls zulässig, sofern das Mindestkapital zum Zeitpunkt der Errichtung CHF 100'000 entsprochen hat. Die Aktien müssen nach OR 624 I mindestens zum Nennwert ausgegeben werden. Die Liberierung muss mindestens zu 20 % des Nennwerts nach OR 632 I erfolgen, wobei die geleisteten Einlagen nach OR 632 II wiederum mindestens CHF 50'000 entsprechen müssen. Der Nennwert muss nach OR 622 IV grösser als null CHF sein.

Das Partizipationskapital nach OR 656a I ist eine spezielle Kapitalart bei Aktiengesellschaften. Sie erlauben es den Eigentümern von Partizipationskapital, am Erfolg teilzuhaben, jedoch nicht an der Ausgestaltung des Unternehmens selbst, d. h. das Partizipationskapital verkörpert keine Mitwirkungsrechte. Es ist somit ein Risikokapital ohne Stimmrecht. Für die Berechnung der gesetzlichen Gewinnreserven, bei der Verwendung der gesetzlichen Kapitalreserven sowie bei Kapitalbandberechnungen bzw. der Prüfung von Unterbilanzen oder Kapitalverlust wird das Partizipationskapital jedoch wie Aktienkapital behandelt.[139]

Eine Eigenart von Aktiengesellschaften ist, dass nach OR 657 I OR Genussscheine ausgegeben werden können. Sie weisen keinen Nennwert auf und werden daher in der Bilanz nicht aufgeführt. Sie verkörpern lediglich einen Anspruch am Bilanz- oder Liquidationsgewinn bzw. beim Bezug von neuen Aktien.[140] Da die Existenz von Genussscheinen aus der Bilanz nicht ersichtlich ist, ist es empfehlenswert, im Anhang darauf hinzuweisen.[141]

Die gesetzlichen Gewinnreserven stellen die zwingenden Reservezuteilungen von vergangenen Jahresgewinnen dar (▶ Kap. 31). Die freiwilligen Gewinnreserven bzw. die Gewinnvorträge zeigen die frei verfügbaren Gewinnreserven aus vergan-

138 Vinkulierte Aktien sind gebundene Aktien, deren Übertragung durch die Statuten eingeschränkt oder untersagt ist.
139 EXPERTsuisse, 2023, S. 239.
140 EXPERTsuisse, 2023, S. 239.
141 Gutsche, 2019, S. 370, N 149.

genen Perioden auf. Es müssen Konten für freiwillige Gewinnreserven oder statutarische Reserven geführt werden, wenn diese beschlossen oder in den Statuten vorgeschrieben sind.

Die gesetzlichen Kapitalreserven beinhalten die Mehrwerte (über dem Grund- bzw. Stammkapital), die bei Kapitalerhöhungen eingebracht werden und werden auch Agio genannt (▶ Kap. 31.4).

Beispiel Kapitalreserven

Die Güggler AG erhöht ihr Aktienkapital von CHF 500'000 auf CHF 600'000. Das Grundkapital ist in 500 Aktien x CHF 1'000 je Aktie aufgeteilt. Die Kapitalerhöhung wird wie folgt vollzogen: 100 Aktien x CHF 2'000 je Aktie. Die Buchungen lauten:

Bank / Aktienkapital	CHF 100'000	100 Aktien x CHF 1'000
Bank / Kapitalreserven	CHF 100'000	100 Aktien x CHF 1'000

Kapitalreserven entsprechen dem Aufgeld (über dem Nennwert) bzw. dem Agio.

Bei den Kapitalreserven sind spezielle steuerrechtliche Vorschriften zu beachten. Gegenüber der eidgenössischen Steuerverwaltung (ESTV) sind jährlich die Bestände an Kapitalreserven zu melden. Hierzu sind zwei Konten für Kapitalreserven zu führen: Ordentliche und übrige Kapitalreserven. Ordentliche Kapitalreserven können steuerfrei an die Anteilseigner (Aktionäre) zurückgezahlt werden, sofern sie ordentlich verbucht und der ESTV gemeldet worden sind.

Die gesetzlichen Gewinnreserven, die gesetzlichen Kapitalreserven oder auch das Stamm- und Grundkapital dürfen für künftige Verluste verwendet werden. Sie sind gesetzlich für die Verlustverwendung reserviert. Neben den gesetzlichen und offenen Gewinnreserven können auch stille Reserven bestehen, die nicht in der publizierten Bilanz ausgewiesen werden. Diese sind im externen Jahresabschluss nicht ersichtlich, können allerdings für die Verlustdeckung von hoher Relevanz sein.

Der Gewinnvortrag stellt die nicht den Reserven zugeteilten Gewinne aus den Vorjahren dar, welche noch nicht ausgeschüttet wurden. Nach OR 959a Abs. 2 Ziff. 3 ist der Gewinnvortrag im Eigenkapital auszuweisen. Die Summe von Gewinnvortrag und Jahreserfolg (Gewinn oder Verlust) stellt den Bilanzgewinn dar. Diese Konten müssen separat geführt und ausgewiesen werden, damit die Gewinnverwendung nachvollziehbar ist.

Der publizierte Jahreserfolg ist der buchmässig ausgewiesene Erfolg im Geschäftsjahr, der durch das zuständige Organ zu genehmigen ist. Dieser Betrag muss nicht mit dem betriebswirtschaftlichen Ergebnis übereinstimmen.[142] Der Jahresgewinn bzw.

142 EXPERTsuisse, 2023, S. 246.

Jahresverlust ist als separate (Minus-)Position im Eigenkapital darzustellen und darf nicht mit dem Gewinn- oder Verlustvortrag verrechnet werden, sofern kein Entscheid der Generalversammlung vorliegt. Ein Verlustvortrag ist nach OR 959a Abs. 2 Ziff. 3 als Minusposition im Eigenkapital darzustellen. Es ist empfehlenswert, Verlustvorträge (Verluste aus den Vorjahren) in separaten Konten zu führen. Steuerrechtlich können Verlustvorträge mit künftigen Gewinnen verrechnet werden[143], daher ist ein separater Ausweis sinnvoll und zweckdienlich. Nicht mehr zeitgemäss und aufgrund der Mindestgliederung untersagt ist die Darstellung eines Verlustvortrags als Aktivum, da dieser keinen eigentlichen Vermögenswert darstellt.

Darüber hinaus kann auch ein Konto für eigene Aktien (▶ Kap. 30) und Aufwertungsreserven (▶ Kap. 31.2) geführt werden, sofern solche bestehen.

Die Haftung bei der Aktiengesellschaft ist auf das Aktienkapital beschränkt. Sofern allerdings Aktivdarlehen gegenüber den Aktionären bestehen, können diese von den Gläubigern zurückgefordert werden (Fall einer Einlagerückgewähr).

29.5 Gesellschaft mit beschränkter Haftung (GmbH)

Eine Gesellschaft mit beschränkter Haftung (GmbH) ist als Kapitalgesellschaft der Aktiengesellschaft sehr ähnlich. (▶ Kap. 31.2) So sind die Regeln zu den Reserven und der Verlustrechnung weitgehend identisch. Bei einer Gesellschaft mit beschränkter Haftung sind in der Regel folgende Konten im Eigenkapital zu führen (▶ Dar. 52).

Dar. 52: Konten des Eigenkapitals bei der Gesellschaft mit beschränkter Haftung

	Stammkapital	**Gesetzliche Kapitalreserven**	**Gesetzliche und freiwillige Reserven**
Inhalt	Nominalkapital	Über dem Aktienkapital eingezahltes Nominalkapital OR 801	Zurückgehaltene Gewinne OR 801
Merkmale	• Mindestkapital CHF 20'000 • Mindestnennwert: CHF 100 je Stammanteil • Vollständige Liberierung notwendig	• Agio-Einzahlungen bei Kapitalerhöhungen • A-fonds-perdu-Beiträge	• Gesetzliche Reserven nach OR 672 • Freiwillige oder statutarische Reserven möglich • Aufwertungsreserven nach OR 725c

143 Nach geltendem Steuerrecht können juristische Personen die Verluste der letzten sieben Jahren mit den künftigen Gewinnen verrechnen (sinngemäss Einzelunternehmen und Personengesellschaften).

Dar. 52: Konten des Eigenkapitals bei der Gesellschaft mit beschränkter Haftung – Fortsetzung

	Gewinnvortrag	**Verlustvortrag**	**Eigene Stammanteile**
Inhalt	Nicht zugeteilte Gewinnreserven bzw. unverteilter Jahresgewinn	Nicht gedeckte Verluste aus den Vorjahren	Erwerb von Stammanteilen durch die Gesellschaft selbst OR 783
Merkmale			• Maximal 10 % des Stammkapitals Minus-Eigenkapital (Treasury Shares) • Kurzfristiger Erwerb von 35 % infolge Austritts oder Ausscheidens eines Gesellschafters (Frist von zwei Jahren zur Bereinigung)

Eine Gesellschaft mit beschränkter Haftung hat nach OR 790 ein Anteilsbuch zu führen, in welchem die Stammanteile je Gesellschafter ersichtlich sind. Als Liberierung wird die Zeichnung von Stammanteilen verstanden. Im Gegensatz zur Aktiengesellschaft muss das Stammkapital vollständig einbezahlt werden. Partizipationskapital ist bei einer Gesellschaft mit beschränkter Haftung nicht zulässig.[144]

Die Bestimmungen für die gesetzlichen Kapitalreserven bzw. die gesetzlichen Gewinnreserven entsprechen denen der Aktiengesellschaft (▶ Kap. 31). Die Statuten bei einer Gesellschaft mit beschränkter Haftung können eine Nachschusspflicht vorsehen. Nach OR 795 I darf die Nachschusspflicht maximal das Doppelte des Stammanteils betragen. Die Haftung der Gesellschafter ist auf die Höhe der Stammanteile und die Nachschusspflicht beschränkt.

Beispiel Nachschusspflicht bei einer GmbH

Die Rüegsegger GmbH weist ein Stammkapital von CHF 50'000 auf. Zudem ist die Nachschusspflicht in den Statuten auf CHF 100'000 festgelegt worden. Es bestehen erhebliche Verluste. Das Stammkapital und die Reserven vermögen die Verluste nicht mehr zu decken. Die Statuten schreiben vor, dass die Nachschusspflicht verwendet werden kann, wenn Verluste bestehen. Die Stammanteilinhaber müssen somit aus ihrem Privatvermögen einen Nachschuss von CHF 100'000 leisten.

144 Gutsche, 2019, S. 371, N 151.

29.6 Genossenschaft

Genossenschaften werden für einen spezifischen Zweck gegründet. Das ursprüngliche Motiv einer Genossenschaft ist nicht die Gewinnerzielung, sondern die gemeinsame Selbsthilfe. Daher ist das Anteilskapital (Grundkapital) offen. Das heisst, Ein- und Austritte sind jederzeit möglich. Das Anteilskapital kann variieren und ist gesetzlich nicht vorgeschrieben nach OR 833 I. Ist ein Anteilskapital vorhanden, muss jeder Genossenschafter mindestens einen Anteilschein übernehmen.[145]

Sofern Anteilsscheine vorhanden sind, darf ein Anteilsscheinzins erstattet werden, sofern dieser nach OR 859 III einen landesüblichen Zinsfuss für langfristige Darlehen ohne besondere Sicherheiten nicht übersteigt.

Die Genossenschafter haften nur mit ihrem Anteilkapital – sofern dies vorhanden ist – für Gesellschaftsschulden. Es kann vorgesehen werden, dass eine Nachschusspflicht nach OR 871 vorgesehen ist. Weiterhin können die Statuten eine beschränkte und unbeschränkte Haftung nach OR 869 f. beinhalten. Eine Genossenschaft hat ausserdem ein Genossenschaftsverzeichnis zu führen, woraus die Genossenschafter und ihre Anteile ersichtlich sind.

29.7 Vereine

Vereine verfolgen in der Regel keine wirtschaftlichen Ziele, sondern werden aus politischen, religiösen, kulturellen, wissenschaftlichen oder geselligen Zwecken gegründet. Vereine haben ihre Geschäftsbücher nach den Vorgaben des Rechnungslegungsrechts zu erstellen (▶ Kap. 5.1). Es bestehen allerdings keine spezifischen Bestimmungen für Vereinskapital, Reservekonten oder Gewinnverwendung. Die Haftung ist auf das Vereinsvermögen nach ZGB 75a begrenzt, sofern die Statuten nicht eine weitere Nachschusspflicht vorsehen.

In der Praxis hat sich jedoch durchgesetzt, dass beim Eigenkapital zwischen Fonds (im Sinne einer Reserve oder Rückstellung) und dem eigentlichen Eigenkapital (Vereinskapital) unterschieden wird. Dabei werden spezifische Rücklagen (Fonds) gemäss eines Beschlusses verbucht. Teilweise werden die Fonds allerdings auch beim Fremdkapital als Rückstellungen dargestellt. Beim Eigenkapital werden in der Regel zwei Konten geführt:

- Vereinskapital (Sammelposition, Gewinnreserven im eigentlichen Sinn)
- Jahresgewinn oder -verlust

145 EXPERTsuisse, 2023, S. 239.

Beispiel Vereinskapital Läbesruum (Geschäftsbericht 2019 nach OR)

Eigenkapital	**2019**	**2018**
Vereinskapital 1.1.	735'495	712'901
Jahresgewinn	28'907	22'594
Total Eigenkapital	**764'402**	**735'495**
Total Passiven	**2'891'675**	**2'999'701**

Auszug aus dem Anhang:
Die vorliegende Jahresrechnung wurde in Übereinstimmung mit den Bestimmungen über die kaufmännische Buchführung des schweizerischen Obligationenrechts erstellt. Die wesentlichen Bilanzpositionen sind wie nachstehend bilanziert.

Rückstellungen und Fonds

	2019	**2018**
Garantierückstellungen	145'000	145'000
Rückstellung neue Betriebssoftware (ERP)	24'046	89'513
Rückstellung Rückbau Standort PW	30'000	30'000
Rückstellung für soziale Dienstleistungen	120'000	0
Unterstützungsfonds (ehemals Taglohnfonds)	40'450	33'384
Ausbildungsfonds	36'350	56'000
Jobcoachingfonds	12'810	29'050
Rückstellung Bauprojekt Asp	660'000	660'000
Total Rückstellungen	**1'068'656**	**1'042'947**

29.8 Stiftungen

Stiftungen stellen privatrechtliche Rechtsformen dar, die ein für einen spezifischen Zweck gewidmetes Vermögen aufweisen. Die Zweckverfolgung wird mit den Erträgen aus der Stiftung finanziert. Dabei werden Gesuche (Anfrage von Dritten für die Finanzierung von spezifischen Anlässen) an eine Stiftung gestellt, die wiederum durch einen Stiftungsrat auf Zweckkonformität geprüft und gegebenenfalls bewilligt werden. Dies stellt Aufwand bei den Stiftungen dar. Das Grundkapital muss daher bei der Gründung mit dem gestifteten Vermögen übereinstimmen.[146]

Beispiel Stiftungskapital und Eigenkapitalnachweis Stiftung Kinderdorf Pestalozzi (OR, 2019)

Stiftungskapital	RVK	-50'000	-50'000
Reserven und Jahresergebnis	RVK	-29'271'567	-31'862'468
Organisationskapital		**-29'321'567**	**-31'912'468**
PASSIVEN		**-35'001'627**	**-37'188'063**

Rechnung über die Veränderung des Kapitals

	Bestand per 1.1.2019	Zuweisungen	Verwendung	Zuweisungen Finanzergebnis	Total Veränderungen	Bestand per 31.12.2019
mit Vermögensausscheidung*						
Liechti-Fonds1)	22'357	-776	-50'757	29'176	-22'357	-0
ohne Vermögensausscheidung						
Fonds für ehemalige Bewohner/innen	58'264	-	-8'118	-	-8'118	50'146
Fonds Dorferneuerung	2'217'500	7'000	-484'699	-	-477'699	1'739'801
Fonds DEZA Süd	-	2'145'000	-2'115'000	-	30'000	30'000
Fonds DEZA Ost	-	750'000	-740'000	-	10'000	10'000
Fonds zweckgebundene Spenden3)	1'589'640	5'579'135	-5'356'834		222'300	1'811'940
FONDSKAPITAL	**3'887'761**	**8'480'359**	**-8'755'408**	**29'176**	**-245'873**	**3'641'888**
* Fondsvermögen	22'357	-776	-50'757	29'176	-22'357	-0
Grundkapital						
Stiftungskapital	50'000	-	-	-	-	50'000
Gebundenes Kapital						
Dorferneuerungsreserven	2'500'000	-	-	-	-	2'500'000
Freies Kapital						
Freies Kapital	29'362'468		-2'590'901	-	-2'590'901	26'771'567
ORGANISATIONSKAPITAL	**31'912'468**	-	**-2'590'901**	-	**-2'590'901**	**29'321'567**

Die Stiftungsbilanz setzt sich daher mehrheitlich aus Finanzanlagen und Liegenschaften auf der Vermögensseite sowie Abgrenzungen, allgemeine Verbindlichkeiten und dem Stiftungskapital auf der Verbindlichkeitsseite zusammen. Nach ZGB 83a hat eine Stiftung das Rechnungslegungsrecht sinngemäss anzuwenden (▶ Kap. 5.1). Es finden sich allerdings wie beim Verein keine spezifischen Regelungen zu Reserven oder den Eigenkapitalkonten. Allerdings hat sich in der Praxis die Führung eines Stiftungskapitals (ursprüngliche Einbringsumme in die Stiftung), freiwilliger Reservekonten, Gewinn- oder Verlustvortrags sowie des Jahresgewinns bzw. -verlusts etabliert. Weiterhin führen grössere Stiftungen einen

146 EXPERTsuisse, 2023, S. 240.

Eigenkapitalnachweis, indem sie die Zuweisungen und Verwendungen von Stiftungsgeldern aufzeigen.

Nach Praxis der Aufsichtsbehörden soll das Stiftungskapital mindestens CHF 50'000 betragen, um ihren Zweck zu erfüllen und ein Sicherheitspolster sicherzustellen.[147]

147 Gutsche, 2019, S. 371, N 153.

30 Eigene Anteile (eigene Aktien)

Bei Aktiengesellschaften und Gesellschaften mit beschränkter Haftung kann ein Unternehmen Anteile (eigene Aktien bei einer AG oder eigene Stammanteile bei einer GmbH) an sich selbst erwerben. Gründe für den Erwerb eigener Aktien oder Stammanteile liegen u. a. darin, dass damit Mitarbeiter am Unternehmen beteiligt werden können oder das Eigenkapital und der Bestand an flüssigen Mitteln (Überschussliquidität) reduziert werden sollen, was wiederum Eigenkapital-Kennzahlen positiv beeinflusst (z. B. Eigenkapitalrendite ROE, Gewinn pro Aktie EPS ▶ Kap. 55). Bei kotierten Gesellschaften lässt sich mit Aktienrückkaufprogrammen auch Kurspflege betreiben. Es sind jedoch nach OR 659 I und II einige Einschränkungen zu beachten, die mit dem Gläubigerschutz zusammenhängen:

- Maximal sind 10 % des Aktienkapitals für eigene Aktien zugelassen (Ausnahme: 20 % bei vinkulierten Aktien mit einer Frist von zwei Jahren, um diese auf die 10 %-Limite zu reduzieren).
- Frei verfügbares Eigenkapital muss in Form von Gewinnreserven oder Gewinnvorträgen vorhanden sein.
- Ausschluss des Stimmrechts nach OR 659a

Beim Kauf von eigenen Aktien sind diese zum Anschaffungspreis zu erfassen. In der Folgebewertung werden sie keiner Wertkorrektur unterzogen.[148] Werden die eigenen Aktien vernichtet in Form einer Kapitalreduktion, so ergeben sich folgende Grundkonstellationen:

- Vernichtung zum Nominalwert (Kaufpreis = Nennwert): Reduktion des Aktienkapitals
- Vernichtung mit einem Wert über dem Nominalwert (Kaufpreis > Nennwert): Reduktion des Aktienkapitals und der Mehrwert wird den Gewinnreserven belastet
- Vernichtung mit einem Wert unter dem Nominalwert (Kaufpreis < Nennwert): Reduktion des Aktienkapitals und Minderwert wird den Kapitalreserven gutgeschrieben

---

148 EXPERTsuisse, 2023, S. 260.

Für den Rückkauf von eigenen Aktien wird auf der Passivseite (Eigenkapital) ein Konto »Eigene Kapitalanteile« geführt (Minus-Passivkonto, Teil des Eigenkapitals). Das Konto »Eigene Kapitalanteile« wird wie folgt gebucht:

- Kauf eigener Aktien: Sollseite
  Buchungssatz: Eigene Kapitalanteile / Flüssige Mittel
- Verkauf eigener Aktien: Habenseite
  Buchungssatz: Flüssige Mittel / Eigene Kapitalanteile

Der Grund für diese Darstellung ist der Umstand, dass die Rückzahlung wirtschaftlich als Kapitalherabsetzung qualifiziert werden kann.[149] Dieses Konto zeigt nur Bewegungen im Zusammenhang mit eigenen Aktien und wird zu Anschaffungskosten geführt. Die Bewegungen in diesem Konto zeigen nur Zugänge, Abgänge und Vernichtung von eigenen Aktien. Die Bestandsführung kann mit Hilfe der FIFO-Methode oder der Durchschnittsmethode erfolgen.

Nach OR 959c II Ziff. 4 und 5 sind die Anzahl eigener Aktien (Eigene Kapitalanteile) sowie der Erwerb bzw. die Veräusserung von eigenen Aktien im Anhang offenzulegen.

Sofern eine Tochtergesellschaft ebenfalls eigene Aktien der Muttergesellschaft hält, sind diese in die Kalkulation einzubeziehen. Zu den eigenen Anteilen zählt auch der Eigenerwerb von Partizipationskapital und Genussscheinen. Bei einer Gesellschaft mit beschränkter Haftung darf der Erwerb bis maximal 35 % betragen, sofern dieser im Zusammenhang mit Übertragbarkeitsbeschränkungen steht. Innerhalb von zwei Jahren ist dieser Erwerb auf 10 % zu reduzieren.

Beispiel Kauf eigener Aktien

Die Blumer AG beschliesst, 100 Aktien (Nominalwert CHF 1'000 je Aktie) zu einem Preis von CHF 1'800 je Aktie zurückzukaufen. Der Rückkauf entspricht 10 % des Aktienkapitals. Anschliessend wird das Aktienkapital vernichtet (Verbuchung über Aktienkapital und gesetzliche Gewinnreserven). Insgesamt hat die Blumer AG CHF 180'000 zu zahlen, um die eigenen Aktien zu erwerben. Die Buchungen lauten wie folgt, wobei die Verrechnungssteuer bei diesem Beispiel aus Vereinfachungsgründen nicht berücksichtigt ist:
Buchungen für den Erwerb:

Eigene Aktien / Bank	180'000 (1'800 x 100 Aktien)

Buchungen für die Vernichtung:

Aktienkapital / Eigene Aktien	100'000

149 EXPERTsuisse, 2023, S. 258 f.

Gewinnreserven / Eigene Aktien	80'000

Sofern die eigenen Aktien zu einem Preis über dem Nennwert erworben werden, ist auf diesem Mehrwert die Verrechnungssteuer von 35 % zu erheben und an die ESTV zu überweisen. Der Aktionär wird grundsätzlich einkommenssteuerpflichtig, sofern der Rückzahlungsbetrag (Kaufpreis für eigene Aktien) höher ist als der Nennwert und die gesetzlichen (steuerrechtlich akzeptierten) Kapitalreserven.

31 Reservebestimmungen bei Kapitalgesellschaften und Genossenschaften

31.1 Grundidee von Reserven

Bei Kapitalgesellschaften und Genossenschaften hat der Gesetzgeber Beschränkungen über den Jahresgewinn erlassen. Da diese Gesellschaftsformen bzw. ihre Anteilseigner nur mit ihrem Gesellschaftskapital für Schulden haften, bestehen gesetzliche Regelungen bezogen auf den Jahresgewinn, dass gesetzliche Reserven zu bilden sind. Diese Normen dienen dem Gläubigerschutz und sollen das Überleben eines Unternehmens sichern. Für viele Kennzahlen und Kreditvergabeprüfungen spielt die Bonität eine zentrale Rolle. Je höher das Eigenkapital (Grundkapital/Stammkapital und Reserven) ist, desto besser fällt die Bonität aus.

Die Reservebestimmungen differenzieren nach Rechtsform und verfolgen unterschiedliche Ziele. Vereine und Stiftungen kennen keine entsprechenden Bestimmungen. Das Rechnungslegungsrecht kennt folgende offene Reserven:[150]

- Gesetzliche Kapitalreserven: steuerrechtliche Kapitalreserven und übrige Kapitalreserven
- Gesetzliche Gewinnreserven
- Aufwertungsreserven
- Freiwillige Gewinnreserven (aufgrund der Statuten oder eines Beschlusses der Generalversammlung)
- Bilanzgewinn oder -verlust (aus Jahreserfolg und Vorträgen zusammengesetzt)

31.2 Gewinnreservebestimmungen bei AG und GmbH

Da die Haftung von Kapitalgesellschaften (AG, GmbH) auf das Nominalkapital und geschaffene Eigenkapital (Reserven) beschränkt ist, sieht der Gesetzgeber für den Gläubigerschutz eine Beschränkung der Gewinnausschüttung bei diesen Gesellschaften vor. Diese Beschränkungen beziehen sich auf die Reservebestimmungen für Gewinnreserven nach OR 672. Ausgangspunkt ist dabei der erzielte Jahresgewinn (▶ Dar. 53).

150 EXPERTsuisse, 2023, S. 241.

Dar. 53: Reservebestimmungen und Gewinnverwendung bei Kapitalgesellschaften

Reservebestimmungen bei Kapitalgesellschaften nach OR 672	
Jahresgewinn	erwirtschaftetes Ergebnis im laufenden Jahr
+ Gewinnvorträge	nicht verwendete Gewinne aus den Vorjahren
= Bilanzgewinn	zur Verfügung stehende Grösse für Gewinnausschüttungen
– Reservezuweisung an gesetzliche Gewinnreserven	5 % des erzielten Jahresgewinns Zuweisung an die gesetzlichen Gewinnreserven, bis diese zusammen mit den gesetzlichen Kapitalreserven 50 % des im Handelsregister *eingetragenen* Aktienkapitals entsprechen.
– Dividende	bestimmte Dividende in Prozent des Aktienkapitals
= Gewinnvortrag auf neue Rechnung	Vortrag auf neue Rechnung

Die Reservebestimmungen erfolgen in zwei Schritten. In einem ersten Schritt sind 5 % des Jahresgewinns den gesetzlichen Gewinnreserven zuzuweisen, bis diese zusammen mit den gesetzlichen Kapitalreserven 50 % des im Handelsregister eingetragenen Aktienkapitals entsprechen. In einem zweiten Schritt ist zu prüfen, ob ein Verlustvortrag verblieben ist. Falls ja, ist dieser nach OR 672 I zuerst zu kompensieren, bevor eine Reservezuweisung an die gesetzlichen Gewinnreserven erfolgen kann. Das bedeutet, solange Verlustvorträge bestehen, müssen diese zuerst beseitigt werden, danach müssen bei Jahresgewinnen wiederum gesetzliche Gewinnreserven gebildet werden.[151] Bei einer Holding, deren betriebswirtschaftlicher Zweck das Halten von Beteiligungen auf der Aktivseite darstellt, ist nicht die Quote von 50 %, sondern die Quote von 20 % nach OR 672 II anzuwenden.[152]

Es sind zusammenfassend folgende Besonderheiten zu beachten:[153]

- Für die Beurteilung der Reservebildung ist nur der ausgewiesene Jahreserfolg massgebend.
- Der Gewinnvortrag aus dem Vorjahr ist für die Reservebestimmung nicht zu beachten.
- Ist der Verlustvortrag grösser als der Jahresgewinn, entfällt eine Gewinnreservezuweisung.
- Die freiwillige Gewinnreserve darf jeweils ohne Zuweisung an die gesetzlichen Gewinnreserven für Dividendenbeschlüsse herangezogen werden.

151 Böckli, 2022, N 521.

152 Höhere Reservezuweisungen sind zulässig, haben jedoch den Charakter einer freiwilligen Gewinnreserve.

153 EXPERTsuisse, 2023, S. 247.

Beispiel Gewinnverwendung und -verbuchung

Die Helfenberger AG verfügt zum Jahresabschluss über folgende Informationen:

Aktienkapital	CHF 400'000
Gesetzliche Kapitalreserve	CHF 50'000
Gesetzliche Gewinnreserven	CHF 50'000
Freiwillige Gewinnreserven	CHF 10'000
Gewinnvortrag	CHF 40'000
Jahresgewinn	CHF 20'000

Die Generalversammlung beschliesst eine Dividende von 8 %, wobei der übrige Gewinnanteil dem Konto Gewinnvortrag zugewiesen werden soll. Der Antrag für die Gewinnverwendung lautet daher:

Jahresgewinn	CHF 20'000
+ Gewinnvortrag	CHF +40'000
= Bilanzgewinn	CHF 60'000
Reservezuteilung	CHF −1'000 (5 % von 20'000)
8 % Dividende	CHF −32'000 (8 % von 400'000)
= Übertrag auf Gewinnvortrag	CHF 27'000

Die Buchungen lauten wie folgt, wobei die Verrechnungssteuer zu berücksichtigen ist. Die Ausschüttung wird über das Konto Dividende (Fremdkapital) verbucht:

Jahresgewinn / Gewinnvortrag	20'000
Gewinnvortrag / gesetzliche Gewinnreserven	1'000
Gewinnvortrag / Dividende (FK)	32'000
Dividende / Verrechnungssteuerverbindlichkeit	11'200 (35 % von 32'000)
Dividende / Bank	20'800

Partizipationskapital wird bei der Festlegung von Dividende und Reserven wie das einbezahlte Aktienkapital behandelt. Es berechtigt ebenfalls, am Erfolg und möglichen Ausschüttungen teilzunehmen. Der einzige Unterschied zum Aktienkapital besteht darin, dass die Inhaber von Partizipationsscheinen kein Stimmrecht an der Generalversammlung haben.

Das Eigenkapital erfüllt die Funktion der Verlusttragung in schlechten Zeiten. Sofern eine AG oder GmbH einen Jahresverlust erzielt, können folgende Eigenkapitalkonten für die Verlusttragung nach OR 674 I in der folgenden Reihenfolge herangezogen werden:

- Stille Reserven (durch Auflösung)
- Gewinnvortrag
- Statutarische oder freiwillige Gewinnreserven
- Gesetzliche Gewinnreserven
- Gesetzliche Kapitalreserven
- Aktienkapital (mit Beschluss) und Partizipationskapital (mit Beschluss)

Nach OR 674 II besteht jedoch die Option, einen Verlustvortrag weiterhin zu belassen und vorzutragen. Ein Verlustvortrag reduziert jedoch den Handlungsspielraum, künftig Dividenden an die Aktionäre ausschütten zu können.[154]

In einer Verlustsituation, d. h. im Falle eines hälftigen Kapitalverlusts[155] oder einer Überschuldung[156], besteht die Möglichkeit, immobile Sachanlagen (Liegenschaften) und Beteiligungen bis zu einem vorsichtig geschätzten Verkehrswert aufzuwerten. Wenn dieser vorsichtig geschätzte Wert höher als die Anschaffungs- oder Herstellungskosten ist, ist für den übersteigenden Betrag eine gesetzliche Aufwertungsreserve zu buchen.[157] Dabei ist die Aufwertung bis zu den Anschaffungs- bzw. Herstellungskosten als ausserordentlicher Gewinn (erfolgswirksam) und jener über dem Anschaffungswert als Aufwertungsreserve (erfolgsneutral) zu erfassen.

Voraussetzung nach OR 725c I für die Bildung einer Aufwertungsreserve ist, dass ein hälftiger Kapitalverlust nach OR 725a oder eine Überschuldung vorliegt.

Beispiel Aufwertungsreserve

Die Müller AG weist per Jahresabschluss 31.12. einen hälftigen Kapitalverlust auf. Daher beschliesst der Verwaltungsrat, die zum Buchwert von CHF 1'200'000 geführte Liegenschaft »Hüttwiesenstrasse 1« auf den Verkehrswert von CHF 8'500'000 aufzuwerten. Die Liegenschaft wurde vor zehn Jahren für CHF 5'000'000 von einem Dritten erworben. Die Buchungen lauten:

Liegenschaft / ausserordentlicher Gewinn	3'800'000 (5'000'000 – 1'200'000)
Liegenschaft / gesetzliche Aufwertungsreserve	3'000'000 (8'000'000 – 5'000'000)

154 EXPERTsuisse, 2023, S. 244.
155 Der hälftige Kapitalverlust wird in einem separaten Kapitel behandelt (▶ Kap. 32).
156 Bei einer Überschuldung übersteigt das Fremdkapital die Vermögenswerte (▶ Kap. 32).
157 EXPERTsuisse, 2023, S. 249.

Die Müller AG muss zuerst bis zu den Anschaffungswerten eine Aufwertung durchführen und die Differenz bis zum Verkehrswert als Aufwertungsreserven erfolgsneutral erfassen.

Das Konto Aufwertungsreserve ist Bestandteil des Eigenkapitals und darf nach OR 725c III nur durch Wiederabschreibung, durch Veräusserung der Liegenschaft oder Umwandlung in Aktien- oder Partizipationskapital aufgelöst werden. Für die Reservenbestimmung der gesetzlichen Gewinnreserven ist die gesetzliche Aufwertungsreserve ohne Belang und muss daher nicht berücksichtigt werden.[158] Es ist sicherlich vorteilhaft, wenn die Umstände einer Aufwertungsreserve im Anhang erläutert werden.

Die Bestimmungen für die Reservenbildung ist auch für die GmbH nach OR 801 sinngemäss anwendbar.

Eine besondere Problematik kommt bei verdeckten Gewinnausschüttungen hinzu. Diese sind nicht ausgewiesene Transaktionen mit den Eigenkapitalgebern. Die Gewinnfestlegung hat dabei auf einer korrekt erstellten Jahresrechnung zu erfolgen.[159] Verdeckte Gewinnausschüttungen führen auch zu steuerrechtlichen Konsequenzen bzw. zu einer Aufrechnung beim steuerbaren Gewinn und Kapital.

Beispiel verdeckte Gewinnausschüttung

Die Cronin AG weist einen Gewinn von CHF 150'000 aus. Der Verwaltungsrat möchte den gesamten Gewinn ausschütten und möglichst auf eine Reservezuweisung verzichten. Das Aktienkapital beläuft sich auf CHF 100'000, und es bestehen keine gesetzlichen Gewinnreserven.
Anstelle einer Gewinnausschüttung verkauft die Cronin AG eine Maschine, die CHF 250'000 wert ist (Verkehrswert), an die Aktionäre zum Preis von CHF 100'000. Die CHF 100'000 stellen den gegenwärtigen Buchwert dar. Die Buchungen lauten:

Flüssige Mittel / Maschine	100'000

Die Ausschüttung stellt eine verdeckte Gewinnausschüttung in Höhe von CHF 150'000 an die Aktionäre dar, da der wahre Wert CHF 250'000 beträgt. Den Aktionären fliesst dadurch eine Sachdividende zu.

158 EXPERTsuisse, 2023, S. 249.
159 Handschin, 2013, S. 419, N 929.

31.3 Gewinnreservebestimmungen bei Genossenschaften

Die Reservebestimmungen bei Genossenschaften unterscheiden sich von jenen der Kapitalgesellschaften. Nach OR 859 ist ein Jahresgewinn dem Genossenschaftsvermögen (d. h. dem Grundkapital oder den Reserven) zuzuweisen, wenn die Statuten nichts anderes bestimmen. Die Statuten können aber eine Gewinnausschüttung je Genossenschafter vorsehen. Jedoch darf dieser den landesüblichen Zinsfuss für langfristige Darlehen ohne besondere Sicherheiten nicht übersteigen.

Bei einer Genossenschaft muss jährlich eine Zuweisung von 5 % des Jahresgewinns an die gesetzlichen Reserven erfolgen. Für die Reservebestimmungen sind folgend zwei Konstellationen zu unterscheiden (▶ Dar. 54).

Dar. 54: Reservebestimmungen bei Genossenschaften

	Kein Anteilskapital vorhanden	**Anteilskapital vorhanden**
Reservezuweisung	5 % des Jahresgewinns während 20 Jahren	5 % des Jahresgewinns bis 20 % des Anteilskapitals
Verlustverwendung (gesperrte Reserven)	bis 50 % des übrigen Genossenschaftsvermögens (OR 860 III)	bis 50 % des Anteilskapitals

Nach OR 860 I ist eine Reserve von 5 % (einem Zwanzigstel) vorgesehen, wenn ein Jahresgewinn ausgeschüttet werden soll. Diese Reservezuweisung hat 20 Jahre zu erfolgen bzw. bei Existenz von Grundkapital (Genossenschaftskapital) so lange, bis die gesetzlichen Gewinnreserven 20 % des Grundkapitals entsprechen.[160] Die gesperrten Reserven (bis 50% Anteilskapital bzw. bis 50% des übrigen Gesellschaftsvermögen) dürfen nur zur Deckung von Verlusten verwendet werden. Statuten können weitere Reserven vorsehen.

31.4 Gesetzliche Kapitalreserven bei AG und GmbH

Nach OR 671 I ist ein Konto für gesetzliche Kapitalreserven zu führen, und diese sind bei Aktiengesellschaften und Gesellschaften mit beschränkter Haftung einzeln auszuweisen. Gesetzliche Kapitalreserven werden in der Praxis in folgenden Fällen gebildet:

- Ausgaben von neuen Aktien über dem Nennwert (Agio)
- Zuschüsse und Einlagen durch die Anteilseigner

160 EXPERTsuisse, 2023, S. 256.

Steuerrechtlich werden Kapitalreserven in zwei verschiedenen Konten ausgewiesen: »bestätigte« gesetzliche Kapitalreserven[161] und übrige gesetzliche Kapitalreserven. Die »bestätigten« gesetzlichen Kapitalreserven können einkommenssteuerfrei an die Anteilseigner zurückbezahlt werden, sofern sie die Anteile im Privatvermögen halten. Aus den übrigen Kapitalreserven sind sie steuerbar.

Allerdings dürfen sie nach OR 671 II nur dann zurückbezahlt werden, wenn die gesetzlichen Gewinnreserven und die gesetzlichen Kapitalreserven die Hälfte des im Handelsregister eingetragenen Aktienkapitals übersteigen. Bei Holdingsgesellschaften beträgt die Grenze 20 % anstelle der 50 %. Allerdings sind vom Ausschüttungsbetrag allfällige Verluste abzuziehen.[162]

Beispiel Rückzahlung von Kapitalreserven

Die Cadutsch GmbH verfügt über flüssige Mittel in Höhe CHF 1'250'000. Sie möchte ihre gesetzlichen Kapitalreserven um CHF 500'000 reduzieren. Das Eigenkapitalbild setzt sich wie folgt zusammen:

Aktienkapital	CHF 500'000 (voll eingezahlt)
Gesetzliche Kapitalreserven	CHF 2'000'000 (steuerrechtlich akzeptiert)
Gesetzliche Gewinnreserven	CHF 400'000
Jahresverlust	CHF –20'000

In einem ersten Schritt ist die Möglichkeit zu prüfen, ob die Kapitalreserven zurückbezahlt werden dürfen: Die gesetzlichen Kapitalreserven und die gesetzlichen Gewinnreserven betragen zusammen CHF 2'400'000. Sie übertreffen bei Weitem die geforderte Limite von OR 671 II / 672 II von 50 % des eingetragenen Aktienkapitals in Höhe von CHF 250'000 (CHF 500'000 / 2 bzw. 50 %).
Somit kann in einem zweiten Schritt die Auszahlung aus den Kapitalreserven erfolgen mit folgender Buchung:

Gesetzliche Kapitalreserven / Flüssige Mittel	CHF 500'000

161 Bestätigte Kapitalreserven sind Kapitalreserven, welche die Eidgenössische Steuerverwaltung (ESTV) steuerrechtlich anerkennt. Veränderungen müssen jährlich der ESTV gemeldet werden.

162 EXPERTsuisse, 2023, S. 242.

31.5 Antrag über die Gewinnverwendung bei Kapitalgesellschaften und Genossenschaften

Ein wesentliches Merkmal und eine finanzielle Hauptaufgabe von Unternehmen ist, dass es seinen Anteilseignern (Eigentümern) in regelmässiger Form einen Anteil des Gewinns ausschüttet oder Kapital zurückerstattet. Bei der Rückzahlung stellt dies in der Regel einen liquiditätswirksamen Zuschuss an die Anteilseigner dar.

Während Personengesellschaften und Einzelunternehmen in der Form der Gewinnausschüttungen weitgehend frei sind, bestehen bei Kapitalgesellschaften und Genossenschaften gesetzliche Einschränkungen bei der Gestaltung der Ausschüttung. In einem ersten Schritt sind die Reservebestimmungen nach OR 672 zu beachten. Im zweiten Schritt hat der Verwaltungsrat der Generalversammlung einen Antrag auf Gewinnverwendung nach OR 674 zu stellen. Eine Dividende darf erst dann beschlossen werden, wenn die Reservezuweisung erfolgt ist und die statutarischen Reservebestimmungen ebenfalls berücksichtigt sind. Weiterhin prüft die Revisionsstelle nach OR 728a I bzw. OR 728c II den Antrag über die Gewinnverwendung.

Daher ist es ein wesentliches Merkmal, dass im Geschäftsbericht einer Kapitalgesellschaft oder Genossenschaft ein Antrag über die Gewinnverwendung an die Generalversammlung unterbreitet wird. Der Antrag über die Gewinnverwendung ist somit ein Bestandteil der Berichterstattung.

Der Antrag über die Gewinnverwendung kann wie folgt ausgestaltet sein:

	Gewinnvortrag
+	Jahresgewinn (– Jahresverlust)
=	**Bilanzgewinn**
–	Reservezuweisung
–	Dividendenausschüttung
=	**Vortrag neue Rechnung**

Sofern ein Jahresverlust besteht, reduziert dieser den Bilanzgewinn nach OR 674 entsprechend. Er reduziert ausserdem das Ausschüttungspotenzial bei Kapitalgesellschaften und Genossenschaften.

Beispiel Antrag für Gewinnverwendung

Die Tobler AG hat im laufenden Jahr einen Gewinn von CHF 55'000 erwirtschaftet. Der Gewinnvortrag beträgt CHF 171'000. Das Aktienkapital beläuft sich auf CHF 100'000, die gesetzlichen Kapitalreserven auf CHF 10'000 und die gesetzlichen Gewinnreserven auf CHF 50'000. Der Verwaltungsrat möchte eine

Dividende von 5 % ausschütten. Der Antrag für die Gewinnverwendung lautet dann wie folgt:

Jahresgewinn	CHF 55'000
Gewinnvortrag	CHF 171'000
= Bilanzgewinn	CHF 226'000
– Dividende	CHF –5'000 (5 % von 100'000)
Vortrag auf neue Rechnung	CHF 221'000

Die Buchungen lauten wie folgt:

Jahresgewinn / Gewinnvortrag	55'000
Gewinnvortrag / Bank	3'250
Gewinnvortrag / Verbindlichkeit Verrechnungssteuer	1'750
Gewinnvortrag / Schlussbilanz	221'000

Die Zuweisung an die gesetzlichen Gewinnreserven nach OR 672 ist nicht notwendig, da diese zusammen mit den Kapitalreserven (Total CHF 60'000) bereits 50 % des Aktienkapitals (50% von 100'000 = 50'000) übersteigen. Auch ist die Verrechnungssteuer von 35 % auf der Dividende zu berücksichtigen.

Eine Dividende darf nur ausgeschüttet werden, sofern ein Unternehmen über ausreichend Liquidität verfügt. Wenn beispielsweise eine Dividendenzahlung die Begleichung von offenen Verbindlichkeiten oder Personalaufwendungen in den folgenden drei Monaten verunmöglicht, ist eine Dividendenausschüttung unzulässig und gefährdet die Annahme der Unternehmensfortführung erheblich. Somit ist für die Ausschüttung einer Dividende notwendig, dass ein Gewinn erwirtschaftet wurde, ein Bilanzgewinn gegeben ist und ausreichend Liquidität vorhanden ist. Dies ist sonst ein gravierender Verstoss gegen die Sorgfaltspflicht des Verwaltungsrates nach OR 717 I. Weiterhin ist zu prüfen, ob ein Aktionärsdarlehen auf der Vermögenseite gegen das Verbot der Einlagerückgewähr nach OR 680 verstösst (▶ Kap. 15 und 33).[163]

Der Antrag für die Gewinnverwendung ist Teil des Geschäftsberichts an der Generalversammlung von Kapitalgesellschaften und Genossenschaften und ist auch Teil der Abschlussprüfung durch die Revisionsstelle, sofern eine Prüfung gesetzlich vorgeschrieben ist (▶ Kap. 58).

Die Formen von Dividenden sind in der Unternehmenspraxis vielfältig. Bardividenden stellen den Regelfall dar. Allerdings besteht auch die Möglichkeit, den

163 EXPERTsuisse, 2023, S. 250.

Beispiel: Antrag auf Gewinnverwendung (Quelle: Geschäftsbericht SN Energie 2019)

Verwendung des Bilanzgewinns
Der Verwaltungsrat beantragt der Generalversammlung, den Bilanzgewinn wie folgt zu verwenden

Bilanzgewinn	2019 CHF	2018 CHF
Gewinnvortrag	41'517'703	39'948'737
Jahresergebnis	3'416'817	2'378'966
Bilanzgewinn für Gewinnverwendung	44'934'520	42'327'703
Antrag des Verwaltungsrates		
Dividende 4 % auf dem Aktienkapital von CHF 20'250'000	810'000	810'000
Zuweisung an die gesetzliche Gewinnreserve	0	0
Vortrag auf neue Rechnung	44'124'520	41'517'703
Bilanzgewinn	44'934'520	42'327'703

Anteilseignern Gratisaktien (Stockaktien) aus den freien Reserven zugutekommen oder sich Güter (Natural- oder Sachdividende) ausschütten zu lassen. Dabei ist darauf zu achten, dass allen Aktionären die gleichen Wertanteile nach OR 675a zukommen, um das Gleichheitsgebot zu wahren.[164]

Beliebt sind in der Schweiz auch die Ausschüttungen aus den gesetzlichen Kapitalreserven, die in der Regel und unter bestimmten rechtlichen Bedingungen steuerfrei an die Anteilseigner erfolgen können. Auch eine Rückzahlung von Aktienkapital (Nennwert-Rückzahlungen) ist steuerfrei.

In der Schweiz sind unterjährige Ausschüttungen aus dem laufenden Jahresgewinn grundsätzlich nicht vorgesehen wie beispielsweise in den USA. Allerdings besteht die Option eines Zwischenabschlusses nach OR 960f I. Hierzu sind die Bestimmungen für den Jahresabschluss nach OR 958 ff. sinngemäss anwendbar und umzusetzen. Das heisst, es ist auch eine Bilanz, eine Erfolgsrechnung und ein Anhang zu erstellen. Weiterhin sind auch die Bestimmungen für grössere Unternehmen nach OR 961 ff. oder OR 963 ff. für Konzernrechnungen sinngemäss für einen Zwischenabschluss anwendbar.[165] Nach OR 960f II sind auch Vereinfachungen zulässig. Der Zwischenabschluss erhöht die unternehmerische Flexibilität eines Unternehmens und erlaubt auch unterjährige Dividendenausschüttungen (▶ Kap. 50).

164 EXPERTsuisse, 2023, S. 251.
165 EXPERTsuisse, 2023, S. 87.

32 Unterbilanzen, Kapitalverlust und Überschuldung bei Kapitalgesellschaften und Genossenschaften

32.1 Überblick über die verschiedenen Formen

Der Gesetzgeber hat wie bereits erwähnt aufgrund des Gläubigerschutzes zahlreiche Bestimmungen festgelegt, die dazu dienen, den Handlungsspielraum bei Kapitalgesellschaften und Genossenschaften zu beschränken. Diese Massnahmen treffen dementsprechend auf Einzelunternehmen und Personengesellschaften nicht zu. So sind bei Kapitalgesellschaften und Genossenschaften neben den gesetzlichen Reservezuweisungen (▶ Kap. 31) vor Dividendenausschüttungen auch zwingende, rechtliche Massnahmen bei Verlustsituationen zu beachten. Im Gegenzug ist die Haftung bei Kapitalgesellschaften und Genossenschaften begrenzt. Die Eigentümer haften ausschliesslich für Geschäftsschulden bzw. mit dem Eigenkapital bzw. ihrer Einlage.

Daher hat der Gesetzgeber u. a. Massnahmen nach OR 725a bis OR 725b (OR 802 für die GmbH) vorgeschrieben, die zu treffen sind, wenn sich diese Rechtsformen in einer solchen Verlustsituation befinden. Auch Genossenschaften haben nach OR 903 sinngemässe Massnahmen zu ergreifen. Die Gesetzesartikel bauen ein kaskadenartiges Warnsystem auf, wenn sich das Eigenkapital stufenweise reduziert.

Hierbei werden nach OR 725, OR 725a und OR 725b verschiedene Grundformen des Kapitalschutzes unterschieden, bei denen unterschiedliche Massnahmen erforderlich sind (▶ Dar. 55).[166]

Dar. 55: Arten des Kapitalschutzes (Quelle: In Anlehnung an Meier-Hayoz / Forstmoser / Sethe, 2018, S.459 f., N 60)

Art des Kapitalschutzes	Gesetzesartikel	Notwendige Massnahmen	Buchhalterisches Merkmal
Zahlungsunfähigkeit (Illiquidität)	OR 725	Der Verwaltungsrat schlägt Massnahmen mit der gebotenen Eile vor.	Die kurzfristigen Verbindlichkeiten und fälligen Aufwendungen können mit den **flüssigen Mitteln und anderen liquiditätsnahen Vermögenswer-**

166 In Anlehnung an Meier-Hayoz/ Forstmoser/ Sethe, 2018, S.459 f., N 60.

Dar. 55: Arten des Kapitalschutzes (Quelle: In Anlehnung an Meier-Hayoz / Forstmoser / Sethe, 2018, S.459 f., N 60) – Fortsetzung

Art des Kapitalschutzes	Gesetzesartikel	Notwendige Massnahmen	Buchhalterisches Merkmal
			ten nicht mehr zeitnah bezahlt werden.
Bilanzverlust	gesetzlich nicht geregelt	Es sind keine gesetzlichen Massnahmen notwendig.	Das Vermögen ist kleiner als die Summe von Fremd- und Eigenkapital. In der Jahresrechnung wird ein **Jahresverlust oder Verlustvortrag** ausgewiesen.
Hälftiger Kapitalverlust (Kapitalverlust)	OR 725a	Der Verwaltungsrat stellt einen Antrag für Sanierungsmassnahmen an die Generalversammlung. Er handelt mit der gebotenen Eile.	Die **Hälfte der Summe des Grundkapitals und der gesetzlichen Reserven** durch das Nettovermögen[167] ist **nicht mehr gedeckt**.
Unterbilanz[168] (Unterbilanz ohne gesetzliche Folgen)	gesetzlich nicht geregelt	Es sind keine gesetzlichen Massnahmen notwendig.	Das Nettovermögen deckt die **Hälfte des Grundkapitals und der gesetzlichen Reserven.**
Überschuldung	OR 725b	Der Verwaltungsrat muss den Konkursrichter benachrichtigen, sofern kein genügender Rangrücktritt vorliegt bzw. kein genügender Forderungsverzicht eines Gläubigers des Unternehmens.	Das Fremdkapital ist nicht mehr gedeckt durch die Vermögenswerte bzw. **der Verlust ist grösser als das Eigenkapital**.

32.2 Zahlungsunfähigkeit

Die Zahlungsunfähigkeit ist nicht ausschliesslich in der Bilanz ersichtlich. Sie liegt auch unterjährig vor und bedeutet, dass die kurzfristigen Verbindlichkeiten und die fälligen Aufwendungen nicht mehr zeitnah beglichen werden können. Sie muss nicht

167 Das Nettovermögen bzw. Nettoaktiven ist die Differenz zwischen Vermögenswerten (Aktiven) und dem Fremdkapital.

168 Es werden im Weiteren zwischen echten und unechten Unterbilanzen unterschieden. Eine unechte Unterbilanz liegt vor, wenn stille Reserven oder offene Gewinnreserven den Verlust decken.

gleichbedeutend mit Überschuldung sein.[169] Vielmehr kann sie schnell und sehr kurzfristig eintreten. Auch steht sie im Zusammenhang mit der Annahme zur Unternehmensfortführung. Der Verwaltungsrat muss nach OR 725 II und III die notwendigen Massnahmen zur Sicherstellung der Liquidität mit der gebotenen Eile treffen.

Beispiel Illiquidität

Die Knaus AG besitzt ein Vermögen auf ihren Bankkonten von CHF 10'000 und Forderungen aus Lieferungen und Leistungen in der Höhe von CHF 40'000. Gleichzeitig muss sie in den nächsten 30 Tagen CHF 300'000 an offenen Verbindlichkeiten sowie die geschuldeten Löhne in Höhe von CHF 100'000 bezahlen. Wenn keine Finanzierung sichergestellt werden kann, besteht die Gefahr einer Zahlungsunfähigkeit.

32.3 Bilanzverlust

Ein Bilanzverlust liegt vor, wenn eine Jahresrechnung einen Jahresverlust oder einen allfälligen Verlustvortrag ausweist. Die Vermögenswerte decken das ausgewiesene Eigenkapital und das Fremdkapital nicht mehr. Die nachfolgende Darstellung 56 zeigt ein Bilanzbild mit einem Bilanzverlust (Mindestgliederung in dieser Darstellung zu ignorieren).[170]

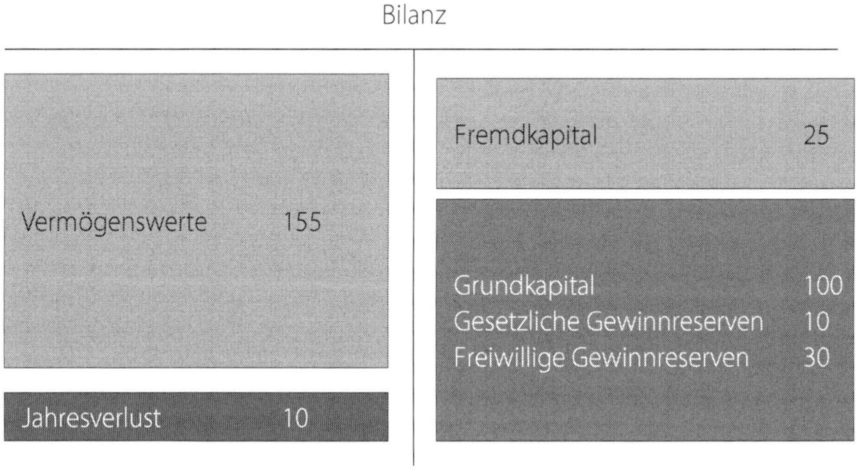

Dar. 56: Bilanzverlust (Quelle: Meier-Hayoz / Forstmoser / Sethe, 2018, S. 460, N 61)

169 Meier-Hayoz / Forstmoser / Sethe, 2018, S. 463, N 73.

170 Nach der OR-Mindestgliederung ist der Jahresverlust als Minusposition im Eigenkapital darzustellen.

Dies zieht keine rechtlichen Konsequenzen nach sich. Es sind keine Sanierungsmassnahmen zu ergreifen, solange kein hälftiger Kapitalverlust vorliegt.

32.4 Hälftiger Kapitalverlust

Ein Kapitalverlust nach OR 725a I liegt vor, wenn die Hälfte des Grundkapitals und der gesetzlichen Reserven durch das Nettovermögen (Vermögenswerte abzüglich Fremdkapital) nicht mehr gedeckt ist. Diese Grösse wird in der Lehre auch als »Alarmglocke« bezeichnet, da sie den Verwaltungsrat zu Massnahmen zum Schutz des Unternehmens und der Gläubiger zwingt. Die nachfolgende Abbildung zeigt das Bild eines hälftigen Kapitalverlustes (▶ Dar. 57).

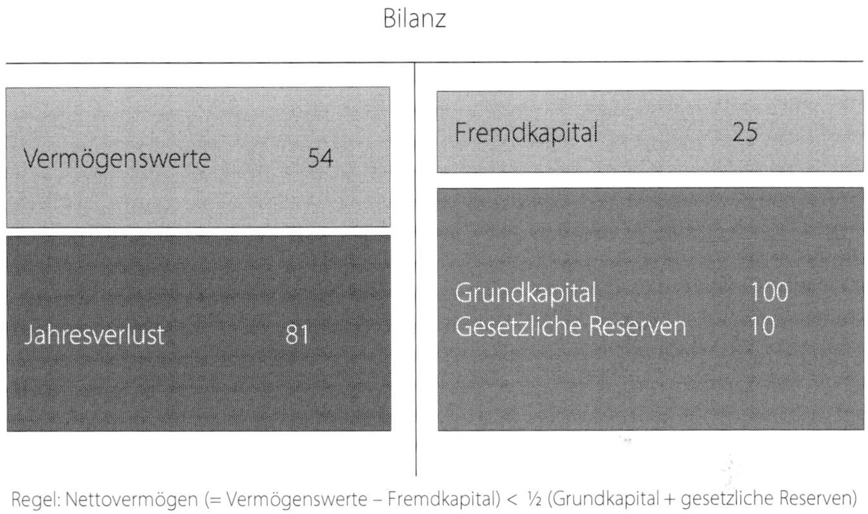

Dar. 57: Hälftiger Kapitalverlust (Quelle: Meier-Hayoz / Forstmoser / Sethe, 2018, S. 461, N 66)

Das Nettovermögen beträgt 29 (Vermögenswerte abzüglich Fremdkapital 54 - 25). Die Hälfte des Grundkapitals und der gesetzlichen Reserven beträgt 55 (100 + 10 = 110 / 2 = 55). Demnach ist die Hälfte des Grundkapitals und der gesetzlichen Reserven nicht mehr gedeckt durch das Nettovermögen, und es liegt ein hälftiger Kapitalverlust vor.

In diesem Fall muss der Verwaltungsrat nach OR 725a II Sanierungsmassnahmen einleiten, und der Jahresabschluss ist durch eine eingeschränkte Revision prüfen zu lassen. Wenn das Nettovermögen noch grösser ist als die Hälfte des Aktienkapitals und der gesetzlichen Reserven, führt dies zu keinen gesetzlichen Folgen.

In den Berechnungsbeispielen sind einige Spezialfälle zu beachten. Zum Grundkapital zählt auch das Partizipationskapital. Dieses erlaubt es den Anteilseignern, am Erfolg teilzuhaben, nicht aber an der Unternehmensführung mitzuwirken, da keine Mitbestimmungsrechte vorgesehen sind. Auch Genussscheine sind dem Grundkapital zuzurechnen, da sie ein Recht auf einen Anteil am Bilanzgewinn verkörpern.

Zu den gesetzlichen Reserven nach OR 725a I zählen folgende Positionen:

- Gesetzliche Gewinnreserven
- Gesetzliche Kapitalreserven

Für die gesetzlichen Gewinn- und Kapitalreserven sind nach herrschender Lehre und Praxis nur die *nicht ausschüttbaren Gewinn- und Kapitalreserven* zur Berechnung des hälftigen Kapitalverlusts zu berücksichtigen.[171] Sofern die gesetzlichen Gewinn- und Kapitalreserven grösser sind als 50 % des eingetragenen Aktienkapitals, dann sind nur die 50 % zu berücksichtigen (Holding 20 %). Gesetzliche Gewinn- und Kapitalreserven über den 50 % sind für die Berechnung nicht zu berücksichtigen. Die Aufwertungsreserven hingegen sind für die Berechnung des hälftigen Kapitalverlusts vollständig einzubeziehen.

Die Existenz von eigenen Aktien reduziert diese Referenzgrösse, da diese als Negativposition im Eigenkapital geführt werden. Eigene Aktien können die Berechnungen bei Kapitalverlust beeinflussen, da dadurch das hälftige Aktienkapital reduziert wird. Dadurch erhöht sich die Wahrscheinlichkeit, dass ein hälftiger Kapitalverlust vorliegt.

Beispiel hälftiger Kapitalverlust

Die Herbertinger AG weist zum Jahresabschluss folgende Werte per Bilanzstichtag auf:

Aktiven	CHF 400'000
Fremdkapital	CHF 350'000
Aktienkapital	CHF 100'000
Gesetzliche Gewinnreserven	CHF 40'000
Gesetzliche Kapitalreserven	CHF 10'000
Gewinnvortrag	CHF 50'000
Jahresverlust	CHF –150'000

Die Hälfte des Aktienkapitals und der gesetzlichen Reserven berechnet sich wie folgt:
(100'000 + 40'000 + 10'000) / 2 = CHF 75'000

171 Böckli, 2022, S. 1741, N 149. Staehelin, 2014, S. 1136 (in: Expert-Focus).

Die Aktiven abzüglich des Fremdkapitals ergibt Nettoaktiven von CHF 50'000 (CHF 400'000 - CHF 350'000). Die CHF 50'000 sind kleiner als die Hälfte des Aktienkapitals und der gesetzlichen Reserven, womit ein hälftiger Kapitalverlust vorliegt.

Sanierungsmassnahmen beinhalten alle Massnahmen, die die Existenz eines Unternehmens sichern. Hierzu zählen organisatorische, betriebliche, personelle und finanzielle Massnahmen. Vorzugsweise sind Sanierungsmassnahmen zu beschliessen, die die Situation eines hälftigen Kapitalverlusts unmittelbar beseitigen.

Eine bilanztechnische Lösung zur Beseitigung eines hälftigen Kapitalverlusts kann die Auflösung von stillen Reserven sein. Jedoch sollte sich der Verwaltungsrat in dieser Situation bewusst sein, dass es gerade nicht die Idee der »Alarmglocke« ist, mit der Auflösung von stillen Reserven den Kapitalverlust zu vermeiden, sondern systematisch an der Ertragsschwäche zu arbeiten.[172]

32.5 Unterbilanz

Eine Unterbilanz liegt vor, wenn das Grundkapital und die gesetzlichen Reserven der Gesellschaftsform durch das Nettovermögen nicht mehr vollständig gedeckt sind.[173] Es besteht somit ein Verlust und/ oder ein Verlustvortrag. In diesem Fall ist aber das Nettovermögen grösser als die Hälfte des Aktienkapitals und der gesetzlichen Gewinn- und Kapitalreserven. Es zieht keine gesetzlichen Folgen nach sich, da kein hälftiger Kapitalverlust vorliegt (▶ Dar. 58).

Das Nettovermögen in Höhe von 105 (130 - 25) deckt das Grundkapital und die gesetzlichen Reserven von 130 nicht mehr. Es liegt in diesem Fall eine Unterbilanz vor. Ein hälftiger Kapitalverlust hingegen besteht nicht, da das Nettovermögen in Höhe von 105 immer noch grösser ist als die Hälfte des Aktienkapitals und der gesetzlichen Reserven von 65 ((100 + 10 + 20) / 2). Man erkennt hierbei, dass Unterbilanz und Kapitalverlust nicht deckungsgleich sind.[174]

Der Begriff Unterbilanz kann weiter in echte und unechte Unterbilanz aufgeteilt werden. Eine echte Unterbilanz liegt vor, wenn die Verluste nicht mehr durch offene und stille Reserven gedeckt werden können. Hingegen ist die Rede von einer unechten oder scheinbaren Unterbilanz, wenn offene und stille Reserven eine Verlustsituation decken können.

172 Böckli, 2022, S. 1744, N 158.
173 Meier-Hayoz / Forstmoser / Sethe, 2018, S. 462, N 68.
174 Meier-Hayoz / Forstmoser / Sethe, 2018, S. 462, N 70.

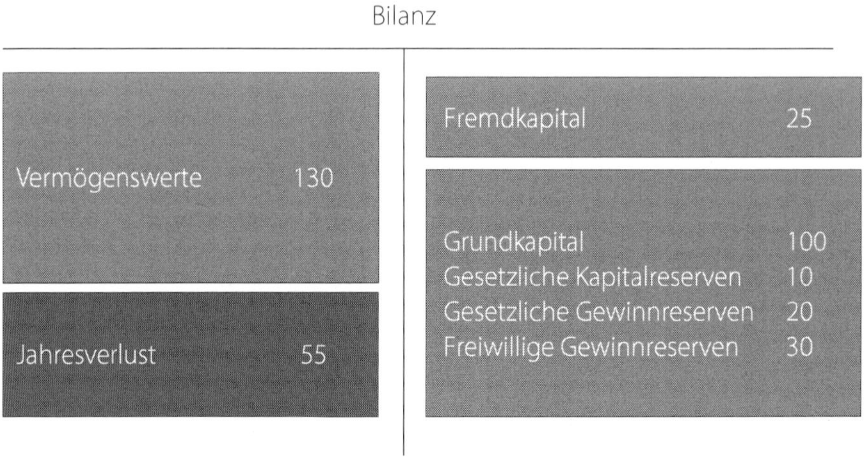

Regel: Nettovermögen (= Vermögenswerte – Fremdkapital) > ½ (Grundkapital + gesetzliche Reserven)

Dar. 58: Unterbilanz (Quelle: Meier-Hayoz / Forstmoser / Sethe, 2018, S. 462, N 68)

32.6 Überschuldung

Eine Überschuldung liegt vor, wenn die Vermögenswerte das Fremdkapital nicht mehr decken. In dieser Situation liegt somit ein negatives Eigenkapital vor bzw. der Verlust ist grösser als das Eigenkapital (► Dar. 59).

Regel:
Vermögenswerte < Fremdkapital
oder
Jahresverlust > Eigenkapital

Dar. 59: Überschuldung (Quelle: Meier-Hayoz / Forstmoser / Sethe, 2018, S. 463, N 71)

Die Vermögenswerte von 15 sind kleiner als das Fremdkapital von 25 bzw. der Jahresverlust von 170 ist grösser als das Eigenkapital von 160.

Der Verwaltungsrat muss in dieser Situation einen Zwischenabschluss nach OR 725b I zu Fortführungs-[175] oder Veräusserungswerten[176] erstellen. Diese Zwischenabschlüsse müssen durch die Revisionsstelle geprüft werden.

Eine begründete Besorgnis zur Überschuldung besteht insbesondere in jenen Situationen, wenn die Vermögenswerte ungefähr gleich gross oder geringfügig kleiner sind als die Verbindlichkeiten und wenn Zweifel am Going Concern bestehen bzw. die flüssigen Mittel knapp sind.

Zeigen die Zwischenbilanzen zu Fortführungs- und Veräusserungswerten eine Überschuldung, d. h. ist nach OR 725b III das Fremdkapital grösser als die Vermögenswerte, so ist der Gang zum Konkursrichter angezeigt, es sei denn, es kann ein Rangrücktritt mit Gläubigern ausgehandelt oder ausreichende Sanierungsmassnahmen innerhalb von 90 Tagen eingeleitet werden, um die Überschuldung zu beseitigen.

Ein Rangrücktritt ist ein privatrechtlicher Vertrag zwischen einem sanierungsbedürftigen Unternehmen mit einer Überschuldung und einem Gläubiger. Der Gläubiger erklärt sich damit einverstanden, dass er betriebswirtschaftlich auf seine Forderung verzichtet und im Rang nach dem Schuld- und Konkursverfahren hinter alle anderen Gläubiger tritt. Dies ist faktisch ein Forderungsverzicht aus betriebswirtschaftlicher Sicht. Ein Gläubiger bezweckt damit, dass der Gang zum Konkursrichter nach OR 725b III vermieden werden kann. Er hat ein Interesse daran, dass seine Forderung und das überschuldete Unternehmen fortbestehen.

Sofern das Unternehmen liquidiert werden soll, sind Veräusserungswerte in der Bilanz anzusetzen, womit sich die Verlustsituation durch höhere Abschreibungen und Rückstellungen weiter ausweiten wird. In diesem Fall ist die Annahme der Unternehmensfortführung nicht mehr gegeben, und die Fortführungswerte sind durch die Veräusserungswerte anzusetzen.

Beispiel Überschuldung

Die Hilber AG weist Aktiven von CHF 1'550'000 und ein Fremdkapital von CHF 2'100'000 auf. Es liegt eine Überschuldung von CHF 550'000 bzw. ein negatives Eigenkapital von CHF -550'000 vor. Der Verwaltungsrat muss eine Bilanz zu Fortführungs- und Veräusserungswerten erstellen. Sofern immer noch eine Überschuldung besteht, muss ein Rangrücktritt mit Gläubigern erwirkt bzw. der Gang zum Richter geprüft werden, der allenfalls den Konkurs der Hilber AG eröffnet. Andernfalls sind ausreichende Sanierungsmassnamen innerhalb von 90 Tagen zu beschliessen.

175 Dies entspricht den Buchwerten.

176 Die Veräusserungswerte entsprechen den Liquidationswerten, wenn die Vermögensteile an Dritte verkauft werden. In der Regel sind diese Werte deutlich tiefer als die jeweiligen Buchwerten, womit es zu beachtlichen Abschreibungen kommt.

Sofern stille Reserven vorhanden sind, kann ein hälftiger Kapitalverlust oder eine Überschuldung durch Auflösung von stillen Reserven ausgeglichen werden. Eine wesentliche Nettoauflösung ist allerdings im Anhang offenzulegen. Hierzu ist es aber notwendig, dass ein jährliches Inventar zu den stillen Reserven erstellt wird.

33 Verbot der Einlagerückgewähr

Bei Aktiengesellschaften und Gesellschaften mit beschränkter Haftung haften die Gesellschafter nur mit ihrer Kapitaleinlage (Aktien- oder Stammkapital). Das heisst, die Gesellschafter müssen die Schulden (Fremdkapital) nicht mit ihrem Privatvermögen decken, sofern die AG oder GmbH diese nicht mehr begleichen können.

Aus diesem Grund schreibt das Aktienrecht in OR 680 II vor, dass die Kapitaleinlagen (Aktienkapital/Stammkapital und gesetzlichen Kapital- und Gewinnreserven) nicht an die Anteilseigner zurückerstattet werden dürfen. Es wird als Verbot der Einlagerückgewähr bezeichnet und dient dem Gläubigerschutz.[177] Eine analoge Regelung findet sich auch bei den Gesellschaften mit beschränkter Haftung nach OR 793 II. Eine Rückzahlungsverpflichtung der Aktiengesellschaft an die Aktionäre ist nichtig.[178]

Bei Aktiengesellschaften und Gesellschaften mit beschränkter Haftung bestehen sonst keine Einschränkungen, wie das Vermögen zu strukturieren und zu verwenden ist. Daraus folgt, dass sie grundsätzlich ihren Eigenkapitalgebern und Nahestehenden Darlehen gewähren dürfen.[179]

Ein Verbot der Eigenlagerückgewähr liegt dann vor, wenn das freie Eigenkapital kleiner ist als die Summe der offenen Forderungen (auf der Aktivseite) gegenüber den Aktionären (AG) bzw. Stammanteilhaltern (GmbH).[180]

Das **freie Eigenkapital** entspricht jenem Anteil des Eigenkapitals, welches nicht gesperrt ist bzw. nicht der Ausschüttungssperre unterliegt. Für die Ausschüttung gesperrt ist das Grundkapital (Aktien- oder Stammkapital), 50 % des eingetragenen Aktienkapitals von der gesetzlichen Gewinn- und Kapitalreserve (Holding 20 %) sowie die Aufwertungsreserve und eine Reserve für eigene Aktien.[181] Gemäss Darstellung 60 beläuft sich das freie Eigenkapital auf 140 bzw. das gesperrte Eigenkapital auf 150. Über das freie Eigenkapital können die Gesellschafter frei verfügen.

177 Korrekterweise müsste sie Kapitalrückgewähr heissen (siehe Böckli, 2022, S. 61, N 128).
178 Meier-Hayoz / Forstmoser / Sethe, 2018, S. 471, N 107.
179 EXPERTsuisse, 2023, S. 163.
180 EXPERTsuisse, 2023, S. 163.
181 Böckli, 2022, S. 61, N 129.

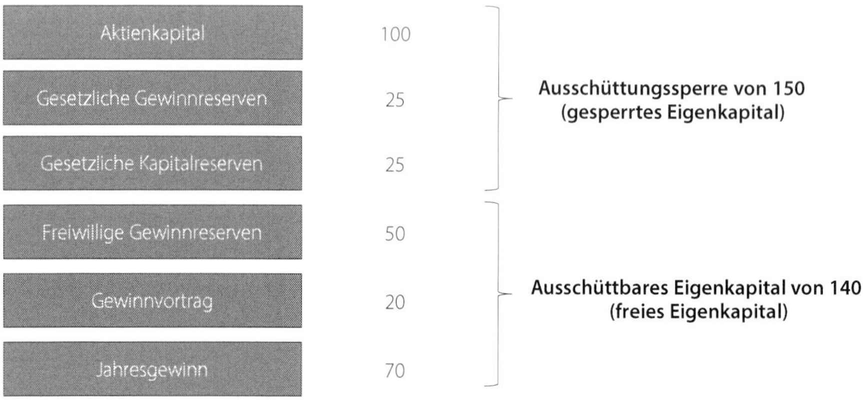

Dar. 60: Beispiel gesperrtes und freies Eigenkapital

Wenn sich die Gesellschafter ein Darlehen in der Höhe von 100 gewähren, liegt kein Fall eines Verbots der Einlagerückgewähr vor, da das Darlehen tiefer ist als das freie Eigenkapital (▶ Dar. 61).

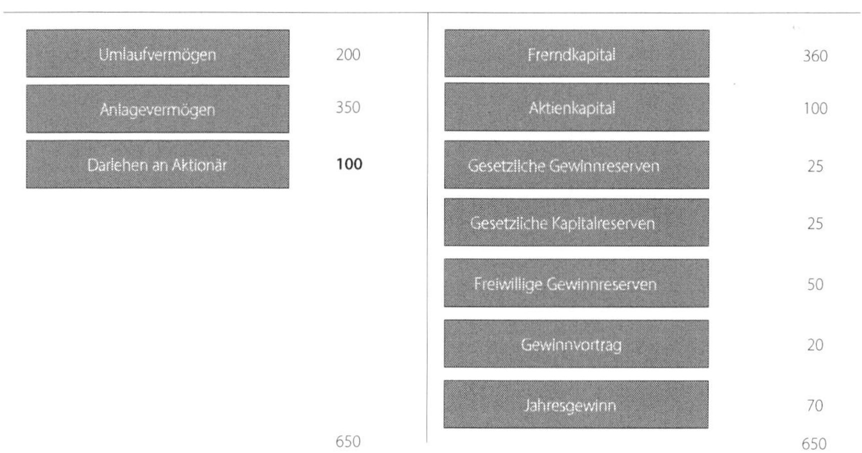

Dar. 61: Beispiel kein Fall eines Verbots der Einlagerückgewähr

Wenn das Darlehen an die Gesellschafter aber beispielsweise 200 beträgt, dann liegt ein Verbot der Einlagerückgewähr vor, da das Darlehen grösser ist als das freie Eigenkapital von 140 (▶ Dar. 62).

Die stillen Reserven müssen bei dieser Berechnung berücksichtigt werden.[182] Auch das Partizipationskapital muss hinzugezählt werden.[183]

182 EXPERTsuisse, 2023, S. 164.

183 Vgl. ausgewählte Fragen und Antworten bei der Beurteilung konzerninterner Forde-

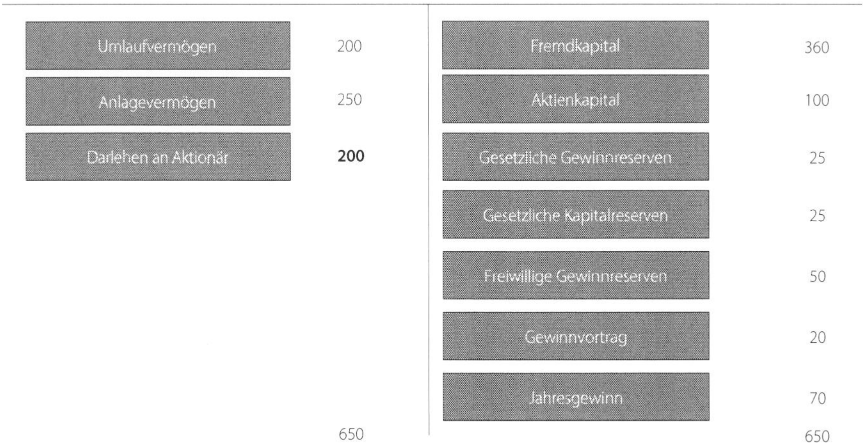

Dar. 62: Beispiel eines Verbots der Einlagerückgewähr

Beispiel Verbot der Einlagerückgewähr

Die Zuberbühler AG verfügt über ein Aktienkapital von CHF 750'000. Die gesetzlichen Gewinn- oder Kapitalreserven betragen CHF 100'000 und es besteht kein weiteres Eigenkapital. Die Gesellschaft hat dem Alleinaktionär Martin Zuberbühler ein Darlehen über CHF 1'000'000 gewährt. Martin Zuberbühler beabsichtigt nicht, das Darlehen zurückzuzahlen.
Bei diesem Sachverhalt liegt ein Verstoss nach OR 680 II vor (das freie Eigenkapital beträgt null) und Martin Zuberbühler ist verpflichtet, das Darlehen innerhalb einer angemessenen Frist zurückzuzahlen.

Die Möglichkeiten, wie Gesellschaftern (Aktionären oder Stammkapitalgebern) Vermögenswerte zugehalten werden, sind in der Praxis vielfältig. Häufig wird es in Form von Aktivdarlehen ausgewiesen, speziell in Klein- und Mittelunternehmen. Die Übernahme von Verbindlichkeiten des Aktionärs durch die Kapitalgesellschaft ohne Gegenleistung kann beispielweise auch ein Verstoss gegen die Einlagerückgewähr darstellen.

Wenn ein Verbot der Einlagerückgewähr vorliegt, besteht die Option, diesen Sachverhalt einem Drittvergleich zu unterziehen. Ein Drittvergleich ist zu verneinen bzw. ein Verbot für eine Einlagerückgewähr liegt in folgenden Fällen vor:[184]

rungen, Cash Pooling und Dividenden im Hinblick auf Art. 680 II, Treuhandkammer vom 17. Dezember 2014, S. 7.

184 EXPERTsuisse, 2023, S. 164.

- Der Anteilseigner ist nicht in der Lage, den Betrag zurückzuzahlen.
- Der Anteilseigner ist nicht gewillt, den Betrag zurückzuzahlen.
- Ein schriftlicher Vertrag liegt nicht vor.
- Zinsen und Amortisationen sind nicht vorgesehen oder werden kapitalisiert.

34 Nettoerlöse und Materialaufwand

Die Nettoerlöse aus Lieferungen und Leistungen (hier kurz auch als Erlös bezeichnet) stellen in der Regel die wichtigste und bedeutendste Ertragsquelle eines Unternehmens dar. Diese Position ist die Bezugsgrösse für zahlreiche Kennzahlen der Umsatzrentabilität (▶ Kap. 55).[185]

Es werden teilweise unterschiedliche Begriffe für die Ertragskraft verwendet. Die Nettoerlöse aus Lieferungen und Leistungen (Erlöse) stellen das Entgelt für die erbrachte Marktleistung dar (Barverkäufe und/ oder Kreditverkäufe).[186] Der Ertrag hingegen umfasst den Erlös sowie die Bestandesveränderungen und die aktivierungsfähigen Eigenleistungen.[187] Der Umsatz hingegen ist ein Synonym für Erlös.[188] Das Rechnungslegungsrecht (OR) definiert allerdings nicht, was unter dem Betriff Nettoerlöse aus Lieferungen und Leistungen zu verstehen ist.[189]

Der Nettoerlös aus Lieferungen und Leistungen stellt nach der hier vertretenen Lehrmeinung betriebliche Erlöse aus dem Verkauf, der Vermietung oder Verpachtung von Erzeugnissen, Waren oder Dienstleistungen dar. Es handelt sich dabei immer um Geschäfte mit Drittpersonen. Eigengeschäfte sind in einem separaten Konto zu führen und stellen übrige Erträge dar.[190] Dabei ist für die Abgrenzung von betrieblichen Erträgen der Zweck des Unternehmens zu berücksichtigen. Um zu entscheiden, welche Konten der Nettoerlöse welchen Geschäftsereignissen zuzuordnen sind, können Statuten, Gesellschaftsvertrag oder Branchenzugehörigkeit wichtige Indikatoren sein.[191]

Der betriebliche Nettoertrag kann sich in folgende Unterkategorien oder Konten aufteilen:

- Produktionserlöse
- Handelserlöse
- Dienstleistungserlöse
- Eigenleistungen

---

185 Pfaff, 2019, S. 411, N 45.
186 Rössli / Speck / Wolfisberg, 2009, S. 423.
187 Rössli / Speck / Wolfisberg, 2009, S. 423.
188 Rieder, 2010, S. 235.
189 EXPERTsuisse, 2023, S. 280.
190 Pfaff, 2019, S. 412, N 46.
191 Pfaff, 2019, S. 412, N 47.

- Eigenverbrauch
- Erlösminderungen
- Verluste aus Forderungen und Delkredereveränderungen
- Bestandsveränderungen unfertige und fertige Erzeugnisse (Halb- und Fertigfabrikate)
- Bestandsveränderungen von nicht fakturierten Dienstleistungen

Der Zeitpunkt der Erlöserfassung stimmt mit dem Zeitpunkt der Leistungserfüllung überein. In der Regel ist auch der Versand der Forderungsrechnung mit dem Zeitpunkt der Umsatzerfassung kongruent. Dabei sind mögliche Anzahlungen von Kunden zu berücksichtigen.

Der Umsatz ist dann als realisiert zu betrachten, wenn das Unternehmen die dem Vertrag zugrunde liegende Leistungsverpflichtung so weit abgewickelt hat, dass ein Unternehmen einen Entschädigungsanspruch rechtlich durchsetzen kann. Bei Warenlieferungen ist dies beispielsweise mit dem Übergang von Nutzen und Gefahr der Fall, d. h. wenn die Waren aus dem Lager entnommen werden. Bei kundenspezifischen Dienstleistungsaufträgen ist der Umsatz nach dem Projektfortschritt[192] zu erfassen (▶ Kap. 18).[193] Gemäss Vorsichtsprinzip (Realisationsprinzip) ist der Umsatz immer dann zu erfassen, wenn Nutzen, Risiken und Lasten auf den Käufer bzw. Kunden übergehen. Das Datum der Erfassung in der Finanzbuchhaltung als Nettoerlös aus Lieferungen und Leistungen sollte daher identisch sein mit dem Zeitpunkt des Abschlusses eines Auftrags oder einer Dienstleistung bzw. mit dem Zeitpunkt der Leistungsauslieferung bei Waren und Produkten.

Beispiel Umsatzerfassung

Die Hugentobler GmbH ist ein Ingenieurbüro mit Sitz in Rapperswil. Am 15. November konnte sie ein Projekt abschliessen und sendet dem Kunden mit einer Honorarrechnung von CHF 129'000 die Schlussrechnung. Die Leistungen wurden im Oktober und November erbracht. Die Buchung lautet daher:

15.11.	Forderungen aus Lieferungen und Leistungen / Nettoerlöse LL	129'000

Die Konten für Nettoerlöse werden gemäss nachfolgender Systematik geführt (▶ Dar. 63). Sofern die Erlöse brutto dargestellt werden, werden die Erlösminderungen in einem separaten Konto geführt. Werden sie netto dargestellt, werden die Erlösminderungen direkt im Soll der entsprechenden Erlöskonten geführt.

192 Hier ist die Percentage of Completion (POC) entsprechend in der Praxis oft anwendbar (langfristige Fertigungsaufträge).

193 EXPERTsuisse, 2023, S. 282.

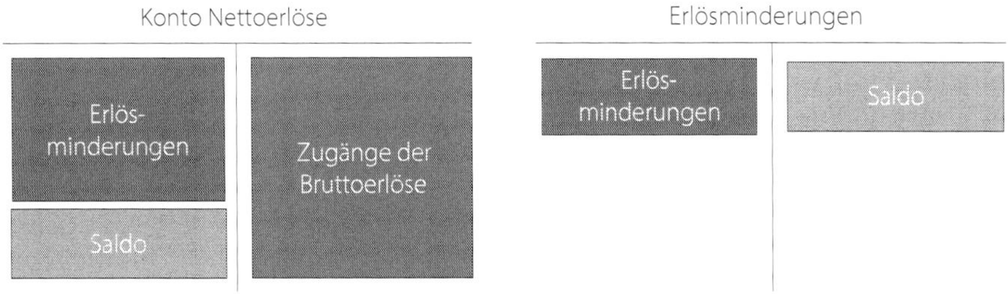

Dar. 63: Struktur Erlöskonten (Bruttodarstellung)

Dann entfällt die Führung eines separaten Kontos für Erlösminderungen. Aus Gründen der Transparenz kann eine Bruttodarstellung vorgezogen werden. Nach OR 959b ist die Nettodarstellung als Minimum zu wählen, wobei die Bruttodarstellung zulässig ist. Eine Verrechnung dieser Konten ist aber zulässig.

Als Erlösminderungen können in der Praxis Rabatte, Skonti, Mängelrügen, effektive und mutmassliche Forderungsverluste, Rückvergütungen, Umsatzprovisionen an Dritte, allgemeine Umsatzboni, Treueprämien, Stornierungen oder Rücknahmen vorkommen. Keine Erlösminderungen stellen Vertriebskosten dar, welche als Aufwand zu erfassen sind. Effekte aus Fremdwährungen können den Erlösminderungen zugeordnet werden, da Fremdwährungsverluste und -gewinne mit dem Verkauf von Produkten und Dienstleistungen im Zusammenhang stehen.[194]

Die Bestandsveränderungen von unfertigen und fertigen Erzeugnissen werden in Ertragskonten verbucht, sofern eine Produktionserfolgsrechnung[195] geführt wird (▶ Kap. 3.3 und 17). Sie sind notwendig, da sie bei den Vorräten zu einer korrekten Abgrenzung beitragen. Die fertigen und unfertigen Erzeugnisse werden zu Herstellkosten bewertet. Für Bestandsveränderungen sollte je ein Bestandsveränderungskonto für fertige und unfertige Positionen geführt werden. Dabei bestehen folgende Zusammenhänge bzw. Buchungslogiken:

- Zunahme von unfertigen und fertigen Erzeugnissen oder Dienstleistungen = Ertragserhöhung
- Abnahme von unfertigen und fertigen Erzeugnissen oder Dienstleistungen = Ertragsminderung

Bei der Absatzerfolgsrechnung werden die Bestandsveränderungen in die Herstellkosten verbucht (Aufwandkonten)[196].

194 Pfaff, 2019, S. 413, N 50.
195 Oder auch Gesamtkostenverfahren genannt.
196 Dieser Begriff wird in der englischen Sprache als Cost of Goods Sold (COGS) bezeichnet.

Beispiel Bestandsveränderungen

Die Helfenberger GmbH ist ein Industrieunternehmen. Im abgelaufenen Jahr ergibt sich ein Umsatz von CHF 9.9 Mio. Die fertigten Fabrikate weisen eine Bestandsabnahme von CHF 400'000 auf und die unfertigen Fabrikate eine Bestandszunahme von CHF 100'000. Die Buchungen lauten:

Bestandsveränderung fertige Fabrikate / fertige Fabrikate	400'000
Unfertige Fabrikate / Bestandsveränderung unfertige Fabrikate	100'000

Der betriebliche Erlös (= Produktionsertrag) beträgt bei einer Produktionserfolgsrechnung (Gesamtkostenverfahren) somit CHF 9.6 Mio. Der Produktionsertrag reduziert sich netto um CHF 300'000.

Sinngemäss sind nicht fakturierte Dienstleistungen als Nettoerlös aus Lieferungen und Leistungen zu erfassen.[197]

Der Eigenverbrauch oder die Eigenleistungen ergeben sich, wenn Dienstleistungen, Produkte oder Aktiven für das Unternehmen selbst erstellt werden. Sie sind zwingend zu erfassen, wobei das Konto Eigenleistung ein Ertragskonto darstellt. Ein Verzicht auf die Erfassung widerspricht den Grundsätzen ordnungsgemässer Rechnungslegung. Beispiele von Eigenleistungen sind Bauten, Werkzeuge, Maschinen oder selbst durchgeführte Grossrenovationen.[198]

Beispiel Eigenleistungen

Die Kühne AG hat eine Maschine produziert, welche sie für die Herstellung weiterer Produkte benötigt. Die Herstellkosten betragen CHF 150'000, die allgemeinen Verwaltungskosten hierzu CHF 10'000. Die Verbuchung lautet wie folgt:

Maschine / Eigenleistung	150'000

Die Verwaltungskosten dürfen nicht aktiviert werden, da sie in der Regel die Ansatzkriterien für einen Vermögenswert nicht erfüllen. Das Konto Eigenleistung entspricht einem Ertragskonto.

Obwohl in der Mindestgliederung nach OR 959b der Ausweis von übrigen Erträgen nicht vorgesehen ist, sollte diese Position als Sammelposition für übrige Erträge geführt werden. Typischerweise können dieser Position Erträge aus Schadenersatz,

197 Böckli, 2014, S. 130, N 554.
198 Pfaff, 2019, S. 417, N 61.

Auflösung von nicht mehr benötigten Rückstellungen oder Rückvergütungen zugeordnet werden.[199]

Der Materialaufwand zeigt alle Aufwendungen für die verbrauchten Roh-, Hilfs- und Betriebsstoffe, welche zu Einstandswerten der verkauften Produkte bezogen wurden. Dies entspricht dem sogenannten Materialaufwand.[200] Unter diese Position fallen nur verbrauchte, aber nicht angeschaffte Stoffe.[201]

Beim Materialaufwand[202] kann zwischen folgenden Aufwandspositionen unterschieden werden:[203]

- Materialaufwand für die Produktion
- Kosten für Fremdleistungen
- Direkte Einkaufsspesen
- Bestandsveränderungen bei Rohmaterial und Handelswaren
- Inventurdifferenzen und Materialverluste
- Handelswarenaufwand
- Aufwand für bezogene Dienstleistungen
- Energieaufwand zur Leistungserstellung
- Aufwendungen für direkte Einkäufe
- Aufwandsminderungen, z. B. Rabatte und Skonti von Lieferanten

Rohmaterialien und Handelswaren können auch Werkstoffe, Verbrauchsmaterial oder Konsignationslager umfassen. Konsignationslager sind Lagerbestände bei Dritten und nicht im unmittelbaren Eigentum (aber im Besitz) eines Unternehmens.

Bestandsveränderungen von Roh- und Materialaufwand müssen an den Materialaufwand gebucht werden. Die Buchungen für Bestandsveränderungen von Rohmaterial und Hilfsstoffe lauten wie folgt:[204]

- Lagerzunahme: Vorräte / Materialaufwand
- Lagerabnahme: Materialaufwand / Vorräte

Die Materialaufwandskonten werden nach folgender Systematik geführt (▶ Dar. 64).

Üblich ist in der Praxis, dass Aufwandsminderungen direkt im entsprechenden Konto erfasst werden (Nettodarstellung). Aus Gründen der Transparenz ist allerdings einer Bruttodarstellung mit Hilfe von separaten Konten den Vorzug zu geben.

199 Pfaff, 2019, S. 418, N 63 ff.

200 Pfaff, 2019, S. 419, N 67.

201 Pfaff, 2019, S. 420, N 69.

202 Im Warenhandel wird das Konto in der Regel als Warenaufwand bezeichnet. Im produzierenden Gewerbe spricht man von Materialaufwand.

203 EXPERTsuisse, 2023, S. 286.

204 Beim Warenhandel lauten die Buchungen sinngemäss: Vorräte / Warenaufwand (Lagerzunahme) bzw. Warenaufwand / Vorräte (Lagerabnahme).

Dar. 64: Struktur Aufwandskonten (Bruttodarstellung)

35 Abschreibungen

Abschreibungen dienen dazu, die Abnutzung des Anlagevermögens erfolgswirksam zu erfassen. Es sind dabei alle Positionen des Anlagevermögens von Bedeutung. Auf folgenden Konten ist demnach eine Wertberichtigung oder Abschreibung zu berücksichtigen:[205]

- Finanzanlagen
- Beteiligungen
- Mobilen Sachanlagen
- Immobilen Sachanlagen
- Immaterielle Vermögenswerte

Boden (Grundstücke) wird in der Regel nicht abgeschrieben, da dieser nicht an Wert verliert.

Es ist ausserdem zwischen Abschreibungen und Wertberichtigungen zu unterscheiden. Abschreibungen sind planmässig und systematisch begründet, während Wertberichtigungen ausserplanmässig und von ausserordentlicher Natur sind. Wertberichtigungen kommt zum Teil ein provisorischer Charakter bei.

Nach OR 960a III sind Abschreibungen und Wertberichtigungen zu buchen. Daher darf von Gesetzes wegen nicht darauf verzichtet werden. Allerdings steht es dem Unternehmen offen, die Methoden und Schätzungen gemäss ihrer Bilanzpolitik festzulegen. Auch ist es möglich, auf höheren Wiederbeschaffungswerten Abschreibungen zu bilden.[206]

Beispiel fehlende Abschreibung

Die Geisser AG weist einen Jahresverlust von CHF 45'000 aus. Sie möchte daher nicht noch weitere Abschreibungen buchen, um eine Überschuldung zu vermeiden. Daher wird die Abschreibung von CHF 100'000 nicht verbucht. Dies ist ein Gesetzesverstoss gegenüber OR 960a III. Möglich ist es, eine Abschreibung zu reduzieren, aber sie darf nicht vollständig ausfallen. Ein Verzicht auf eine Abschreibung kann jedoch erfolgen, wenn im wesentlichen Umfang stille Reserven auf dem Anlagevermögen bestehen, die durch den Verzicht aufgelöst werden.

205 Pfaff, 2019, S. 426, N 86.
206 Pfaff, 2019, S. 426, N 87.

Nach OR 960a III können die Abschreibungen direkt oder indirekt (mit Hilfe eines Wertberichtigungskontos[207]) geführt werden. Das Wertberichtigungskonto (= kumulierte Abschreibungen) bei der indirekten Methode wird nach der Buchungslogik eines Passivkontos geführt, jedoch in der Bilanz von der jeweiligen Position im Anlagevermögen abgezogen. Abschreibungskonten dürfen nicht auf der Passivseite der Bilanz dargestellt werden (▶ Dar. 65).

Direkte Abschreibung

Konto des Anlagevermögens

Anfangsbestand	**Abschreibungen**
Zugänge	Abgänge
	Endbestand

Abschreibung

Abschreibungen	Saldo

Indirekte Abschreibung

Konto des Anlagevermögens

Anfangsbestand	Abgänge
Zugänge	Endbestand

Wertberichtigung Anlagevermögen (kumulierte Abschreibungen)

Endbestand	Anfangsbestand
	Abschreibungen

Abschreibung

Abschreibungen	Saldo

Dar. 65: Kontoführung bei direkter und indirekter Abschreibung (Verbuchungsmethoden)

Als Berechnungsmethoden für die Abschreibungen haben sich in der Praxis folgende Methoden etabliert:

- **Lineare Abschreibung**: Die Abschreibung erfolgt über die Nutzungsdauer mit einem konstanten Betrag (Abschreibungssatz vom Anschaffungswert).
- **Geometrische-degressive Abschreibung**: Mit einem Abschreibungssatz, d. h. einem festgelegten Prozentsatz vom aktuellen Buchwert, wird der jährliche Abschreibungsbetrag festgelegt. Der Abschreibungsbetrag wird somit immer

207 Ein Wertberichtigungskonto wird als negatives Aktivkonto geführt.

kleiner, wobei am Ende der Nutzungsdauer der Restbetrag nie null sein wird. Diese Methode ist insbesondere im Steuerrecht vorgesehen und der Abschreibungssatz beträgt das Doppelte des linearen Abschreibungssatzes. Am Ende der Nutzungsdauer ist eine ausserordentliche Abschreibung für den Restwert bzw. allenfalls bis zum Liquidationswert zu erfassen.

- **Arithmetisch-degressive Abschreibung**: Bei dieser Abschreibungsmethode wird in einem ersten Schritt die Quersumme der Jahre, über die ein Anlagevermögen abgeschrieben werden muss (1, 2, 3, ..., n), gebildet. In einem zweiten Schritt wird der Anschaffungswert durch die Quersumme dividiert. Anschliessend wird dieser sogenannte Degressionsbetrag mit dem jeweiligem Jahr multipliziert. Im ersten Jahr wird dieser Betrag mit n und im letzten Jahr mit 1 multipliziert. Am Ende weist das Anlagevermögen den Wert null auf.
- **Arithmetisch-progressive Abschreibung**: Das rechnerische Verfahren ist gegensätzlich zu jenem der arithmetisch-degressiven Abschreibung. In den ersten Jahren wird weniger abgeschrieben als in den Folgejahren.
- **Leistungsorientierte Abschreibung**: Es wird jährlich die effektive Leistung eines Anlagevermögens geschätzt und danach abgeschrieben. Die Abschreibungen sind variabel über die Jahre hinweg in Abhängigkeit von der jährlich effektiven Leistung. Die Leistung kann mit erwarteten Stunden, Kilometern oder anderen Bezugsgrössen ermittelt werden.

Häufig werden auch Restwerte geschätzt, welche nicht in die Abschreibungsbeträge miteinfliessen. Die Restwerte dienen dazu, das abgeschriebene Anlagevermögen zu diesem Wert zu veräussern.

Beispiel der Abschreibungsmethoden

Die Huber AG erwirbt am 1. Januar des Geschäftsjahrs eine neue Maschine für CHF 50'000. Die Nutzungsdauer beträgt 5 Jahre, der degressive Abschreibungssatz ist 40 %, und die gesamte Leistungsfähigkeit über die Nutzungsdauer beträgt 10'000 h. Im ersten Jahr wird eine Leistung von 1'000 h erwartet. Es wird kein Restwert geschätzt.
Die Abschreibungsmethoden ergeben für das erste Jahr folgendes Bild:

Lineare Abschreibung (Abschreibungssatz = 20 %)	CHF 50'000 / 5 Jahre = CHF 10'000
Geometrisch-Degressive Abschreibung	CHF 50'000 x 40 % = CHF 20'000
Leistungsorientierte Abschreibung (CHF 5 pro h)	CHF 50'000 / 10'000 x 1'000 = CHF 5'000

Alternativ kann die degressive Abschreibung auch arithmetisch erfolgen: Hierzu ist die Quersumme der Abschreibungsjahre zu ermitteln, welche 15 beträgt (1 + 2 + 3 + 4 + 5 = 15). Dies ergibt einen fixen Degressionsbetrag von CHF 50'000 / 15

= CHF 3'333.33. Für das erste Jahr ist dieser mit 5 (Jahr 2: 4x, Jahr 3: 3x, Jahr 4: 2x und Jahr 5: 1x) zu multiplizieren, was einen Abschreibungsbetrag im ersten Jahr von CHF 16'667 ergibt.

Es kann auch Anzeichen für eine ausserordentliche Abschreibung geben. In der Rechnungslegung wird dies als Wertbeeinträchtigung oder Impairment bezeichnet. Wenn der Wert eines Vermögenswertes nachweislich tiefer ist als der aktuelle Buchwert, ist der tiefere Nutzwert einzusetzen und die Differenz zum Buchwert auszubuchen. Der Nutzwert wird in der Regel mit Hilfe der Discounted Cashflow Methode (DCF-Methode) ermittelt (▶ Kap. 22.2). Wenn der Nutzwert tiefer ist als der Buchwert, ist eine ausserordentliche Abschreibung zu erfassen. Im gegenteiligen Fall ist keine Abschreibung angezeigt (▶ Dar. 66).

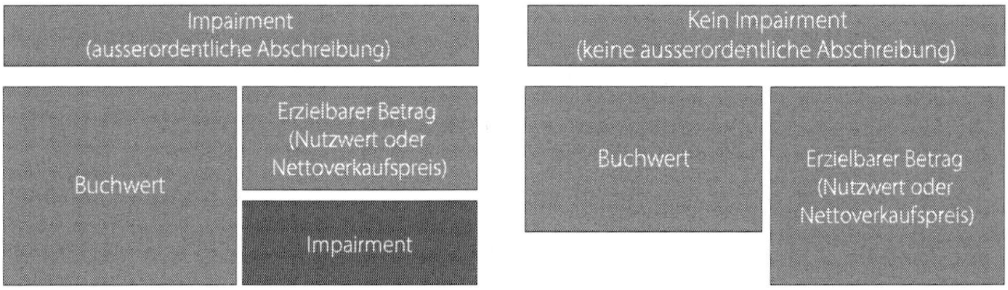

Dar. 66: Impairment

Wenn eine Absatzerfolgsrechnung geführt wird, verteilen sich die Abschreibungen und Wertberichtigungen auf die Herstellungs- sowie Vertriebs- und Verwaltungskosten. Daher sind sie im Anhang entsprechend zu ergänzen.[208] Wenn eine Abschreibungsmethode, eine Schätzungsgrösse oder ein Verfahren geändert wird, ist auch diese Information im Anhang offenzulegen, damit der Rechnungslegungsgrundsatz der Stetigkeit eingehalten ist.

In der Praxis wird auf freiwilliger Basis im Anhang ein Anlagespiegel abgebildet. Dieser umfasst die Anfangs- und Endbestände der Anlagekonten, aus welchen die Investitionen ersichtlich sind. Weiter sind die Zu- und Abgänge der Anlagekonten ersichtlich. Auch werden die jährlichen Abschreibungen und kumulierten Abschreibungen aufgeführt.

Nach OR 960a IV ist es zulässig, Abschreibungen nicht auf den Anschaffungskosten, sondern auf den Wiederbeschaffungskosten zu erfassen. Wiederbeschaffungskosten stellen die Neuwerte von Anlagevermögen dar. Dies ist insbesondere notwendig, wenn die Inflation hoch ist.

208 EXPERTsuisse, 2023, S. 295.

Beispiel Anlagespiegel Sachanlagen (Geschäftsbericht Stadler Rail 2022)

In CHF 1'000	**Grundstücke und Bauten**	**Maschinen und Anlagen**	**Einrichtungen**	**Werkzeuge**	**Fahrzeuge Transportmittel**	**Hardware**	**Anlagen in Leasing**	**Anlagen in Bau**	**Total**
Anschaffungswerte									
Bestand per 1. Januar 2020	**480'675**	**241'464**	**83'161**	**44'324**	**17'158**	**38'709**	**65'283**	**57'359**	**1'028'133**
Veränderung Konsolidierungskreis	–	–	105	–	–	–	–	–	105
Zugänge	80'330	29'040	12'143	10'982	3'148	10'213	–	109'984	255'840
Abgänge	(122)	(5'935)	(1'683)	(1'683)	(613)	(1'799)	(90)	–	(12'080)
Umgliederungen	19'156	20'458	846	799	188	753	1'781	(43'981)	–
Währungseinflüsse	(10'315)	(5'250)	(820)	(485)	(228)	(522)	(3'112)	(1'132)	(21'864)
Bestand per 31. Dezember 2020	**569'724**	**279'777**	**93'597**	**53'937**	**19'653**	**47'354**	**63'862**	**122'230**	**1'250'134**
Veränderung Konsolidierungskreis	–	27	298	29	217	141	–	–	712
Zugänge	8'211	14'124	14'995	4'293	2'606	6'936	342	48'866	100'373
Abgänge	(2'609)	(2'086)	(932)	(2'306)	(823)	(4'903)	–	–	(13'659)
Umgliederungen	95'963	24'344	1'791	4'508	710	574	–	(124'890)	–
Währungseinflüsse	(11'797)	8'517	(1'548)	(1'831)	(389)	(647)	(1'939)	(1'757)	(28'425)

In CHF 1'000	Grundstücke und Bauten	Maschinen und Anlagen	Einrichtungen	Werkzeuge	Fahrzeuge Transportmittel	Hardware	Anlagen in Leasing	Anlagen in Bau	Total
Bestand per 31. Dezember 2021	**659'492**	**304'669**	**108'201**	**58'630**	**21'974**	**49'455**	**62'265**	**44'449**	**1'309'135**
Kumulierte Abschreibungen und Wertbeeinrichtigungen									
Bestand per 1. Januar 2020	**90'318**	**119'807**	**34'191**	**30'899**	**10'351**	**26'099**	**14'768**	–	**326'433**
Zugänge	15'688	18'605	6'406	6'136	1'884	6'809	2'147	–	57'675
Abgänge	(119)	(4'144)	(940)	(1'634)	(566)	(1'698)	(90)	–	(9'191)
Umgliederungen	58	–	–	(2)	–	2	(58)	–	–
Währungseinflüsse	(819)	(2'194)	(215)	(347)	(84)	(323)	(770)	–	(4'752)
Bestand per 31. Dezember 2020	**105'126**	**132'074**	**39'442**	**35'052**	**11'585**	**30'889**	**15'997**	–	**370'165**
Zugänge	17'667	21'553	7'826	6'947	2'068	7'493	1'983	–	65'537
Abgänge	(137)	(1'948)	(889)	(2'283)	(754)	(4'814)	–	–	(10'825)
Währungseinflüsse	(1'795)	(3'716)	(581)	(1'129)	(183)	(482)	(599)	–	(8'485)

In CHF 1'000	Grundstücke und Bauten	Maschinen und Anlagen	Einrichtungen	Werkzeuge	Fahrzeuge Transportmittel	Hardware	Anlagen in Leasing	Anlagen in Bau	Total
Bestand per 31. Dezember 2021	120'861	147'963	45'798	38'587	12'716	33'086	17'381	–	416'392
Nettobuchwerte									
Bestand per 31. Dezember 2021	538'631	156'706	62'403	20'043	9'258	16'369	44'884	44'449	892'743
Bestand per 31. Dezember 2020	464'598	147'703	54'155	18'885	8'068	16'465	47'865	122'230	879'969
Bestand per 1. Januar 2020	390'357	121'657	49'970	13'425	6'807	12'610	50'515	57'359	701'700

36 Personalaufwand

Die Personalaufwendungen in vielen Unternehmen stellen einen wesentlichen Kostenfaktor dar. Sie sind die Entschädigung für die Arbeitsleistungen des Personals und umfassen in der Regel auch die Sozialversicherungen. Diese machen rund ein Viertel der Personalkosten aus. Bei Industrieunternehmen und dem verarbeitenden Gewerbe entspricht der Personalaufwand ungefähr einem Drittel des Umsatzes, bei Dienstleistungsunternehmen zwischen 70 % und 80 %.

Der Personalaufwand umfasst in der Regel

- die Lohnaufwendungen (Bruttolohn),
- Sozialversicherungsaufwendungen und
- übrigen Personalaufwendungen.[209]

Für die Kontoführung beim Lohnaufwand (Bruttolohn) werden in der Rechnungslegungspraxis folgende Konten geführt:

- Löhne
- Zulagen an das Personal
- Erfolgsbeteiligungen und Provisionen
- Kosten für Personalausleihungen
- Leistungen von Sozialversicherungen (für den krankheits- oder unfallbedingten Ausfall von Personal)

Sofern Personal von anderen Unternehmen gemietet wird, sollten für diese Aufwendungen separate Konten geführt werden, um die Transparenz zu erhöhen.[210]

Nach 959b OR ist kein detaillierter Ausweis des Personalaufwandes verlangt, sondern nur der Ausweis der Gesamtsumme. Es ist aber empfehlenswert, dass der Personalaufwand differenziert dargelegt wird. Häufig werden die Konten Lohnaufwand, Sozialversicherungsaufwand und übriger Personalaufwand geführt. Werden die Grundsätze ordnungsgemässer Rechnungslegung der Klarheit, Wesentlichkeit und Verständlichkeit berücksichtigt, drängt sich eine solche Darstellung auf.

Die Sozialversicherungsbeiträge werden in der Regel durch den Arbeitgeber und Arbeitnehmer getragen. Beim Arbeitnehmenden werden die Kosten vom Brutto-

209 Pfaff, 2019, S. 421, N 72.
210 Pfaff, 2019, S. 421, N 77.

lohn abgezogen. Für Sozialversicherungen (Sozialversicherungsaufwand) werden in der Regel folgende Konten geführt, welche die Arbeitgeber-Beiträge beinhalten:

- Kosten für die AHV, IV, EO, ALV (durch Arbeitnehmende und -geber)
- Kosten für die Familienausgleichskasse (durch Arbeitgeber)
- Kosten für die berufliche Vorsorge (Pensionskassenbeiträge (durch Arbeitnehmende und -geber)
- Kosten für die Unfallversicherungen (durch Arbeitnehmende und -geber)
- Kosten für die Krankentagegeldversicherung (in der Regel durch Arbeitnehmende)
- Kosten für die Quellensteuer

Für jede Sozialversicherung ist beim Jahresabschluss eine Abrechnung zu erstellen. Zu viel oder zu wenig bezahlte Beiträge stellen in der Regel eine Abgrenzungsposition dar.

Zum übrigen Personalaufwand zählen Kosten für die Personalbeschaffung (Rekrutierungskosten), Aus- und Weiterbildungskosten sowie Spesenentschädigungen.[211] Aus diesen Konten ergeben sich unterschiedliche Komponenten des Personalaufwands. Die Personalkosten setzen sich daher bei Unternehmen aus folgenden Positionen zusammen (▶ Dar. 67):

Dar. 67: Elemente des Personalaufwands

Personalaufwand			
Buttolohn		**Sozialversicherungs-aufwand**	**Übriger Personalaufwand**
Nettolohn	**Arbeitnehmerbeiträge**		
Lohnauszahlung an Mitarbeitende	AHV, IV, EO, ALV, PK, BU, NBU	AHV, IV, EO, ALV, PK, BU, NBU, Verwaltungskosten	Weitere Zahlungen an die Mitarbeitenden

Der Bruttolohn setzt sich zusammenfassend aus dem Nettolohn, welcher effektiv ausbezahlt wird, und den Sozialkostenbeiträgen des Arbeitnehmenden zusammen. Der Arbeitgeber hat ausserdem die Arbeitgeberanteile der Sozialversicherungsaufwendungen zu übernehmen, der über den Sozialversicherungsaufwand gebucht wird. Der übrige Personalaufwand dient der Erfassung von weiteren Zahlungen an Mitarbeitende, wie die Kostenübernahme des Halbtaxabonnements, Jubiläumsbeiträge oder Beiträge an die Weiterbildungskosten (sogenannte Fringe Benefits).

Die Sozialversicherungsaufwendungen beruhen auf dem Drei-Säulen-Konzept, welches folgende Struktur aufweist (▶ Dar. 68).

211 Pfaff, 2019, S. 421, N 77.

Dar. 68: Drei-Säulen-Konzept der Schweiz

Die Sozialversicherungskosten setzen sich somit aus diversen Sozialversicherungen zusammen. Die Beiträge und die Berechnungsgrundlage sind in der nachfolgenden Darstellung 69 aufgeführt.

Dar. 69: Berechnungsinhalte der Sozialversicherungen (Quelle: Treuhand-Almanach, Ausgabe 2025, S. 65)

Versicherung	Beitrag Arbeitnehmende	Beitrag Arbeitgebende	Total	Berechnungsgrundlage	Bemerkung
Alters- und Hinterlassenenversicherung (AHV)	4.35 %	4.35 %	8.7 %	Bruttolohn	Existenzsicherung im Alter
Invalidenversicherung (IV)	0.7 %	0.7 %	1.4 %	Bruttolohn	Existenzsicherung bei Invalidität
Erwerbsersatzordnung (EO)	0.25 %	0.25 %	0.5 %	Bruttolohn	Erwerbsersatz für Dienstwehrpflicht oder Frauen in Mutterschaft
Verwaltungskosten		1 – 5 %	1 – 5 %	Beiträge AHV/IV/EO	Unkostenbeiträge an die Ausgleichskassen
Arbeitslosenversicherung (ALV)	1.1 %	1.1 %	2.2 %	Bruttolohn bis zu maximal CHF 148'200	
Familienzulagen		Nach Bandbreiten 1 – 4 % des Bruttolohns		vom Bruttolohn	Die Finanzierung erfolgt ausschliesslich über die Arbeitgebenden.

Dar. 69: Berechnungsinhalte der Sozialversicherungen (Quelle: Treuhand-Almanach, Ausgabe 2025, S. 65) – Fortsetzung

Versicherung	Beitrag Arbeitnehmende	Beitrag Arbeitgebende	Total	Berechnungsgrundlage	Bemerkung
Berufsunfall (BU)	Nach abgeschlossener Versicherung (nach Brandbreiten 1 – 15 %)	Nach abgeschlossener Versicherung (nach Brandbreiten 1 – 15 %)	Nach abgeschlossener Versicherung (nach Brandbreiten 1 – 15 %)	Bruttolohn bis zu maximal CHF 148'200	Nach Branche unterschiedlich und in der Regel durch Arbeitgebenden gezahlt
Nichtberufsunfall (NBU)	Nach abgeschlossener Versicherung (nach Brandbreiten 1 – 3 %)	Nach abgeschlossener Versicherung (nach Brandbreiten 1 – 3 %)	Nach abgeschlossener Versicherung (nach Brandbreiten 1 – 3 %)	Bruttolohn bis maximal CHF 148'200	Verpflichtend bei einer Arbeitsleistung von mehr als 8 h pro Woche, in der Regel durch die Arbeitnehmenden gezahlt
Krankentagegeld (KTG)				In der Regel vom Bruttolohn je nach Versicherung 0.25 bis 3 %	Freiwillig, in der Regel zwischen den Parteien aufgeteilt
Pensionskasse (PK)	Bandbreite zwischen 5 – 9 %	Bandbreite zwischen 5 – 9 %		Bruttolohn abzüglich Koordinationsabzug (= versicherter Lohn)	Koordinationsabzug: CHF 26'460 (monatlich: CHF 2'205) Belastungen nach Altersgutschriften
Familienausgleichskasse (FAK)		0.3 – 4 %	0.3 – 4 %	Bruttolohn	Beiträge zu 100 % durch die Arbeitgebenden zu leisten

Die AHV, IV und EO betragen in der Summe je 5.3 % vom Bruttolohn für Arbeitgeber und Arbeitnehmer. Für Selbstständigerwerbende (Einzelunternehmen) beträgt der Satz maximal 10 %. Die Kinderzulagen, welche über Lohnbeiträge durch den Arbeitgeber erstattet werden, betragen 1 bis 4 % des Bruttolohns. Die Verwaltungskosten belaufen sich auf 1 bis 5 % der gesamten Arbeitnehmer- und Arbeitgeberbeiträge für AHV, IV und EO. Die ALV (Arbeitslosenversicherung) wird mit je 1.1 % des Bruttolohns für Arbeitgeber und Arbeitnehmende finanziert. All diese Sozialversicherungsbeiträge werden an die kantonalen oder branchenspezifischen Sozialversicherungsanstalten überwiesen.

Die Pensionskassenbeiträge (PK) werden auf Basis des versicherten Lohns berechnet. Dieser ergibt sich aus der Differenz zwischen Bruttolohn abzüglich Koordinationsabzug. Der Koordinationsabzug berücksichtigt die Belastung durch die erste Säule. Auf dem versicherten Lohn werden je nach Alterskategorie unterschiedliche Beiträge für die Pensionskasse belastet, welche durch den Arbeitgeber bezahlt bzw. bei den Arbeitnehmenden vom Bruttolohn abgezogen werden. Die Beiträge, die auf Basis des versicherten Lohns berechnet werden, ergeben sich aus dem Reglement der entsprechenden Pensionskassen. Die Beiträge sind in der Praxis je zwischen 5 % bis 9 %. Diese Beiträge werden an die Pensionskasse (Vorsorgeeinrichtung) überwiesen.

Die Unfallversicherungsbeiträge (Berufsunfall und Nichtberufsunfall) werden mit unterschiedlichen Sätzen auf Basis des Bruttolohns berechnet und an die entsprechenden Privatversicherungen überwiesen. Die Beitragssätze für die Nichtberufsunfallversicherung betragen 1 bis 3 % und jene für die Berufsunfallversicherung 1 bis 15 %. Die Prämien unterscheiden sich in diesem Bereich teilweise erheblich. Die Versicherungsprämien werden in der Regel für ein Jahr im Voraus bezahlt und an die Versicherungsanstalten überwiesen.

Beispiel Personalaufwand und Lohnabrechnung

Das Einzelunternehmen Müller beschäftigt einen Mitarbeitenden, Paul Egli. Herr Egli verdient CHF 48'000 pro Jahr (12 Monatslöhne). Zudem werden die einmaligen Weiterbildungskosten pauschal mit CHF 2'000 erstattet. Dabei sind folgende Sozialversicherungen vorhanden:

AHV, IV, EO	5.3 %
ALV	1.1 %
PK	7 % auf dem versicherten Lohn (Arbeitgeber 10 %)
NBU	1 %
BU	2 %
FAK	3 %
Verwaltungskosten	1 %

Die Lohnabrechnung setzt sich wie folgt zusammen:

Bruttolohn		4'000
AHV, IV, EO	5.3 % von 4'000	–212
ALV	1.1 % von 4'000	–44
PK	7 % von (4'000 – 2'205)	–125.65

NBU	1 % von 4'000	–40
Weiterbildungspauschale		2'000
Nettolohn		5'578.35

Die Buchungen für die Sozialaufwände, die der Arbeitnehmende tragen muss, lauten wie folgt:

Personalaufwand / Bank	5'578.35
Übriger Personalaufwand / Personalaufwand	2'000
Lohnaufwand / Verbindlichkeit Sozialversicherung	212
Lohnaufwand / Verbindlichkeit Sozialversicherung	44
Lohnaufwand / Verbindlichkeit Pensionskasse	125.65
Lohnaufwand / Vorauszahlung Versicherungsprämien	40

Die Versicherungsprämien (BU und NBU) werden in der Regel jährlich vorausbezahlt.

Die Arbeitgeberbeiträge berechnen sich wie folgt:

AHV, IV, EO	5.3 % von 4'000	212
ALV	1.1 % von 4'000	44
PK	10 % von (4'000 – 2'205)	179.50
BU	2 % von 4'000	80
FAK	3 % von 4'000	120
Verwaltungskosten	1 % auf 424 (2 x 212)	4.24

Die Buchungen für die Sozialaufwendungen lauten:

Sozialversicherungsaufwand / Verbindlichkeit Sozialversicherung	212
Sozialversicherungsaufwand / Verbindlichkeit Sozialversicherung	44
Sozialversicherungsaufwand / Verbindlichkeit Pensionskasse	179.50
Sozialversicherungsaufwand / Vorauszahlung Versicherungsprämien	80
Sozialversicherungsaufwand / Verbindlichkeit Sozialversicherung	120
Sozialversicherungsaufwand / Verbindlichkeit Sozialversicherung	4.24

Für den monatlichen Lohn muss der Arbeitgeber für jeden Mitarbeitenden eine Lohnabrechnung erstellen. Hieraus sind der Bruttolohn, die Sozialversicherungsbeiträge und der effektiv ausbezahlte Lohn ersichtlich. Am Jahresende erstellt der Arbeitgeber zudem einen Lohnausweis, welcher der Mitarbeitende für die persönliche Steuererklärung benötigt. Auf dem Lohnausweis sind der Bruttolohn, die Sozialversicherungsbeiträge und die Spesen ersichtlich.

Sofern Mitarbeitende Überzeit und Ferienguthaben zum Zeitpunkt des Jahresabschlusses aufweisen, sind hierzu passive Rechnungsabgrenzungen zu bilden. Dabei werden für jeden Mitarbeitenden die Ferienguthaben und die Überzeit in Stunden berechnet und mit dem Stundenlohn multipliziert. Aus den Ferienguthaben und Überzeitbeständen sind auch Sozialversicherungsanteile abzugrenzen.

Beispiel Ferienguthaben

Die Zurbriggen AG erfasst die Ferienguthaben ihrer Mitarbeitenden. Es besteht am Jahresende ein Ferienguthaben von CHF 22'100. Zum Jahresabschluss ist daher zu buchen, welche als kurzfristige Rückstellungen oder passive Rechnungsabgrenzungen zu erfassen sind:

Übriger Personalaufwand / passive Rechnungsabgrenzung	22'100

Gehaltsnebenleistungen sind ebenfalls zu erfassen und stellen in der Regel einen Teil des Lohns dar. Häufig werden sie allerdings im Lohnausweis gegenüber den Steuerbehörden nur deklariert. In der Praxis ist dies häufig die Kantinenverpflegung oder die Zurverfügungstellung eines Geschäftswagens. Auf einem Geschäftswagen ist ein Privatanteil von 0.9 % pro Monat bezogen auf den Kaufpreis (ohne MwSt), mindestens aber CHF 150, zu erfassen, sofern der Geschäftswagen zu mindestens 50 % geschäftlich genutzt wird.

Beispiel Privatanteile auf dem Geschäftswagen

Die Zurkirchen AG besitzt zwei Geschäftswagen, die mehrheitlich geschäftlich genutzt werden. Eines dieser Autos ist ein VW Passat (Einkaufspreis CHF 25'000 ohne MwSt). Der Privatanteil beträgt 0.9 % pro Monat und beträgt somit jährlich CHF 2'700 (CHF 25'000 x 12 x 0.9 %). Es ist keine Buchung notwendig, der Betrag wird allerdings im Lohnausweis aufgeführt und ist durch den Mitarbeitenden zu versteuern.

37 Übriger betrieblicher Aufwand

Der übrige betriebliche Aufwand (auch betriebswirtschaftlich als übriger Betriebsaufwand bezeichnet) umfasst alle geschäftlichen, operativen Aufwendungen, die den anderen Aufwendungen nicht zugeordnet werden können. Diese Position ist daher eine Sammelposition.[212] Zentraler Aspekt dabei ist, dass die Aufwendungen einen geschäftlichen Zweck aufweisen und wiederkehrend sind. Ansonsten gehören sie zum ausserordentlichen, einmaligen oder periodenfremden Aufwand.

Im Rechnungslegungsrecht wird diese Position bei der Produktionserfolgsrechnung nach OR 959b II als übriger betrieblicher Aufwand ausgewiesen. In der Absatzerfolgsrechnung wird diese Position nicht separat ausgewiesen, sondern den anderen Aufwendungspositionen zugeordnet. Der Betriebsaufwand ist dort daher auch nicht direkt ersichtlich. Typische Beispiele in der Praxis sind:[213]

- Forderungsverluste
- Bildung von Rückstellungen
- Raum- oder Mietaufwand
- Unterhalt und Reparaturen
- Fahrzeugaufwand
- Transportaufwand
- Sachversicherungen
- Energieaufwand
- Verwaltungsaufwand
- Entsorgungsaufwand
- Informatikaufwand
- Werbe- oder Vertriebsaufwand
- Forschungs- und Entwicklungsaufwand
- Leasingaufwand (▶ Kap. 43)[214]

Für die Analyse des Betriebsaufwands ist eine auf freiwilliger Basis weitergehende Offenlegung erstrebenswert, da sich dadurch die Qualität der Auswertung erhöhen lässt. Die Forderungsverluste können auch als Erlösminderung erfasst werden. Hier

---

212 Böckli, 2014, S. 131, N 557.

213 Pfaff, 2019, S. 424, N 83.

214 Nach der hier vertretenen Lehrmeinung kann der Leasingaufwand auch dem Finanzaufwand zugeordnet werden.

besteht ein Wahlrecht bei der Zuteilung der Forderungsverluste entweder als Erlösminderung oder Betriebsaufwand.

Beispiel Betriebsaufwand Appenzeller Bahnen AG (Geschäftsbericht OR 2019)

Die Appenzeller Bahnen AG erstellt ihren Geschäftsbericht nach OR. Der übrige Betriebsaufwand wird auf freiwilliger Basis detaillierter ausgewiesen mit folgenden Positionen:

Betriebsaufwand		
Total	**54'989'677**	**53'343'944**
Material- und Dienstleistungsaufwand	**6'964'960**	**6'134'769**
Betriebsleistungen	1'212'579	1'588'211
Unterhaltsleistungen	4'078'590	3'114'893
Traktionsenergie	1'673'791	1'431'665
Personalaufwand	**21'639'181**	**21'434'723**
Löhne	17'083'850	17'250'236
Sozialversicherungen	3'006'332	2'956'424
Übriger Personalaufwand	1'548'999	1'228'063
Übriger Betriebsaufwand	**6'967'282**	**6'418'985**
Verwaltung	1'942'394	1'617'999
Informatik und Kommunikation	922'237	700'626
Marketing	706'611	519'517
Versicherungen und Schadenersatz	456'036	510'144
Miete	228'441	250'664
Betriebs- und Dienstleistungen	1'431'798	1'667'055
Unterhaltsleistungen	842'203	698'888
Energie und Entsorgung	437'562	454'092
Nicht aktivierbare Investitionsaufwendungen	**1'852'630**	**2'837'419**
Nicht aktivierbare Investitionsaufwendungen ohne Sparte Infrastruktur	104'247	194'741
Nicht aktivierbare Investitionsaufwendungen Sparte Infrastruktur	1'748'383	2'642'678
Abschreibungen	**17'565'624**	**16'518'048**
Abschreibungen ohne Sparte Infrastruktur	8'840'048	9'962'676
Abschreibungen Sparte Infrastruktur	8'725'576	6'555'372

Für die einzelnen Aufwandspositionen sollten aus Transparenzgründen und aufgrund der Grundsätze ordnungsgemässer Buchführung eigene Konten geführt werden.[215] Bei den Unterhaltskosten und Reparaturen ist im Einzelfall zu prüfen, ob keine Ersatz- oder Ergänzungsinvestitionen vorliegen, die eigentlich zu aktivieren sind. Sofern die Ansatzkriterien für ein Aktivum erfüllt sind, sind diese Beträge nicht als Kosten, sondern als Aktivum zu erfassen. Auch bei den Forschungs- und Entwicklungskosten ist eine Aktivierung als immaterieller Vermögenswert zu prüfen, sofern die Ansatzkriterien für ein Aktivum kumulativ erfüllt sind (► Kap. 7.3).

Nicht zum Betriebsaufwand zählt der Steueraufwand, welcher nach OR 959b separat auszuweisen ist. Zum Steueraufwand gehören die Gewinn- oder Einkommenssteuern, die Grundstückgewinnsteuern sowie die Kapital- oder Vermögenssteuer.[216]

215 Pfaff, 2019, S. 424, N 85.
216 EXPERTsuisse, 2023, S. 295.

38 Finanzaufwand und -ertrag

Zum Finanzaufwand (umgangssprachlich auch als Zinsaufwand bezeichnet) zählen alle Aufwendungen im Zusammenhang mit verzinslichen Finanzverbindlichkeiten. In den Konten sollte der Finanzaufwand gegenüber verzinslichen Verbindlichkeiten, gegenüber Beteiligten oder Organen bzw. Beteiligungen differenziert werden. Der übrige Finanzaufwand zeigt die Bankspesen, Depotgebühren, Währungsverluste oder Wertkorrekturen bei kurzfristigen Wertschriftenanlagen auf.

Beispiel Finanzaufwand und -ertrag Weisse Arena AG (Geschäftsbericht OR 2019)

Die Weisse Arena AG ist Anbieter von Freizeitsportaktivitäten. Zu dieser Gesellschaft zählen zahlreiche Beteiligungen. Im Einzelabschluss (Abschluss der Holding) zeigen sich in der Erfolgsrechnung folgende Positionen:

in TCHF	2017/18	in %	2018/19	in %
Beteiligungsertrag	1 600	67,5 %	0	0,0 %
Finanzertrag	770	32,5 %	1 947	100,0 %
Ertrag Total	**2370**	**100,0 %**	**1947**	**100,0 %**
Personalaufwand	0	0,0 %	0	0,0 %
Übriger Betriebsaufwand	-176	-7,4 %	-149	-7,7 %
Finanzaufwand	-1 816	-76,6 %	-1 638	-84,1 %
Aufwand Total	**-1993**	**-84,1 %**	**-1788**	**-91,8 %**
Nettoergebnis vor Steuern	**377**	**15,9 %**	**160**	**8,2 %**
Direkte Steuern	-2	-0,1 %	-3	-0,2 %
Nettoergebnis	**375**	**15,8 %**	**157**	**8,0 %**

Der Finanzaufwand ist die grösste Position. In der Bilanz finden sich im Jahr 2018/2019 verzinsliche Verbindlichkeiten in folgender Höhe, was die Höhe des Finanzaufwands erklärt:

in TCHF	30. April 2018	in %	30. April 2019	in %
Aktiven				
Flüssige Mittel	239		236	
Forderungen aus Lieferungen und Leistungen	29		47	
Übrige kurzfristige Forderungen	0		0	
Aktive Rechnungsabgrenzungen	20		20	
Umlaufvermögen	**289**	**0,2 %**	**304**	**0,2 %**
Finanzanlagen	97 548		91 891	
Beteiligungen	40 439		50 453	
Anlagevermögen	**137 987**	**99,8 %**	**142 343**	**99,8 %**
Total Aktiven	**138 276**	**100,0 %**	**142 647**	**100,0 %**
Passiven				
Verbindlichkeiten aus Lieferungen und Leistungen	51		54	
Kurzfristige verzinsliche Verbindlichkeiten	15 923		22 498	
Übrige kurzfristige Verbindlichkeiten	2 402		3 277	
Passive Rechnungsabgrenzungen	194		202	
Kurzfristiges Fremdkapital	**18 570**	**13,4 %**	**26 031**	**18,2 %**
Langfristige verzinsliche Verbindlichkeiten	75 066		73 360	
Langfristiges Fremdkapital	**75 066**	**54,3 %**	**73 360**	**51,4 %**
Fremdkapital	**93 635**	**67,7 %**	**99 391**	**69,7 %**
Aktienkapital	5 500		5 500	
Gesetzliche Kapitalreserve				
Reserve aus Kapitaleinlagen	14 915		13 284	
Gesetzliche Gewinnreserve	1 000		1 000	
Freiwillige Gewinnreserve	3 400		3 400	
Eigene Aktien und Mitarbeiteraktien	-184		-94	
Bilanzgewinn				
Gewinnvortrag	19 634		20 009	
Jahresergebnis	375		157	
Eigenkapital	**44 640**	**32,3 %**	**43 256**	**30,3 %**
Total Passiven	**138 276**	**100,0 %**	**142 647**	**100,0 %**

Wertberichtungen und Abschreibungen auf langfristigen Finanzanlagen oder Beteiligungen sind jedoch als solche zu buchen und zählen nicht zum Finanzaufwand.[217]

Zum Finanzertrag zählen Erträge aus langfristigen Finanzanlagen (Dividenden oder Kursgewinne) oder aus Beteiligungen (meist in Form von Dividenden). Zum übrigen Finanzertrag zählen Kursgewinne bei kurzfristigen Wertschriften, Währungsgewinne oder Verzugs- und Vergütungszinsen.[218]

Fremdwährungsaufwendungen und -erträge können dem Finanzaufwand bzw. Finanzertrag zugeordnet werden. Es besteht allerdings ein Wahlrecht, ob sie beispielsweise auch als Teil des Nettoerlöses (Fremdwährungsgewinne als Ertrag und Fremdwährungsverluste als Erlösminderungen) oder im Finanzergebnis (Finanz-

217 EXPERTsuisse, 2023, S. 295.
218 Pfaff, 2019, S. 427, N 90.

aufwand oder -ertrag) erfasst werden können.[219] Bei Einkäufen können Fremdwährungsaufwendungen und -erträge sinngemäss auch über den Materialaufwand erfasst werden.

Eine Verrechnung von Finanzaufwand und -ertrag ist grundsätzlich nicht zulässig.[220]

219 EXPERTsuisse, 2023, S. 295.

220 Böckli, 2014, S. 132, N 560.

39 Betriebsfremde, ausserordentliche, einmalige und periodenfremde Erträge und Aufwendungen

Eine Besonderheit kommt dem separaten Ausweis von ausserordentlichen, einmaligen und periodenfremden Aufwendungen und Erträgen zuteil. Sie sind in beiden Darstellungsformen nach OR 959b (Produktions- und Absatzerfolgsrechnung) auszuweisen.

Die Abgrenzung dieser Begriffe ist nicht in jedem Geschäftsfall eindeutig. Ausserordentlich und einmalig sind kaum zu differenzieren und oftmals überlappend. Periodenfremd bedeutet, dass ein Aufwand oder Ertrag nicht in der entsprechenden Periode angefallen ist.[221]

Als Hilfestellung zur Entscheidung, ob Aufwendungen oder Erträge betriebsfremd, periodenfremd oder ausserordentlich bzw. einmalig sind, können folgende Hinweise dienen (▶ Dar. 70).

- **Betriebsfremd**: Der Aufwand oder Ertrag entsteht ausserhalb der normalen Geschäftstätigkeit.
- **Einmalig oder ausserordentlich**: Der Aufwand oder Ertrag ist einmalig und nicht wiederkehrend.
- **Periodenfremd**: Der Aufwand oder Ertrag liegt ausserhalb des Berichtsjahres.

Dar. 70: Betriebsfremde, ausserordentliche, einmalige oder periodenfremde Erfolgspositionen (Quelle: in Anlehnung an Schweizer Kontenrahmen KMU, S. 129)

	betriebsfremd	ausserordentlich	einmalig	periodenfremd
ausserhalb der Geschäftstätigkeit im Berichtsjahr	JA	JA	JA	JA
ausserhalb der gewöhnlichen Geschäftstätigkeit	JA	JA	JA	NEIN
erwartungsgemäss wiederkehrend	JA	NEIN	NEIN	JA
wesentlich (entscheidungsrelevant)	JA	JA	JA	JA

221 Pfaff, 2019, S. 429, N 94 ff.

Betriebsfremde Geschäftstätigkeiten sind in der Regel selten und haben oft mit einer Renditeliegenschaft zu tun, die nicht einen geschäftlichen Zweck verfolgt. Ausserordentliche Tätigkeiten zeichnen sich durch ihre Einmaligkeit aus. Ausserordentliche Aufwendungen und Erträge können im Zusammenhang mit Rückstellungen, Währungserfolgen oder dem Gewinn oder Verlust aus dem Verkauf von Anlagevermögen entstehen. Beispiele für periodenfremde Aufwendungen und Erträge in der Unternehmenspraxis sind Erträge aus Schadensfällen, ausserordentliche Wertbeeinträchtigungen, Schaden aus deliktischen Handlungen, Selbstbehalte, Rückvergütungen oder die Bildung oder Auflösung von Arbeitgeberbeitragsreserven.[222] Insbesondere die Anpassung von Schätzungsparametern aus den Vorjahren sind diesen Aufwendungen oder Erträgen zuzuordnen.

Die Verwendung dieser Positionen ist restriktiv anzuwenden, um die Vergleichbarkeit sicherzustellen. Auch sollten diese Positionen schlüssig und zutreffend bezeichnet werden. Im Anhang sind die Details offenzulegen und zu erläutern.

Beispiel SN Energie (Geschäftsbericht 2019)

Auszug aus der Erfolgsrechnung:

		2019	2018
Betriebsergebnis vor Zinsen und Steuern		**11'161'101**	**300'752**
Finanzertrag		2'177'815	2'585'206
Finanzaufwand		–683'225	–661'180
Betriebsergebnis vor Steuern und a. o. Positionen		12'655'691	2'224'778
Ausserordentlicher, einmaliger oder periodenfremder Aufwand	2.7	–8'800'000	–10'541'920
Ausserordentlicher, einmaliger oder periodenfremder Ertrag	2.7	0	10'811'654
Jahresergebnis vor Steuern		3'855'691	2'494'512
Direkte Steuern		–438'874	–115'546
Jahresgewinn		3'416'817	2'378'966

222 Pfaff, 2019, S. 429, N 95.

Auszug aus dem Anhang:

2.7 Erläuterungen zu ausserordentlichen, einmaligen oder periodenfremden Positionen der Erfolgsrechnung

Die ausserordentlichen Positionen setzen sich wie folgt zusammen:	2019 CHF	2018 CHF
Wertberichtigung auf nachrangige Aktivdarlehen KW Doppelpower	−4'000'000	−10'000'000
Wertberichtigung auf nachrangige Aktivdarlehen SNEE	−4'300'000	0
Wertberichtigung auf Beteiligung KW Semf	0	−12'000
Wertberichtigung auf Beteiligung Kraftwerk Burentobel	0	−200'000
Wertberichtigung auf Beteiligung elog	0	−50'000
Wertberichtigung auf Beteiligung Terravent	0	−279'920
Zuweisung an EAC-Konto	−500'000	0
Auflösung bzw. Bildung Rückstellungen für belastende Strombezugsverträge	0	10'500'000
Einmalzahlung an Aktionäre	−1'041'178	−1'034'212
Teil-Auflösung R0ckstellung für Marktrisiken	1'041'178	1'034'212
Fusionsgewinn HiQ	0	270'480
Diverse ausserordentliche Erträge/Aufwände	0	41'174
Total ausserordentlIche Positionen	**−8'800'000**	**269'734**

Das Bauprojekt Kraftwerk Doppelpower ist fertig erstellt. Mit der erstmaligen Synchronisierung ans Netz wurde Anfang Dezember ein grosser Meilenstein erreicht. Der Betrieb kann somit Anfang 2020 aufgenommen werden. Aufgrund der massiven Mehrkosten, welche die SN Energie mit nachrangigen Darlehen finanzierte und in der Folge und tieferen Renditeerwartungen in der Zukunft, wird ein Teil der nachrangigen Darlehen wertberichtigt.
Die SN Erneuerbare Energie AG (SNEE) weist infolge Forderungsverzichten gegenüber ihrer Beteiligung an der HelveticWind Deutschland eine Unterbilanz aus. Es wird deshalb ein Tell der nachrangigen Darlehen wertberichtigt.
Dem zweckgebundenen EAC-Konto werden CHF 500'000 zugewiesen.

Aufwendungen und Erträge, welche sich nicht dem operativen Zweck des Unternehmens zuordnen lassen, können als ausserordentlich betrachtet werden. Es besteht allerdings ein sehr grosser Ermessensspielraum, aber es stellt kein Wahlrecht dar.[223]

223 EXPERTsuisse, 2023, S. 297.

Gewinngrössen wie EBITDA und EBIT können durch die Zuordnungen dieser Positionen in unterschiedliche Gewinnstufen und Aufwandspositionen in erheblichem Masse beeinflusst werden. Der Jahresgewinn sollte jedoch nicht beeinflusst sein. Insbesondere bei hoch verschuldeten Unternehmen oder bei erfolgsbasierten Vergütungssystemen (auf Stufe EBIT oder EBITDA) besteht ein hoher Anreiz, ausserordentliche Erträge als ordentlich und ordentliche Aufwendungen als ausserordentlich zu klassifizieren.

Beispiel ausserordentlicher Ertrag

Die Geschäftsführung der Huber AG entschliesst sich, eine Rückstellung von CHF 240'000 aufzulösen, da diese über Jahre als stille Reserven geführt wurde. Im abgelaufenen Jahr (vor der Auflösung der Rückstellung) wird ein Jahresverlust von CHF -340'000 und ein EBIT von CHF -120'000 ausgewiesen. Die Auflösung der Rückstellung wird wie folgt gebucht:

Rückstellungen / sonstiger Betriebsaufwand	240'000

Durch diese Buchung wird ein EBIT von CHF +120'000 und ein Jahresverlust von -100'000 ausgewiesen. Allerdings würde die korrekte Buchung wie folgt lauten:

Rückstellungen / ausserordentlicher Ertrag	240'000

Durch diese Buchung würde der EBIT immer noch CHF -120'000 und der Jahresverlust CHF -100'000 betragen. Diese Auflösung ist korrekterweise als ausserordentlich und periodenfremd zu qualifizieren.

40 Herstellungs-, Vertriebs- und Verwaltungskosten

Die Absatzerfolgsrechnung bzw. das Umsatzkostenverfahren nach OR 959b zeigt keine Aufwendungen für Material, Personal, Abschreibungen bzw. Wertberichtigungen und übriger Betriebsaufwand. Anstelle der einzelnen Kostenarten sind die Herstellungskosten des Verkaufs bzw. die Vertriebs- und Verwaltungskosten darzulegen. Die Aufwendungen der Produktionserfolgsrechnung werden diesen Positionen nach der internen Kostenrechnung auf der Basis von Kostenstellen und Kostenträgern zugewiesen. Es sind hierzu die vollen Herstellkosten anzusetzen. Die Bestandesveränderungen werden mit den Herstellungskosten des Verkaufs verrechnet. Die Verwaltungskosten können teilweise Bestandteil der Herstellungskosten sein, hingegen dürfen Vertriebskosten diesen nicht zugeordnet werden.[224] Weiterhin sind die Personalaufwendungen sowie die Abschreibungen bzw. Wertberichtigungen im Anhang offenzulegen (▶ Kap. 3.3).[225]

224 Pfaff, 2019, S. 433, N 112.
225 Pfaff, 2019, S. 435, N 119.

41 Mehrwertsteuer (MwSt)

Die Mehrwertsteuer ist eine indirekte Bundessteuer, die im Inland erhoben wird. Dabei müssen Kunden auf Produkten und Dienstleistungen, die sie in der Schweiz konsumieren, indirekt eine Steuer entrichten (Steuer auf dem Mehrwert; auf Englisch Value Added Tax, VAT). Die Mehrwertsteuer ist daher eine Konsumsteuer. Die Unternehmen müssen in diesem Zusammenhang auf ihrem Umsatz diese Steuer erheben und der eidgenössischen Steuerverwaltung (ESTV) periodisch überweisen. Dies hat andererseits zur Folge, dass mehrwertsteuerpflichtige Unternehmen auf angefallenen Investitionen, Materialaufwand und anderen Betriebsaufwendungen die Mehrwertsteuer wiederum zurückfordern können (Vorsteuerabzug).

Beispiel Funktionsweise der Mehrwertsteuer

Die Knaus AG untersteht der Mehrwertsteuerpflicht. Im abgelaufenen Jahr beläuft sich die Umsatzsteuer auf CHF 140'000 (Steuer auf dem Umsatz). Hingegen kann die Knaus AG auf Investitionen, Materialaufwand und anderen Betriebsaufwendungen, auf denen die Mehrwertsteuer belastet wurde, Vorsteuern im Rahmen von CHF 80'000 zurückfordern. Die Knaus AG schuldet der ESTV somit am Jahresende CHF 60'000.

Die Mehrwertsteuer ist daher eine Nettophasensteuer (▶ Dar. 71). Dies bedeutet, dass auf den Vorleistungen von Lieferanten und weiteren Parteien (Materialaufwand, Betriebsaufwand und Investitionen) die belastete Mehrwertsteuer (Vorsteuer) von der ESTV zurückgefordert werden kann und auf dem Umsatz von Kunden die Mehrwertsteuer (Umsatzsteuer) eingefordert werden muss.

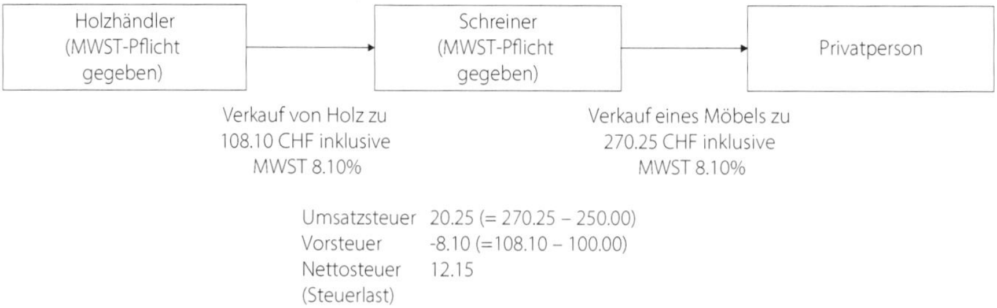

Dar. 71: Beispiel Vorgehen bei der Netto-Allphasensteuer der Mehrwertsteuer

Nach dem Mehrwertsteuergesetz (MwStG 10 I) wird in der Schweiz mehrwertsteuerpflichtig, wer nach aussen auftritt und auf Dauer eine gewerbliche oder berufliche Tätigkeit ausübt. Die Tätigkeit muss eine gewisse Intensität aufweisen. Gelegenheitsverkäufe fallen nicht unter die Mehrwertsteuerpflicht. Weiterhin sind Kleinunternehmen bis zu CHF 100'000 Umsatz pro Jahr von der Mehrwertsteuerpflicht befreit. Allerdings können sie freiwillig auf diese Befreiung verzichten.

Beispiel Mehrwertsteuerpflicht

Die Arnet & Co. hat im letzten Jahr einen Umsatz von CHF 90'000 aus dem Verkauf von Lebensmitteln erzielt. Da der Umsatz unter CHF 100'000 liegt, ist auf dem Umsatz keine Mehrwertsteuer zu erheben, jedoch dürfen dann auch die Vorsteuern nicht zurückgefordert werden. Ein Verzicht auf die Befreiung von der Mehrwertsteuer ist aber auf Antrag möglich, was insbesondere sinnvoll sein kann, wenn hohe Vorsteuern angefallen sind, die dann zurückgefordert werden können.

Mit der Mehrwertsteuer werden folgende Umsätze belastet:

- Im Inland gegen Entgelt erbrachte Lieferungen und Leistungen sowie Dienstleistungen (Inlandssteuer)
- Einfuhr von Gegenständen (Einfuhrsteuer, Zoll)
- Bezug von Leistungen von Unternehmen mit Sitz im Ausland an Empfänger im Inland (Bezugsteuer)

Wenn ein Unternehmen Produkte und Dienstleistungen ins Ausland liefert bzw. erbringt, so sind diese Umsätze von der Schweizer Mehrwertsteuer befreit (steuerbefreite Umsätze).

Die Mehrwertsteuerpflicht berechnet sich aus steuerbaren und steuerbefreiten Umsätzen, aber ohne ausgenommene Umsätze. Sofern ein Unternehmen keine Mehrwertsteuer erheben muss, kann sie die Vorsteuer von der ESTV auch nicht zurückfordern. Bei der Steuererfassung ist somit eine Differenzierung nach Umsätzen zentral. Die Art des Umsatzes bestimmt die Umsatzbesteuerung und die Frage des Vorsteuerrechts. Bei den Umsätzen sind daher drei Kategorien von besonderen Umsätzen zu differenzieren (▶ Dar. 72).

Dar. 72: Arten von besonderen Umsätzen bei der Mehrwertsteuer

Ausgenommene Umsätze	Befreite Umsätze	Nicht-Entgelte
Nicht besteuerte Umsätze aus sozialen Überlegungen	Export und Ausfuhrleistungen	aufgrund fehlender Leistung nicht steuerbar (z. B. Dividenden, Einlagen, etc.)
OHNE VORSTEUERRECHT	MIT VORSTEUERRECHT	MEHRHEITLICH MIT VORSTEUERRECHT

Als Beispiele für ausgenommene Umsätze, die nicht der Mehrwertsteuer unterliegen, können nach MwStG 21 II folgende Beispiele u. a. genannt werden:

- Umsätze von Ärzten (Heilbehandlung)
- Umsätze von Spitälern und Altersheimen
- Umsätze im Bereich Schulung und Bildung
- Umsätze von Banken und Versicherungen
- Umsätze durch Vermietungen usw.

Der Steuersatz für die steuerbaren Umsätze richtet sich nach der Art des steuerbaren Umsatzes, auf welchem die Umsatzsteuer geschuldet ist:

- Ordentlicher Satz von 8.1 % (Normalsatz)
- Sondersatz von 3.8 % für Hotellerie
- Reduzierter Satz von 2.6 % (alltägliche Produkte, wie z. B. Esswaren, Medikamente, Zeitungen usw.)

Kleinstunternehmen haben nach MwStG 37 I das Recht, das Saldosteuerverfahren anzuwenden. Dabei dürfen sie keinen höheren Umsatz (Berechnung Umsatz inkl. Mehrwertsteuer) als CHF 5'024'000 pro Jahr und eine maximale Nettosteuerzahllast von CHF 108'000 (Umsatzsteuer abzüglich Vorsteuer) pro Jahr aufweisen. Sofern ein Unternehmen diese Kriterien erfüllt, darf es die Saldosteuer auf ihrem Umsatz (inkl. Normalsteuersatz) anwenden, der für ihre Branche gilt (Multiplikation des Umsatzes inkl. ordentliche Mehrwertsteuer mit dem jeweiligen Branchensatz). Der Saldosatz je Branche wird dem Unternehmen jeweils auf Antrag durch die ESTV mitgeteilt. Durch die Saldobesteuerung entfällt der Vorsteuerabzug und somit ist kein Vorsteuerkonto zu führen. Der Vorteil ist, dass dadurch Kleinunternehmen administrativ entlastet werden. Es bedarf weniger Buchungen, und die Abrechnung muss nur zweimal im Jahr erfolgen.[226] Die Konten Vor- und Umsatzsteuer sind nicht mehr zu führen.

Beispiel Saldosteuerverfahren

Die Hugentobler AG erzielt einen Umsatz von CHF 4.1 Mio. und hat eine Nettozahllast von CHF 98'000 (Differenz Umsatz und Vorsteuer). Sie darf daher die Saldosteuermethode anwenden. Sie stellt Angelika Helfenberger eine Rechnung über CHF 1'000 (mit Normalsatz steuerbar). Der Saldosteuersatz beträgt 5.0 % für die Branche, in der die Hugentobler AG tätig ist. Der Buchungssatz lautet wie folgt:

Forderungen aus Lieferungen und Leistungen / Nettoerlös	1'081 (1'000 x 108.1 %)

226 EXPERTsuisse, 2023, S. 116.

Nettoerlös / Umsatzsteuer	54.05 (1'081 x 5 %)

Die Geschäftsbücher sind nach den handelsrechtlichen Grundsätzen nach MwStG 70 zu führen und so einzurichten, dass sich die für die Besteuerung massgeblichen Tatsachen zuverlässig ermitteln lassen.[227] Dabei ist der Nachweis und der Nachvollzug von besonderer Bedeutung.

In der Finanzbuchhaltung sind zwei Konten zu führen: Umsatz und Vorsteuern. Die Umsatzsteuer als Passivkonto (kurzfristiges Fremdkapital) zeigt die erhobene Mehrwertsteuer auf den Umsätzen eines Unternehmens, sofern das Unternehmen mehrwertsteuerpflichtig ist und steuerbare Umsätze aufweist. Das Konto Vorsteuern als Aktivkonto (Umlaufvermögen) zeigt die bezahlte Mehrwertsteuer auf Betriebsaufwendungen, Materialaufwand und Investitionen, die ein Unternehmen bezahlt hat und von der ESTV zurückfordern darf. Dabei sollte ein Vorsteuerkonto für Materialaufwand und eines für Betriebsaufwand und Investitionen separat geführt werden. Vorsteuer- und Umsatzsteuerkonto können je Abrechnungsperiode auf ein Durchlaufkonto übertragen werden. Das Durchlaufkonto zeigt in diesem Fall eine Schuld oder ein Guthaben gegenüber der ESTV.[228] Sofern ein Unternehmen eine hohe Exportquote aufweist, ist in der Regel ein Guthaben gegenüber der ESTV ausgewiesen, da der Export von der Mehrwertsteuer befreit ist.

Beispiel Verbuchung nach der Mehrwertsteuer

Die Keller GmbH ist mehrwertsteuerpflichtig und hat zwei Geschäftsvorfälle zu verbuchen: Kauf einer neuen CNC-Maschine für CHF 216'200 inkl. Mehrwertsteuer und der Verkauf von produzierten Produkten im Wert von CHF 10'810 inkl. Mehrwertsteuer. Die Buchungen lauten wie folgt, wobei der Normalsatz von 8.1 % zu berücksichtigen ist:
Kauf der Maschine mit Berücksichtigung der Vorsteuer als Forderung

Maschine / Verbindlichkeiten aus Lieferungen und Leistungen	200'000
Vorsteuer / Verbindlichkeiten aus Lieferungen und Leistungen	16'200

Verkauf von produzierten Produkten mit Berücksichtigung der Umsatzsteuer als Verbindlichkeit

Forderungen aus Lieferungen und Leistungen / Nettoerlös	10'000
Forderungen aus Lieferungen und Leistungen / Umsatzsteuer	810

227 EXPERTsuisse, 2023, S. 115.
228 EXPERTsuisse, 2023, S. 115.

Bei der Mehrwertsteuer werden zwei unterschiedliche Buchungs- und Abrechnungsmethoden unterschieden (▶ Dar. 73).

Dar. 73: Abrechnungs- und Buchungsmethoden bei der Mehrwertsteuer

	Vereinbartes Entgelt (Rechnung massgebend)	Vereinnahmtes Entgelt (Zahlungseingang massgeblich)
Nettomethode	Regelfall	auf Antrag
Bruttomethode	auf Antrag	auf Antrag

Bei der Nettomethode werden Umsatz- und Vorsteuer mit dem Grundgeschäft verbucht. Wenn ein Umsatz bzw. ein Aufwand verbucht wird, wird die Umsatz- und Vorsteuer zeitnah und im Zusammenhang mit dem Grundgeschäft verbucht. Bei der Bruttomethode werden Umsatz- und Vorsteuer erst am Ende einer Abrechnungsperiode auf den entsprechenden Konten erfasst. Die Abrechnung erfolgt in der Regel zum Ende eines Quartals. Hierzu muss die Schuld (Umsatzsteuerkonto grösser als Vorsteuerkonto) oder die Forderung (Vorsteuerkonto grösser als Umsatzsteuerkonto) bei der ESTV auf Antrag (Selbstveranlagung) mit der MwSt-Abrechnung eingereicht werden. Eine Schuld muss zudem an die ESTV innerhalb von 60 Tagen nach Quartalsschluss überwiesen und das entsprechende Formular eingereicht werden. Beim Saldosteuerverfahren ist die Abrechnung zum Ende des Semesters vorzunehmen.

Beispiel Verbuchung Nettoverbuchung nach vereinbartem Entgelt

Die Meierhans AG ist ein Lebensmittelunternehmen und hat im ersten Quartal des Jahres folgende Transaktionen vorgenommen (alle Beträge inkl. MwSt von 8.1 %):

28.2.	Nettoerlös	CHF 250'000
1.3.	Materialaufwand	CHF 120'000
5.3.	Investitionen	CHF 50'000
25.3	Sonstiger Betriebsaufwand	CHF 30'000

Die Meierhans AG ist mehrwertsteuerpflichtig und erstellt ihre Mehrwertsteuerabrechnung nach dem vereinbarten Entgelt nach der Nettoverbuchung. Die Buchungen lauten wie folgt:

28.2.	Forderungen L&L / Nettoerlös	231'267 (250'000 / 108.1 x 100)
	Forderungen L&L / Umsatzsteuer	18'733 (250'000 / 108.1 x 8.1)

1.3.	Materialaufwand / Verbindlichkeiten L&L	111'008 (120'000 / 108.1 x 100)
	Vorsteuer / Verbindlichkeiten L&L	8'992 (120'000 / 108.1 x 8.1)
5.3.	Maschinen / Verbindlichkeiten L&L	46'253 (50'000 / 108.1 x 100)
	Vorsteuer / Verbindlichkeiten L&L	3'747 (50'000 / 108.1 x 8.1)
25.3.	Sonstiger Betriebsaufwand / Verb. L&L	27'752 (30'000 / 108.1 x 100)
	Vorsteuer / Verbindlichkeiten L&L	2'248 (30'000 / 108.1 x 8.1)

Zum Quartalsabschluss sind folgende Buchungen notwendig, wobei die Vorsteuer und Umsatzsteuer über ein Durchlaufkonto kompensiert werden und der offene Betrag überwiesen oder zurückgefordert wird:

30.3.	Durchlaufkonto MwSt / Vorsteuer	14'987
	Umsatzsteuer / Durchlaufkonto MwSt	18'733
	Durchlaufkonto MwSt / Bank	3'746

Die Bruttomethode weist den Vorteil auf, dass während eines Semesters weniger Buchungen notwendig sind. Der Nachteil ist hingegen, dass nicht zu jeder Zeit der aktuelle Bestand an Vor- und Umsatzsteuern ersichtlich ist und die Konten des Grundgeschäfts (z. B. Materialaufwand, Verkaufserlöse) die Mehrwertsteuern enthalten. Dies erschwert Zwischenabschlüsse und Kennzahlenanalysen während des Jahres.

Beispiel Verbuchung Bruttoverbuchung nach vereinbartem Entgelt

Die Meierhans AG ist ein Lebensmittelunternehmen und hat im ersten Quartal des Jahres folgende Transaktionen durchgeführt (alle Beträge inkl. MwSt von 8.1 %):

28.2.	Nettoerlös	CHF 250'000
1.3.	Materialaufwand	CHF 120'000
5.3.	Investitionen	CHF 50'000
25.3	Sonstiger Betriebsaufwand	CHF 30'000

Die Meierhans AG ist mehrwertsteuerpflichtig und erstellt ihre Mehrwertsteuerabrechnung nach dem vereinbarten Entgelt nach der Bruttoverbuchung. Die Buchungen lauten wie folgt:

28.2.	Forderungen L&L / Nettoerlös	250'000
1.3.	Materialaufwand / Verbindlichkeiten L&L	120'000

5.3.	Maschinen / Verbindlichkeiten L&L	50'000
25.3.	Sonstiger Betriebsaufwand / Verb. L&L	30'000

Zum Quartalsabschluss sind folgende Buchungen notwendig, wobei Vorsteuer und Umsatzsteuer über ein Durchlaufkonto kompensiert werden und der offene Betrag überwiesen oder zurückgefordert wird. Zudem sind die Vor- und Umsatzsteuern zuerst noch zu ermitteln mit folgenden Buchungen:

30.3.	Nettoerlöse / Umsatzsteuer	18'733
	Vorsteuer / Materialaufwand	8'992
	Vorsteuer / Maschinen	3'747
	Vorsteuer / Sonstiger Betriebsaufwand	2'248
	Durchlaufkonto MwSt / Vorsteuer	14'987
	Umsatzsteuer / Durchlaufkonto MwSt	18'733
	Durchlaufkonto MwSt / Bank	3'746

Eine Abrechnung nach vereinnahmtem Entgelt ist auf Antrag möglich und kommt in der Praxis selten zur Anwendung. Dabei wird die Umsatz- und Vorsteuer beim Zahlungszeitpunkt in der Buchhaltung erfasst. In Geschäftsmodellen mit hoher Anzahl von Bartransaktionen kann es zweckmässig sein, auf das vereinnahmte Entgelt umzustellen.

Beispiel Verbuchung Nettoverbuchung nach vereinnahmtem Entgelt

Die Zehner AG ist mehrwertsteuerpflichtig und hat im letzten Quartal folgende Transaktionen erzielt (Beträge ohne MwSt, alle Transaktionen zum Normalsatz von 8.1 %):

Barerträge	CHF 600'000
Barmaterialeinkauf	CHF 300'000
Zahlungen Lieferanten	CHF 100'000
Bestand Verbindlichkeiten L&L	CHF 80'000

Die Buchungen lauten für die Nettoverbuchung nach vereinnahmtem Entgelt wie folgt:

Flüssige Mittel / Nettoerlöse	600'000
Flüssige Mittel / Umsatzsteuer	48'600

Materialaufwand / Flüssige Mittel	300'000
Vorsteuer / Flüssige Mittel	24'300
Verbindlichkeiten L&L / Flüssige Mittel	100'000
Vorsteuer / Flüssige Mittel	8'100

Am Quartalsende sind die Umsatz- und Vorsteuersalden miteinander zu verrechnen (hier ohne Durchlaufkonto). Die Restverbindlichkeit ist an die ESTV zu überweisen:

Umsatzsteuer / Vorsteuer	32'400
Umsatzsteuer / Bank	16'200

Bei den Konten ist es wichtig, dass eine Prüfspur sichergestellt wird. Das bedeutet, dass der Nachvollzug vom Beleg zur Buchung und umgekehrt ohne grossen Aufwand sichergestellt ist. Dabei sollte darauf geachtet werden, dass der Anspruch auf die Vorsteuer belegt werden kann. Auch muss der Nachweis möglich sein, auf der Grundlage von Kundenrechnungen die Bestimmung der Umsatzsteuer nachzuweisen. Der Verkauf von Gutscheinen ist nicht mehrwertsteuerpflichtig, sondern erst ihre Einlösung.

Beispiel Verbuchung Verkauf von Gutscheinen

Die Breu GmbH ist ein Handelsunternehmen und verkauft an ihre Kunden Gutscheine im Wert von CHF 21'100 ohne Mehrwertsteuer. Die Breu GmbH ist mehrwertsteuerpflichtig. Die Buchung lautet:

Flüssige Mittel / Vorauszahlungen aus dem Verkauf von Gutscheinen	21'100

Um die Vorsteuer geltend machen zu können, müssen auf den Kreditorenrechnungen die korrekte Adresse, die steuerbaren Leistungen und der Steuersatz aufgeführt werden. Ansonsten besteht die Gefahr von Vorsteuerkürzungen. Sofern es zu Vorsteuerkorrekturen kommt, ist eine Rückbelastung beim Aufwand bzw. bei Investitionen im Anlagevermögen zu verbuchen.[229] Es kommt in der Praxis häufig vor, dass die Vorsteuerguthaben der laufenden Perioden oder der Vorperioden nachträglich korrigiert werden müssen. Für solche Fälle sollte ein Vorsteuerkorrekturkonto geführt werden. Die Kontoführung erfolgt als Minus-Aktiv-Konto (Kontoführung wie ein Passivkonto). Auf diesem Konto werden Veränderungen und der Nachweis von Vorsteuerkorrekturen verbucht und nachgewiesen.

229 EXPERTsuisse, 2023, S. 115.

Sofern den Mitarbeitenden ein Geschäftswagen zur Verfügung gestellt wird, so ist die private Benützung auch in der Mehrwertsteuer zu korrigieren. Auf dem Verkauf von Anlagevermögen ist jeweils die Mehrwertsteuer geschuldet, sofern ein Unternehmen mehrwertsteuerpflichtig ist.

Beispiel Mehrwertsteuer auf dem Verkauf des Anlagevermögens

Die Studer GmbH, welche mehrwertsteuerpflichtig ist, veräussert ein Fahrzeug für CHF 10'000 an ein Partnerunternehmen. Der Anschaffungswert betrug CHF 25'000 und die kumulierten Abschreibungen CHF 18'000, welche im Konto Wertberichtigung AV geführt werden. Die Buchungen lauten wie folgt:

Flüssige Mittel / Fahrzeuge	10'000
Flüssige Mittel / Umsatzsteuer	810 (8.1 % x 10'000)
Wertberichtigung AV / Fahrzeuge	18'000
Fahrzeuge / ausserordentlicher Ertrag	3'000

42 Verrechnungssteuer

Die Verrechnungssteuer ist ein Instrument zur Gewährleistung der Vollständigkeit der Besteuerung. Sie dient dazu, die Steuerehrlichkeit und -transparenz sicherzustellen. Daher wird u. a. auf Vermögenserträgen eine Steuer erhoben, die durch Unternehmen und Finanzintermediäre von den Finanzerträgen in Abzug gebracht und der eidgenössischen Steuerverwaltung überwiesen wird. Sofern die Steuerpflichtigen ihre Steuererklärung korrekt und vollständig mit den entsprechenden Finanzerträgen ausgefüllt und eingereicht haben, erhalten sie die ursprünglich belastete Verrechnungssteuer zurück.

Die Verrechnungssteuer ist daher eine Quellensteuer, die durch den Schuldner einer steuerbaren Leistung (z. B. eine AG bei Ausschüttung einer Dividende = Schuldner der steuerbaren Leistung) beim Empfänger dieser Leistung (z. B. bei den Aktionären = Empfänger) zu erheben ist. Dabei besteht eine Überwälzungspflicht auf den Empfänger. Die Verrechnungssteuer ist bei folgenden Geschäften zu erheben:

- 35 % bei Kapitalerträgen (namentlich bei Dividenden und Zinserträgen)
- 35 % auf Lotteriegewinne
- 8 % aus Kapitalleistungen bei Lebensversicherungen

Bei Unternehmen ist die Verrechnungssteuer in zwei Fällen zu berücksichtigen. Es kann ein Anspruch (Forderung) oder eine Verbindlichkeit bei den Verrechnungssteuergeschäften bestehen. Bei Finanzanlagen (vor allem bei Aktien und Obligationen) besteht einerseits ein Anspruch des Unternehmens, die Verrechnungssteuer zurückzufordern, sofern diese belastet wurde. Dieses Guthaben wird unter den übrigen kurzfristigen Forderungen als Konto Verrechnungssteuerforderung geführt.

Beispiel Verrechnungssteuerforderung

Die Sutter AG hat 100 Aktien der Bergbahn Stieli AG (Nennwert CHF 5'000 je Aktie, aktueller Steuerwert CHF 7'500 je Aktie) als kurzfristige Vermögensanlage investiert. Aufgrund des sehr erfreulichen Winters beschliesst die Generalversammlung der Stieli AG den Gewinn vollständig auszuschütten und eine Dividende von 8 % auf dem Nennwert auszuzahlen. Die Gewinnreserven sind bereits nach der gesetzlichen Norm erreicht und es sind keine weiteren Reserven zu bilden. Die Dividenden für die Sutter AG betragen wie folgt:

8 % x CHF 5'000 x 100 Aktien	CHF 40'000
Auszahlung 65 % = 65 % x CHF 40'000	CHF 26'000
Überweisung an die ESTV 35 % = 35 % x CHF 40'000	CHF 14'000

Die Buchungen der Sutter AG, als Investorin, lauten wie folgt:

Bank / Finanzertrag	26'000
Forderung Verrechnungssteuer / Finanzertrag	14'000

In diesem Beispiel ist der Schuldner der steuerbaren Leistung die Stieli AG und der Empfängerin die Sutter AG.

Den Anspruch auf Rückerstattung der Verrechnungssteuer hat nur eine juristische Person nach VstG 25 zugute, welche die Erträge und die Verrechnungssteuer ordnungsgemäss verbucht hat. Zudem ist dies mittels eines Formulars nach VstG 31 innerhalb von 3 Jahren nach Ablauf des Kalenderjahres zurückzufordern, ansonsten erlischt der Anspruch, und auf dem Konto »Forderung Verrechnungssteuer« ist eine entsprechende Wertberichtigung vorzunehmen. Bei Einzelunternehmen bzw. Personengesellschaften ist hingegen der Anspruch der Verrechnungssteuer im Wertschriftenverzeichnis geltend zu machen.

Wenn andererseits geldwerte Leistungen, Gewinnanteile und Dividenden an die Anteilseigner bei Kapitalgesellschaften und Genossenschaften nach VstG 4 I ausgeschüttet werden, ist die Verrechnungssteuer zu erheben und an die eidgenössische Steuerverwaltung (ESTV) zu überweisen. Hierzu wird ein Passivkonto Verrechnungssteuer unter den übrigen kurzfristigen Verbindlichkeiten geführt. Die Kapitalgesellschaften oder Genossenschaften agieren in diesem Fall als Schuldner einer steuerbaren Leistung.

Beispiel Verrechnungssteuerverbindlichkeit

Die Bergbahn Stieli AG muss die Verrechnungssteuer an die ESTV wie folgt überweisen (Banküberweisungen erfolgen später) bzw. verbuchen für die Transaktionen mit der Sutter AG (Konto Dividende als Verbindlichkeit bei den kurzfristigen Passiven):

Jahresgewinn / Gewinnvortrag	40'000
Gewinnvortrag / Dividende	26'000
Gewinnvortrag / Verrechnungssteuerverbindlichkeit	14'000

Auch für die abzuliefernde Verrechnungssteuer ist ein Formular an die ESTV einzureichen und der offene Betrag zu überweisen. In gewissen Fällen ermöglicht das Verrechnungssteuergesetz die Meldung anstelle einer Zahlung der Verrechnungssteuer.

Marchzinsen auf Obligationen stellen für die Verrechnungssteuer keine relevante Thematik dar, womit sie für die Buchführung der Verrechnungssteuer vernachlässigt werden können.

Eine besondere Bedeutung haben geldwerte Leistungen. Geldwerte Leistungen sind Zahlungen oder Leistungen zwischen einem Kapitalunternehmen und seinen Anteilseignern. Merkmal ist, dass diese Leistungen an die Anteilseigner oder ihnen nahestehende Personen erfolgen, die in einem offensichtlichen Missverhältnis zwischen Leistung und Gegenleistung stehen. Beispiele in der Praxis sind übernommene Privataufwendungen durch das Unternehmen oder der Erwerb von Vermögenswerten von den Anteilseignern zu einem überhöhten Preis. Geldwerte Leistungen stellen somit verdeckte Gewinnausschüttungen dar, die nicht den Weg über die ordentliche Gewinnausschüttung nehmen. Daher enthält die Erfolgsrechnung zu hohe Aufwendungen oder zu tiefe Erträge.[230] Auf solche Leistungen und Zahlungen muss ebenfalls die Verrechnungssteuer von 35 % erhoben und erstattet werden. Ansonsten entstehen steuerrechtliche Konsequenzen, die ein Unternehmen im Extremfall selbst zu erstatten hat.

Beispiel Verrechnungssteuer auf geldwerten Leistungen

Die Zeitel AG kauft von ihrem Alleinaktionär ein gebrauchtes Fahrzeug für CHF 25'000, obwohl es einen objektiven Marktwert von CHF 5'000 aufweist. Die Differenz von CHF 20'000 stellt eine geldwerte Leistung dar, auf welcher die Verrechnungssteuer von 35 % zu erheben, an die ESTV zu melden und die Verrechnungssteuer zu erstatten ist. Zudem ist die Gewinnsteuer um CHF 20'000 zu korrigieren bzw. zu erhöhen (in der Steuerbilanz).
Eine solche Korrektur müsste durch die Zeitel AG vollzogen werden. Es kann aber auch im Rahmen einer Steuerprüfung von der Steuerbehörde festgestellt und korrigiert werden.

230 EXPERTsuisse, 2023, S. 265.

43 Leasing

Leasing ist eine Mischform zwischen Kauf und Miete. Diese Vertragsart ist im Gesetz nicht geregelt und stellt einen Innominatsvertrag[231] dar.[232] Leasing bedeutet die Überlassung eines Vermögenswertes für eine bestimmte Zeit gegen ein zu zahlendes Entgelt. Ein Unternehmen erhält faktisch den Besitz an einem Vermögenswert, ohne dieses zu erwerben und hierfür einen Kredit bei einer Bank aufnehmen zu müssen. Der Kredit erfolgt im Rahmen des Leasinggeschäfts. Die Vertragsparteien sind Leasingnehmer und -geber. Der Leasinggeber ist der sachrechtliche Eigentümer eines Vermögenswerts, der einen Vermögenswert vermietet bzw. verleast.

Folgende Gründe spielen für den Abschluss eines Leasinggeschäfts eine Rolle:

- Beim Leasing ist eine geringere Investition notwendig und eine tiefere Verschuldung erforderlich.
- Beim Leasing kann auf eine Erfassung der Investition und der Finanzierung verzichtet werden. Dadurch lassen sich verbesserte Bilanzkennzahlen ausweisen.
- Ein Leasinggeschäft erlaubt – je nach Art der Leasingerfassung in der Bilanz – auf Abschreibungen zu verzichten, wenn das Leasing nicht aktiviert wird.
- Die Leasingrate kann steuerlich abgezogen werden.

Bei einem direkten Leasing ist der Hersteller eines Vermögenswertes auch Leasinggeber (Produzentenleasing). Bei einem indirekten Leasing tritt eine Drittpartei als Leasinggeber auf, welche die Vermögenswerte beim Produzenten erwirbt und an einen Leasingnehmer weiterleitet. Bei einem Konsumgüterleasing werden Vermögenswerte an Private und beim Investitionsgüterleasing an Unternehmen »verleast« (▶ Dar. 74).

Der Leasinggeber erhält für die Vermietung der Vermögenswerte eine Miete bzw. ein Entgelt. Dies wird als Leasingrate bezeichnet. Dieses Entgelt deckt die Anschaffungskosten, die Aufwendungen des Leasinggebers und den zugrunde gelegten Zins ab.

Man unterscheidet zwei Arten von Leasinggeschäften in der Rechnungslegung. Das finanzielle Leasing (financial leasing, capital leasing, Finanzierungsleasing,

---

231 Ein Innominatsvertrag entspricht einem Vertrag, der nicht im Obligationenrecht geregelt ist.

232 EXPERTsuisse, 2023, S. 205.

Dar. 74: Struktur eines Leasinggeschäfts

Kaufverbuchungsmethode) zeichnet sich durch die langfristige Vertragsdauer aus, wobei es oftmals kein frühzeitiges Kündigungsrecht gibt. Die Leasingdauer entspricht in der Regel der Nutzungsdauer des Vermögenswertes. Beim finanziellen Leasing wird das Leasing bilanziert. Beim operativen Leasing (operating leasing, Mietverbuchungsmethode) wird ein Vermögenswert über eine kurze Dauer geleast und das Leasingobjekt nicht bilanziert, wobei in der Regel ein Kündigungsrecht eingeräumt wird. Die Erfassung in der Jahresrechnung ist beim Leasinggeber und -nehmer unterschiedlich geregelt.

Der *Leasinggeber* erhält die Leasingraten und eine Abschlussgebühr als Ertrag. Der Leasinggeber aktiviert den Vermögenswert und schreibt diesen über die Nutzungsdauer ab. Dabei kann der Leasinggeber die Vermögenswerte (als Teil des Anlagevermögens) als verleaste Vermögenswerte oder langfristige Forderungen (somit ein Wahlrecht) in der Bilanz führen. Der Leasinggeber führt dies in der Regel als finanzielles Leasing in der Rechnungslegung.[233]

Beispiel Buchführung beim Leasinggeber eines Leasinggeschäfts

Die Hirt GmbH verleast eine Maschine für CHF 1.5 Mio. an eine Drittpartei, welche sie kürzlich für diesen Betrag erworben hat. Sie schreibt die Maschine über 10 Jahre ab und erhält jährlich eine Leasingrate von CHF 175'000 pro Jahr (nachschüssig). Die Buchungen lauten:

Maschine / Verbindlichkeiten aus Lieferungen und Leistungen	1'500'000
Verleaste Maschinen / Maschinen	1'500'000
Abschreibungen / verleaste Maschinen	150'000
Bank / Ertrag aus Leasing	175'000

Das Konto Ertrag aus Leasing gehört in der Erfolgsrechnung zum Finanzertrag (Ertrag aus Leasing als Unterkonto zu verstehen).

233 EXPERTsuisse, 2023, S. 206.

Der *Leasingnehmer* hat ein Leasinggeschäft zu aktivieren (finanzielles Leasing), wenn nach OR 959 I über einen Vermögenswert verfügt werden kann, ein künftiger Mittelzufluss wahrscheinlich ist und der Wert des Vermögenswerts verlässlich bestimmt werden kann. Wenn diese drei Kriterien erfüllt sind, ist ein Vermögenswert im Rahmen des Leasings zu erfassen (▶ Kap. 7.3).

Das Kriterium *Verfügungsmacht* kann wirtschaftlich oder formal-juristisch betrachtet werden. Sofern dies *wirtschaftlich* beurteilt wird, ist ein Leasinggeschäft als Finanzleasing beim Leasingnehmer zu erfassen. Ein Unternehmen kann *wirtschaftlich* über einen Vermögenwert verfügen und damit Produkte und Dienstleistungen herstellen. Sofern dies *formal-juristisch* betrachtet wird, gehört ein Vermögenswert zivilrechtlich dem Leasinggeber, womit die Verfügungsgewalt nicht erfüllt ist. Beim Leasingnehmer ist in diesem Fall keine Aktivierung vorgesehen. Es besteht somit ein Wahlrecht nach dem Handelsrecht (OR), und beide Ansätze sind zulässig.[234]

Allerdings ist die fehlende Aktivierung kritisch zu sehen, da nach OR 959 II eine Aktivierung auch für Leasing-Geschäfte für Leasingnehmer vorzusehen ist.[235]

Die Buchführung beim Leasingnehmer kann somit als operatives oder finanzielles Leasing geführt werden. Beim operativen Leasing kommt die Mietverbuchungsmethode und beim finanziellen Leasing die Kaufverbuchungsmethode zur Anwendung (▶ Dar. 75).

Dar. 75: Verbuchungsmethoden für operatives und finanzielles Leasing

Bezeichnung	Operatives Leasing Mieterverbuchungsmethode	Finanzielles Leasing Kaufverbuchungsmethode
Weitere Begriffe	operating leasing	financial leasing, capital leasing, Finanzierungsleasing
Bilanzeffekt	Bilanzneutrale Abbildung	Kaufähnlicher Vorgang
Typische Buchungssätze bei der Ersterfassung in der Bilanz	Keine	Aktivum in Leasing / Leasingverbindlichkeiten
Typische Buchungssätze beim Jahresabschluss	Leasingaufwand / Flüssige Mittel	Finanzaufwand / Flüssige Mittel Leasingverbindlichkeit / Flüssige Mittel Abschreibungen / Aktivum im Leasing

Bei der Mietverbuchungsmethode (operatives Leasing) wird jährlich die Leasingrate in der Erfolgsrechnung aufgeführt. Weiterhin ist im Anhang das Leasingge-

234 EXPERTsuisse, 2023, S. 208.
235 Böckli, 2014, S. 95, N 401.

schäft zu erläutern und die künftigen Leasingverbindlichkeiten darzulegen. Eine Abschlussgebühr wird als Aufwand erfasst.[236]

Beispiel Buchführung Leasingnehmer als operatives Leasing

Die Günthert AG least eine Maschine. Der Leasingvertrag hat eine Vertragsdauer von fünf Jahren, die Leasingrate beläuft sich auf CHF 45'000. Die Abschlussgebühr beträgt CHF 2'000. Da die Beurteilung formaljuristisch erfolgt, qualifiziert sich dieses Geschäft als operatives Leasing. Die Buchungen lauten:

Leasingaufwand / Bank	45'000
Leasingaufwand / Bank	2'000

Bei der Kaufverbuchungsmethode (finanzielles Leasing) wird der Vermögenswert in der Ersterfassung aktiviert und passiviert. Dabei sind die Beträge auf der Aktiv- und Passivseite identisch. Als Betrag ist aufgrund des Niederstwertprinzips der tiefere Wert aus Anschaffungskosten und dem Barwert der künftigen Leasingraten anzusetzen. Für die Ermittlung des Barwerts ist ein Diskontierungssatz zu verwenden, der dem Zinssatz im Leasinggeschäft weitgehend entspricht.[237]

Beispiel Berechnung Barwert der Leasingraten eines finanziellen Leasings

Die Bechtiger GmbH als Industrieunternehmen mietet zu Beginn des Jahres 1 für fünf Jahre eine Maschine für eine jährliche, nachschüssige Leasingrate von CHF 35'000 (ohne MwSt). Der zugrundeliegende Zinssatz beträgt 2.5 %. Die Nutzungsdauer entspricht der Leasingdauer. Der Barwert der Leasingrate ergibt sich aus folgender Kalkulation:

Jahr	Leasingrate	Diskontierungssatz (gerundet auf zwei Stellen)	Barwert der Leasingrate
1	35'000	$/ 1.025^1$	34'146
2	35'000	$/ 1.025^2$	33'314
3	35'000	$/ 1.025^3$	32'501
4	35'000	$/ 1.025^4$	31'708
5	35'000	$/ 1.025^5$	30'935
Barwert der Leasingraten total			162'604

236 EXPERTsuisse, 2023, S. 208.
237 EXPERTsuisse, 2023, S. 208.

Wenn die Anschaffungskosten für diese Maschine mit CHF 170'000 festgelegt werden, so ist der Betrag von CHF 162'604 in der Bilanz als Aktivum bzw. als Leasingverbindlichkeit zu erfassen. Die Buchung lautet:

Maschine in Leasing / Leasingverbindlichkeit	162'604

Eine Abschlussgebühr sollte in der Ersterfassung ebenfalls aktiviert werden. Sofern ein Übernahmebetrag vereinbart ist, kann dieser ebenfalls als Anschaffungskosten erfasst und aktiviert werden.

In den Folgejahren ist der geleaste Vermögenswert über die wirtschaftliche Nutzungsdauer abzuschreiben. Die Leasingrate setzt sich aus dem erfolgswirksamen Zinsaufwand und der erfolgsunwirksamen Amortisation der Verbindlichkeit zusammen. Der Zinsaufwand und die Amortisation ergeben in der Summe eine jährliche, konstante Annuitätszahlung (Leasingrate), die an den Leasinggeber zu entrichten ist.

Beispiel Buchführung Leasingnehmer als finanzielles Leasing

Die Bechtiger GmbH entschliesst sich, die geleaste Maschine als finanzielles Leasing zu erfassen. Die einzelnen Komponenten der Leasingrate lassen sich wie folgt berechnen, wobei die Leasingverbindlichkeit zu Beginn CHF 162'604 beträgt:

Jahr	Leasingrate	Zinsaufwand (2,5 %)	Amortisation	Verbindlichkeit (Ende Jahr)
1	CHF 35'000	CHF 4'065	CHF 30'935	CHF 131'669
2	CHF 35'000	CHF 3'292	CHF 31'708	CHF 99'961
3	CHF 35'000	CHF 2'499	CHF 32'501	CHF 67'460
4	CHF 35'000	CHF 1'686	CHF 33'314	CHF 34'146
5	CHF 35'000	CHF 854	CHF 34'146	CHF 0
Total	CHF 175'000	CHF 12'396	CHF 162'604	

Die Bechtiger GmbH leistet über die fünf Jahre CHF 175'000 Leasingraten. Sie setzten sich aus CHF 12'396 Zinskosten und CHF 162'604 Amortisation zusammen. Die Zinskosten für jedes Jahr berechnen sich durch die Multiplikation der Verbindlichkeit zu Jahresbeginn multipliziert mit dem Zinssatz (z. B. Jahr 1: 2.5 % x 162'604 = 4'065)). Die Amortisationen ergeben sich aus der Differenz zwischen konstanter Leasingrate und den Zinskosten (z. B. Jahr 1: 35'000 - 4'065 = 30'935). Die Leasingverbindlichkeit am Ende der Vertragsdauer beträgt CHF 0.

Die jährlichen Abschreibungen sind über die Nutzungsdauer von 5 Jahren zu buchen (162'604 / 5 Jahre = 32'520.80).
Die Verbuchung des finanziellen Leasings lauten beim Leasingnehmer beispielsweise für Jahr 1:

Abschreibungen / Maschine in Leasing	32'520.80
Leasingverbindlichkeit / Bank	30'935
Zinsaufwand / Bank	4'065

Die Leasingrate (Annuität) ist in der Praxis in der Regel nachschüssig zu zahlen. Sie lässt sich mit folgender Formel errechnen:

Formel: Leasingrate

$$\text{Leasingrate} = K \times \frac{(1+i)^n \times i}{(1+i)^n - 1}$$

K = Kapital bzw. Anschaffungskosten
i = Zinssatz
n = Leasingdauer

Beispiel Berechnung der Leasingrate

Die Berechnung der Leasingrate aus dem vorangehenden Beispiel der Bechtiger AG ergibt sich wie folgt:

$$\text{Leasingrate} = K \times \frac{(1+i)^n \times i}{(1+i)^n - 1} = 162\,604 \times \frac{1.025^5 \times 0.025}{1.025^5 - 1} = 35\,000$$

Die jährliche Leasingrate beträgt CHF 35'000.

Sofern während der Leasingdauer vom operativen zum finanziellen Leasing gewechselt wird bzw. umgekehrt, so ist dies im Anhang zu erläutern und die Auswirkungen sind darzulegen.

Operatives und finanzielles Leasing lassen sich zusammenfassend folgendermassen vergleichen (▶ Dar. 76).

Dar. 76: Unterschiede operatives oder finanzielles Leasing

Kriterium	Operatives Leasing	Finanzielles Leasing
Erfassung in der Bilanz als Aktivum	Nein	Ja
Erfassung in der Bilanz als Verbindlichkeit	Nein	Ja
Aufwandsauswirkung	Leasingrate als Aufwand (in der Regel Betriebsaufwand)	Abschreibungsaufwand Zinsaufwand (Finanzaufwand)
Auswirkung auf Geldflussrechnung (▶ Kap. 53)	Leasingrate im operativen Bereich	Amortisation und Zinsen im finanziellen Bereich, optional Zinsen auch Teil des operativen Cashflows zuteilbar Abschreibung als Teil im operativen Bereich ohne Einfluss auf den Geldfluss aus Betriebstätigkeit
Anhang	OR 959c II Ziff. 6: Offenlegung des Restbetrages der Leasingverbindlichkeiten (Raten), sofern diese nicht innerhalb von 12 Monaten kündbar sind	OR 959c II Ziff. 6: Offenlegung des Restbetrags der Leasingverbindlichkeiten (Raten), sofern diese nicht innerhalb von 12 Monaten kündbar sind OR 959c I Ziff. 1: Beschreibung der Bewertung und Bilanzierung des finanziellen Leasings

In der Bilanz sind geleaste Vermögenswerte als solche zu bezeichnen. Dabei ist zwischen kurz- und langfristigen Vermögenswerten bzw. kurz- und langfristigen Leasingverbindlichkeiten zu differenzieren. Im Anhang ist nach OR 959c II Ziff. 1 die Anwendung des finanziellen Leasings zu beschreiben und zu erläutern. Es ist zweckmässig, wenn für die verschiedenen Leasinggeschäfte einzelne Konten geführt werden, damit die Grundsätze der ordnungsgemässen Buchführung eingehalten sind. In der Praxis werden oft die Konten Leasingverbindlichkeiten bzw. Maschinen im Leasing verwendet.[238] Die Zinsaufwendungen beim Finanzierungsleasing zählen zum Finanzaufwand.

238 EXPERTsuisse, Schweizer Handbuch für Wirtschaftsprüfung, Band für Buchführung und Rechnungslegung, 2023, S. 209.

44 Factoring

Unternehmen haben bei Forderungen aus Lieferungen und Leistungen primär das Zahlungsausfallrisiko zu tragen. Hierbei besteht die Gefahr, dass ein Kunde eine Forderung nicht mehr bezahlen kann. Beim Unternehmen wird deshalb ein Delkredere zum Jahresabschluss verbucht. Das Delkredere, das mutmassliche Wertberichtigungen auf Forderungen aus Lieferungen und Leistungen abdeckt, beträgt in der Regel gemäss Steuergesetz 5 % auf inländische und 10 % auf ausländische Forderungen aus Lieferungen und Leistungen. In der Regel stellen diese Wertberichtigungen stille Reserven dar, da sie mutmasslich und keine effektiven Wertberichtigungen sind. Des Weiteren besteht auch das Problem, dass Kunden relativ spät ihre Forderungen begleichen, womit ein Unternehmen gezwungen sein kann, kurzfristig ein Darlehen bei Dritten aufzunehmen, um Finanzierungslücken zu schliessen.

Aus diesen Gründen wird in der Praxis häufig das sogenannte Factoring angewendet. Beim Factoring verplichtet sich der Factor, die Forderung abzuwickeln, die Finanzierung zu gewährleisten und das Delkredere-Risiko für den Factoring-Kunden zu übernehmen.[239] Das Factoring dient dem besseren Management eines Teils des Working Capitals.

Der Übertrag der Forderungen aus Lieferungen und Leistungen an den Factor kann in unterschiedlicher Form erfolgen. Der Factor kann dabei entweder lediglich das Inkassowesen für das Unternehmen übernehmen (Basisfunktionen als Dienstleistung) oder aber die gesamte Forderung sicherstellen, indem er die Forderung erwirbt und bevorschusst (Finanzierungsfunktion) und damit das Delkredererisiko übernimmt (Garantiefunktion). Sofern ein Factoring-Unternehmen die Garantiefunktion trägt, wird dies als echtes Factoring bezeichnet. Ohne die Übernahme der Garantiefunktion stellt dies ein unechtes Factoring dar. In der Regel erwirbt der Factor die Forderung mit einem Abschlag (Diskont), der neben der Factoring-Gebühr einen Teil des Ertrags des Factoring-Unternehmens ausmacht.

Die Factoring-Gebühr ist eine Entschädigung für die Dienstleistung (Übernahme des Inkasso und Mahnwesens) des Factors. Hingegen ist die Delkredere-Gebühr beim Factoring eine Entschädigung für das übernommene Ausfallrisiko, wenn ein Kunde eine offene Forderung aus Lieferungen und Leistungen nicht bezahlt. Der Zinssatz für die Abschlagszahlung ist im Weiteren die Entschädigung für das bereitgestellte Kapital (als Vorfinanzierung für die abgetretenen Forderungen).

239 Stefani, 2019, S. 303, N 23.

Die rechtliche Übergabe erfolgt mittels einer Globalzession (Abtretung von Forderungen). Die beiden Vertragsparteien heissen Zedent (das Unternehmen, welches die Forderungen abtritt) und Zessionär (das Factoring-Unternehmen). Der Kunde des Zedenten hat seine Zahlungen nach Abtretung der Forderung an den Zessionär zu leisten. Sofern die Garantiefunktion an den Zessionär übertragen wird, trägt dieser auch das Delkredererisiko.

In der Jahresrechnung des Zedenten unterscheidet die Buchführung nach der Art des Factorings:

- **Der Factor besorgt die Debitorenbuchhaltung ohne Bevorschussung der Kundenguthaben:** Es sind keine einzelnen Forderungen aus Lieferungen und Leistungen zu führen, sondern lediglich eine Sammelforderung gegenüber dem Factor.
- **Der Factor leistet eine Bevorschussung ohne Übernahme des Delkredererisikos:** Es wird eine Forderung gegenüber dem Factor sowie ein Bevorschussungskonto für die Anzahlungen des Factors geführt, bis die effektiven Zahlungen von den Kunden beim Factoring-Unternehmen eingetroffen sind.
- **Der Factor leistet eine Bevorschussung mit Übernahme des Delkredererisikos:** Es wird lediglich ein Forderungskonto gegenüber dem Factor nach Übergabe der Forderungen aus Lieferungen und Leistungen geführt.

Aufgrund des Grundsatzes der Klarheit sollte gegenüber jedem Factor ein separates Konto geführt werden, sofern ein Unternehmen mit mehreren Factoring-Unternehmen zusammenarbeitet.

Beispiel Verbuchung Geschäfte mit einem Factoring-Unternehmen

Die Kunz GmbH weist Forderungen aus Lieferungen und Leistungen in Höhe von CHF 160'000 per Jahresabschluss aus. Sie entschliesst sich, die Forderungen an das Factoring-Unternehmen Capital Plus mit Garantiefunktion abzutreten. Die Gebühr dafür beträgt 10 % auf den Forderungen. Im Januar werden CHF 100'000 der Forderungen durch Capital Plus bevorschusst. Ende des Quartals betragen die bezahlten Rechnungen insgesamt CHF 140'000, da ein wesentlicher Kunde eine Forderung über CHF 20'000 nicht bezahlt hat und Konkurs gegangen ist. Die Buchungen lauten wie folgt für dieses echte Factoring:

Forderung Factor / Forderungen aus Lieferungen und Leistungen	160'000
Bank / Forderung Factor	100'000
Factoringaufwand / Forderung Factor	16'000
Bank / Forderung Factor (160'000 – 100'000 – 16'000)	44'000

Den Zahlungsausfall hat der Factor, also Capital Plus, zu tragen, wenn dies vertraglich so vereinbart war, wie es beim echten Factoring vorgesehen ist. Die Capital Plus überweist den Restbetrag von CHF 44'000 an die Kunz GmbH.

45 Fremde Währungen

Unternehmen, welche mit ausländischen Kunden oder Lieferanten im wirtschaftlichen Umfeld zusammenarbeiten, sind von Forderungen und Verbindlichkeiten in fremder Währung betroffen. Hierbei sind sie von den Entwicklungen der Devisenmärkte massgeblich abhängig, und ihr operatives Ergebnis kann stark beeinflusst werden, ohne dass dies in einem direkten Zusammenhang mit der realen Leistungsfähigkeit stehen muss.

Fremdwährungen befassen sich mit dem Verhältnis einer Landeswährung (aus Schweizer Sicht in der Regel der Schweizer Franken, CHF) zu einer Fremdwährung. Der Preis für eine Fremdwährung wird in einem Wechselkurs ausgedrückt. Der Wechselkurs stellt den Preis einer fremden Währung in der Landeswährung CHF dar. Der Preis von Fremdwährungen in Schweizer Franken wird in einer Kursnotierung dargestellt (in der Regel pro Einheit oder 100 Einheiten fremder Währung).[240]

Bei der Kursnotierung wird zwischen Noten- und Devisenkursen differenziert. Der Notenkurs stellt den Preis für Bargeld dar, der Devisenkurs den Preis für Buchgeld (z. B. Kreditkartenkäufe). Für Noten- und Devisenkurse wird der Preis der Fremdwährung jeweils in einer Kursspanne von Kauf- und Verkaufskurs dargestellt. Der Kaufkurs einer Währung zeigt an, welchen Preis ein Währungshändler (z. B. Bank oder Wechselstube) für den Kauf einer fremden Währung zu zahlen bereit ist. Der Kaufkurs wird auch als Geldkurs bezeichnet. Der Verkaufspreis gibt an, wie viel ein Währungshändler für den Verkauf einer Fremdwährung verlangt. Dieser Kurs wird als Briefkurs bezeichnet. Die Begriffe Kauf- und Verkaufskurs (Geldkurs bzw. Briefkurs) sind jeweils aus Sicht des Währungshändlers zu betrachten (▶ Dar. 77).

Dar. 77: Geld und Briefkurs

GELD-KURS	BRIEF-KURS
Währungshändler kauft Fremdwährungen zu diesem Kurs	Währungshändler verkauft Fremdwährungen zu diesem Kurs
Das Unternehmen verkauft zu diesem Kurs Fremdwährungen an den Währungshändler	Das Unternehmen kauft zu diesem Kurs vom Währungshändler Fremdwährungen

240 Beispiel einer Kursnotierung: 1 EUR kostet CHF 0.90.

In der Notation wird eine Einheit Fremdwährung in CHF angegeben. Beispielsweise bedeutet EUR/CHF 0.95, dass 1 EUR auf dem Fremdwährungsmarkt CHF 0.95 kostet. Die Notation folgt den ISO-Währungsbezeichnungen (International Organization for Standardization). Folgende Fremdwährungsnotationen gelten in der Praxis für wesentliche Währungen zum Schweizer Franken (▶ Dar. 78).

Dar. 78: Fremdwährungsnotationen

Land	Einheit zum CHF	ISO-Kürzel
Australischer Dollar	1	AUD
Britisches Pfund	1	GBP
Euro	1	EUR
Japanischer Yen	100	JPY
Kanadischer Dollar	1	CAD
US-Dollar	1	USD
Chinesische Renminbi Yuan	1	CNY

Beispiel Geld- und Briefkurs

Eine Hausbank bietet der Kollektivgesellschaft Müller & Cie. folgenden Geld-Brief Kurs für den Euro gegenüber dem CHF an:

Geld	EUR/CHF 1.20
Brief	EUR/CHF 1.25

Die Hausbank bietet der Müller & Cie. an, Euros zum Kurs von CHF 1.20 zu erwerben und Euros zum Kurs von CHF 1.25 zu verkaufen. Die Spanne stellt den Ertrag der Hausbank dar.

Für die Buchführung werden im Kern drei verschiedene Kurse unterschieden:

- Der **Tageskurs (Zahlungskurs)** stellt den täglichen Kurs für Fremdwährungen (Geld- und Briefkurs) dar, der in der Regel für Zahlungen zum Tragen kommt und von der Bank gutgeschrieben oder belastet wird.
- Der **Buchkurs (Transaktionskurs)** ist jener Fremdwährungskurs, der während der Abrechnungsperiode für die entsprechenden Buchungen (z. B. Kunden- und Lieferantenrechnungen) verwendet wird, um kurzfristige Fremdwährungsschwankungen zu vermeiden. Es wird keine permanente Fremdwährungsanpassung vollzogen, sondern erst bei Bezahlung oder beim Jahresabschluss.

- Der **Bilanzkurs (fixer Buchkurs)** stellt einen fixen Fremdwährungskurs dar, der für den Jahresabschluss verwendet wird. In der Rechnungslegungspraxis wird beim Jahresabschluss in der Regel auf die veröffentlichten Fremdwährungskurse der Eidgenössischen Steuerverwaltung (ESTV) zurückgegriffen, um einen steuerkonformen Jahresabschluss erstellen zu können.

Die unterschiedlichen Fremdwährungskurse führen zu Fremdwährungserfolgen (Verluste oder Gewinne). Hierbei lassen sich zwei Grundgeschäfte unterscheiden:

- Effektive bzw. realisierte Fremdwährungserfolge resultieren aus Fremdwährungsgeschäften während des Jahres. Die Einbuchung eines Geschäftsvorfalls erfolgt in der Regel mit einem Buchkurs, der Zahlungseingang oder -ausgang mit dem Tageskurs, wodurch es zu effektiven bzw. realisierten Fremdwährungserfolgen kommen kann.
- Nicht-realisierte Fremdwährungserfolge aus Anpassungen der Buchwerte – von Positionen in fremder Währung, die in Schweizer Franken umgerechnet werden – resultieren zum Jahresabschluss. Diese Differenzen entstehen durch das zeitliche Auseinanderfallen von der Verbuchung der Verbindlichkeit bzw. Forderung zum Buchkurs und dem Jahresabschluss zum Bilanzkurs. Diese Fremdwährungserfolge stellen Buchgewinne oder -verluste dar (nicht realisierte Fremdwährungserfolge).

Grundsätzlich sollten Fremdwährungsgewinne oder -verluste bei den betroffenen Bilanz- und Erfolgsrechnungspositionen des Grundgeschäfts erfasst werden. Gewinne und Verluste aus Fremdwährungen, die nicht zum normalen Geschäftsverkehr zählen, sollten Teil des Finanzaufwands oder -ertrags sein.[241]

Beispiel Fremdwährungserfolge

Die Prima SA mit Sitz in Bern und CHF als Landeswährung verkauft Produkte im Wert von USD 15'000 an einen Kunden in New York am 30. November. Der Buchkurs beträgt USD/CHF 1.10. Der Bilanzkurs zum Zeitpunkt des Jahresabschlusses am 31. Dezember beträgt USD/CHF 1.05. Die Bezahlung erfolgt am 15. Januar des Folgejahres zum Kurs von USD/CHF 1.03. Die Buchungen lauten:

30. November:	
Forderungen aus L&L / Nettoerlös (15'000 x 1.1)	CHF 16'500
31. Dezember:	
Schlussbilanz / Forderungen aus L&L (15'000 x 1.05)	CHF 15'750
Fremdwährungsaufwand / Forderungen aus L&L	CHF 750

241 EXPERTsuisse, 2023, S. 45.

(nicht-realisierter Buchverlust) (1.10 – 1.05 x USD 15'000)	
15. Januar	
Forderungen aus L&L / Eröffnungsbilanz	CHF 15'750
Bank / Forderungen L&L (15'000 x 1.04)	CHF 15'450
Fremdwährungsaufwand[242] / Forderungen L&L (1.05 – 1.03 x USD 15'000)	CHF 300 (realisierter Verlust)

Fremdwährungsdifferenzen werden in der Praxis als Kursaufwendungen und -erträge erfasst. Eine Verrechnung dieser beiden Erfolgskonten sollte vermieden werden, um dem Grundsatz der Klarheit und Verständlichkeit gerecht zu werden. Sofern die Beträge wesentlich sind, sind diese im Anhang offenzulegen.

Beim Jahresabschluss sind beim Anlagevermögen die Anschaffungskosten zu berücksichtigen, was bedeutet, dass die historischen Fremdwährungskurse vom Zeitpunkt der Bezahlung anzusetzen sind.[243] Dieser darf in den Folgejahren nicht mehr angepasst werden.

Fremdwährungspositionen beim Umlaufvermögen können zum Jahresabschluss hingegen jeweils mit dem Bilanzkurs angepasst werden. Typische Positionen, die zum Zeitpunkt des Jahresabschlusses in CHF umgerechnet werden müssen, sind:

- Bankkonten in Fremdwährungen
- Forderungen aus Lieferungen und Leistungen in Fremdwährungen
- Verbindlichkeiten aus Lieferungen und Leistungen in Fremdwährungen
- Aktive und Passive Rechnungsabgrenzungen in Fremdwährungen

Als Grundsatz gilt, dass für Vermögenswerte der tiefere Geldkurs und für Verbindlichkeiten der höhere Briefkurs zu verwenden ist. Dieses Vorgehen begründet sich dadurch, dass auf diese Weise das Vorsichtsprinzip als Grundsatz der ordnungsgemässen Rechnungslegung eingehalten wird.

Beispiel historische Fremdwährungen

Die Müller AG hat vor zwölf Jahren eine Maschine aus Hamburg bestellt für € 1'600'000. Der historische Fremdwährungskurs betrug vor zwölf Jahren EUR/CHF 1.60 (Wechselkurs am Tag der Bezahlung). Zum Jahresabschluss beträgt der Kurs 1.05 EUR/CHF. Der Anschaffungswert wird nicht angepasst, sondern die historischen Anschaffungskosten von CHF 2'560'000 werden belassen.

242 oder Nettoerlös / Forderungen aus L&L (über das Grundgeschäft buchen).

243 EXPERTsuisse, 2023, S. 45.

Nach OR 958d III ist die Buchführung sowie die Rechnungslegung in der Landeswährung (in Schweizer Franken, CHF) zu erstellen. Das heisst, die Buchungen sind in Schweizer Franken zu erfassen, und die Jahresrechnung (Bilanz, Erfolgsrechnung, Anhang) sind ebenfalls in Schweizer Franken darzustellen. Es besteht aber die Option, die Jahresrechnung in einer für die Geschäftstätigkeit wesentlichen Währung zu publizieren.[244] Nach OR 958d III ist bei Verwendung einer wesentlichen Währung für die Jahresrechnung zusätzlich auch der Umrechnungskurs für die Landeswährung anzugeben bzw. die Werte sind auch in Landeswährung umzurechnen und darzulegen. Hierbei kann problematisch sein, dass der Kapitalschutz, die Gewinnbeschlüsse oder die Besteuerung in Schweizer Franken erfolgen. Dabei ist davon auszugehen, dass diese Positionen in Schweizer Franken darzulegen sind.[245] Nach OR 621 II kann das Aktienkapital jedoch auch in einer wesentlichen Währung definiert und abgebildet werden.

---

244 Glanz/ Pfaff, 2019, S. 244, N 58.
245 Böckli, 2014, S. 37, N 154.

46 Kryptowährungen

Kryptowährungen (wie zum Beispiel Bitcoin oder Ethereum) stellen eine digitale Geldeinheit dar und werden als virtuelles Zahlungsmittel verwendet. Sie werden nicht von einer Zentralbank ausgegeben bzw. garantiert. Das Bitcoin-Zahlungssystem als Beispiel wird über Blockchain protokolliert. Das heisst, alle Transkationen werden im Bitcoin-Internet-Zahlungssystem protokolliert und auf dezentralen Rechnern verifiziert. Dadurch soll sichergestellt werden, dass jede dieser Geldtransaktionen nur einmal verwendet bzw. vollzogen werden kann.[246]

Kryptowährungen wie der Bitcoin bieten somit ein alternatives Zahlungssystem an. Kryptowährungen sind alternative Vermögenswerte, die ein virtuelles Tausch- bzw. Zahlungsmittel darstellen. Merkmal ist, dass sie auch starken Schwankungen unterworfen sein können.[247]

Die Kryptowährungen sind Vermögenswerte, die vollständig, wahrheitsgetreu und systematisch in der Buchhaltung zu erfassen sind. Es bedarf daher einer regelmässigen Abstimmung.[248] Bei der Aktivierung von Bitcoin ist nach OR 959 II OR zu prüfen, ob die Aktivierungstatbestände erfüllt sind.[249] Bitcoins beruhen auf einer Transaktion aus der Vergangenheit, ein Unternehmen kann mit Hilfe eines Private Key darüber verfügen, und durch den Umtausch in Schweizer Franken führt dieser mit einer hohen Wahrscheinlichkeit zu einem Mittelzufluss. Eine Aktivierung ist somit angebracht. Sofern ein aktiver Markt besteht, können die Kryptowährungs-Bestände auch mit einem Marktpreis angesetzt werden.[250]

Der Ausweis eines Bitcoins hängt von der Verwendung ab (▶ Dar. 79). Ein Ausweis von Kryptowährungen ist somit bei Vorräten, Wertschriften (im Umlaufvermögen), Finanzanlagen (im Anlagevermögen) oder immateriellen Vermögenswerten in der Folgebewertung zulässig. Gewinne oder Verluste aus realisierten Verkäufen können erfolgswirksam als Finanzaufwand (Verlust) oder Finanzertrag (Gewinn) erfasst werden.

---

246 Ausgewählte Fragen und Antworten zum OR-Rechnungslegungsrecht, ExpertSuisse, Stand 23. Februar 2022, S. 78.

247 EXPERTsuisse, 2023, S. 131.

248 EXPERTsuisse, 2023, S. 131 f.

249 EXPERTsuisse, 2023, S. 133.

250 Ausgewählte Fragen und Antworten zum OR-Rechnungslegungsrecht, ExpertSuisse, Stand 23. Februar 2022, S. 79.

Dar. 79: Ausweis eines Bitcoins in der OR-Bilanz (Quellen: Ausgewählte Fragen und Antworten zum OR-Rechnungslegungsrecht, Expert Suisse, Stand 23. Februar 2022, S. 78 f. / EXPERTsuisse, Schweizer Handbuch für Wirtschaftsprüfung, Band für Buchführung und Rechnungslegung, 2023, S. 134)

Position	Beschreibung	Bewertung
Flüssige Mittel	Eine Darstellung als flüssige Mittel ist im Kern nicht vorgesehen, da der Bitcoin keine Währung darstellt.	Nicht anwendbar
Wertschriften im Umlauf- oder Anlagevermögen	Die Zuteilung zu den Wertschriften ist sachgerecht und zweckmässig. Sofern es sich um eine kurzfristige Anlage handelt, sind die Wertschriften als Umlaufvermögen darzustellen, sonst im Anlagevermögen.	Erstbewertung: Anschaffungs- oder Herstellungskosten Folgebewertung: Marktbewertung nach OR 960b I zulässig
Forderungen	Eine Darstellung als Forderung ist nicht sachgerecht, da keine Forderung vorliegt.	Nicht anwendbar
Vorräte	Sofern der Zweck des Unternehmens der Handel von Bitcoins ist, ist eine Erfassung als Vorräte zweckmässig.	Erstbewertung: Anschaffungs- oder Herstellungskosten Folgebewertung: Niederstwertprinzip kommt zur Anwendung.
Immaterielle Vermögenswerte	Eine Darstellung als nicht physische, monetäre Position ist möglich, sollte jedoch nur in seltenen Fällen umgesetzt werden.	Erstbewertung: Anschaffungs- oder Herstellungskosten Folgebewertung: Abschreibungen/Wertberichtigungen zu erfassen

47 Initial Token Offering (ITO)

Unter Initial Token Offerings wird die erstmalige Ausgabe von DLT-basierten Tokens verstanden. DLT steht für »Distributed Ledger Technology« und ist ein Überbegriff für Blockchain und andere ähnliche Technologien, die auf Dezentralität setzen. Die im Rahmen eines ITO ausgegebenen Tokens lassen sich gemäss FINMA grob in drei verschiedene Kategorien unterteilen (▶ Dar. 80).

Dar. 80: Token-Arten (Quelle: Ausgewählte Fragen und Antworten zum OR-Rechnungslegungsrecht, ExpertSuisse, Stand 23. Februar 2022, S. 85)

Token-Art	Beschreibung
Payment-Token (Zahlungstoken)	Dieser Token wird für die Bezahlung einer offenen Verbindlichkeit verwendet. Es ist eine reine Kryptowährung.
Utility-Token (Nutzungs-Token)	Dieser Token erlaubt die digitale Nutzung einer Dienstleistung (z. B. bestimmte Dienste, Protokolle oder Plattformen).
Asset-Token (Anlage-Token)	Dieser Token repräsentiert einen Vermögenswert. In der Regel partizipiert der Inhaber dieses Token am wirtschaftlichen Erfolg eines Unternehmens. Daher erfüllt ein Anlage-Token die wirtschaftliche Funktion einer Aktie, einer Obligation oder eines Derivativs.

Historisch wurde oft auch der Begriff ICO (Initial Coin Offering) verwendet. Dieser bezog sich insbesondere auf die Ausgabe von Payment und Utility Tokens. Unter dem ICO wird eine digitale Form der öffentlichen Kapitalbeschaffung bzw. des Crowdfundings verstanden. Die Kapitalbeschaffung erfolgt über die Blockchain-Technologie. Dabei überweisen die Investoren die finanziellen Mittel an den ICO-Organisator. Im Gegenzug erhalten sie Coins bzw. Token, die eine spezifische Klassifikation nach sich ziehen.[251]

Die aufgeführten Tokens sind alle handelbar (fungible). Davon zu unterscheiden sind die sogenannten non-fungible Tokens (kurz NFT). Die NFTs zeichnen sich durch ihre Einzigartigkeit aus und sind daher nicht in ausreichender Menge vorhanden. Je nach Verwendungszweck können sie unterschiedlichen Kategorien der dargestellten Tokens zugeordnet werden.

251 Ausgewählte Fragen und Antworten zum OR-Rechnungslegungsrecht, ExpertSuisse, Stand 23. Februar 2022, S. 85.

Die Verbuchung eines *Payment Token* in der Jahresrechnung kann wie folgt erfolgen:

Kauf Token
Wertschriften / Bank

Bezahlung mit Token
Verbindlichkeiten aus Lieferungen und Leistungen / Wertschriften
Aufwand / Wertschriften

Ein *Utility Token* kann im Verlauf des Projekts aus der Perspektive des Token-ausgebenden Unternehmens wie folgt erfasst werden:[252]

ITO-Ausgabe

Wertschriften / Vorauszahlungen	Vereinnahmung flüssige Mittel
Flüssige Mittel / Wertschriften	Umtausch in CHF

Projektentwicklung

Betriebsaufwand / Flüssige Mittel	Ausgaben für die Projektentwicklung
Aufträge in Arbeit / Nettoerlöse	Erfassung anteiliger Umsatz

Kostenüberschreitungen (sofern gegeben)

Betriebsaufwand / Rückstellungen	Rückstellungen von erzielten Kosten

Projektabschluss

Vorauszahlungen / Aufträge in Arbeit	Verrechnung mit Vorauszahlungen
Vorauszahlungen / Nettoerlöse	Ausbuchung eines Restbetrags

Ein *Asset Token* stellt eine Kapitalbeschaffung dar, weshalb dies im Eigenkapital beispielsweise in Form von Kapitalreserven oder Partizipationskapital erfasst werden kann (aus der Perspektive des ausgegebenen Unternehmens eines Asset Token). Die musterhaften Buchungen lauten während des Projekts wie folgt:[253]

ICO-Ausgabe

Wertschriften / Eigenkapitalkonto	Ausgabe eines Asset Token (ICO)
Flüssige Mittel / Wertschriften	Umtausch in CHF

Investition / Mittelverwendung

Vermögenswert / flüssige Mittel	Kauf bzw. Investition in ein Aktivum

252 Ausgewählte Fragen und Antworten zum OR-Rechnungslegungsrecht, ExpertSuisse, Stand 23. Februar 2022, S. 89.

253 Ausgewählte Fragen und Antworten zum OR-Rechnungslegungsrecht, ExpertSuisse, Stand 23. Februar 2022, S. 101.

Ausschüttungen

Eigenkapitalkonto / flüssige Mittel	Ausschüttung einer Gewinnbeteiligung

Die Bewertung nach OR ist maximal zu Anschaffungskosten zulässig. In der Folgebewertung ist das Niederstwertprinzip zu beachten, sofern der Marktwert tiefer als die Anschaffungskosten ist.[254]

254 Egloff / Turnes, 2023, S. 328.

48 Derivative Instrumente

Unternehmen investieren in derivative Instrumente aus zwei wesentlichen Gründen. Sie können sie als kurzfristige Geldanlage (Spekulations- und kurzfristige Anlage) oder als Absicherungsinstrument verwenden.

Der Begriff eines Derivats ist im Obligationenrecht nicht definiert. Ein derivatives Instrument ist ein Finanzinstrument, welches vom Preis eines anderen Basiswerts abhängt. Die Abhängigkeit besteht in der Regel zu einem anderen Finanzinstrument oder einem Rohstoff (Basiswert). Weiterhin weist es eine geringe Anfangsinvestition auf und wird in der Regel erst in Zukunft beglichen.[255] Dabei werden zwischen zwei Grundgeschäften unterschieden:[256]

- **Feste Termingeschäfte** sind künftige Kauf- oder Verkaufsgeschäfte, welche zwischen den Parteien gleichwertige Verkaufsbedingungen aufweisen. An der Börse gehandelte, standardisierte Termingeschäfte sind Futures, die jederzeit verkauft oder gekauft werden können. Zwischen den Vertragsparteien ausgehandelte Termingeschäfte werden als Forwards bezeichnet, welche nicht an der Börse gehandelt werden wie Futures.
- **Optionen** bieten hingegen einer Partei ein Recht und der anderen Partei eine Pflicht, einen Vertrag zu erfüllen. Die Entschädigung für das Verpflichtungsgeschäft ist eine Prämie, welche jene Partei bezahlt, die das Recht besitzt. Daher sind die Vertragsbedingungen nicht gleichwertig. Bei einer Call-Option erwirbt eine Partei das Recht, einen Basiswert zu einem vordefinierten Preis (Strike) zu erwerben und bei einer Put-Option das Recht, einen Basiswert zu einem vordefinierten Preis (Strike) zu verkaufen. Eine Option beinhaltet somit das Recht, eine bestimmte Menge eines bestimmten Basiswerts zu einem bestimmten Preis zu kaufen (Call) oder zu verkaufen (Put). Der Preis für dieses Recht ist die Prämie der Option. Eine Vertragspartei besitzt ein Recht und bezahlt die Prämie, die andere Vertragspartei, welche die Prämie erhält, muss eine Verpflichtung erfüllen, sofern die Option von der anderen Partei ausgeübt wird.

Beide Arten von derivativen Instrumenten können sich auf eine Vielzahl von Basiswerten beziehen. In der Regel sind dies Aktien, Devisen, Zinsen, Anleihen

255 EXPERTsuisse, 2023, S. 138.
256 EXPERTsuisse, 2023, S. 139.

oder Rohstoffe. Der Ausweis erfolgt entweder als kurzfristig gehaltene Aktiven mit Börsenpreis oder Wertschriften in der Bilanz.[257]

In der Schweizer Rechnungslegungspraxis sind Termingeschäfte auf Devisen üblich, um sich gegen Fremdwährungsrisiken abzusichern.

Beispiel Termingeschäft

Die STAR AG mit Sitz in Buchs (SG) verkauft Güter nach Deutschland und stellt die Rechnungen in EUR. Die Jahresrechnung wird in CHF erstellt. Um sich gegen mögliche Schwankungen EUR/CHF abzusichern, vereinbart die STAR AG am 1. April des Jahres ein Termingeschäft zu EUR/CHF 1.10 für den Verkauf von EUR 100'000 auf den 1. Mai des Jahres. Am 1. April liefert die STAR AG Güter für EUR 100'000 an einen Kunden in Deutschland, der die Rechnung am 1. Mai bezahlt. Am 1. April ist der Wechselkurs EUR/CHF 1.15 und am 1. Mai EUR/CHF 1.05. Die Buchungen lauten wie folgt:

1. April	Forderungen L&L / Nettoerlös	CHF 110'000
1. Mai	Bank / Forderungen L&L	CHF 110'000

Durch die Absicherung konnte die Star AG die Abwertung von EUR/CHF 0.05 in dieser Zeitperiode absichern.

Ohne eine entsprechende Absicherung kann in der Jahresrechnung eine hohe Volatilität durch Fremdwährungseinflüsse entstehen.

Beispiel Termingeschäft – Vergleich mit und ohne Absicherung

Die Export GmbH mit Sitz in Rorschach (SG) hat am 1. Mai (Wechselkurs EUR/CHF 1.23) eine Maschine für € 200'000 nach Belgien geliefert. Die Zahlungsfrist beträgt drei Monate. Zudem hat die Export GmbH das Geschäft abgesichert mit einem Termingeschäft auf EUR/CHF 1.20 für drei Monate. Am 28. Juli begleicht der Kunde aus Belgien die Rechnung, wobei der Wechselkurs EUR/CHF 1.17 beträgt. Die Buchungen aus diesen Geschäften mit Berücksichtigung der Absicherung lauten:

1. Mai	Forderungen aus L&L / Nettoerlöse	CHF 240'000	(1.20)
1. Mai	keine Buchung für den Abschluss des Termingeschäfts		
28. Juli	Bank / Forderungen aus L&L	CHF 240'000	(1.20)

257 EXPERTsuisse, 2023, S. 144.

Ohne Absicherung ergeben sich folgende Buchungen, wobei ein Forderungsverlust entsteht:

1. Mai	Forderungen aus L&L / Nettoerlöse	CHF 246'000	(1.23)
28. Juli	Bank / Forderungen aus L&L	CHF 234'000	(1.17)
28. Juli	Fremdwährungsaufwand[258] / Forderungen aus L&L	CHF 12'000	(246'000 – 234'000)

Somit wäre die Export GmbH ohne Absicherung in der Erfolgsrechnung um CHF 6'000 schlechter gefahren.

Wenn bei Vermögenswerten mit steigenden Marktpreisen gerechnet wird, kann eine Call-Option erworben werden, sofern für diesen Vermögenswert Call-Optionen an der Börse oder durch eine Gegenpartei (over the counter) bereitgestellt werden. Das Unternehmen zeigt die erworbene Option in der Bilanz unter der Position »kurzfristig gehaltenen Aktiven mit Börsenkurs« oder »Wertschriften als Teil des Umlaufvermögens«.[259]

Beispiel Optionsgeschäft (Kauf einer Call-Option)

Die Gubler AG möchte sich am 15. Juni gegen steigende Rohstoffpreise für Aluminium absichern und erwirbt hierzu eine Call-Option auf Aluminium. Ein Rohstoffhändler bietet der Gubler AG an, gegen eine Optionsprämie von CHF 100 eine Menge von 500'000 kg Aluminium zum Strike (Bezugspreis) von 0.4 CHF/kg am 30. September zu erwerben. Der Marktpreis beträgt am 30. September 0.5 CHF/kg. Die Gubler AG macht von der Call-Option Gebrauch. Die Buchungen lauten (Konto Wertschriften für die Call-Optionen zu verwenden):

15.6.	Wertschriften / Bank	100
30.9.	Vorräte / Bank	200'000 (500'000 x 0.4)
30.9.	Finanzaufwand / Wertschriften	100

Wenn der Marktpreis 0.3 CHF/kg gewesen wäre, würde die Call-Option nicht ausgeübt werden und die Anschaffungskosten müssten ausgebucht werden:

15.6.	Wertschriften / Bank	100
30.9.	Finanzaufwand / Wertschriften	100

258 Es wäre auch das Konto Nettoerlöse möglich (▶ Kap. 45)
259 EXPERTsuisse, 2023, S. 144.

Anstelle der Ausübung der Call-Option erfolgt der direkte Erwerb am Rohstoffmarkt:

30.9.	Vorräte / Bank	150'000 (500'000 x 0.3)

Wenn ein Unternehmen einen Vermögenswert besitzt, bei dem erwartet wird, dass der Marktpreis fällt, kann es durch den Kauf einer Put-Option diesen Wert vor Wertverlusten absichern.

Beispiel Optionsgeschäft (Kauf einer Put-Option)

Die Stiftung Herbasoft besitzt 2'000 Aktien (Marktpreis CHF 500 je Aktie am 30. November) der börsenkotierten Bella AG. Das Konto Finanzanlagen (Anlagevermögen) hat daher einen Wert von CHF 1'000'000 (2'000 Aktien x CHF 500/ Aktie, Bewertung zu Marktpreisen). Um sich gegen Kursturbulenzen abzusichern, erwirbt sie am 1. Februar des Jahres 4'000 Put-Optionen (Ausgestaltung: 2 Optionen für eine Aktie) zum Strike (Ausübungspreis) von CHF 400 je Aktie am 30. November des Jahres. Die Optionsprämie beträgt insgesamt CHF 9'000. Der Börsenpreis am 30. November liegt bei CHF 350 je Aktie. Die Stiftung Herbasoft macht von ihrer Put-Option Gebrauch und übt sie am 30. November aus. Die Buchungen lauten:

1.2.	Wertschriften / Bank	9'000
30.11.	Bank / Finanzanlagen	800'000 (2'000 x 400)
30.11.	Finanzaufwand / Finanzanlagen	200'000 (1'000'000 – 800'000)
30.11.	Finanzaufwand / Wertschriften	9'000

Ohne die Ausübung der Put-Option und ohne Verkauf der Aktien würden die Buchungen lauten:

30.11.	Finanzaufwand / Finanzanlagen	300'000 (2'000 x 500 – 350)

Somit wäre der Wertverlust ohne Put-Option und ohne Verkauf der Aktien um CHF 91'000 höher (100'000 - 9'000).

Bei den derivativen Instrumenten besteht in Bezug auf die Bilanzierung ein Wahlrecht zwischen Anschaffungskosten und Marktbewertung, sofern die derivativen Instrumente aktiv auf einem Börsenplatz gehandelt werden und kein Absicherungszweck verfolgt wird. In der Erstbewertung dürfen sie nicht höher bewertet werden als zu Anschaffungskosten bzw. zu einem tieferen Marktpreis. Dies entspricht dem Niederstwertprinzip. Bei Termingeschäften betragen die Anschaffungskosten null, bei Futures entsprechen sie den Erwerbskosten, und bei Optionen ist nur die bezahlte Prämie zu erfassen. Beim Abschluss eines Termingeschäfts ist keine Buchung notwendig, sondern erst bei deren Begleichung.

In der Folgebewertung kann nach OR 960b I anstelle der Anschaffungskosten auch eine Marktbewertung erfolgen, sofern ein aktiver und liquider Markt gegeben ist. Ein liquider und aktiver Markt ist in der Regel nur bei derivativen Instrumenten der Fall, die regelmässig an der Börse gehandelt werden bzw. bei derivativen Instrumenten, für welche eine regelmässige Kursstellung gegeben ist. Auf diese Weise können sie jederzeit ver- oder gekauft werden.[260]

Es ist weiterhin auch möglich, sofern ein Absicherungszweck das Ziel ist, dass sich Gewinn bzw. Verlust aus Grundgeschäft und Absicherungsgeschäft gegenseitig kompensieren.[261]

Im Anhang ist die Bilanzierungspraxis und die Bewertung von derivativen Instrumenten zu erläutern. Von hoher Relevanz ist insbesondere die Verbuchungspraxis, die damit verbundenen Risiken und Verpflichtungen.

260 EXPERTsuisse, 2023, S. 143.
261 EXPERTsuisse, 2023, S. 143 f.

49 Arbeitgeberbeitragsreserven

Unternehmen leisten und überweisen an eine Stiftung oder an eine Pensionskasse (Vorsorgeeinrichtungen) die Beiträge der Arbeitnehmenden und Arbeitgebenden, die der zweiten Säule im Vorsorgesystem dienen (▶ Kap. 36). Auf freiwilliger Basis darf ein Unternehmen höhere Beiträge leisten, sofern dies im Vorsorgereglement einer Pensionskasse vorgesehen ist (Arbeitgeberbeitragsreserven). In der Praxis werden üblicherweise zwischen dem Drei- bis Fünffachen des jährlichen Beitrags des Arbeitgebers an die Vorsorgeeinrichtung geleistet.[262] Die kantonale Steuerpraxis ist unterschiedlich, wie hoch diese Beiträge maximal sein dürfen, wobei mehrheitlich das Fünffache der Einzahlung der Arbeitgeberbeiträge von den Steuerbehörden erlaubt wird.

Aus finanzieller Perspektive stellen Arbeitgeberbeitragsreserven freiwillige Vorauszahlungen an die Pensionskasse zur Deckung von künftigen Arbeitgeberverpflichtungen gegenüber der Vorsorgeeinrichtung dar. In der Jahresrechnung besteht ein Wahlrecht, ob die Arbeitgeberbeitragsreserven aktiviert werden oder nicht:[263]

1. Bei *unterlassener Aktivierung* der Arbeitgeberbeitragsreserven (erfolgswirksame Erfassung) können folgende Buchungen erfasst werden:
   Sozialversicherungsaufwand / passive Rechnungsabgrenzung (bei Abgrenzung)
   Sozialversicherungsaufwand / Bankkonto (bei sofortiger Zahlung)
   In diesem Fall stellen die Arbeitgeberbeitragsreserven stille Reserven dar. Sie bilden ein wichtiges Steuerungsinstrument, um Gewinne zu glätten und die Steuerlast zu optimieren. Sofern die Arbeitgeberbeitragsreserven als stille Reserven verbucht werden, sind sie im Inventar für die stillen Reserven entsprechend zu erfassen. Dabei ist die jährliche Auflösung im Sinne der Auflösung und Verwendung von Arbeitgeberbeitragsreserven im Anhang offenzulegen, sofern sie wesentlich ist.[264]
2. Bei *Aktivierung* der Arbeitgeberbeitragsreserven (erfolgsunwirksame Erfassung) wird wie folgt gebucht:
   Aktive Rechnungsabgrenzung oder Finanzanlagen / Bank

262 Böckli, 2014, S. 117, N 500. Lang, 2021, S. 531 ff., in: Steuerrevue 76/2021.
263 Lang, 2021, S. 531 ff., in: Steuerrevue 76/2021.
264 Böckli, 2014, S. 118, N 500.

In diesem Fall werden die Arbeitgeberbeitragsreserven offen ausgewiesen, was aber aus steuerrechtlichen Gründen in der Praxis selten der Fall sein wird. Arbeitgeberbeitragsreserven können auch als Vermögenswerte qualifiziert werden, da sie die Ansatzkriterien nach OR 959 II erfüllen. Es besteht daher die Option, zum Jahresabschluss eine Wertkorrektur auf den kurzfristigen Forderungen bzw. bei den Finanzanlagen vorzunehmen, womit ebenfalls stille Reserven gebildet werden können. Die Aktivierung ist jedoch umstritten: Ein möglicher künftiger Mittelabfluss von Werten wird als gegenwärtiger Vermögenswert verstanden. Jedoch ist zu beachten, dass der entlastende Teil erst in einer Zeit zum Tragen kommt, wenn die Geschäfte nicht mehr gut laufen.[265]

Beispiel Bildung von Arbeitgeberbeitragsreserven

Die Früh AG ist ein Industrieunternehmen, das ein sehr erfolgreiches Jahr hinter sich hat. Aufgrund der sehr guten Ergebnisse werden die Arbeitgeberbeitragsreserven erhöht. Im Jahresabschluss soll das Fünffache der Arbeitgeberbeiträge (steuerrechtlich maximal zulässig) an die Vorsorgeeinrichtung verbucht werden. Die ordentlichen Arbeitgeberbeiträge betragen CHF 120'000 und die Arbeitnehmerbeiträge CHF 89'000. Die Überweisung erfolgt erst im nächsten Jahr per Banküberweisung. Die Buchungen ohne Aktivierung lauten, wobei der maximal zulässige Betrag CHF 600'000 beträgt (5 x 120'000):

31.12.	Sozialversicherungsaufwand / passive Rechnungsabgrenzung	600'000
10.1.	Passive Rechnungsabgrenzung / Bank	600'000

Sofern in den Folgejahren aufgrund von Liquiditätsengpässen bzw. geringerer Ertragskraft der finanzielle Spielraum der Unternehmung geringer wird, kann die Vorsorgeeinrichtung angewiesen werden, die Arbeitgeberbeitragsreserven aufzulösen, um die ordentlichen Arbeitgeberbeiträge in einem Jahr zu reduzieren.

Beispiel Verwendung von Arbeitgeberbeitragsreserven

Die Früh AG hat im Folgejahr ein schwieriges Jahr. Daher sollen die Arbeitgeberbeiträge an die Vorsorgeeinrichtung durch die Auflösung der Arbeitgeberbeitragsreserven aus dem Vorjahr in Höhe von CHF 600'000 gedeckt werden. Da die Früh AG die Beiträge bereits überwiesen hat, sind keine Buchungen gegenüber der Vorsorgeeinrichtung in diesem Jahr zu erfassen. Dies stellt eine Auflösung der stillen Reserven dar und ist im Anhang offenzulegen.

265 Böckli, 2014, S. 118, N 500.

50 Zwischenabschluss

Ein **Zwischenabschluss (Interim Reporting)** ist eine gesonderte Jahresrechnung, bei welcher der Stichtag nicht dem Bilanzstichtag entspricht. Nach OR 960f muss ein Zwischenabschluss den Grundsätzen des Rechnungslegungsrechts entsprechen. Er umfasst Bilanz, Erfolgsrechnung und Anhang. Die Vorschriften für grössere Unternehmen bleiben vorbehalten. Das heisst, sofern die Voraussetzungen erfüllt sind, ist auch eine Geldflussrechnung und ein erweiterter Anhang notwendig.

Vereinfachungen sind nach OR 960f II zulässig. Jedoch ist fraglich, ob eine Vereinfachung überhaupt möglich ist ohne Beeinträchtigung der Darstellung des Geschäftsgangs[266], wenn ohnehin eine Bilanz, Erfolgsrechnung und ein Anhang erstellt werden muss. Weiterhin sind aber folgende Angaben zwingend – vorzugsweise im Anhang – darzustellen bzw. zu erklären:

- Zweck des Zwischenabschlusses
- Vereinfachungen und Verkürzungen im Vergleich zum Jahresabschluss
- Weitere Faktoren mit Auswirkung auf die wirtschaftliche Lage, insbesondere die Saisonalität

Nach OR 960f III muss der Titel Zwischenabschluss geführt werden. Er ist durch den Vorsitzenden des obersten Leitungs- oder Verwaltungsorgans zu unterzeichnen.

Der Zwischenabschluss erhöht die unternehmerische Flexibilität eines Unternehmens und erlaubt raschere Entscheidungen. Allerdings ist er mit Kosten für die Erstellung und einer möglichen Prüfung verbunden. Vor allem kotierte Gesellschaften müssen nach den Kotierungsvorschriften Zwischenabschlüsse am Kapitalmarkt publizieren.

Zudem kann es notwendig sein, dass ein rechnungslegungspflichtiges Unternehmen einen Zwischenabschluss erstellen muss. Dies ist beispielsweise dann der Fall, wenn eine unterjährige Dividende (Zwischendividende), die Prüfung einer Verlustsituation (Unterbilanz oder Überschuldung), eine Kapitalveränderung oder eine Umstrukturierung[267] geplant wird.

---

266 Böckli, 2022, S. 733, N 465 f.

267 Eine Umstrukturierung kann eine Fusion, eine Spaltung oder Umwandlung eines Unternehmens zur Folge haben.

In der Praxis zeigt sich ein verstärktes Bedürfnis betreffend die Ausschüttung von Zwischen- bzw. Interimsdividenden, insbesondere zur Liquiditätsumverteilung innerhalb eines Konzerns und bei Gesellschaften, deren Aktionärinnen und Aktionäre aufgrund ihrer Herkunft Quartalsdividenden gewöhnt sind.[268] Der Zwischenabschluss hat eine besondere Bedeutung für die Interimsdividende (auch Zwischendividende) nach OR 675a. Eine Zwischendividende ist gesetzlich zulässig, wenn eine Revisionsstelle den Zwischenabschluss geprüft hat. Wenn ein Unternehmen keine Revisionsstelle hat, kann auf die Prüfung nach OR 675a II verzichtet werden, sofern sämtliche Aktionäre dieser Ausschüttung zustimmen und die Forderungen der Gläubiger nicht gefährdet sind. Die gesetzlichen Bestimmungen über die Festlegung einer Dividende sind nach OR 675a III sinngemäss anzuwenden. Der Zwischenabschluss lässt auch mehrere Zwischendividenden zu[269], sofern genehmigte Jahresrechnungen nach den Vorgaben von OR 675a vorliegen.

268 Erläuternder Bericht zur Änderung des Obligationenrechts (Aktienrecht), 2010, S. 101.
269 Erläuternder Bericht zur Änderung des Obligationenrechts (Aktienrecht), 2010, S. 102.

51 Anhang

51.1 Inhalt des Anhangs

Der Anhang ist ein Element der Jahresrechnung und vermittelt Informationen, die in der Bilanz oder Erfolgsrechnung nicht aufgeführt sind. Er erhöht somit die Transparenz und den Erklärungsgehalt.[270]

Der Anhang hat daher vier Funktionen: Erläuterungs-, Korrektur-, Ergänzungs- und Entlastungsfunktion. Die Darstellungsformen (die Frage nach dem Wie) ist im Rechnungslegungsrecht nicht geregelt. Sie können zwischen blosser Angabe, einer Auflistung (Aufgliederung), einer Erläuterung, einer tabellarischen Darstellung oder Begründung variieren. Der Inhalt des Anhangs (die Frage nach dem Was) ist nach OR 959c I und II wie folgt geregelt (▶ Dar. 81).

Dar. 81: Inhalt des Anhangs gemäss Rechnungslegungsrecht nach OR 959c I und II

Inhalt des Anhangs	
Pauschale Angaben	**Namentliche Angaben**
Angaben über die Bilanzierungs- und Bewertungsgrundsätze, die sich nicht aus dem Gesetz ergeben	Angaben zum Unternehmen (Name, Sitz, Rechtsform)
Aufschlüsselungen und Erläuterungen zu Positionen der Bilanz und Erfolgsrechnung	Anzahl Vollzeitstellen
Gesamtbetrag der netto aufgelösten stillen Reserven	Angaben zu eigenen Aktien
Weitere nach dem Gesetz verlangte Angaben	Angaben zu gehaltenen Beteiligungen
	Verbindlichkeiten aus Leasinggeschäften
	Verbindlichkeiten gegenüber Vorsorgeeinrichtungen
	Aktiven zur Deckung eigener Verbindlichkeiten / Eigentumsvorbehalt

270 EXPERTsuisse, 2023, S. 304.

Dar. 81: Inhalt des Anhangs gemäss Rechnungslegungsrecht nach OR 959c I und II – Fortsetzung

Inhalt des Anhangs	
Pauschale Angaben	**Namentliche Angaben**
	Gesamtbetrag der für Verbindlichkeiten Dritter bestellter Sicherheiten
	Eventualverbindlichkeiten
	Angaben zu Beteiligungsrechten
	Ausserordentliche, einmalige und periodenfremde Positionen
	Wesentliche Ereignisse nach dem Bilanzstichtag
	Gründe für einen vorzeitigen Rücktritt der Revisionsstelle
	Angaben zum Kapitalband

Damit der Anhang in Bezug auf das Rechnungslegungsrecht eine hohe Qualität aufweist, sind folgende Punkte zu beachten:

- Die Angaben im Anhang haben erläuternden, nicht kommentierenden oder wertenden Charakter.
- Angaben im Anhang müssen objektiv, sachlich und nachprüfbar sein.
- Angaben im Anhang dürfen die Aussagen der anderen Bestandteile der Jahresrechnung nicht verändern.
- Angaben im Anhang müssen formell und inhaltlich gesetzes- und statutenkonform sein.
- Angaben im Anhang unterliegen den Grundsätzen ordnungsmässiger Rechnungslegung, auch wenn sie freiwillig sind.
- Angaben im Anhang müssen Vorjahreswerte enthalten und unterliegen selbst auch dem Grundsatz der Stetigkeit.

51.2 Pauschale Angaben nach OR 959c I

In einem ersten Schritt sind nach OR 959c I folgende Informationen (pauschale Angaben) aufzuführen:

- Angaben über die angewandten Bilanzierungs- und Bewertungsgrundsätze, welche nicht vom Rechnungslegungsrecht vorgeschrieben sind

- Aufschlüsselung und Erläuterungen zu den Positionen der Bilanz und Erfolgsrechnung
- Gesamtbetrag der netto aufgelösten stillen Reserven
- Weitere vom Gesetz verlangte Angaben

Die zusätzlichen *Angaben zu Bilanzierungs- und Bewertungsgrundsätzen* im Anhang setzen sich aus jenen Positionen zusammen, die nicht bereits aus den gesetzlichen Bewertungsgrundsätzen nach OR 959c I hervorgehen. In der Praxis ist es oft zu beobachten, dass viele Unternehmen auch die gesetzlichen Grundlagen des Rechnungslegungsrechts darlegen bzw. beschreiben. Sie gehen daher über das gesetzliche Mindestmass hinaus.

Zu diesen möglichen, zusätzlichen Angaben können zählen:[271]

- Zeitpunkt und Art der Erfassung von Geschäftsvorfällen, die sich auf Vorräte und angefangene Arbeiten beziehen
- Art und Erfassung von komplexen Umsatzerfassungen
- Bilanzierung von Kryptowährungen
- Bewertung von Aktiven zu Marktpreisen, Bildung von Schwankungsreserven
- Bewertung zu Veräusserungs- anstelle von Fortführungswerten
- Behandlung von Sicherungsgeschäften
- Behandlung von Leasinggeschäften
- Bewertung von angefangenen Arbeiten oder langfristigen Aufträgen (Anwendung der Percentage-of-Completion-Methode, POCM)
- Bilanzierung von Arbeitgeberbeitragsreserven
- Abweichung vom Grundsatz der Stetigkeit in Darstellung und Bewertung
- Wechsel der Abschreibungsmethoden und -schätzungen
- Behandlung und Bewertung von Rückstellungen
- Behandlung von Fremdwährungsumrechnungen aus Transaktionen in fremder Währung
- Aktivierung von besonders relevanten Vermögenswerten
- Vornahme von zeitlichen oder sachlichen Abgrenzungen
- Grundsätze in der Erfolgsrechnung
- Definition von Eventualverbindlichkeiten
- Gruppenbewertung bei Beteiligungen
- Bestimmung der Anschaffungs- und Herstellkosten
- Erfassung von zusätzlichen Abschreibungen
- Erfassung und Bewertung von Rückstellungen
- Festlegung der Befreiung von der Konzernrechnungslegungspflicht

271 EXPERTsuisse, 2023, S. 305. Kessler / Pfaff, 2019, S. 454, N 21.

Beispiel Angaben über die in der Jahresrechnung angewandten Grundsätze (Disentis Bergbahnen AG, 2020)

»Die vorliegende Jahresrechnung wurde gemäss den Bestimmungen des Schweizer Rechnungslegungsrechts (32. Titel des Obligationenrechts, Art. 957 bis 963b) erstellt. Das Schweizer Rechnungslegungsrecht sieht im Grundsatz die Bewertung zum Niederstwertprinzip vor. Es besteht jedoch die Möglichkeit, zu Wiederbeschaffungszwecken oder zur Sicherung des dauernden Gedeihens des Unternehmens zusätzliche Abschreibungen, Rückstellungen und Wertberichtigungen vorzunehmen oder nicht mehr begründete Abschreibungen, Rückstellungen und Wertberichtigungen nicht aufzulösen. Die Bildung solcher Abschreibungen, Rückstellungen und Wertberichtigungen erfolgt still. Wird jedoch das erwirtschaftete Ergebnis durch eine Nettoauflösung solcher Abschreibungen, Rückstellungen und Wertberichtigungen wesentlich günstiger dargestellt, so muss der Betrag dieser Nettoauflösung im Anhang offengelegt werden.«
Die wesentlichen angewandten Bewertungsgrundsätze, welche nicht vom Gesetz vorgeschrieben sind oder wo Wahlmöglichkeiten vorliegen, sind nachfolgend beschrieben.

Die Bewertungs- und Bilanzierungsgrundsätze werden oft in verbalen Sätzen erläutert, damit sich die Adressaten ein verlässliches Urteil darüber machen können, wie die Bewertung erfolgt

Beispiel Angaben zu Bewertungsgrundsätzen bei den Abschreibungen

Die Tobler AG hat eine Maschine erworben. Sie beschreibt ihre Abschreibungspolitik wie folgt: »Die Abschreibungen bei den Maschinen werden linear über die betriebswirtschaftliche Nutzungsdauer erfasst.«

Die Aufschlüsselung und Erläuterung von Positionen der Bilanz und Erfolgsrechnung hat die Grundsätze ordnungsgemässer Rechnungslegung zu berücksichtigen. Dabei spielen Verständlichkeit, Wesentlichkeit und Klarheit eine zentrale Rolle, um Dritten ein möglichst zuverlässiges Bild zu vermitteln.[272] Der Zweck der Aufschlüsselung ist es, bei wesentlichen Positionen die detaillierten Kontensalden offenzulegen. Hier besteht in der Praxis erheblicher Ermessenspielraum. Eine Aufschlüsselung ist aufzuführen, wenn diese wesentlich ist.

272 EXPERTsuisse, 2023, S. 306.

Beispiel Aufschlüsselung einer Position in der Bilanz

Die Knaus GmbH zeigt aktive Rechnungsabgrenzungen in Höhe von CHF 150'000 in der Bilanz. Die Position ist wesentlich. Daher wird sie im Anhang wie folgt aufgegliedert:

	Aktuelles Jahr	Vorjahr
Vorauszahlungen Versicherungen	CHF 80'000	CHF 90'000
Vorsteuer (Mehrwertsteuer)	CHF 70'000	CHF 40'000
Total	CHF 150'000	CHF 130'000

Eine besondere Stellung im Anhang nimmt die *Offenlegung von aufgelösten stillen Reserven* ein. Eine Offenlegung ist somit nur notwendig, wenn sie aufgelöst, aber nicht gebildet wird. Eine Offenlegung von aufgelösten stillen Reserven ergibt sich, wenn das erwirtschaftete Ergebnis wesentlich günstiger dargestellt wird.[273] Der Begriff »wesentlich günstiger« ist unklar. Die Lehrmeinung geht dabei von einem Wert zwischen 5 bis 20 % des Jahresergebnisses aus, wobei auch unter anderem die Entwicklung der Rentabilität zu berücksichtigen ist.[274] In welchen Fällen das erwirtschaftete Ergebnis »wesentlich günstiger« ist, ist immer im Einzelfall zu beurteilen. Ein Wechsel von einem Jahresverlust zu einem Jahresgewinn beispielsweis ist als wesentlich zu betrachten oder wenn dadurch ein hälftiger Kapitalverlust oder eine Überschuldung vermieden werden kann.

Die Art der Offenlegung kann in einem einzigen Betrag erfolgen, ohne dabei die Details und Bestände aufzuführen. Durch die Offenlegung soll eine möglichst zuverlässige Beurteilung der wirtschaftlichen Lage des Unternehmens ermöglicht werden.[275]

Beispiel Ausweis Nettoauflösung stiller Reserven

Die Schweizer & Co. hat stille Reserven im Umfang von CHF 80'000 aufgelöst. Im Vorjahr wurden noch CHF 20'000 stille Reserven gebildet. Im Anhang sieht der Ausweis wie folgt aus:

	Aktuelles Jahr	Vorjahr
Nettoauflösung stille Reserven	CHF 80'000	CHF 0

273 Kessler / Pfaff, 2019, S. 459, N 26.
274 Kessler / Pfaff, 2019, S. 461, N 30.
275 EXPERTsuisse, 2023, S. 309.

> Die Bildung von stillen Reserven ist nach dem Rechnungslegungsrecht nicht auszuweisen, sondern nur ihre Auflösung (Nettodarstellung, kein Ausweis von einzelnen Positionen mit stillen Reserven).

Weitere vom Gesetzgeber verlangte Angaben sind beispielsweise Umrechnungskurse bei Rechnungslegung in Fremdwährung oder Forderungen gegenüber nahestehenden Personen, sofern diese nicht in der Bilanz ausgewiesen werden. Auch sind Personalaufwand, Abschreibungen und Wertberichtigungen bei Anwendung der Absatzerfolgsrechnung aufzuführen. Angaben sind auch bei Anleihensobligationen notwendig. Des Weiteren sind Angaben nach dem Gesetz notwendig, wenn die Jahresrechnung nach dem Handelsrecht in einer fremden Währung erstellt wird. Auch Verstösse gegen das Stetigkeitsgebot oder das Verrechnungsverbot sind hier aufzuführen.

51.3 Namentliche Angaben nach OR 959c II

Nach OR 959c II sind Angaben notwendig, welche im Anhang offenzulegen sind, falls sie für das Unternehmen zutreffen. Die Angaben werden nachfolgend kurz vertieft, wobei die Angaben zum Unternehmen (Name, Sitz und Rechtsform) selbsterklärend sind:

Anzahl Vollzeitstellen

Im Anhang ist eine Angabe über die Anzahl der Vollzeitstellen (FTE = Full Time Equivalent) notwendig, wobei nicht die exakte Anzahl offenzulegen ist, sondern lediglich eine Angabe, ob diese tiefer als 10 FTE ist, über 50 oder 250 liegt. Teilzeitangestellte werden anteilig berücksichtigt, wobei die Auszubildenden den Teilzeitangestellten zugerechnet werden.[276] Im Lagebericht hingegen ist die genaue Anzahl FTE offenzulegen.[277]

Angaben zu eigenen Aktien

Eigene Anteile (eigene Aktien) sind am Bilanzstichtag als Bestand auszuweisen. Dies ist für die Stimmrechtsausübung massgeblich. Auch eigene Anteile bei Tochtergesellschaften sind zu berücksichtigen. Zudem ist der Erwerb und die Veräusserung von eigenen Aktien offenzulegen mit den jeweiligen Kursangaben und Bedingungen.[278]

---

276 EXPERTsuisse, 2023, S. 311.

277 Kessler / Pfaff, 2019, S. 466, N 50.

278 EXPERTsuisse, 2023, S. 312.

Angaben zu gehaltenen Beteiligungen

Zu den Beteiligungen, die direkt oder indirekt gehalten werden, ist die Firma, die Rechtsform, der Sitz und das Kapital- und Stimmrecht anzugeben. Auf freiwilliger Basis sollte auch eine kurze Beschreibung der Geschäftstätigkeit angefügt werden.[279] Diese Informationen sind insbesondere für die Beurteilung der Konzernrechnungslegung von Bedeutung.

Angaben zu Verbindlichkeiten aus Leasinggeschäften

Leasingverbindlichkeiten sind aufzuführen, sofern diese nicht innerhalb von 12 Monaten gekündigt werden können. Dazu ist der volle Betrag aller Leasingraten ab dem Bilanzstichtag offenzulegen. Sofern ein Diskontierungssatz (für die Berechnung der Barwerte der Leasingraten) angewendet worden ist, sollte dieser ebenfalls offengelegt werden. Eine Staffelung mit einer Fälligkeit bis zu 5 Jahren und mehr als 5 Jahren ist empfehlenswert.[280]

Verbindlichkeit gegenüber der Vorsorgeeinrichtung

Verbindlichkeiten gegenüber einer Vorsorgeeinrichtung ergeben sich, sofern reglementarisch geschuldete Beiträge künftig zu leisten sind.[281]

Aktiven zur Deckung eigener Verbindlichkeiten

Sofern Aktiven zur Sicherung eigener Verbindlichkeiten eingesetzt werden, ist dies im Anhang offenzulegen. Dabei ist der Buchwert der gesicherten Aktiven per Bilanzstichtag anzusetzen. Typische Beispiele sind Grundpfandtitel bei Hypotheken. Dabei ist ein Ausweis der vorhandenen Grundpfandtitel gesetzlich nicht vorgeschrieben. Der Bilanzleser sieht daher im Anhang nur die Aktiven, welche als Sicherheiten für eigene Verbindlichkeiten dienen. In der Regel kommen in der Praxis als solche Sicherheiten Pfandbestellungen, Sicherungszessionen und Sicherungsübereignungen bei Warenlager, Forderungen, Wertschriften, Liegenschaften, bilanzierte Leasingverbindlichkeiten (finanzielles Leasing) und Beteiligungen zur Anwendung.[282]

Beispiel Ausweis Aktiven zur Sicherung eigener Verbindlichkeiten

Die Breu AG hat eine neue Hypothek über CHF 250'000 auf einer Betriebsliegenschaft mit einem Buchwert von CHF 550'000 (Vorjahr identisch) zu tragen.

279 EXPERTsuisse, 2023, S. 311.
280 EXPERTsuisse, 2023, S. 312 f.
281 Kessler / Pfaff, 2019, S. 471, N 67.
282 EXPERTsuisse, 2023, S. 316.

Im Vorjahr betrug die Hypothek noch CHF 300'000. Die Grundpfandtitel (eingetragen im Grundbuch) betragen CHF 100'000. Der Ausweis im Anhang hat nach dem Gesetz wie folgt zu erfolgen:

	Aktuelles Jahr	Vorjahr
Aktiven zur Sicherung eigener Verbindlichkeiten (Liegenschaft)	CHF 550'000	CHF 550'000

Gesamtbetrag der für Verbindlichkeiten Dritter bestellter Sicherheiten

Ein besonders heikler Umstand in der Rechnungslegung ist die Angabe der Verbindlichkeiten Dritter bestellter Sicherheiten. Dies sind fremde Verbindlichkeiten, für die ein Unternehmen bürgt. Hierzu ist die volle Haftungssumme aller Sicherungsgeschäfte in einem Betrag auszuweisen, wobei eine separate Auflistung zu präferieren ist.[283]

Folgende Geschäfte können als Sicherungsverpflichtungen betrachtet werden:[284]

- Bürgschaften
- Pfandbestellungen zugunsten Dritter in Form von Grund- oder Faustpfand
- Sicherungszessionen
- Sicherungsübereignung
- Garantieverpflichtungen (Dividendengarantie oder Haftung bei Zahlungsunfähigkeit eines Dritten)

Eine besondere Bedeutung kommt der Patronatserklärung zu, bei welcher eine Muttergesellschaft für die Schulden einer Tochtergesellschaft einsteht. Auch die Sicherheiten für andere Konzerngesellschaften (Schwestergesellschaften) sind im Einzelabschluss offenzulegen.[285]

Beispiel Ausweis Gesamtbetrag Verbindlichkeiten Dritter bestellter Sicherheiten

Die Breu AG hat für ihren Alleinaktionär eine Bürgschaft übernommen in Höhe von CHF 50'000 gegenüber einem Lieferanten, sofern der Alleinaktionär zahlungsunfähig werden sollte. Im Vorjahr bestand diese Bürgschaft noch nicht. Der Ausweis erfolgt im Anhang wie folgt:

283 EXPERTsuisse, 2023, S. 314.
284 EXPERTsuisse, 2023, S. 314.
285 Kessler / Pfaff, 2019, S. 473, N 73.

	Aktuelles Jahr	Vorjahr
Verbindlichkeit Dritter bestellter Sicherheit	CHF 50'000	CHF 0

Eventualverbindlichkeiten

Eventualverbindlichkeiten sind Verbindlichkeiten, deren Wahrscheinlichkeit als Nutzenabfluss als sehr gering eingestuft wird oder deren Höhe nicht verlässlich geschätzt werden kann.[286] Im Anhang sind der Betrag, eine kurze Beschreibung und der Umfang der Eventualverbindlichkeit kurz zu erläutern. Typische Beispiele in der Praxis sind unsichere Entwicklungen von Prozessrisiken, mögliche Zahlungen aus Konventionalstraften oder Solidarschulden.[287] Rangrücktrittserklärungen stellen keine Eventualverbindlichkeiten dar.[288]

Angaben zu Beteiligungsrechten

Sofern Leitungs- und Verwaltungsorgane bzw. Mitarbeitende Beteiligungsrechte (Aktien oder Optionen) zugeteilt erhalten, ist dies ebenfalls nach OR 959c II offenzulegen.

Ausserordentliche, einmalige und periodenfremde Positionen

Ausserordentliche, einmalige und periodenfremde Positionen sind im Anhang zu erläutern bzw. ihre Ursache ist darzulegen. Der Ausweis erfolgt bereits nach der Mindestgliederung in der Erfolgsrechnung. Eine solche Angabe ist aber nur dann notwendig, wenn sie nicht selbsterklärend ist.[289]

Wesentliche Ereignisse nach dem Bilanzstichtag

Sofern die Ereignisse vor dem Bilanzstichtag bekannt sind, müssen sie im Jahresabschluss berücksichtigt werden. Sofern zwischen dem Bilanzstichtag und der Freigabe des Jahresabschlusses durch das zuständige Organ wesentliche Ereignisse (positiver wie negativer Natur) erfolgen, sind diese im Anhang offenzulegen. Solche Tatsachen werden als Ereignisse nach dem Bilanzstichtag bezeichnet. Dabei ist eine Beschreibung des Ereignisses und deren finanziellen Konsequenzen zu verfassen. Hierzu sind Schätzungen notwendig. Typische Beispiele können die

286 EXPERTsuisse, 2023, S. 317.
287 EXPERTsuisse, 2023, S. 317.
288 EXPERTsuisse, 2023, S. 317.
289 Kessler / Pfaff, 2019, S. 478, N 89.

Übernahme eines Unternehmens, der Verlust eines wichtigen Kunden, negative Prozessentscheide oder Elementarschäden sein (▶ Dar. 82).[290]

Dar. 82: Abgrenzung Ereignisse vor und nach dem Bilanzstichtag

Differenzierung von Ereignissen um den Bilanzstichtag	
Ereignis vor dem Bilanzstichtag	**Ereignis nach dem Bilanzstichtag**
Ein Ereignis ist *vor* dem Bilanzstichtag aufgetreten.	Ein Ereignis ist *nach* dem Bilanzstichtag aufgetreten.
Konsequenz: Die Jahresrechnung ist anzupassen.	Konsequenz: Der Anhang ist mit einer Information zu ergänzen.
Beispiele: • Erhöhung der Rückstellung • Erhöhung des Delkredere • Zweifel am Going Concern	Beispiele: • Verlust eines Kunden • Übernahme einer Tochtergesellschaft • Zerstörung von Anlagevermögen

Beispiel Ausweis Ereignisse nach dem Bilanzstichtag (Säntis Schwebebahn, Jahresbericht OR, Jahr 2018)

Eine Lawine hat am 10. Januar 2019 das Hotel- und das Fuhrparkgebäude sowie Teile der Werkkonstruktion der ersten, 54 Meter hohen Schwebebahnstütze beschädigt. Dadurch kann der Betrieb der Schwebebahn nicht mehr gewährleistet werden. Die Existenz des Unternehmens ist durch diese Ereignisse nicht gefährdet. Die Gebäudeschäden sind durch die kantonale Gebäudeversicherung gedeckt, die Deckungssummen der All-Risk-Versicherung betragen für Elementarschäden CHF 4 Mio. und für den Ertragsausfall CHF 8 Mio.

Gründe für einen vorzeitigen Rücktritt der Revisionsstelle und zum Kapitalband

Sofern eine Revisionsstelle frühzeitig zurücktritt, sind die Gründe für diesen vorzeitigen Rücktritt anzugeben nach OR 959c II Ziff. 14. Auch die Bedingungen für die Verwendung des Kapitalbands[291] bzw. der Fall einer Aufwertung sind im Anhang zu erläutern.

290 EXPERTsuisse, 2023, S. 320.

291 Ein Kapitalband ist ein finanzieller Rahmen, in welchem der Verwaltungsrat einer Aktiengesellschaft das Aktienkapital erhöhen oder senken kann.

51.4 Weitere Offenlegungspflichten im Anhang

Bei grösseren Unternehmen, die der ordentlichen Revision unterstehen, sind die langfristigen verzinslichen Finanzverbindlichkeiten bis zu fünf Jahren und mit Laufzeiten von mehr als fünf Jahren auszuweisen. Das Honorar der Revisionsstelle ist in Revisionsdienstleistungen und andere Dienstleistungen aufzuteilen, womit ein Urteil über die Unabhängigkeit der Revisionsstelle möglich ist.[292] Eine Revisionsstelle darf in einem begrenzten Umfang Beratungsdienstleistungen neben der Prüfungsdienstleistung erbringen.

Börsenkotierte Unternehmen müssen ausserdem einen Vergütungsbericht (nach der Verordnung gegen übermässige Vergütungen bei börsenkotierten Aktiengesellschaften, VegüV) und das Ergebnis einer Lohnvergleichsanalyse (nach dem Bundesgesetz über die Gleichstellung von Frau und Mann) offenlegen.

Ein besonderer Fall ist die Offenlegung bei Zweifel der Fortführungsfähigkeit (Going Concern). In einem solchen Fall muss dies im Anhang verbal erklärt und erwähnt werden, welchen Einfluss dies auf die wirtschafliche Lage des Unternehmens hat und weshalb an der Annahme zur Fortführung festgehalten werden kann.[293]

292 EXPERTsuisse, 2023, S. 323.
293 Kessler / Pfaff, 2019, S. 462, N 32.

52 Lagebericht

Nach OR 961c stellt der Lagebericht den Geschäftsverlauf und die wirtschaftliche Lage des Unternehmens und allenfalls des Konzerns am Ende des Geschäftsjahres dar und darf nicht der wirtschaftlichen Lage der Jahresrechnung widersprechen. Der Lagebericht ist Teil des Geschäftsberichts, wobei ihm eine Informations- und Ergänzungsfunktion beikommt.[294] Allerdings darf er nicht als Korrekturfunktion bei einer gesetzeswidrigen Jahresrechnung dienen.[295] Insbesondere hat er den Grundsätzen ordnungsgemässer Rechnungslegung, wie Klarheit, Verständlichkeit, Vollständigkeit, Verlässlichkeit und Wesentlichkeit, zu entsprechen.[296]

Der Lagebericht ist zwingend für ordentlich zu prüfende Unternehmen (›grössere Unternehmen‹) zu erstellen, allerdings ist er nicht Prüfungsgegenstand durch die Revisionsstelle.[297] Ordentlich zu prüfende Unternehmen sind einerseits solche, welche nach OR 727 I zwei der nachfolgenden Grössenkriterien in zwei aufeinanderfolgenden Jahren überschreiten:

- CHF 20 Mio. Bilanzsumme
- CHF 40 Mio. Umsatzerlös
- 250 Vollzeitstellen im Jahresdurchschnitt

Auch bei Unternehmen mit an der Börse kotierten Aktien und ausstehenden Obligationen oder bei einer Pflicht zur Konzernrechnung muss andererseits eine ordentliche Revision nach OR 727 I durchgeführt werden, weshalb auch dann ein Lagebericht zu erstellen ist (▶ Kap. 3.7).

Der Geschäftsverlauf bezieht sich auf das abgeschlossene Geschäftsjahr und ist vergangenheitsorientiert.[298] Dabei sind insbesondere finanzielle und nicht-finanzielle Leistungsindikatoren (Key Performance Indicators, KPI) gefragt. Von grosser Bedeutung sind dabei analytische Vergleiche zu zentralen Leistungsindikatoren, die einen Trend anzeigen können. Die wirtschaftliche Lage bedeutet, dass den Empfängern des Geschäftsberichts ein umfassendes Bild vermittelt wird, damit eine zuverlässige Berichterstattung ermöglicht wird.[299] Aktuell ist die Nachhaltigkeitsbericht-

294 Glanz / Pfaff, 2019, S. 655, N 6.
295 Glanz / Pfaff, 2019, S. 659, N 17.
296 Glanz / Pfaff, 2019, S. 659, N 18.
297 Glanz / Pfaff, 2019, S. 662, N 32.
298 Glanz / Pfaff, 2019, S. 663, N 35.
299 Glanz / Pfaff, 2019, S. 665, N 39.

erstattung als Teil der Corporate Social Responsibility (CSR) hierzu ein wesentlicher, ergänzender Teil, wie der Lagebericht in der Praxis ausgestaltet werden kann.

Der Begriff »Geschäftsverlauf« ist im Gesetz nicht näher definiert. Es lassen sich dabei zahlreiche Themen subsumieren:[300]

- Branchenentwicklung und Strategie
- Analyse der Jahresrechnung (unter Verwendung von Kennzahlen, KPI)
- Absatzentwicklung
- Produktionsentwicklung
- Beschaffung und Einkauf
- Investitionen und Finanzierung
- Forschung und Entwicklung
- Strategische Beteiligungen
- Investitionstätigkeit
- Liquidität
- Personalentwicklung, Personal und Soziales
- Nachhaltigkeit

Nach OR 961c II muss der Lagebericht *namentlich* zu folgenden Punkten Auskunft geben:

- Anzahl Vollzeitstellen (FTE) im Jahresdurchschnitt
- Durchführung einer Risikobeurteilung
- Bestellungs- und Auftragslage
- Forschungs- und Entwicklungstätigkeit
- Aussergewöhnliche Ereignisse
- Zukunftsaussichten

Die *Berechnung der Vollzeitstellen* basiert auf den Arbeitsverträgen. Auch Auszubildende sind in diese Angabe einzuschliessen. Die Angabe des arithmetischen Mittels aus Anfangs- und Endbestand ist dabei zu verwenden einschliesslich Vorjahresangabe.[301]

Die *Durchführung der Risikobeurteilung* kann zwischen einer Leerformel (in der Art »Wir haben eine Risikodurchführung vollzogen.«) und einer umfassenden Darstellung des Risikomanagements erfolgen.[302] Die Ausprägungen sind in diesem Punkt vielseitig. Sinnvoll erscheint es, die Unternehmensrisiken und den Risikomanagementprozess zu beschreiben. Ein Risikobericht kann die Ziele des Risikomanagements, die Organisation, wesentliche Unternehmensrisiken, wesentliche Massnahmen und das Risikokonzept umfassen.[303]

300 Glanz / Pfaff, 2019, S. 664, N 37.
301 Glanz / Pfaff, 2019, S. 669, N 46.
302 Glanz / Pfaff, 2019, S. 670, N 51.
303 Glanz / Pfaff, 2019, S. 671, N 51.

Bei der *Bestellungs- und Auftragslage* sollten die nächsten zwölf Monate dargelegt werden, um den Zukunftsaussichten gerecht zu werden. Diese Angabe dient auch als Frühindikator.[304]

Die Erläuterungen zur *Forschungs- und Entwicklungstätigkeit* sind wichtige Angaben für die Wettbewerbsfähigkeit von Unternehmen. Forschung bedeutet, dass wissenschaftliche oder technische Erkenntnisse erarbeitet werden. Entwicklung heisst, das neues Wissen von Forschungsergebnissen auf die Ausarbeitung von neuen Produkten oder Verfahren angewendet wird.[305] Mögliche Angaben können Aufwand, Ziele, Einrichtungen oder wesentliche Resultate der Forschung und Entwicklung sein.[306] Sofern ein Unternehmen keine Forschung oder Entwicklung betreibt, ist dies im Lagebericht ebenfalls zu erläutern.[307] Sofern ein Konflikt mit Geschäftsgeheimnissen entstehen kann, sind Forschungs- und Entwicklungstätigkeiten nicht offenzulegen, wenn dadurch Wettbewerbsnachteile entstehen.

Die Darlegung von *aussergewöhnlichen Ereignissen* soll die Transparenz erhöhen. Es sind positive und negative Entwicklungen zu berücksichtigen.[308] Aussergewöhnlich bedeutet, dass der Sachverhalt ausserhalb der Geschäftstätigkeit liegt, einmalig oder besonders bedeutsam ist.[309]

Zukunftsangaben stellen Prognosen dar, nicht Fakten.[310] Sinnvoll ist, dass die Bilanzlesenden einen Ausblick über die Entwicklung der Vermögenswerte, Finanzen und Ertragslage erhalten, wobei die Strategie zum Ausdruck kommen sollte. Zudem ist zu empfehlen, relevante Kennzahlen zu verwenden, die für die Jahresabschlussanalyse von Bedeutung sind. Als Prognosezeitraum wird ein Intervall von zwei Jahren empfohlen.[311]

---

304 Glanz / Pfaff, 2019, S. 671, N 53.
305 Glanz / Pfaff, 2019, S. 672, N 58.
306 Glanz / Pfaff, 2019, S. 672, N 60.
307 Glanz / Pfaff, 2019, S. 672, N 56.
308 Glanz / Pfaff, 2019, S. 674, N 61.
309 Glanz / Pfaff, 2019, S. 674, N 64.
310 Glanz / Pfaff, 2019, S. 675, N 67.
311 Glanz / Pfaff, 2019, S. 676, N 70.

Beispiel Lagebericht des FC Thun (Quelle: Geschäftsbericht FC Thun aus dem Jahr 2019)

LAGEBERICHT

1. Anzahl Vollzeitstellen im Jahresdurchschnitt

Die Anzahl Vollzeitstellen im Jahresdurchschnitt lag im Berichtsjahr (01.01.2019 - 31.12.2019) bei 61.

- Mitarbeitende Geschäftsstelle = 14
- Spieler und Staff 1. Mannschaft = 40
- Spieler und Staff Nachwuchs = 7

2. Risikobeurteilung

Die Führungspersonen der FC Thun AG (Verwaltungsrat und Geschäftsleitung) sind sich den Risikoaspekten des Fussballbereiches bewusst. Zudem verfügen sie diesbezüglich über langjährige Erfahrung. Diese Tatsache führt dazu, dass in den Führungsgremien des Verwaltungsrats und der Geschäftsleitung (ebenso in gemeinsamen Wirken), die Risikoeinschätzung generell und fokussiert auf die Besonderheiten, ein integraler Bestandteil der Führungsarbeit ist. Monatlich finden dazu Besprechungen statt, welche auf Cockpit-Grundlagen basieren. Weiter besteht ein internes Kontrollsystem, welches die Risikobeurteilung unterstützt. Aufgrunddessen sind wir der Auffassung, dass die Risikobeurteilung fortwährend und adäquat erfolgt.

3. Bestellungs- und Auftragslage

Die FC Thun AG bezweckt die Durchführung, Organisation und Leitung eines Profi-Fussballbetriebes. Daher sind Aussagen zu Bestellungs- und Auftragslage nicht anwendbar.

4. Forschungs- und Entwicklungstätigkeit

Die FC Thun AG bezweckt die Durchführung, Organisation und Leitung eines Profi-Fussballbetriebes. Daher sind Aussagen zu Forschungs- und Entwicklungstätigkeit nicht anwendbar.

5. Aussergewöhnliche Ereignisse

Aussergewöhnliche Ereignisse werden im Jahresbericht zum Geschäftsjahr 2019 erläutert, welcher Bestandteil des Geschäftsberichts ist.

6. Zukunftsaussichten

Zukunftsaussichten werden im Jahresbericht zum Geschäftsjahr 2019 erläutert, welcher Bestandteil des Geschäftsberichts ist.

7. Aktionärsstruktur

987 Aktionärinnen und Aktionäre verzeichnet die FC Thun AG per 31.12.19. Die Beteiligungsquote der grössten Aktionäre liegt bei 7.8%, 6.3% und 3.3%.

8. Entschädigungen Verwaltungsrat und Geschäftsleitung

Entschädigung VR-Präsidenten	CHF/Jahr
für VR-Mandat exkl. Spesen	7'200
Entschädigung VR-Präsidenten für Mandat VR-Delegierter/Vorsitz GL	34'800
Entschädigung des Verwaltungsrates als Ganzes exkl. Spesen und Präsident	9'600
Entschädigung Geschäftsleitung exkl. Spesen und Präsident	326'690

9. Zahlen, Fakten und «Fun Facts»

102'358 Zuschauerinnen und Zuschauer durften wir im 2019 in der Stockhorn Arena empfangen.

- davon waren 8'395 Gästefans und 179 Scouts (Spielbeobachter).
- 33x wurde am Helpdesk ein Ersatzticket für eine vergessene Saisonkarte gedruckt.
- 17'056 Liter Bier flossen und 10'718 FC Thun-Würste wurden verspeist.
- 56 Monitore sind am Spieltag im Stadion im Einsatz.

6'000 Kinder bis 16 Jahre besuchten aufgrund der vier Special & Kids Days ein Heimspiel. Der Bereich Engagement & Kids machte 5 externe Schulbesuche und empfing 15 Klassen im Stadion.

In der Vorrunde 2019/20 verkauften wir über 500 Heimtrikots. Die beliebtesten Aufdrucke waren: Hediger, Tosetti, Glarner.

Basil Stillhart bewies im Kalenderjahr 2019 Ausdauer und hatte mit 3'557 die meisten Einsatzminuten in Pflichtspielen.
Die meisten Fouls musste Stefan Glarner einstecken. 76x wurde er gefoult – teilte allerdings auch 52x aus.
Wettbewerbsübergreifend hat die erste Mannschaft 89x den gelben Karton gesehen.

77x wurde eine Situation während eines FCT-Spiels durch den VAR geprüft, ohne dass der Entscheid des Schiedsrichters geändert wurde. Dreimal wurde eine Entscheidung des Schiedsrichters aufgrund der Einschaltung des VAR geändert.

53 Geldflussrechnung

53.1 Einführung

In der finanziellen Führung spielt die Liquidität eine zentrale Rolle. Sie dient der Finanzierung zahlreicher unternehmerischer Tätigkeiten und sichert das Überleben eines Unternehmens. Die Geldflussrechnung (Cashflow Statement)[312] vermittelt die Informationen über die Investitions- und Finanzierungsvorgänge und die Entwicklung der Finanzlage des Unternehmens aus der Geschäftstätigkeit.[313] Liquidität ist ein zentraler Erfolgsfaktor, da die Existenz bzw. die Überlebensfähigkeit eines Unternehmens davon abhängt. Wenn ein Unternehmen beispielsweise in den nächsten drei Monaten die kurzfristigen Verbindlichkeiten, Ausgaben und Löhne sowie Sozialleistungen nicht zahlen kann, besteht die Gefahr eines Konkurses. Im Extremfall kann es sogar sein, dass ein Unternehmen rentabel, aber nicht mehr liquide ist. Daher wird die Liquidität auch als »Sauerstoff« eines Unternehmens bezeichnet, während die Rentabilität der »Nahrung« entspricht. Kurzfristig kann ein Unternehmen ohne Gewinn überleben, aber nicht ohne ausreichende Liquidität.

Unternehmen, die von Gesetzes wegen zu einer ordentlichen Revision verpflichtet sind, müssen eine Geldflussrechnung erstellen. Konkret heisst dies, dass diese Unternehmen in zwei aufeinanderfolgenden Jahren zwei der folgenden Grössen überschreiten: CHF 20 Mio. Bilanzsumme, CHF 40 Mio. Umsatz oder mehr als 250 Vollzeitangestellte (▶ Kap. 58). Somit müssen gemäss Rechnungslegungsrecht nur grössere Unternehmen eine Geldflussrechnung als Teil der Jahresrechnung offenlegen (▶ Kap. 3.7).[314]

Beispiel Pflicht zur Geldflussrechnung

Die Natal AG hat im letzten Jahr (bzw. Vorjahr) folgende Finanzgrössen erzielt:

Bilanzsumme	CHF 21 Mio. (Vorjahr CHF 22 Mio.)
Umsatz	CHF 39 Mio. (Vorjahr CHF 41 Mio.)

312 Früher wurden Begriffe Kapitalfluss- und Mittelflussrechnung verwendet.
313 Glanz, 2019, S. 625, N 14.
314 EXPERTsuisse, 2023, S. 300.

Vollzeitangestellte	279 (Vorjahr 281)

Die Natal AG muss in diesem Jahr eine Geldflussrechnung erstellen, da sie zwei Finanzgrössen in zwei aufeinanderfolgenden Jahren überschritten hat (Bilanzsumme und Vollzeitangestellte).

Die Geldflussrechnung ist das entscheidende Instrument, um die Liquiditätsentwicklung und deren Ursachen eines Unternehmens zu überwachen. Während in der Erfolgsrechnung die Profitabilität ersichtlich wird, zeigt die Geldflussrechnung die Entwicklung der Liquidität auf.

Beispiel Erfolgsrechnung und Geldflussrechnung

Ein Fischhändler besitzt Bargeld in Höhe von CHF 100. Morgens um 5 Uhr kauft der Fischhändler in einer Markthalle 5 Rauchlachse zu CHF 20 pro Stück gegen Barzahlung. Sein Lagerbestand beträgt jetzt 5 Stück Lachse mit einem Wert von insgesamt CHF 100. Bargeld hat er jetzt keines mehr.
Um 10 Uhr beginnt der Wochenmarkt in der Stadt. Bis zum Mittag hat er sämtliche Lachse zu CHF 50 pro Stück verkauft. Sein Lagerbestand ist nun auf null gesunken. Er besitzt dann CHF 250 an Bargeld.
Seine Gewinn- und Verlustrechnung sieht nun folgendermaßen aus:

Umsatz	250
Warenaufwand	–100
Gewinn	150

Seine Geldflussrechnung präsentiert sich wie folgt:

Einnahmen	250
Auszahlungen an Lieferanten	–100
Zuwachs an Bargeld	150

Im Folgenden wird dieses Beispiel leicht verändert. Der Fischhändler besitzt Bargeld in Höhe von CHF 100. Morgens um 5 Uhr kauft er in der Markthalle wieder 5 Rauchlachse zu CHF 20 pro Stück gegen Barzahlung. Sein Lagerbestand beträgt 5 Stück Lachse mit einem Wert von insgesamt CHF 100. Bargeld haben hat er jetzt keines mehr.
Bis zum Mittag hat er sämtliche Lachse zu CHF 50 pro Stück aber diesmal an ein Feinschmeckerrestaurant gegen Rechnung mit 30 Tagen Zahlungsziel verkauft. Sein Lagerbestand beträgt nun null. Sein Bargeldbestand beträgt weiterhin null. Seine Gewinn- und Verlustrechnung sieht nun folgendermassen aus:

Umsatz	250
Warenaufwand	–100
Gewinn	150

Seine Geldflussrechnung präsentiert sich wie folgt:

Einzahlungen von Kunden	0
Auszahlungen an Lieferanten	–100
Abnahme an Bargeld	–100

Dieses einfache Beispiel zeigt die unterschiedliche Aussagekraft von Erfolgsrechnung und Geldflussrechnung. Die Gewinn- und Verlustrechnung stellt Umsatz und Aufwände gegenüber und weist den Gewinn aus. Die Geldflussrechnung stellt liquiditätswirksame Einnahmen und Ausgaben gegenüber und weist die Veränderung der liquiden Mittel aus. Werden Geschäfte in bar abgewickelt, sind sie identisch; werden Ein- und Verkäufe auf Zeit (Rechnung) getätigt, ergeben sich Unterschiede.

Unter »Liquidität« versteht die Praxis den Fonds »Flüssige Mittel«, der sich in der Regel aus den Bilanzpositionen Kasse, Post, Bank und geldnahe Mittel zusammensetzt. Diese geldnahen Mittel sollten innerhalb von drei Monaten verkauft werden können, damit sie zur Liquidität gezählt werden dürfen.[315] Werden die kurzfristigen Bankverbindlichkeiten (Bankkontokorrente) von den flüssigen Mitteln in Abzug gebracht, entsteht der Fonds »Netto-Flüssige Mittel«.[316] Während OR Art. 961b die Zusammensetzung des Fonds »Flüssige Mittel« nicht weiter definiert, wird in Swiss GAAP FER und IFRS zwischen dem Fonds »Flüssige Mittel« und »Netto-Flüssige Mittel«, wie soeben beschrieben, unterschieden.

Nicht mehr üblich in der Praxis[317] ist der Fonds Nettoumlaufvermögen (NUV). Dieser berechnet sich aus dem Umlaufvermögen abzüglich des kurzfristigen Fremdkapitals. Dieser Fonds war in der Vergangenheit üblich. Allerdings beinhaltet er neben den flüssigen Mitteln auch Forderungen (Debitoren) und Vorräte abzüglich Verbindlichkeiten (Kreditoren), welche im Extremfall wertlos sein können und keine eigentliche Liquidität darstellen. Insbesondere wenn viele flüssige Mittel in Vorräten gebunden sind, besteht die Gefahr von hohen Wertkorrekturen, die nicht als Liquidität zu betrachten sind bzw. keine Liquidität in ein Unternehmen zurück-

315 Swiss GAAP FER und IFRS erlauben es, dass kurzfristige Wertschriften mit einer Laufzeit von bis zu 90 Tagen eingeschlossen sind.

316 Glanz, 2019, S. 629, N 25.

317 Und wohl auch nicht mehr zulässig gemäss Rechnungslegungsvorschriften, da die Angabe von flüssigen Mittel in OR 961b erwähnt wird.

bringen. Das Nettoumlaufvermögen ist allerdings wichtig für die Jahresabschlussanalyse.

Der Begriff Mittelflussrechnung versteht sich als Oberbegriff. Im Rahmen des Fonds Nettoumlaufvermögen[318] wurde in der Vergangenheit meist der Begriff Kapitalflussrechnung verwendet. Der Begriff Geldflussrechnung weist auf die Verwendung des Fonds »Flüssige Mittel« (oder »Netto Flüssige Mittel«) hin. Das Rechnungslegungsrecht nach OR 961b verlangt die Anwendung des Fonds »Flüssige Mittel« (▶ Dar. 83).

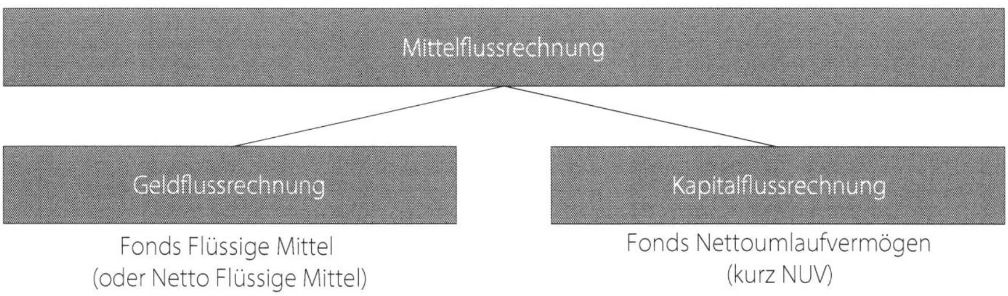

Dar. 83: Arten von Mittelflussrechnungen gemäss Fondswahl

Die Geldflussrechnung zeigt somit die Veränderungen der Liquidität eines Unternehmens auf. Sie weist nach, aus welchen Quellen ein Unternehmen Liquidität erwirtschaftet bzw. erhalten und wofür ein Unternehmen Liquidität ausgegeben hat. Gemäss OR 961b muss der Geldfluss eines Unternehmens nach den Ursachen unterteilt und separat ausgewiesen werden. Diese Ursachen sind Geschäfts-, Investitions- und Finanzierungstätigkeit. Die Summe dieser drei Geldflüsse (Cashflows) entspricht der Veränderung der flüssigen Mittel. Die folgende Darstellung 84 zeigt die Zusammensetzung der Geldflussrechnung im Überblick.

Dar. 84: Elemente der Geldflussrechnung nach dem Rechnungslegungsrecht

Zusammensetzung der Geldflussrechnung		
Geldfluss aus Betriebstätigkeit	**Geldfluss aus Investitionstätigkeit**	**Geldfluss aus Finanzierungstätigkeit**
Operativer Cashflow	**Investiver Cashflow**	**Finanzieller Cashflow**
Einnahmen und Ausgaben aus der operativen Tätigkeit eines Unternehmens	Einnahmen und Ausgaben aus den Investitionen/Devestition im Anlagevermögen	Einnahmen und Ausgaben aus der Finanzierung und Definanzierung im Fremd- und Eigenkapital

318 Dieser Betrag ergibt sich aus der Differenz von Umlaufvermögen und kurzfristigen Fremdkapital.

Beispiel Erfolgsrechnung und Geldflussrechnung

Die Bleiker GmbH hat einen Geldfluss aus Geschäftstätigkeit von CHF 45'000, aus Investitionstätigkeit von CHF -34'000 und aus Finanzierungstätigkeit von CHF -10'000 erzielt. Der Anfangsbestand der Flüssigen Mittel (als Fonds) beträgt CHF 5'000. Der Endbestand der Flüssigen Mittel berechnet sich wie folgt:

Anfangsbestand Flüssige Mittel	5'000
Geldfluss aus Geschäftstätigkeit	+45'000
Geldfluss aus Investitionstätigkeit	–34'000
Geldfluss aus Finanzierungstätigkeit	–10'000
Endbestand der Flüssigen Mittel	6'000

Die Bleiker GmbH sieht in der Geldflussrechnung, dass sie für Investitionen netto CHF 34'000 ausgegeben und Kapital in Höhe von netto CHF 10'000 zurückbezahlt hat. Ausserdem hat sie im Rahmen ihrer Geschäftstätigkeit CHF 45'000 mehr eingenommen als ausgegeben (Einnahmen > Ausgaben).

Die drei Geldflüsse zeigen Mittelverwendung und -herkunft in den jeweiligen Bereichen (▶ Dar. 85).

Dar. 85: Mittelherkunft und -verwendung je Geldfluss

Geldfluss	Mittelherkunft	Mittelverwendung
Geldfluss aus Geschäftstätigkeit (operativer Cashflow = Innenfinanzierung)	Zufluss von Flüssigen Mitteln aus der Geschäftstätigkeit	Abfluss von Flüssigen Mitteln aus der Geschäftstätigkeit
Geldfluss aus Investitionstätigkeit (investiver Cashflow)	Zufluss an Flüssigen Mitteln aus Desinvestitionen des Anlagevermögens	Abfluss an Flüssigen Mittel aus Investitionen ins Anlagevermögen
Geldfluss aus Finanzierungstätigkeit (finanzieller Cashflow)	Zufluss an Flüssigen Mittel aus der Aufnahme von Fremd- oder Eigenkapital (Aussenfinanzierung)	Abfluss an Flüssigen Mittel aus der Rückzahlung von Fremd- und Eigenkapital (Definanzierung)

Investoren, Gläubiger und weitere Bilanzadressaten von Jahresabschlüssen erhalten durch die Geldflussrechnung ein vertieftes Verständnis, wie sich die Finanzierung eines Unternehmens zusammensetzt. Im Wesentlichen lässt sich erkennen, ob ein Unternehmen fähig ist,

- Dividenden an die Anteilseigner auszuschütten,
- Betriebsaufwendungen und laufende Verbindlichkeiten (z.B. Löhne, Lieferantenrechnungen) aus eigener Kraft zu tragen und zu bezahlen,
- Schulden und Zinsen gegenüber Kreditgebern zu bezahlen,
- Investitionen aus eigener Kraft zu finanzieren und
- Werte für die Anteilseigner und weitere Anspruchsgruppen zu schaffen.

Die folgende Abbildung zeigt die möglichen Finanzierungsarten eines Unternehmens im Überblick (▶ Dar. 86).

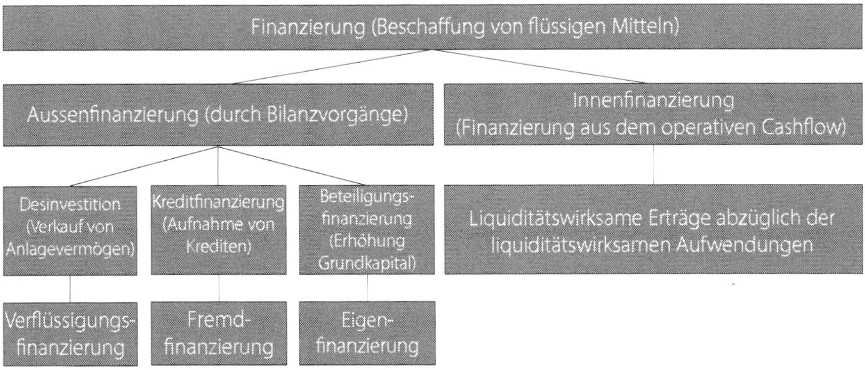

Dar. 86: Finanzierungsarten (Quelle: Modifiziert nach Leimgruber, J. / Prochinig, U.: Das Rechnungswesen als Führungsinstrument, SKV, 2022, S. 39)

Die Aussenfinanzierung erfolgt entweder durch Fremdkapitalgeber in Form von Krediten (Kreditfinanzierung, Fremdfinanzierung) oder durch Eigenkapitalgeber, indem die Eigentümer dem Unternehmen durch eine Kapitalerhöhung mehr Kapital zur Verfügung stellen (Beteiligungsfinanzierung). Auch der Verkauf von Anlagevermögen zählt zur Aussenfinanzierung. Die Innenfinanzierung entspricht dem operativen Cashflow, wobei sich die Selbstfinanzierung auf die zurückbehaltenen Gewinne bezieht.

53.2 Geldfluss aus Geschäftstätigkeit

Der Geldfluss aus Geschäftstätigkeit, der auch als operativer Cashflow bezeichnet wird, steht im Zentrum der Geldflussrechnung und ist im Finanzwesen eine sehr relevante Führungsgrösse. In der Praxis wird er auch oft einfach als Cashflow bezeichnet. Bei der Berechnung und der Definition in der Praxis ist daher zu prüfen, welche Art von Geldfluss verwendet wird.

Der Geldfluss aus Geschäftstätigkeit ist ein Schlüsselindikator dafür, in welchem Ausmass es einem Unternehmen aus eigener Kraft gelungen ist (Innenfinanzierung), Cashflows zu erwirtschaften, die ausreichen, um beispielsweise die Leistungsfähigkeit des Unternehmens zu erhalten, Darlehen zu tilgen, Dividenden zu zahlen und Investitionen und Akquisitionen zu tätigen, ohne dabei auf Quellen der Aussenfinanzierung angewiesen zu sein.[319]

Der Geldfluss aus Geschäftstätigkeit lässt sich nach der direkten oder der indirekten Methode berechnen.

53.2.1 Direkte Methode

Bei der direkten Methode müssen die liquiditätswirksamen Erträge und Aufwendungen ermittelt werden. Durch die Differenz von liquiditätswirksamen Erträgen und Aufwendungen errechnet sich der Geldfluss aus Geschäftstätigkeit. In der Praxis wird diese Methode selten angewendet, da die Ermittlung mittels direkter Methode aufwendiger ist als nach der indirekten Methode, denn das Rechnungswesen ist grundsätzlich auf erfolgswirksame Geschäftsfälle ausgerichtet. Allerdings ist diese Darstellung hinsichtlich Transparenz aussagekräftiger, da die wirklichen Geldflüsse dargestellt werden und die Treiber der Liquidität (Einnahmen und Ausgaben) ersichtlich sind.

Der Geldfluss aus Geschäftstätigkeit nach der direkten Methode berechnet sich (vereinfacht) wie folgt (▶ Dar. 87).

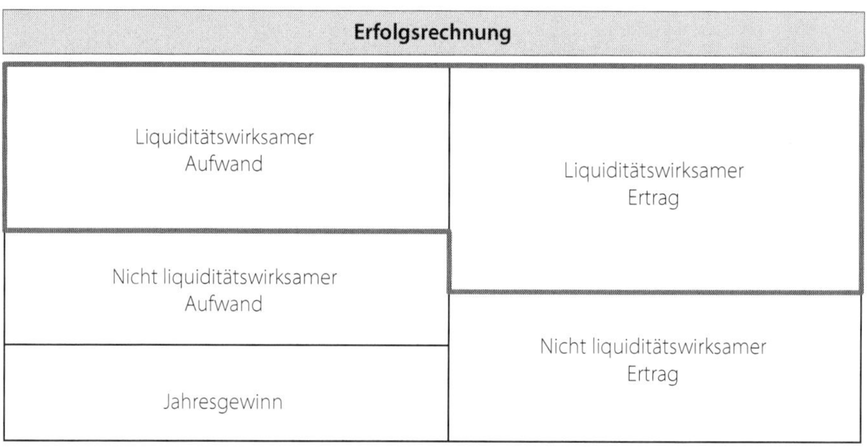

Dar. 87: Direkte Berechnung des operativen Cashflows (vereinfachte Darstellung)

319 Glanz, 2019, S. 632, N 35.

Beispiel Berechnung Geldfluss aus Geschäftstätigkeit (direkte Methode)

Die Butter AG weist zum Jahresabschluss folgende Werte auf (Werte in TCHF):

Flüssige Mittel	8	(Vorjahr 10)
Forderungen aus Lieferungen und Leistungen	40	(Vorjahr 35)
Vorräte	55	(Vorjahr 40)
Aktive Rechnungsabgrenzung	3	(Vorjahr 2)
Anlagevermögen	100	(Vorjahr 80)
Verbindlichkeiten aus Lieferungen und Leistungen	52	(Vorjahr 35)
Hypothek	78	(Vorjahr 62)
Aktienkapital	50	(Vorjahr 50)
Gewinnreserven	20	(Vorjahr 13)
Jahresgewinn	6	(Vorjahr 7)
Nettoerlös	750	
Materialaufwand	450	
Personalaufwand	250	
Übriger Betriebsaufwand (Baraufwand)	4	
Abschreibungen	30	
Finanzaufwand (Baraufwand)	10	
Jahresgewinn	6	

Der Geldfluss aus Geschäftstätigkeit berechnet sich nach der direkten Methode wie folgt:

Zahlungen von Kunden	745	(750 – 5)[320]
– Zahlungen an Lieferanten	–448	(–450 – 15 + 17)[321]
– Zahlungen an das Personal	–250	
– Zahlungen übriger Betriebsaufwand	–5	(–4 – 1)[322]
– Zahlungen Zinsen	–10	
Geldfluss aus Geschäftstätigkeit	32	

320 Nettoerlös abzüglich Zunahme der Forderungen
321 Materialaufwand abzüglich Zunahme Vorräte zuzüglich Zunahme Verbindlichkeiten
322 übriger Betriebsaufwand abzüglich Zunahme aktive Rechnungsabgrenzung (z. B. Vorauszahlung Miete)

Sofern der Geldfluss nach der direkten Methode berechnet wird, kann sich der liquiditätswirksame Ertrag aus den folgenden Positionen zusammensetzen:

- Kundenzahlungen für Lieferungen und Leistungen
- Andere Liquiditätszuflüsse aus betrieblichen Erträgen
- Liquiditätszuflüsse aus ausserordentlichen, einmaligen oder periodenfremden Erträgen
- Zahlungen aus Dividenden- und Zinserträgen

Die liquiditätswirksamen Aufwendungen können folgende Positionen beinhalten:

- Zahlungen für Einkäufe von Material, Waren und Dienstleistungen
- Zahlungen für Personalaufwendungen sowie Sozialversicherungen
- Zahlungen für übrige Betriebsaufwendungen (z. B. Mieten, Energie- und Verwaltungsaufwendungen)
- Zinszahlungen
- Steuerzahlungen
- Liquiditätsabflüssen aus ausserordentlichen, einmaligen oder periodenfremden Aufwendungen

Die effektiv geleisteten Einzahlungen von Kunden für Lieferungen und Leistungen errechnen sich wie folgt:

+	Nettoerlös aus Lieferungen und Leistungen
+	Abnahme Forderungen aus Lieferungen und Leistungen
–	Zunahme Forderungen aus Lieferungen und Leistungen
=	**Einzahlungen von Kunden**

Wenn die Forderungen zugenommen haben, bedeutet dies, dass noch nicht alle Nettoerlöse, welche gegen Rechnung in der Berichtsperiode erzielt wurden, auch bereits bezahlt sind. Folglich stellen nicht die ganzen Nettoerlöse aus Lieferungen und Leistungen liquiditätswirksamen Ertrag dar, sondern lediglich der um die Zunahme der Forderungen reduzierte Teil.

Wenn demgegenüber die Forderungen abgenommen haben, bedeutet dies, dass zusätzlich zum Wert der in der Berichtsperiode erzielten Nettoerlöse weitere Liquidität durch Einzahlungen von Kunden aus pendenten Forderungen früherer Perioden freigesetzt werden konnte.

Beispiel Kundenzahlungen aus Lieferungen und Leistungen

Die Weibel AG hat einen Nettoerlös von CHF 5'100'000 erzielt. Die Forderungen aus Lieferungen und Leistungen haben um CHF 120'000 zugenommen. Die effektiven Kundenzahlungen aus Lieferungen und Leistungen betragen daher CHF 4'980'000 (5'100'000 - 120'000).

Die Zahlungen für Einkäufe von Material, Waren und Dienstleistungen ergeben sich aus dem Material- bzw. Warenaufwand und der Veränderung der Bilanzpositionen Material- bzw. Warenvorräte und Verbindlichkeiten aus Lieferungen und Leistungen. Die effektiv geleisteten Auszahlungen für Einkäufe von Material, Waren und Dienstleistungen errechnen sich wie folgt:

–	Material-, Waren- oder Dienstleistungsaufwand
–	Zunahme Vorräte
+	Abnahme Vorräte
=	Einkäufe in der Berichtsperiode
–	Abnahme Verbindlichkeiten aus Lieferungen und Leistungen
+	Zunahme Verbindlichkeiten aus Lieferungen und Leistungen
=	**Auszahlungen an Lieferanten**

Beispiel Zahlungen Material, Waren und Dienstleistungen

Die Mittel AG weist Materialaufwand von CHF 3 Mio. auf. Die Verbindlichkeiten aus Lieferungen und Leistungen haben um CHF 50'000 zugenommen und die Materialvorräte um CHF 100'000 abgenommen. Die Auszahlungen für Material, Waren und Dienstleistungen an Lieferanten beträgt demnach CHF -2'850'000 (-3'000'000 + 50'000 + 100'000).

Passive und aktive Rechnungsabgrenzungen bzw. übrige Forderungen und übrige Verbindlichkeiten sind mit dem sonstigen Betriebsaufwand zu verrechnen, sofern sie dem operativen Bereich zugeordnet werden.

Beispiel Zahlungen aus dem Betriebsaufwand

Die Galler AG weist einen Betriebsaufwand von CHF 400'000 auf. Die passiven Rechnungsabgrenzungen haben um CHF 10'000 abgenommen, die aktiven Rechnungsabgrenzungen haben um CHF 20'000 zugenommen. Die Zahlungen für den Betriebsaufwand betragen CHF -430'000 (-400'000 - 10'000 - 20'000).

53.2.2 Indirekte Methode

Nach der indirekten Methode ist der Ausgangspunkt der Berechnungen für den operativen Cashflow der Jahreserfolg. Danach werden als Korrektur zum Jahreserfolg die nicht liquiditätswirksamen Aufwendungen zum Jahreserfolg addiert (da sie den Erfolg vermindert haben, ohne dass Liquidität abgeflossen ist) und die nicht liquiditätswirksamen Erträge vom Erfolg subtrahiert (da sie den Erfolg erhöht haben, ohne dass Liquidität zugeflossen ist). In der Rechnungslegungspraxis wird die indirekte Methode deutlich häufiger eingesetzt, da sie einfacher und das Rechnungswesen grundsätzlich auf erfolgswirksame Geschäftsfälle ausgerichtet ist (▶ Dar. 88).[323]

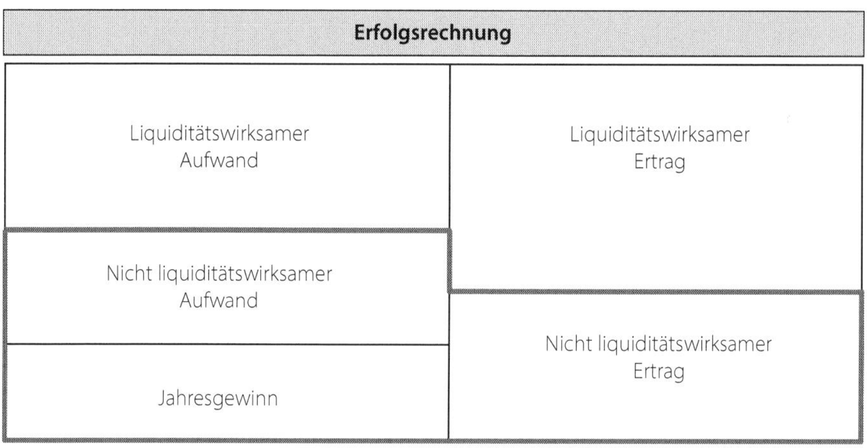

Dar. 88: Indirekte Berechnung des operativen Cashflows (vereinfachte Darstellung)

323 Böckli, 2014, S. 178, N 792.

Im Detail errechnet sich der Geldfluss aus Geschäftstätigkeit nach der indirekten Methode wie folgt:

Jahreserfolg (Gewinn positiv, Verlust negativ)

+	nicht liquiditätswirksame Aufwendungen (typische Beispiele: Abschreibungen, Verlust aus dem Verkauf von Anlagevermögen, Rückstellungsbildung, Wertberichtigungen von Wertschriften)
–	nicht liquiditätswirksame Erträge (typische Beispiele: Gewinn aus dem Verkauf von Anlagevermögen, Rückstellungsauflösung aus vergangenen Jahren)
=	**Mittelfluss aus Geschäftstätigkeit (Fonds Nettoumlaufvermögen)**
–/+	Zunahme / Abnahme von Forderungen aus Lieferungen und Leistungen
–/+	Zunahme / Abnahme von Vorräten
–/+	Zunahme / Abnahme von unfertigen und fertigen Erzeugnissen
–/+	Zunahme / Abnahme von übrigen Forderungen / aktive Rechnungsabgrenzungen
+/–	Zunahme / Abnahme von Verbindlichkeiten aus Lieferungen und Leistungen
+/–	Zunahme / Abnahme von passiven Rechnungsabgrenzungen
+/–	Zunahme / Abnahme von übrigen betrieblichen Verbindlichkeiten
=	**Geldfluss aus Geschäftstätigkeit (Fonds Flüssige Mittel als Regelfall)**

Beispiel Berechnung Geldfluss aus Geschäftstätigkeit (indirekte Methode)

Die Butter AG weist zum Jahresabschluss folgende Werte auf (Werte in TCHF):

Flüssige Mittel	8	(Vorjahr 10)
Forderungen aus Lieferungen und Leistungen	40	(Vorjahr 35)
Vorräte	55	(Vorjahr 40)
Aktive Rechnungsabgrenzung	3	(Vorjahr 2)
Anlagevermögen	100	(Vorjahr 80)
Verbindlichkeiten aus Lieferungen und Leistungen	52	(Vorjahr 35)
Hypothek	78	(Vorjahr 62)
Aktienkapital	50	(Vorjahr 50)
Gewinnreserven	20	(Vorjahr 13)
Jahresgewinn	6	(Vorjahr 7)
Nettoerlös	750	
Materialaufwand	450	

Personalaufwand	250
Übriger Betriebsaufwand (Baraufwand)	4
Abschreibungen	30
Finanzaufwand (Baraufwand)	10
Jahresgewinn	6

Der Geldfluss aus Geschäftstätigkeit berechnet sich wie folgt (indirekt):

Jahresgewinn	6
+ Abschreibungen	30
– Zunahme Forderungen	–5
– Zunahme Vorräte	–15
– Zunahme Aktive Rechnungsabgrenzung	–1
+ Zunahme Verbindlichkeiten	17
Geldfluss aus Geschäftstätigkeit	32

Bei den Dividenden und Zinszahlungen besteht nach dem Rechnungslegungsrecht ein Wahlrecht, zu welchem Geldfluss diese zuzuordnen sind.[324] Erhaltene Zinsen und Dividenden können zum Geldfluss aus Investitionstätigkeit, bezahlte Dividenden und Zinsen können dem Geldfluss aus Finanzierungstätigkeit zugewiesen werden. Eine Zuteilung zum Geldfluss aus Geschäftstätigkeit ist allerdings auch zulässig. Steuerzahlungen sind nach Lehrmeinung im Geldfluss aus Geschäftstätigkeit auszuweisen.

Der Geldfluss aus Geschäftstätigkeit kann daher durch unterschiedliche Zuordnungen beeinflusst werden. Die stillen Reserven haben in der Regel keinen Einfluss auf die Geldflussrechnung, da es sich um liquitätsunwirksame Bewertungsanpassungen der Vermögenswerte oder Verbindlichkeiten handelt.

324 Glanz, 2019, S. 634, N 41. Gleicher Meinung: EXPERTsuisse, 2023, S. 301 f.

Beispiel einer Geldflussrechnung mit der indirekten Methode für den operativen Cashflow (Quelle: Geschäftsbericht Hoher Kasten 2022, S. 19)

Geldflussrechnung (in Schweizer Franken)	2022	2021
Geldfluss aus Geschäftstätigkeit		
Jahresgewinn oder Jahresverlust	–92'780.74	–284'531.20
Abschreibungen auf Anlagevermögen	985'568.78	980'827.95
Veränderung Rückstellungen	140'280.00	–31'780.00
Cashflow	**1'033'068.04**	**664'516.75**
Veränderung Forderungen aus Lieferungen und Leistungen	–58'118.08	–15'379.20
Veränderung übrige kurzfristige Forderungen	–52'950.37	–13'957.63
Veränderung Vorräte und nicht fakturierte Dienstleistungen	–500.00	–800.00
Veränderung aktive Rechnungsabgrenzungen	4'651.19	60'919.11
Veränderung Verbindlichkeiten aus Lieferungen und Leistungen	–16'467.51	17'771.91
Veränderung übrige kurzfristige Verbindlichkeiten	31'152.30	44'524.86
Veränderung passive Rechnungsabgrenzungen	–31'039.72	26'293.80
Total Geldfluss aus Geschäftstätigkeit	**909'795.85**	**783'889.60**

53.3 Geldfluss aus Investitionstätigkeit

Der Geldfluss aus Investitionstätigkeit bzw. der investive Cashflow zeigt die Geldflüsse im Anlagevermögen auf. Er wird auch als Cashflow from Investing Activities bezeichnet. Der Begriff Nettoinvestitionen ist ein Synonym zum Geldfluss aus Investitionstätigkeit. Dabei werden Investitionen in Form eines Vermögenskaufs getätigt, was die Liquidität schmälert oder eine Desinvestition in Form eines Vermögensverkaufs, was die Liquidität erhöht.

Der Geldfluss aus Investitionstätigkeit stellt somit die Zahlungsströme aus Investitionen oder Devestitionen (Desinvestition) in das Anlagevermögen dar. Nicht liquiditätswirksame Transaktionen wie Abschreibungen, Zuschreibungen oder nicht realisierte Erfolge dürfen nicht aufgeführt werden.[325]

325 EXPERTsuisse, 2023, S. 301.

Der Geldfluss aus Investitionstätigkeit lässt sich nach dem Rechnungslegungsrecht wie folgt darstellen:

–	Investitionen in Finanzanlagen
+	Desinvestition von Finanzanlagen
–	Investitionen in Beteiligungen
+	Desinvestition von Beteiligungen
–	Investitionen in mobile Sachanlagen
+	Desinvestition von mobilen Sachanlagen
–	Investitionen in immobile Sachanlagen
+	Desinvestition von immobilen Sachanlagen
–	Investitionen in immaterielle Vermögenswerte
+	Desinvestition von immateriellen Vermögenswerten
=	**Geldfluss aus Investitionstätigkeit**

Sofern Anlagevermögen mit einem Buchgewinn verkauft wird, stellt der Gewinn einen liquiditätsunwirksamen Vorgang dar, der bei der indirekten Berechnung des operativen Cashflows subtrahiert werden muss. Der Zahlungsbetrag hingegen stellt einen liquiditätswirksamen Vorgang dar, welcher dem Geldfluss aus Investitionstätigkeit zuzuordnen ist.

Beispiel: Gewinn beim Verkauf von Anlagevermögen

Die Hubert GmbH veräussert ein Fahrzeug (per Bankgutschrift) für CHF 28'000. Der Buchwert beträgt allerdings CHF 20'000. Die Buchungen lauten wie folgt (ohne Mehrwertsteuer):

Bank / Fahrzeuge	28'000	liquiditätswirksam
Fahrzeug / ausserordentlicher Ertrag	8'000	liquiditätsunwirksam

Die erste Buchung wird beim Geldfluss aus Investitionstätigkeit ausgewiesen, wobei der liquiditätsunwirksame Ertrag als Minusposition beim Geldfluss aus Geschäftstätigkeit nach indirekter Methode aufgeführt wird.

Da die Investitionen und Desinvestitionen in der Bilanz nicht direkt ersichtlich sind, müssen diese häufig mittels Herleitung bestimmt werden (▶ Dar. 89).

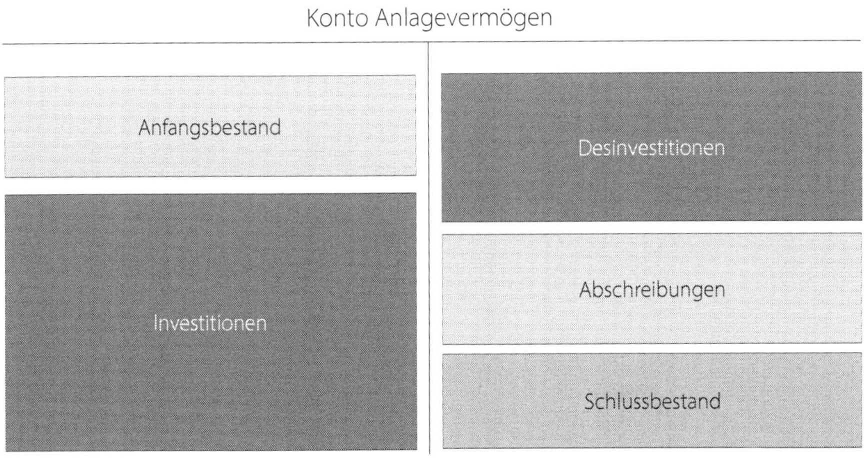

Dar. 89: Ermittlung von Investitionen und Desinvestitionen im Anlagevermögen

In den jeweiligen Konten des Anlagevermögens lässt sich der Anfangs- und Schlussbestand gemäss Bilanz eintragen. Danach sind die Abschreibungen im Konto auf der Habenseite einzusetzen. Daraus ergeben sich die Investitionen oder Desinvestitionen, sofern noch Zusatzinformationen zur Verfügung stehen (z. B. aus dem Anlagespiegel). Viele Unternehmen weisen auf freiwilliger Basis einen Anlagespiegel im Anhang aus. Nach dem Rechnungslegungsrecht ist dieser nicht vorgeschrieben. Jedoch ist er hilfreich, um die Investitions- und Abschreibungspolitik besser analysieren zu können.

Beispiel Geldfluss aus Investitionstätigkeit (Quelle: Geschäftsbericht Bergbahnen Disentis AG 2022, S. 16)

Geldfluss aus Investitionstätigkeit	2022	2021
Investition Finanzanlagen	–42'000.00	0.00
Investition Sachanlagen	–105'568.78	–2'109'827.95
Total Geldfluss aus Investitionstätigkeit	**–147'568.78**	**–2'109'827.95**

53.4 Geldfluss aus Finanzierungstätigkeit

Der Geldfluss aus Finanzierungstätigkeit zeigt insbesondere auf, wie die Kapitalbeschaffung aus der Aussenfinanzierung erfolgte. Er wird auch als Cashflow from Financing Activities bezeichnet. Er legt grundsätzlich die Liquiditätsbewegungen im Fremd- und Eigenkapital offen. Eine Finanzierung bedeutet, dass Fremd- oder Eigenkapitalgeber Flüssige Mittel zur Verfügung stellen. Eine Definanzierung liegt vor, wenn Flüssige Mittel an die Fremd- oder Eigenkapitalgeber zurückbezahlt werden. Rückstellungen und operative Verbindlichkeiten (z. B. Verbindlichkeiten aus Lieferung und Leistung, Anzahlungen von Kunden und passive Rechnungsabgrenzungen) zählen nicht zum Geldfluss aus Finanzierungstätigkeit.[326] Dieser Geldfluss ist u. a. deshalb von hoher Bedeutung, da dadurch eine Schätzung von künftigen Ansprüchen der Kapitalgeber auf künftige Cashflows abgeleitet werden kann.[327]

Der Geldfluss aus Finanzierungstätigkeit kann wie folgt dargestellt werden nach dem Rechnungslegungsrecht:

+	Aufnahme von kurzfristigem verzinslichem Fremdkapital
–	Rückzahlung von kurzfristigem verzinslichem Fremdkapital
+	Aufnahme von langfristigem verzinslichem Fremdkapital
–	Rückzahlung von langfristigem verzinslichem Fremdkapital
+	Aufnahme von Grundkapital
–	Rückzahlung von Grundkapital
+	Aufnahme von gesetzlichen Kapitalreserven
–	Rückzahlung von gesetzlichen Kapitalreserven
–	Gewinnausschüttung an die Eigenkapitalgeber
=	**Geldfluss aus Finanzierungstätigkeit**

Nicht liquiditätswirksame Finanzierungstätigkeiten wie beispielsweise die Erhöhung von Rückstellungen dürfen bei diesem Geldfluss nicht dargestellt werden. Eine Kapitaleinlage durch Sacheinlage oder eine Verrechnungsliberierung sind an dieser Stelle ebenfalls nicht aufzuführen.[328]

Die Dividendenzahlungen lassen sich mithilfe folgender Konten ableiten (▶ Dar. 90):

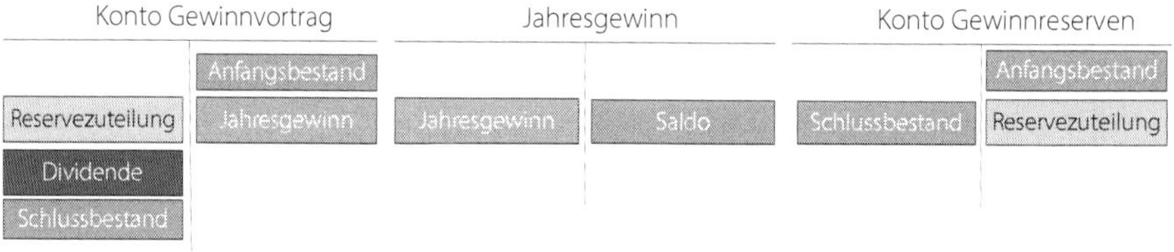

Dar. 90: Konten-Ermittlung der Dividendenzahlungen

326 Glanz, 2019, S. 634, N 39.
327 Glanz, 2019, S. 634, N 39.
328 EXPERTsuisse, 2023, S. 301.

Das Konto Gewinnvortrag wird durch einen Jahresgewinn auf der Habenseite erhöht (bzw. reduziert auf der Sollseite durch einen Verlust). Durch die Reservezuteilung – sofern sich eine solche aufgrund des Gesetzes oder auf freiwilliger Basis ergibt – wird der Gewinnvortrag reduziert. Die Dividendenzahlung ist dann jener Soll-Restbetrag im Konto Gewinnvortrag, welcher dem Antrag für die Gewinnverwendung entsprechen und den die Generalversammlung bei Kapitalgesellschaften beschliessen muss.

Beispiel Geldfluss aus Investitionstätigkeit (Quelle: Geschäftsbericht Bergbahnen Disentis AG 2022, S. 16)

Geldfluss aus Finanzierungstätigkeit	2022	2021
Geldzuflüsse aus kurz- und langfristigen verzinslichen Verbindlichkeiten	0.00	1'330'000.00
Geldabflüsse aus kurz- und langfristigen verzinslichen Verbindlichkeiten	–850'000.00	0.00
Total Geldfluss aus Finanzierungstätigkeit	**–850'000.00**	**1'330'000.00**

53.5 Verbuchung von liquiditätswirksamen Geschäftsvorfällen

Veränderungen im operativen, investiven oder finanziellen Cashflow werden durch liquiditätswirksame Geschäftsvorfälle verursacht. Diese sind dadurch gekennzeichnet, dass die entsprechenden Buchungssätze immer eine Veränderung des Kontos »Flüssige Mittel« bewirken. Die folgende Darstellung 91 gibt eine Übersicht über alle liquiditätswirksamen Geschäftsvorfälle.

Beim operativen Cashflow lassen sich vier verschiedene Fälle unterscheiden. Ein liquiditätswirksamer Aufwand ist zum Beispiel der Barkauf von Büromaterialien. Der entsprechende Buchungssatz lautet: Verwaltungsaufwand / Flüssige Mittel. Eine Auszahlung liegt beispielsweise vor, wenn das Unternehmen eine Lieferantenrechnung begleicht. Der Buchungssatz lautet: Verbindlichkeiten aus Lieferungen und Leistungen / Flüssige Mittel. Diese beiden Fälle verringern die flüssigen Mittel und damit den operativen Cashflow. Bei Einzahlungen oder liquiditätswirksamen Erträgen werden die flüssigen Mittel und damit der operative Cashflow erhöht. Beispiel für eine Einzahlung ist das Begleichen einer Rechnung durch einen Kunden. Der Buchungssatz lautet: Flüssige Mittel / Forderungen aus Lieferungen und Leistungen. Die andere Möglichkeit ist ein liquiditätswirksamer Ertrag, wenn ein Kunde beispielsweise direkt die Dienstleistung in bar begleicht. Die Buchung lautet: Flüssige Mittel / Nettoerlöse.

Beim investiven Cashflow lassen sich zwei Fälle unterscheiden: Investitionen und Desinvestitionen. Im ersten Fall erfolgt ein Abfluss an flüssigen Mitteln, der Wert des Anlagevermögens erhöht sich. Die Buchung lautet: Anlagevermögen /

Flüssige Mittel. In der Praxis wird meist vom Lieferanten eine Rechnung gestellt, die dann vom Unternehmen beglichen wird. Somit würde in der Buchung zunächst eine Verbindlichkeit entstehen, deren Begleichung dann im Abfluss liquider Mittel resultiert. Der andere Fall in diesem Zusammenhang ist die Desinvestition, d. h. der Verkauf alter Anlagen. Die entsprechende Buchung lautet: Flüssige Mittel / Anlagevermögen.

Beim finanziellen Cashflow lassen sich die beiden Fälle Finanzierung und Definanzierung unterscheiden. Im ersten Fall erfolgt ein Zufluss an liquiden Mitteln durch Aufnahme von Fremd- oder Eigenkapital. Die Buchung lautet: Flüssige Mittel / Fremd- oder Eigenkapital. Im umgekehrten Fall wird das entsprechende Kapital zurückgezahlt. Die Buchung lautet: Fremd- oder Eigenkapital / Flüssige Mittel.

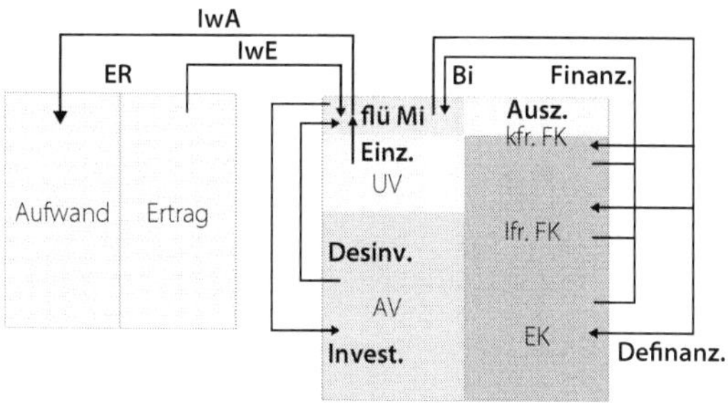

Operativer CF:
1. IwA: Aufwand/flü Mi
2. IwE: flü Mi/Ertrag
3. Einzahlung: flü Mi/FLL o.ä.
4. Auszahlung: VLL. o.ä./flü Mi

Investiver CF:
1. Investition: AV/flü Mi
2. Deinvestition: flü Mi/AV

Finanzieller CF:
Finanzierung: flü Mi/EK
flü Mi/lfr. FK
flü Mi/kfr. FK
Definanzierung: EK/flü Mi
lfr. FK/flü Mi
kfr. FK/flü Mi

Dar. 91: Buchungssätze liquiditätswirksamer Geschäftsvorfälle

53.6 Freier Geldfluss (Free Cashflow)

Der freie Geldfluss (Free Cashflow) stellt den aus dem operativen Geschäft erzielten Cashflow nach Abzug der Investitionen dar, welcher den Fremd- und Eigenkapitalgebern frei zur Verfügung steht. Der freie Geldfluss wird wie folgt berechnet.

Formel: Free Cashflow

$$\text{Freier Geldfluss (Free Cashflow)} = \text{Geldfluss aus Geschäftstätigkeit} + \text{Geldfluss aus Investitionstätigkeit}$$

Der freie Geldfluss berechnet sich aus der Summe des operativen und des investiven Cashflows, wobei der investive Cashflow in der Regel mit negativem Vorzeichen versehen ist.

Beispiel: Berechnung des Free Cashflows

Die Bühler GmbH weist einen Geldfluss aus Geschäftstätigkeit von CHF +1.9 Mio. auf. Der Geldfluss aus Investitionstätigkeit beläuft sich auf CHF -1.2 Mio. Der freie Geldfluss ist demnach CHF 0.7 Mio. Dieser Betrag steht für den Schuldenabbau oder für Gewinnausschüttungen an die Kapitalgeber zur Verfügung.

Reife Unternehmen verfügen in der Regel über hohe positive freie Geldflüsse. Neu gegründete Unternehmen (Start-ups) generieren in den ersten Jahren normalerweise deutlich negative Free Cahsflows, da sie hohe Investitionen getätigt haben und dabei noch geringe Umsätze verzeichnen. Auch Unternehmen in der Wachstumsphase weisen aufgrund der hohen Investitionen oft einen negativen Free Cashflow aus.

Der Free Cashflow ist eine zentrale finanzielle Grösse und zeigt die Innenfinanzierungskraft eines Unternehmens (▶ Kap. 55.5.2). Er sagt u. a. aus, ob ein Unternehmen aus eigener Kraft Zinsen bezahlen, Schulden zurückerstatten und Dividenden ausschütten kann. Auch ist er Ausgangsgrösse in der Planungsrechnung für viele finanzielle Anwendungsfelder, wie beispielsweise für die Unternehmensbewertung nach der Discounted-Cashflow-Methode, bei welcher der Unternehmenswert zu einem wesentlichen Teil durch hohe freie Geldflüsse gesteigert werden kann.

Der freie Geldfluss muss bei einem Jahresabschluss gemäss Handelsrecht nicht ausgewiesen werden. Viele Unternehmen zeigen den Free Cashflow jedoch auf freiwilliger Basis, um die Transparenz und die Informationsqualität zu erhöhen. Es bestehen in der Rechnungslegungspraxis aber unterschiedliche Definitionen des freien Geldflusses. Die Cashflow-Begriffe aus Corporate-Finance-Sicht (z. B. im Rahmen der Unternehmensbewertung) verfolgen zudem andere Zielsetzungen als jene nach dem Rechnungslegungsrecht. Daher ist bei der Anwendung, Herleitung und Analyse von Cashflow-Begriffen wichtig zu verstehen, welche Intentionen und Zwecke diese Analysen verfolgen. Es lässt sich folgende Unterscheidung festhalten:

- Im Rahmen der Geldflussrechnung des Rechnungswesens (Rechnungslegungsrechts) wird der Free Cashflow allgemein als Summe des operativen und investiven Cashflows verstanden, wobei die Zinsen im Rahmen des operativen Cashflows subtrahiert sind. Jedoch ist die Zuordnung einzelner Positionen in der Geldflussrechnung in die drei Geldflüsse unterschiedlich.
- Im Rahmen der Corporate Finance (Unternehmensfinanzierung und -bewertung) wird zwischen dem Free Cashflow to Entity (vor Zinsen) oder einem Free Cashflow to Equity (nach Zinsen und Fremdkapitalveränderungen) unterschieden.

53.7 Veränderungen der Flüssigen Mittel

Die Geldflussrechnung stellt die Veränderungen der flüssigen Mittel dar und setzt sich zusammen aus operativem, investivem und finanziellem Cashflow. Die Summe dieser drei Geldflüsse zeigt die Veränderung der flüssigen Mittel auf. Dieser Nachweis ist in der Geldflussrechnung zu erbringen.

Beispiel: Mittelflussrechnung Schwebebahn Säntis (Quelle: Geschäftsbericht der Schwebebahn Säntis AG 2022, S. 99)

Mittelflussrechnung	2022	2021
	TCHF	TCHF
Jahresgewinn	**2**	**4**
Ordentliche Abschreibungen	2'920	2'968
Abschreibungen/Rückstellungen Bahnersatz-Projekt	1'118	208
Gewinn auf Anlagenabgang	–4	0
Sonstige nicht liquiditätswirksame Aufwendungen/Erträge	–65	–41
Cashflow	**3'971**	**3'139**
Veränderung Forderungen	–502	–234
Veränderung Vorräte	–4	–18
Veränderung aktive Rechnungsabgrenzung	–47	0
Veränderung kurzfr. Verbindlichkeiten	–77	152
Veränderung passive Rechnungsgsabgrenzung	215	–534
Veränderung Nettoumlaufvermögen	**–415**	**–634**
Mittelfluss aus Betriebstätigkeit	**3'556**	**2'505**
Investitionen in Sachanlagen	–781	–1'291
Mittelfluss aus Investitionstätigkeit	**–781**	**–1'291**
Freier Cashflow	**2'775**	**1'214**
Veränderung kurzfristige verzinsliche und langfristige Verbindlichkeiten	–2'470	–1'470
Veränderung eigene Aktien	–73	40
Gewinnausschüttung	0	0
Mittelfluss aus Finanzierungstätigkeit	**–2'543**	**–1'430**
Veränderung der flüssigen Mittel	**232**	**–216**
Flüssige Mittel per 1. Januar	1'622	1'838
Flüssige Mittel per 31. Dezember	**1'854**	**1'622**

Die Säntis-Schwebebahn AG zeigt für 2022 eine positive Veränderung der Flüssigen Mittel von TCHF 232 auf. Diese Erhöhung ist identisch mit der Summe der drei Geldflüsse von TCHF 3'556 - 781 - 2'543. Die Flüssigen Mittel haben am 1. Januar 2022 TCHF 1'622 betragen. Durch die Erhöhung von TCHF 232 belaufen sich die Flüssigen Mittel am 31. Dezember 2022 auf TCHF 1'854. Im Weiteren wird der freie Geldfluss (Free Cashflow) in der Höhe von TCHF 2'775 ausgewiesen, der sich aus der Summe von TCHF 3'556 und TCHF -781 ergibt.

Sofern Flüssige Mittel in fremden Währungen bestehen, können deren Veränderungen einen Einfluss auf die Höhe der gesamten Geldflüsse haben (genannt Umrechnungsdifferenzen aus flüssigen Mitteln). In der Regel werden die Fremdwährungseffekte in der Darstellung der Geldflussrechnung abgebildet. Das Rechnungslegungsrecht schreibt dies jedoch nicht vor.

53.8 Mindestgliederung der Geldflussrechnung

Das Rechnungslegungsrecht verlangt den Ausweis der drei Geldflüsse aus Geschäftstätigkeit, Finanzierungs- und Investitionstätigkeit, jedoch ohne eine Mindestgliederung zu verlangen wie bei der Bilanz und der Erfolgsrechnung. Daher orientiert sich die Gliederung nach den anerkannten Standards zur Rechnungslegung (z. B. Swiss GAAP FER oder IFRS).[329] Deshalb empfiehlt sich die folgende Mindestgliederung:

+/–	Jahresgewinn (+) oder Jahresverlust (–)
+/–	Abschreibungen/Wertberichtigungen (+) und Zuschreibungen (–)
+/–	Bildung (+) und Auflösung (–) von Rückstellungen
+/–	Wertminderung (+) und Werterhöhung (–) kurzfristig gehaltener Aktiven
+/–	Abnahme (+) oder Zunahme (–) Forderungen aus Lieferungen und Leistungen
+/–	Abnahme (+) oder Zunahme (–) kurzfristiger Forderungen
+/–	Abnahme (+) und Zunahme (–) Vorräte und nicht fakturierte Dienstleistungen
+/–	Abnahme (+) und Zunahme (–) aktive Rechnungsabgrenzungen
+/–	Zunahme (+) und Abnahme (–) Verbindlichkeiten aus Lieferungen und Leistungen
+/–	Zunahme (+) und Abnahme (–) kurzfristige Verbindlichkeiten
+/–	Zunahme (+) und Abnahme (–) passive Rechnungsabgrenzungen
+/–	Verluste (+) und Gewinne (–) aus Veräusserungen von Sachanlagen
+/–	Sonstige nicht fondswirksame Aufwände (+) und Erträge (–)
=	**Geldfluss aus Geschäftstätigkeit (OR) bzw. Betriebstätigkeit (Swiss GAAP FER) (A)**

329 EXPERTsuisse, 2023, S. 302.

–	Investitionen in Finanzanlagen
+	Desinvestitionen von Finanzanlagen
–	Investitionen in Beteiligungen
+	Desinvestitionen von Beteiligungen
–	Investitionen in mobile Sachanlagen
+	Desinvestitionen von mobilen Sachanlagen
–	Investitionen in immobile Sachanlagen
+	Desinvestitionen von immobilen Sachanlagen
–	Investitionen in immaterielle Werte
+	Desinvestitionen von immateriellen Werten
=	**Geldfluss aus Investitionstätigkeit (B)**
+/–	Aufnahme (+) oder Rückzahlungen (–) von Finanzverbindlichkeiten
–	Gewinnausschüttungen
+/–	Kapitalerhöhungen (+) oder Kapitalrückzahlungen (–)
+/–	Verkauf (+) oder Kauf (–) eigener Anteile
=	**Geldfluss aus Finanzierungstätigkeit (C)**
=	**Zunahme oder Abnahme Flüssige Mittel (A + B + C)**
	Veränderung Fonds »Flüssige Mittel«:
	Beginn Geschäftsjahr
	Ende Geschäftsjahr
=	**Zunahme oder Abnahme Flüssige Mittel**

53.9 Anhang für die Geldflussrechnung

Das Rechnungslegungsrecht verlangt keine spezifische Offenlegung für die Geldflussrechnung. OR 959c bezieht sich nur auf die Bilanz und die Erfolgsrechnung.[330] Auf einer freiwilligen Basis kann allerdings die Offenlegung folgender Geschäftsereignisse zweckmässig sein:

- Fusionen und Geschäftsübernahmen
- Mögliche Fremdwährungseffekte auf die flüssigen Mittel
- Wesentliche nicht zahlungswirksame Geschäftsvorfälle

330 Glanz, 2019, S. 637, N 49.

- Zusammensetzung des Fondsbestands
- Auswirkungen der Änderung der Fondsdefinition
- Abweichung vom Grundsatz der Stetigkeit in der Darstellung

53.10 Finanzplan

Es ist eine der zentralen Aufgaben der finanziellen Führung, jederzeit über genügend flüssige Mittel zu verfügen, um kurzfristige Verbindlichkeiten wie Löhne oder Verbindlichkeiten aus Lieferungen und Leistungen zeitnah und vollständig begleichen zu können. Auch müssen die Zahlungseingänge von Kunden überwacht werden. Nach OR 725 I muss der Verwaltungsrat bei einer Aktiengesellschaft die Liquidität laufend überwachen und bei negativen Entwicklungen Massnahmen ergreifen.

Ein Finanzplan dient der Liquiditätssteuerung eines Unternehmens und gibt der Geschäftsführung einen Überblick, welcher Liquiditätsbedarf sich über die Zeit entwickelt und aus welchen Quellen Liquidität geschaffen werden kann. Im Notfall können Liquiditätsengpässe mit kurzfristigen Krediten überbrückt werden.

Ein Finanzplan enthält die zukunftsgerichteten Ein- und Auszahlungen eines Unternehmens. Er ist in der Regel wie eine Geldflussrechnung aus der Jahresrechnung gegliedert, also Geldflüsse nach Geschäfts-, Investitions- und Finanzierungstätigkeit. Er wird auch als Plangeldflussrechnung oder Liquiditätsbudget bezeichnet. Ziel ist es, die flüssigen Mittel bzw. die Liquidität kurz- und mittelfristig zu überwachen und zu steuern. Da es sich um eine zukunftsorientierte Geldflussrechnung handelt, sind Schätzungen und Annahmen notwendig. In der Regel wird zusätzlich eine Planbilanz und eine Planerfolgsrechnung erstellt. Somit lassen sich Liquiditätsengpässe erkennen, die mit Hilfe von kurzfristigen Kontokorrentkrediten überwunden werden können, welche die Banken in der Regel anbieten. Der Finanzplan wird in der Praxis auf Monats- oder Quartalsbasis erstellt, um die Liquidität zu überwachen. Aus dem Finanzplan sollten zusammenfassend folgende Informationen hervorgehen:

- Geldfluss aus Geschäftstätigkeit (direkte oder indirekte Herleitung)
- Investitionsausgaben
- Transaktionen aus geplanten Finanzierungen und Definanzierungen
- Finanzierungslücke und kurzfristige Bankkontokorrente

Beispiel eines Finanzplans

Finanzplan				
alle Angaben in TCHF				
Quartal	1	2	3	4
Zahlungen von Kunden	1'500	1'400	1'300	2'100
Materialausgaben	–510	–650	–490	–310
Personalausgaben	–750	–850	–860	–910
Betriebsausgaben	–150	–140	–130	–170
Geldfluss aus Geschäftstätigkeit	**90**	**–240**	**–180**	**710**
Investitionen	0	0	–370	0
Desinvestitionen	150	0	0	0
Geldfluss aus Investitionstätigkeit	**150**	**0**	**–370**	**0**
Finanzierung	0	0	0	0
Definanzierung	–100	0	0	0
Geldfluss aus Finanzierungstätigkeit	**–100**	**0**	**0**	**0**
Veränderung Flüssige Mittel	**140**	**–240**	**–550**	**710**
Anfangsbestand Flüssige Mittel	80	220	–20	–570
Endbestand Flüssige Mittel	220	–20	–570	140
Finanzierungslücke	0	–20	–570	0
Bankkontokorrent verfügbar	*600*	*580*	*10*	*150*
Bankkontokorrent beansprucht	*0*	*20*	*590*	*450*
Bankkontokorrent Total	600	600	600	600

Die Finanzierungslücke kann auch nach dem investiven Geldfluss dargestellt werden. Diese Darstellungsform zeigt in diesem Fall den Free Cashflow.

Wenn ein Unternehmen Probleme mit der Liquidität aufweist, kann dies auch für die Beurteilung der Unternehmensfortführung (Going Concern) von zentraler Bedeutung sein. Sofern die Illiquiditätsgefahr sehr gross ist, sind die Abweichungen von der Annahme der Unternehmensfortführung nach OR 958a III im Anhang offenzulegen und ihre Folgen auf die wirtschaftliche Lage zu erläutern (▶ Kap. 7.4).

54 Konzernrechnung

54.1 Zweck und gesetzliche Grundlagen

Viele grössere Unternehmen kaufen im Rahmen von Fusionen und Akquisitionen (Mergers and Acquisitions, M&A) Anteile von anderen Unternehmen in der Schweiz oder im Ausland, um zu wachsen oder die Unternehmensgruppe zu diversifizieren. Dabei spielen eine Reihe von Motiven eine Rolle wie beispielsweise:

- Zugang zu neuen Märken und Produkten
- Zugang zu neuartiger Technologie (z. B. Digitalisierung vorantreiben)
- Zugang zu Fachwissen und Know-how
- Nutzen von Synergien und Kosteneinsparungen
- Übernahme eines Konkurrenzunternehmens
- Verbesserung der Finanzierungsoptionen auf dem Kapitalmarkt
- Verbesserung der Finanzreputation

Eine Übernahme von Unternehmen erfolgt in der Regel über den Kauf von Aktien der Zielgesellschaften (Targets). Dies führt dazu, dass eine Obergesellschaft (Muttergesellschaft) zahlreiche Beteiligungen an Unternehmen hält (Tochtergesellschaften).

Beispiel Kauf einer Tochtergesellschaft

Die Future SA ist ein Schweizer Unternehmen, welches 100 % der Stimm- und Kapitalanteile der deutschen Schmidt AG erwirbt. Der Kaufpreis beläuft sich auf € 2 Mio. Im Einzelabschluss der Future SA erfolgt der Kauf wie folgt:

Beteiligungen / Bank	2 Mio.

Weiterhin hat die Future SA zahlreiche Angaben im Anhang aufzuführen: Kapital- und Stimmanteil, Zweck der Beteiligung und die Beteiligungsquote.

Nach OR 963 I muss eine rechnungslegungspflichtige, juristische Person eine Konzernrechnung erstellen, wenn sie ein oder mehrere Unternehmen kontrolliert. Wenn ein Unternehmen unter einheitlicher Leitung einer Muttergesellschaft (Holding) verschiedene Tochtergesellschaften (Beteiligungen) hält, genügen die einzelnen Jahresrechnungen nicht, um die wirtschaftliche Lage des gesamten Konzerns zu beurteilen. Daher ist eine einheitliche, konsolidierte Jahreskonzernrechnung zu erstellen, um einen Überblick über die Vermögens-, Finanzierungs- und Ertragslage des ganzen Konzerns zu erhalten.[331]

Eine Kontrolle ist dann gegeben, wenn eine Unternehmung direkt oder indirekt die Mehrheit der Stimmrechte hält. Die Kontrolle ist auch dann vorhanden, wenn sie das Recht hat, die Mehrheit der Mitglieder des obersten Leitungsgremiums zu bestimmen oder durch die Statuten oder andere vergleichbaren Instrumente die Kontrolle erhält.[332] Es kann auch eine faktische Kontrolle bestehen, wenn auf andere Weise die Kontrolle über ein Unternehmen ausgeübt werden kann (► Dar. 92).[333]

Dar. 92: Konzernpflicht

Konzernpflicht

Eine Pflicht zur Erstellung einer Konzernrechnung für eine rechnungslegungspflichtige, juristische ist gegeben, wenn die Kontrolle über eine Tochtergesellschaft besteht.

Kontrolle = indirekt oder direkt die Mehrheit der Stimmen im obersten Organ

Kontrolle = Recht, die Mehrheit des obersten Leitungs- oder Verwaltungsorgans zu bestimmen

Kontrolle = aufgrund der Statuten, eines Vertrags oder auf andere Weise Kontrolle auszuüben

Ein Konzern ist somit ein Zusammenschluss von mehreren rechtlich selbständigen Gesellschaften zu wirtschaftlichen Zwecken, bei denen ein Mutterunternehmen ein oder mehrere Tochterunternehmen kontrolliert bzw. unter einheitliche Leitung stellt und allenfalls an gemeinsam geführten oder assoziierten Unternehmen beteiligt ist (► Dar. 93).

Dar. 93: Rechnungslegungs-Grundlage für die Konzernrechnung

Rechnungslegungs-Grundlage für die Konzernrechnung		
Abschluss nach einem anerkannten Standard der Rechnungslegung	Abschluss nach dem Rechnungslegungsrecht ohne Bereinigung von stillen Reserven (externer Abschluss)	Abschluss nach dem Rechnungslegungsrecht mit Bereinigung von stillen Reserven (interner Abschluss)

Sofern die gesetzlichen Vorgaben nach OR 963b erfüllt sind, muss die Konzernrechnung nach einem anerkannten Standard der Rechnungslegung (Swiss GAAP FER, IFRS, IFRS für KMU) erstellt werden (► Kap. 10). Nach OR 963b muss ein anerkannter Standard zur Rechnungslegung verwendet werden, wenn:

331 Glanz / Zihler, 2019, S. 742, N 3.
332 EXPERTsuisse, 2023, S. 392.
333 EXPERTsuisse, 2023, S. 393.

- die Aktien an der Börse kotiert sind.
- eine Genossenschaft mindestens 2'000 Genossenschafter aufweist.
- eine Stiftung einer ordentlichen Revision untersteht.
- dies eine Minderheit von mindestens 20 % verlangt (Genossenschaft mit 10 % oder Vereine mit 20 %).
- ein Gesellschafter einer Nachschusspflicht unterliegt und dies verlangt.
- die Stiftungsbehörde dies verlangt.

In den übrigen Fällen kann die Konzernrechnung nach dem Rechnungslegungsrecht (OR) mit oder ohne Auflösung der stillen Reserven[334] erfolgen. Das Rechnungslegungsrecht enthält allerdings keine Bestimmungen über die Vorgehensweise der Konsolidierung. Dennoch sind einige Grundsätze der Konsolidierung zu beachten, die sich aus dem Rechnungslegungsrecht ableiten lassen:[335]

- Ermöglichung einer möglichst zuverlässigen Beurteilung der Jahresrechnung (OR 958 I)
- Darstellung mit den Vergleichszahlen der Vorjahre (OR 958d II)
- Grundsätze ordnungsgemässer Rechnungslegung

Es bestehen jedoch zahlreiche Erleichterungen zur Konzernlegungspflicht bei Schweizer KMU-Konzernen, welche eine juristische Person sind. Auf eine Konzernrechnung kann verzichtet werden, wenn nach OR 963a I in zwei aufeinanderfolgenden Jahren zwei der nachfolgenden Grössen unterschritten sind (dieselben Kriterien, welche grössere Unternehmen definieren und welche zur ordentlichen Revisionspflicht führen (▶ Kap. 3.7)):

- Bilanzsumme von CHF 20 Mio.
- Umsatz von CHF 40 Mio.
- Anzahl Vollzeitstellen von 250 im Jahresdurchschnitt

Die rechnerische Prüfung dieser Grössen muss auf einer konsolidierten Ebene erfolgen. Weiterhin ist nach OR 963a I auch keine Konsolidierung zu erstellen, wenn diese Kompetenz an ein anderes Unternehmen delegiert werden kann oder das Unternehmen selbst Gegenstand einer Konsolidierung ist.

Eine Konzernrechnung ist aber dennoch nach OR 963a II zu erstellen, sofern dies Minderheiten oder Gesellschafter mit Nachschusspflicht verlangen. Auch ist eine Konzernrechnung zu erstellen, wenn dies für eine möglichst zuverlässige Beurteilung der wirtschaftlichen Lage notwendig ist. Dies kann beispielsweise dann relevant sein, wenn die Tochtergesellschaften einen hohen Verschuldungsgrad oder ein hohes verzinsliches Fremdkapital zu tragen haben. Es ist davon auszugehen, dass nur Konzerne mit einfachen Verhältnissen auf eine Konzernrechnung verzichten können und dies jeweils im Einzelfall zu prüfen ist.[336]

---

334 Diese Vorgehensweise wird auch als Buchwertkonsolidierung bezeichnet.

335 Glanz / Zihler, 2019, S. 742, N 3.

336 Glanz / Zihler, 2019, S. 801, N 47.

54.2 Konsolidierungsprozess

Das übergeordnete Ziel der Konzernrechnung ist es, die Abschlüsse aller zum Konzern gehörenden (konsolidierten) Gesellschaften unter Annahme einer fiktiven rechtlichen Einheit zu einem einzigen Abschluss zusammenzufassen. Dabei wird die Vermögens-, Finanz- und Ertragslage des Konzerns so dargestellt, als ob es sich um ein einziges Unternehmen handelt. Das Ziel ist eine möglichst zuverlässige Beurteilung eines Konzerns in seiner Gesamtheit. Ein Konzernabschluss umfasst in der Regel folgende Bestandteile, ohne dass dies das Rechnungslegungsgesetz explizit verlangt:

- Konzernbilanz
- Konzernerfolgsrechnung
- Konzerngeldflussrechnung
- Konzernanhang
- Konzerneigenkapitalnachweis
- Konzernlagebericht

Technisch erfolgt die Konzernrechnung durch Bildung der Summe der Bilanzen, Erfolgsrechnungen und Geldflussrechnungen der Mutter- und Tochtergesellschaften (Summenrechnungen). In einem zweiten Schritt werden die internen Transaktionen zwischen den Konzerngesellschaften eliminiert (Konsolidierungsbuchungen). Danach wird die Konzernbilanz, -erfolgsrechnung und -geldflussrechnung erstellt. Sofern mehr als 50 % der Stimm- und Kapitalanteile erworben wurden, ist die Vollkonsolidierung[337] anzuwenden (▶ Dar. 94).

Dar. 94: Konsolidierungsprozess

Konsolidierungsprozess					
Handels-bilanz I	**Neu-bewertung**	**Handels-bilanz II**	**Summen-rechnun-gen**	**Konsolidie-rungs-buchungen**	**Konzern-rechnung**
Externer Abschluss nach lokalem Recht (OR)	z. B. Bereinigung von stillen Reserven	Bereinigter, interner Abschluss nach gewähltem Rechnungslegungsstandard	Addition aller gleicher Positionen der Konzerngesellschaften	Konzerninterne Transaktionen sind zu eliminieren	Konzernrechnung (Bilanz, Erfolgsrechnung und Geldflussrechnung)

337 Die Vollkonsolidierung ist nach den anerkannten Standards der Konsolidierung vorgeschrieben, aber nicht im OR. Das Vorgehen wird im OR nicht vorgeschrieben (Frage nach dem Wie).

Im Konsolidierungsprozess ist zwischen verschiedenen Bewertungsstufen zu unterscheiden. Auf Stufe Handelsbilanz I (HB I) werden die Werte der Bilanz und der Erfolgsrechnung nach lokalem Recht (in der Schweiz nach dem Rechnungslegungsrecht, OR) aufgeführt. Auf Stufe Handelsbilanz II (HB II) sind die Werte gemäss Konzernabschluss zu erfassen. Dies kann beispielsweise das Rechnungslegungsrecht (Buchwerte), Swiss GAAP FER oder IFRS sein. Bei einer Konsolidierung werden in der Regel die stillen Reserven bereinigt, so dass interne Werte für die Konsolidierung erstellt werden. Andernfalls würde eine Buchwertkonsolidierung erfolgen, deren Aussagekraft sehr gering ist.

Zu den Eliminationen konzerninterner Transaktionen zählt u. a. die Verrechnung der Beteiligung der Muttergesellschaft an einem Tochterunternehmen mit dem anteiligen Eigenkapital des Tochterunternehmens zum Erwerbszeitpunkt (Purchase-Methode). Dieses Vorgehen wird als Kapitalkonsolidierung bezeichnet. Als Differenz resultiert eine Kapitalaufrechnungsdifferenz, die in der Konzernbilanz ausgewiesen wird. Sofern der Kaufpreis bzw. die Beteiligung grösser ist als das anteilige Eigenkapital der Tochtergesellschaft zum Erwerbszeitpunkt, resultiert eine aktive Kapitalaufrechnungsdifferenz. Sie wird auch als Goodwill bezeichnet. Ist der Kaufpreis oder die Beteiligung kleiner als das anteilige Eigenkapital der Tochtergesellschaft zum Erwerbszeitpunkt, resultiert eine passive Kapitalaufrechnungsdifferenz. Sie wird auch als Badwill bezeichnet und in der Regel sofort als Ertrag erfasst.[338]

Beispiel Goodwill Berechnung

Die Campell SA erwirbt zum Jahresbeginn für CHF 1.2 Mio. alle Aktien der Studerus AG. Die bereinigten Bilanzen beider Gesellschaften zeigen per Jahresende folgende Struktur:

	Campell SA	Studerus AG
Umlaufvermögen	800'000	200'000
Anlagevermögen	5'000'000	2'000'000
Beteiligungen Studerus	1'200'000	
Fremdkapital	5'000'000	1'600'000
Aktienkapital	1'000'000	400'000
Gewinnreserven	750'000	100'000
Jahresgewinn	250'000	100'000

338 In Anlehnung an zwei Beispiele in EXPERTsuisse, 2023, S. 419 f.

Der Goodwill berechnet sich wie folgt:

Beteiligung an Studerus	1'200'000
– Aktienkapital Studerus	–400'000
– Gewinnreserven Studerus	–100'000
= Goodwill	700'000

Die Buchungen für die Kapitalkonsolidierung lauten wie folgt:

Aktienkapital Studerus / Beteiligung Studerus	400'000
Gewinnreserven Studerus / Beteiligung Studerus	100'000
Goodwill / Beteiligung Studerus	700'000

Die Konzernbilanz sieht wie folgt aus, indem die Einzelbilanzen addiert werden und der Goodwill ausgewiesen wird (nach den internen Eliminationen bzw. Buchungen der Kapitalkonsolidierung):

Umlaufvermögen	1'000'000
Anlagevermögen	7'000'000
Goodwill	**700'000**
Total Aktiven	8'700'000
Fremdkapital	6'600'000
Aktienkapital	**1'000'000**
Gewinnreserven	**750'000**
Konzern-Jahresgewinn	350'000
Total Passiven	8'700'000

Die Behandlung des Goodwill in der Bewertung der folgenden Jahre ist im Rechnungslegungsrecht (OR) nicht geregelt. Somit kann Goodwill abgeschrieben oder mit offenem, vorhandenem Eigenkapital verrechnet werden. Zugleich ist Goodwill jährlich auf seine Werthaltigkeit zu prüfen (Impairment Only) (▶ Dar. 95).

Nach Swiss GAAP FER ist der Goodwill über einen Zeitraum von 5 bis 20 Jahren erfolgswirksam abzuschreiben. Es besteht auch die Option, den Goodwill mit vorhandenen frei verfügbaren Reserven des Eigenkapitals zu verrechnen. Dies führt dazu, dass sich die Eigen- und Gesamtkapitalrendite im Vergleich zu einer ordentlichen, regelmässigen Abschreibung verbessert. Nach IFRS und US GAAP ist ein jährlicher Impairment-Test (Werthaltigkeitstest, Impairment Only) durchzuführen, d. h. es sind keine planmässigen Abschreibungen vorgesehen. Abschreibungen entstehen dann nur, wenn Wertverluste aus dem Impairment-Test erkennbar sind.

Dar. 95: Behandlung des Goodwills in der Folgebewertung (Quelle: eigene Darstellung in Anlehnung an EXPERTsuisse, Schweizer Handbuch für Wirtschaftsprüfung, Band für Buchführung und Rechnungslegung, 2023, S. 422)

Behandlung des Goodwills in der Folgebewertung		
Ordentliche Abschreibung	**Verrechnung mit frei verfügbaren Eigenkapital**	**Impairment Only**
Der Goodwill wird planmässig abgeschrieben.	Der Goodwill wird mit frei verfügbarem Eigenkapital verrechnet. In diesem Fall sind Angaben im Anhang notwendig.	Der Goodwill wird nur abgeschrieben (einmalig), wenn der ursprüngliche Buchwert höher ist als der gerechnete Nutzwert. Der Nutzwert ist die Summe der Barwerte von künftigen Free Cashflows.

Beispiel Behandlung des Goodwills in den Folgejahren

Die Hugentobler AG hat vor drei Jahren die Xeta AG für CHF 4.5 Mio. mit 100 % der Stimm- und Kapitalrechte übernommen. Das Eigenkapital der Xeta AG im Erwerbszeitpunkt liegt bei CHF 3.9 Mio. Der Goodwill aus dieser Transaktion beträgt somit CHF 0.6 Mio. (4.5 - 3.9 Mio.). Ein Jahr später beläuft sich das Aktienkapital der Hugentobler AG auf CHF 1 Mio., die vorhandenen Gewinnreserven auf CHF 9.5 Mio. Der Jahresgewinn liegt bei CHF 500'000 (vor Goodwillabschreibungen).
Wenn sich die Hugentobler AG entschlossen hat, den Goodwill jährlich über sechs Jahre abzuschreiben, lautet die jährliche Buchung: Abschreibungen/Goodwill CHF 100'000. Der Jahresgewinn beläuft sich dann auf CHF 400'000. Die Eigenkapitalrendite beträgt 3.7 % (400'000 x 100 / 10'900'000).
Wenn die Hugentobler AG sich entschlossen hat, den Goodwill gesamthaft mit den vorhandenen Gewinnreserven zu verrechnen, sind keine Abschreibungen notwendig. Die Gewinnreserven würden noch CHF 8'900'000 betragen (9'500'000 - 600'000). Die Eigenkapitalrendite beträgt in diesem Fall 4.8 % (500'000 x 100 / 10'400'000). Die Eigenkapitalrendite ist in diesem Fall höher.

Wenn ein Unternehmen nicht alle Stimm- und Kapitalanteile eines Unternehmens erwirbt, so bestehen Aktienanteile von Minderheiten. Als Minderheiten (non controlling interest, minorities) werden Aktionäre oder Anteilseigner bezeichnet, die einen geringeren Aktienbesitz an Tochtergesellschaften der Muttergesellschaften besitzen (d. h. 1–49 %).[339] Sie werden im Konzernabschluss nach der Einheitstheorie als Sammelposition im Eigenkapital ausgewiesen. Es ist dabei der Anteil der Min-

339 EXPERTsuisse, 2023, S. 433.

derheiten am Aktienkapital und an den Gewinnreserven (inkl. Jahresgewinn nach Erwerbszeitpunkt) darzulegen.

Beispiel Ausweis von Minderheiten

Die Keller AG hat zum Jahresbeginn für CHF 1 Mio. 80 % der Stimm- und Kapitalanteile der Heinrich AG erworben. Zum Jahresabschluss liegen folgende, bereinigte Daten vor (alle Daten in TCHF):

	Keller AG	Heinrich AG
Umlaufvermögen	500	400
Anlagevermögen	800	600
Beteiligungen Heinrich	1'000	
Fremdkapital	700	700
Aktienkapital	100	100
Gewinnreserven	1'000	100
Jahresgewinn	500	100

Der Goodwill berechnet sich wie folgt (alle Werte in TCHF):

Beteiligung an Heinrich AG	1'000
– Aktienkapital Heinrich 80 %	–80
– Gewinnreserven Heinrich 80 %	–80
= Goodwill	840

Die Minderheiten berechnen sich wie folgt:

Aktienkapital Heinrich 20 %	20	
Gewinnreserven Heinrich 20 %	20	
Jahresgewinn Heinrich 20 %	20	inkl. anteiliger Jahresgewinn

Die Konzernbilanz sieht wie folgt aus, indem die Einzelbilanzen addiert, der Goodwill und die Minderheitsanteile ausgewiesen werden (nach den internen Eliminationen, in TCHF):

Umlaufvermögen	900
Anlagevermögen	1'400
Goodwill	**840**
Total Aktiven	3'140

Fremdkapital	1'400
Aktienkapital	100
Gewinnreserven	1'000
Konzerngewinn (exkl. Minderheiten)	580
Minderheiten	**60**
Total Passiven	3'140

Sofern eine Muttergesellschaft über sehr viele Beteiligungen bzw. Tochtergesellschaften verfügt, werden die Minderheiten über den gesamten Konzern und nicht je Konzerngesellschaft ausgewiesen.

Weitere Eliminationen bestehen im Ausbuchen gegenseitiger Forderungen und Schulden zwischen Mutter- und Tochtergesellschaften, da sie interne Transaktionen darstellen und somit für die Konzernbilanz eliminiert werden müssen. Dasselbe gilt für gegenseitige Erträge und Aufwände zwischen Mutter und Tochtergesellschaften (Problematik der Transferpreise bei der Verrechnung von beispielsweise Umsätzen, Zinsen, Forschungs- und Entwicklungsaufwendungen), welche für die Konzernerfolgsrechnung zu eliminieren sind.

Die Konzerngeldflussrechnung und der Konzernanhang werden in der Regel auf Basis der Konzernbilanz- und -erfolgsrechnung ermittelt. Ein Konzerneigenkapitalnachweis zeigt die Bewegungen der einzelnen Positionen des Eigenkapitals basierend auf den einzelnen, verursachenden Transaktionen auf.

54.3 Konsolidierungsmethoden

Es wird zwischen verschiedenen Konsolidierungsmethoden unterschieden, die im Konzern zur Anwendung kommen. Dabei spielt der Stimm- und Kapitalanteil die entscheidende Rolle (▶ Dar. 96).

Dar. 96: Konsolidierungsmethoden

Keinen massgeblichen Einfluss	Massgeblicher Einfluss	Kontrolle/Beherrschung
Erfassung von Beteiligungen im Konto Finanzanlagen	Erfassung eines assoziierten Unternehmens als Equity Investment und Korrektur um die anteilige Veränderung des Eigenkapitals des assoziierten Unternehmens (Equity-Methode)	Vollkonsolidierung der Tochtergesellschaften unter Ausweis eines Goodwills und von Minderheiten
Anteil 0 – 20 %	Anteil > 20 – 50 %	Anteil > 50 %

Sofern ein Stimmanteil von mindestens 50.1 % besteht, ist eine Tochtergesellschaft nach der Erwerbsmethode (Purchase Methode)[340] voll zu konsolidieren (Vollkonsolidierung). Dabei sind die Minderheiten an Kapital, Gewinnreserven und Jahresgewinn auszuweisen.[341]

Ein Gemeinschaftsunternehmen (Joint Venture) ist eine vertragliche Vereinbarung, in der zwei oder mehrere Partnerunternehmen eine wirtschaftliche Tätigkeit durchführen, die einer gemeinschaftlichen Führung unterliegt. Dabei verfügt keine Partei über die Möglichkeit der Beherrschung des Gemeinschaftsunternehmens. Sofern Gemeinschaftsunternehmen gegründet werden, besteht ein Wahlrecht zwischen Quotenkonsolidierung und Equity-Methode. Bei der Equity-Methode wird die Beteiligung um die anteilige Veränderung des Eigenkapitals der Tochtergesellschaft in der Konzernrechnung korrigiert. Bei der Quotenkonsolidierung werden die anteiligen Positionen der Bilanz und Erfolgsrechnung in den Konzernabschluss konsolidiert.

Bei assoziierten Unternehmen mit einem Stimm- und Kapitalanteil zwischen 20 bis 50 Prozent ist die Equity-Methode anzuwenden, welche keine eigentliche Konsolidierungsmethode darstellt, sondern eine Bewertungsmethode für die Beteiligung am assoziierten Unternehmen im Konzernabschluss. Der Wert der Beteiligung an assoziierten Unternehmen (Equity-Wert) im Konzernabschluss wird jährlich entsprechend dem aktuellen Eigenkapital des assoziierten Unternehmens beurteilt und die Veränderung des Eigenkapitals im Rechnungsjahr über das Konto Beteiligungen von assoziierten Unternehmen und das Konto Beteiligungserfolg von assoziierten Unternehmen erfasst. Ein Gewinn des assoziierten Unternehmens erhöht den Beteiligungswert auf Konzernstufe und führt zu einem Beteiligungsertrag, und ein Verlust des assoziierten Unternehmens reduziert den Beteiligungswert auf Konzernstufe und führt zu einem Beteiligungsverlust. Ein Beteiligungswert wird nur im Konzernabschluss dargelegt, jedoch nicht im Einzelabschluss eines Unternehmens.[342]

Beispiel Equity Methode

Zu Jahresbeginn hat die Feller AG für 25 % Stimm- und Kapitalanteile der Future Value AG für CHF 900'000 erworben. Die Future Value schliesst das Jahr wie folgt ab:

Jahresgewinn	120'000
Dividende	70'000

Die Buchungen bei der Feller AG auf Konzernstufe lauten wie folgt:

340 Dies entspricht der Herleitung des Goodwill wie vorangehend beschrieben.
341 EXPERTsuisse, 2023, S. 397.
342 EXPERTsuisse, 2023, S. 404.

Beteiligung / Beteiligungsertrag	30'000 (120'000 x 25 %)
Gewinnreserven / Beteiligung	17'500 (70'000 x 25 %)

Im Konzernabschluss wird in der Konzernbilanz ein Wert im Aktivkonto Beteiligung von CHF 912'500 ausgewiesen (900'000 + 30'000 - 17'500).

Im Anhang eines Konzernabschlusses ist der Konsolidierungskreis darzulegen. Der Konsolidierungskreis gibt Aufschluss darüber, welche Tochtergesellschaft mit welcher Konsolidierungsmethode berücksichtigt wurde, welchen Zweck eine Tochtergesellschaft verfolgt und wo ihr Geschäftssitz ist.

54.4 Latente Steuern

Da Einzelabschlüssen und Konzernrechnungen unterschiedliche Bewertungsregelungen zu Grunde liegen, können unterschiedliche Bewertungen bei Vermögenswerten und Verbindlichkeiten auftreten (z. B. Bewertung der Warenvorräte). Diese Bewertungsunterschiede ziehen steuerrechtliche Folgen nach sich.

Sofern diese nicht von Dauer sind, müssen darauf sogenannte latente Steuern berücksichtigt werden. Auf permanenten Bewertungsdifferenzen hingegen sind keine latenten Steuern zu erfassen. Es werden folgende zwei Fälle von latenten Steuern unterschieden (▶ Dar. 97).

Dar. 97: Bildung von latenten Steuern

Passive latente Steuern	Aktive latente Steuern
Aktiven: Konzernwert > Steuerwert	Aktiven: Konzernwert < Steuerwert
Passiven: Konzernwert < Steuerwert	Passiven: Konzernwert > Steuerwert

Passive latente Steuern entstehen, wenn der Konzernwert höher ist als der Steuerwert im Einzelabschluss bei den Aktiven bzw. wenn der Konzernwert tiefer ist als der Steuerwert im Einzelabschluss bei den Passiven. Bei den aktiven latenten Steuern ist es genau umgekehrt.

Für die Bewertungsdifferenz ist der zu erwartende Steuersatz zu verwenden, der für den gesamten Konzern zur Anwendung kommen muss.

Beispiel latente Steuern

Die Grämiger Group berechnet auf dem Sachvermögen die Abschreibungen nach der linearen Methode, während die steuerrechtlichen Abschreibungen gemäss degressiver Methode erfolgen. Der Wert der Sachanlagen auf Konzernstufe beträgt CHF 8.5 Mio., nach steuerrechtlichen Vorgaben CHF 6.0 Mio. Sofern der Konzernsteuersatz 25 % beträgt, ist wie folgt eine latente, passive Steuerlast zu buchen (2.5 Mio. x 25 %):

Steueraufwand / latente, passive Steuern	625'000

55 Jahresabschlussanalyse

55.1 Zweck der Jahresabschlussanalyse

Die Jahresabschlussanalyse bezeichnet das Verfahren der Informationsgewinnung und -auswertung anhand von finanziellen Kennzahlen, mit deren Hilfe aus den Informationen des Jahresabschlusses und des Lageberichts Erkenntnisse über die Vermögens-, Finanz- und Ertragslage eines Unternehmens gewonnen werden.[343] Das Ziel eines Abschlusses nach dem Rechnungslegungsrecht (OR) ist es, eine möglichst zuverlässige Beurteilung über die wirtschaftliche und finanzielle Lage eines Unternehmens zu erhalten. Aufgrund der hohen Komplexität eines Jahresabschlusses, welcher aus Bilanz, Erfolgsrechnung, Anhang und bei grösseren Unternehmen einer Geldflussrechnung besteht, bedarf es eines Instruments, um wirtschaftlich relevante Finanzzusammenhänge klar und zweckbestimmt zu analysieren und zu vergleichen. Finanzielle Kennzahlen sind das dazu geeignete Instrument. Das primäre Ziel der Jahresabschlussanalyse ist es daher, in konzentrierter Form wichtige finanzielle Grössen und Zusammenhänge darzustellen. Dadurch erfüllen Kennzahlen eine zentrale Funktion für die Steuerung und Kontrolle eines Unternehmens.

Finanzielle Kennzahlen versuchen, in konzentrierter Form einen erfassbaren, betriebswirtschaftlichen Sachverhalt bzw. Zusammenhang darzustellen. Ziel ist es unter anderem, allfällige Soll-Ist-Abweichungen zu identifizieren, um frühzeitig mögliche Korrekturmassnahmen zu ergreifen. Finanzielle Kennzahlen stellen somit komplizierte Sachverhalte und Zusammenhänge relativ einfach und fokussiert dar, geben einen umfassenden und schnellen Überblick und dienen der betriebswirtschaftlichen Steuerung. Sie unterstützen Führungskräfte bei der laufenden Planung, Umsetzung und Kontrolle durch das Ausschalten irrelevanter Daten und die damit einhergehende Vermeidung eines Informations-Overloads.

Die finanzielle Analyse kann für oben beschriebene, interne Zwecke der Geschäftsleitung (Management oder Verwaltungsrat) und zudem für externe Zwecke durchgeführt werden. Aktionäre können die Jahresabschlussanalyse für einen Anlageentscheid verwenden oder Lieferanten die Bonität vor einer Lieferung bei einem Neukunden prüfen. Dabei spielen die Informationsbedürfnisse der verschie-

343 Coenenberg / Haller / Schultze, 2016, S. 1021

denen Anspruchsgruppen eine zentrale Rolle, was auch die Auswahl der Kennzahlen für die Jahresabschlussanalyse bestimmt.

Die Jahresabschlussanalyse wird in der Praxis u. a. in folgenden Fällen bzw. von folgenden Anspruchsgruppen angewendet:

- **Unternehmenssteuerung**: Die finanziellen Kennzahlen werden als Zielsetzungen für die Geschäftsführung eingesetzt und laufend über die interne Berichterstattung überwacht, wobei sie auch wichtiger Bestandteil von variablen Vergütungsplänen sind.
- **Frühwarnsystem zur Vermeidung einer Unternehmenskrise**: Um eine Krise frühzeitig zu erkennen, werden in der Unternehmensführung oft finanzielle Kennzahlen verwendet. Die Auswahl von geeigneten Kennzahlen ist dabei die zentrale Herausforderung.
- **Bewertung von Unternehmen**: Im Rahmen der Due Diligence in einem M&A-Prozess können die finanziellen Kennzahlen eine Informationsquelle für die finanzielle Beurteilung des Unternehmens sein.
- **Beurteilung durch die Anteilseigner**: Für die Anteilseigner, bei denen externe Manager ihr Unternehmen führen, eignen sich finanzielle Kennzahlen zur Beurteilung des Unternehmens. Die Jahresabschlussanalyse kann Teil einer Anlageentscheidung der Anteilseigner sein.
- **Beurteilung durch Finanzanalysten**: Bei börsenkotierten oder grösseren Unternehmen beurteilen Finanzanalysten die Entwicklung von Unternehmen anhand von finanziellen Kennzahlen und geben Anlageempfehlungen aus (Sell- oder Buy-Empfehlung für eine Aktie).
- **Analyse durch die Wirtschaftsprüfung**: Im Rahmen der Planung und Berichterstattung spielen finanzielle Kennzahlen eine wichtige Rolle als Teil der Prüfungshandlungen (analytische Prüfungshandlungen).
- **Rating durch eine Bank und Rating-Agenturen**: Eine kreditgebende Bank beurteilt die Bonität (Kreditfähigkeit und -würdigkeit) u. a. aufgrund der Ergebnisse von finanziellen Kennzahlen (▶ Kap. 57).
- **Analyse durch Kunden oder Lieferanten**: Bei grösseren Kunden und Lieferanten spielen bei Audits die finanziellen Kennzahlen eine wichtige Rolle, um die finanzielle Führung eines Unternehmens zu beurteilen und um zu entscheiden, ob eine Geschäftsbeziehung eingegangen werden soll oder nicht.

In der Praxis wird zwischen absoluten und relativen Kennzahlen unterschieden (▶ Dar. 98). Bei den absoluten Kennzahlen werden Zahlen in Schweizer Franken (bzw. der Unternehmens- oder Konzernwährung) verglichen. Eine relative Kennzahl setzt absolute Zahlen zueinander in Relation, um auf diese Weise einen relevanten, finanziellen Zusammenhang aufzuzeigen und die Vergleichbarkeit zu ermöglichen. Dadurch werden Grössenunterschiede eliminiert und ein direkter Vergleich zwischen unterschiedlich grossen Unternehmen ermöglicht. Die relativen Kennzahlen können in Gliederungs-, Beziehungs- oder Indexzahlen aufgeteilt werden. Gliederungskennzahlen geben ein Strukturbild der Bilanz oder Erfolgsrechnung. Beziehungskennzahlen setzen hingegen verschiedenartige, aber sachlich verbundene Grössen zueinander ins Verhältnis. Indexzahlen zeigen die Entwicklung einer Kennzahl im Zeitverlauf auf, um Trends zu ermitteln.[344]

Dar. 98: Relative und absolute Kennzahlen (Quelle: Eigene Darstellung in Anlehnung an Leimgruber/Prochinig, 2019, S. 11)

absolute Kennzahlen	relative Kennzahlen
Entnahme einer finanziellen Grösse aus dem Jahresabschluss (Bilanz, Erfolgsrechnung oder Geldflussrechnung)	Ermittlung von Verhältnisgrössen durch Errechnung einer relativen Kennzahl
Beispiele: • Nettoerlöse aus Lieferungen und Leistungen • Jahresgewinn • Geldfluss aus operativer Tätigkeit	Beispiele: • Eigenkapitalrendite • EBIT-Marge • Anlagedeckungsgrad

Beispiel absolute und relative Kennzahlen

Die Huber AG weist einen Nettoerlös von CHF 12 Mio. aus (Gewinn CHF 1.0 Mio.), wobei die Frischknecht GmbH einen Nettoerlös von CHF 1.5 Mio. (Gewinn CHF 0.5 Mio.) präsentiert. Beide sind Handelsunternehmen. Durch einen absoluten Vergleich der Nettoerlöse steht die Huber AG deutlich besser da, in einem relativen Vergleich mit Hilfe der Gewinnmarge (Gewinn dividiert durch die Nettoerlöse) ist die Frischknecht GmbH jedoch besser (0.5 x 100 / 1.5 = 33.3 % vs. 1.0 x 100 / 12 = 8.33 % bei der Huber AG).

Für die Kennzahlenberechnung ist eine Datenaufbereitung notwendig. Dies wird als formelle Datenbereinigung bezeichnet. Hierzu ist eine Bereinigung der Gliederung von Bilanz, Erfolgsrechnung und Geldflussrechnung erforderlich. Sofern die Mindestgliederung nach dem Rechnungslegungsrecht angewendet wird, ist diese Bereinigung in der Regel nicht mehr notwendig. Aus der Erfolgsrechnung sollten verschiedene Gewinngrössen (z. B. EBITDA, EBIT) ermittelt oder abgelesen werden können. Bei der Geldflussrechnung müssen die drei Geldflüsse hergeleitet werden können (operativer, investiver und finanzieller Cashflow). Wenn keine Geldflussrechnung vorhanden ist, muss diese zusätzlich für eine umfassende Liquiditätsbeurteilung des Unternehmens erstellt werden (▶ Kap. 55.5.2).

Die Datengrundlage spielt für die Qualität des Jahresabschlusses und die anschliessende Kennzahlenanalyse eine bedeutende Rolle. Da das Rechnungslegungs-

344 Leimgruber / Prochinig, 2019, S. 11.

recht stille Reserven zulässt, ist es für einen externen Bilanzadressaten oft sehr anspruchsvoll, die wahre Ertrags- und Gewinnkraft eines Unternehmens zu ermitteln. Für eine zuverlässige Jahresabschluss-Analyse müssen die stillen Reserven deshalb bereinigt werden (▶ Kap. 55.2). Sofern ein Abschluss nach einem anerkannten Standard der Rechnungslegung (Swiss GAAP FER, IFRS, IFRS für KMU, US GAAP, IPSAS) nach Frue and Fair View vorliegt, sind stille Willkürreserven weitgehend nicht vorhanden und eine Bereinigung ist nicht notwendig.

In der Erfolgsrechnung werden betriebsfremde, ausserordentliche und periodenfremde Erträge und Aufwendungen ausgewiesen (falls im Geschäftsjahr angefallen). Es ist im Einzelfall zu prüfen, ob diese Erfolgsrechnungspositionen bei der Kennzahlenanalyse zu berücksichtigen sind. Dabei ist zu untersuchen, welches der Hauptzweck eines Unternehmens ist. Sofern Vermögenswerte, Verbindlichkeiten oder Erträge und Aufwendungen nicht zum Kerngeschäft gehören, gilt es zu prüfen, ob diese Positionen von der Analyse ausgeschlossen werden sollen.

Beispiel Haupt- und Nebenzweck in der Kennzahlenanalyse

Die Hirt AG ist ein Holzverarbeitungsunternehmen. Aus guten Jahren hat sie ihre Überliquidität in ein vermietetes Mehrfamilienhaus investiert. Die Vermögenswerte, Verbindlichkeiten und Erträge sowie Aufwendungen aus der Vermietung dieses Mehrfamilienhauses sind für die betriebliche Analyse des Holzverarbeitungsunternehmens der Hirt AG nicht zu berücksichtigen, da sie nicht zum Kerngeschäft gehören.

In der Praxis werden Kennzahlen oft nicht nur isoliert, sondern auch in kombinierter Form verwendet (▶ Kap. 56), um einen finanzrelevanten Sachverhalt zu analysieren. Auch werden geeignete branchenspezifische Kennzahlen ausgewählt, um Unternehmen in gewissen Branchen adäquat und adressatengerecht zu vergleichen. Daher ist eine Aussage über die finanzielle Lage eines Unternehmens erst in der Kombination mit anderen Kennzahlen zielführend und sachgerecht. Auch gibt es oft unterschiedliche Definitionen und Berechnungsvarianten für dieselbe Kennzahl.

Es bestehen gewisse Erwartungs-, Richt- oder Normwerte für finanzielle Kennzahlen. Diese Kennzahlen dienen dabei als Vergleichsgrösse zu anderen Unternehmen oder Erwartungswerten. Der Vergleich kann wie folgt erfolgen:

- Vergleich über die Zeit eines Unternehmens = Zeitvergleich (time-to-time)
- Vergleich mit ähnlichen Unternehmen = Branchenvergleich (peer-to-peer)
- Norm-Vergleich (Erwartungswerte je Kennzahlen)
- Soll-Ist-Vergleich zum Budget oder zu Plandaten

55.2 Interne und externe Zahlen

Die Datenaufbereitung für die Jahresabschlussanalyse spielt wie bereits erwähnt eine wesentliche Rolle für die Verwendung von finanziellen Kennzahlen. In einem ersten Schritt sind die Bilanz und Erfolgsrechnung formell zu bereinigen. Das heisst, dass die Konten in der Bilanz und Erfolgsrechnung dem Rechnungslegungsrecht entsprechend aufbereitet werden.

In einem zweiten Schritt erfolgt die materielle Bereinigung betreffend die stillen Reserven. Dies bedeutet, dass der Bestand an stillen Reserven bei den Bilanzpositionen und die Veränderung der stillen Reserven bei den Erfolgsrechnungspositionen berücksichtigt werden. Damit dies vollzogen werden kann, bedarf es einer sauberen Zusammenstellung und Ermittlung der stillen Reserven jeweils zum Jahresabschluss (Inventar der stillen Reserven). Dies führt zu einem internen Jahresabschluss, der für die Kennzahlenanalyse verwendet werden sollte.

Die stillen Reserven wirken wie folgt (▶ Kap. 9):

- Die Bildung von stillen Reserven erfolgt durch Unterbewertung der Aktiven und Überbewertung des Fremdkapitals. Gleichzeitig werden dadurch mehr Aufwendungen oder weniger Erträge verbucht. Durch die Bildung von stillen Reserven nimmt der Bestand an stillen Reserven zu, wobei das extern ausgewiesene Jahresergebnis und dadurch auch das externe Eigenkapital tiefer ausfällt als jenes aus der internen Rechnung.
- Die Auflösung von stillen Reserven erfolgt durch Aufwertung von Aktiven und Abwertung des Fremdkapitals. Die Aufwendungen fallen tiefer bzw. die Erträge höher aus. Durch Auflösung von stillen Reserven nimmt der Bestand an stillen Reserven ab, wobei das extern ausgewiesene Jahresergebnis und das externe Eigenkapital höher ausfallen als in der internen Rechnung.

Für die Ermittlung der stillen Reserven ist auch darauf zu achten, dass die betriebswirtschaftlichen oder rechnungslegungsrechtlichen stillen Reserven ermittelt und berücksichtigt werden. In der Praxis ist es üblich, die stillen Reserven nach dem Rechnungslegungsrecht zu ermitteln, wobei allerdings oft noch Zwangsreserven vorhanden sind. Insbesondere bei Beteiligungen, Immobilien und Boden können beträchtliche stille Reserven vorhanden sein.

Beispiel materielle Bereinigung des Abschlusses eines Unternehmens

Die Grodeck AG führt zum Jahresabschluss die stillen Reserven wie folgt (alle Zahlen in TCHF), wobei der Anfangsbestand bei den Sachanlagen zum Jahresbeginn extern und intern null beträgt:

- Das Delkredere ist betriebswirtschaftlich nicht begründet.
- Die Warenvorräte werden um ein Drittel unterbewertet.

- Zum Jahresbeginn wurde eine Investition von 1'000 getätigt. Die Investition wird extern degressiv mit 40 % und intern linear über 10 Jahre abgeschrieben.
- Die Rückstellungen sind nur zur Hälfte betriebswirtschaftlich begründet.
- Im Vorjahr haben die stillen Reserven 0 betragen.

Die Jahresrechnung stellt sich wie folgt zusammen.

Bilanzposition	Externer Wert	Bereinigung Stille Reserven	Interner Wert
Flüssige Mittel	40	0	40
Forderungen	100	0	100
Delkredere	–40	+40	0
Warenvorräte	200	+100	300
Sachanlagen	600	+300	900
Total Aktiven	**900**	**+440**	**1'340**
Verbindlichkeiten	20	0	20
Hypotheken	100	0	100
Rückstellungen	600	–300	300
Aktienkapital	100	0	100
Gewinnreserven	50	0	50
Jahresgewinn	**30**	**+740**	**770**
Total Passiven	**900**		**1'340**

Erfolgsrechnungsposition	Externer Wert	Bereinigung	Interner Wert
Nettoerlös	1'720	0	1'720
Warenaufwand	800	–100	700
Abschreibungen	400	–300	100
Forderungsverluste	40	–40	0
Betriebsaufwand	450	–300[345]	150
Jahresgewinn	**30**	**+740**	**770**

345 Veränderung der stillen Reserven bei den Rückstellungen

Der interne Jahresgewinn beträgt 770 (extern 30). Das effektive Eigenkapital ist um den Bestand der stillen Reserven in Höhe von 740 zu erhöhen. Der Bestand an stillen Reserven ist jeweils für den Jahresabschluss mittels Inventur zu bestimmen. Das Beispiel macht deutlich, dass für die Kennzahlenanalyse der bereinigte Abschluss verlässlichere Daten und bessere Schlussfolgerungen zulässt als der externe Abschluss. Eine hohe Auswirkung haben die stillen Reserven insbesondere auf die Eigenkapitalquote und die Eigenkapitalrendite (als Beispiele von Kennzahlen):

	externer Wert	interner Wert
Eigenkapitalquote	180 x 100 / 900 = 20 %	920 x 100 / 1'340 = 69 %
Eigenkapitalrendite	30 x 100 / 180 = 16.67 %	770 x 100 / 920 = 83.70 %

Der Einfluss der stillen Reserven auf die Qualität der Kennzahlenergebnisse ist gross. Die Kennzahlen sollten auf Basis der internen Zahlen errechnet und interpretiert werden. Der Bestand an stillen Reserven stellt die Differenz zwischen den externen und internen Zahlen dar. In der Praxis bestehen zwischen der internen und externen Jahresrechnung oft erhebliche Differenzen.[346]

Bildung und Auflösung stiller Reserven sind für den externen Adressaten nicht erkennbar. Aufgrund des Vorsichtsprinzips werden sie im Rahmen der Bilanzpolitik gebildet, um künftige Verluste ausgleichen zu können. Sofern die Nettoauflösung wesentlich ist, muss sie im Anhang aufgeführt werden.

Für eine Jahresrechnungserstellung nach dem Rechnungslegungsgesetz (OR) besteht die Alternative, den Jahresabschluss freiwillig nach einem anerkannten Standard der Rechnungslegung (Swiss GAAP FER, IFRS oder IFRS für KMU) zu erstellen und damit die Kennzahlenanalyse durchzuführen. Dies führt zu zwei Abschlüssen (duales Reporting), denn das Rechnungslegungsrecht verlangt in jedem Fall einen Einzelabschluss nach OR. Alternativ ist es möglich, auf die stillen Reserven ganz zu verzichten und einen internen Abschluss nach OR festzulegen. Da dies zu höheren Gewinn- oder Einkommenssteuern führen kann, wird diese Variante selten in der Praxis anzutreffen sein.

Üblicherweise sollte ein OR-Abschluss aufgrund der Existenz von stillen Reserven ein schlechteres Ergebnis zeigen als ein solcher nach einem anerkannten Rechnungslegungsstandard. Allerdings kann es auch sein, dass der OR-Abschluss ein besseres Ergebnis ausweist, wenn ein Unternehmen in einer Verlust- oder Krisensituation ist und deshalb im grossen Stil stille Reserven im externen Abschluss aufgelöst hat.

In der Praxis der Kennzahlenanalyse ist es üblich, dass die gewählten Kennzahlen über eine Dauer von drei bis fünf Jahren berechnet und verglichen werden. Ohne dieses zeitliche Intervall lässt sich eine gehaltvolle Analyse kaum durchführen.

346 Leimgruber / Prochinig, 2019, S. 23.

Beispiel: Vergleich duales Reporting am Beispiel der Lenk Bergbahnen AG

Position in TCHF	2015	2016	2017	2018
Jahresgewinn OR	−123	−139	66	642
Jahresgewinn nach Swiss GAAP FER	−1'234	−971	−537	542

In den Jahren 2015 bis 2018 hat die Lenk Bergbahnen AG zur Minimierung der Verluste bzw. Verbesserung der Gewinne wesentlich stille Reserven aufgelöst, was im Anhang jeweils auszuweisen ist.

55.3 Bestandteile der Kennzahlenanalyse

Die Analyse von nur einzelnen Kennzahlen weist oft einen zu geringen Erkenntnisgewinn auf. Vielmehr ist die Kombination von verschiedenen Kennzahlen zielführend und vermittelt ein verlässliches Bild, wie sich die wirtschaftliche und finanzielle Situation eines Unternehmens gestaltet. Insbesondere ist ein Verständnis zu entwickeln für Faktoren wie Branche, Geschäftsentwicklung, Grösse und Komplexität eines Unternehmens, was eine einzelne Kennzahl kaum zu erfassen vermag (▶ Dar. 99).

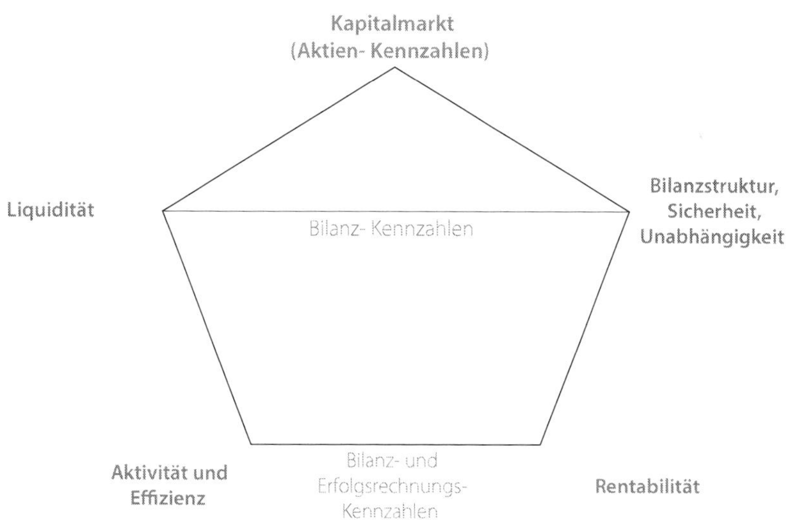

Dar. 99: Kategorisierung der Kennzahlen (Quelle: in Anlehnung Gianini/Riniker, 2020, S. 86 f.)

Daher ist es vielmehr relevant, für verschiedene Bereiche bzw. Kategorien eine Reihe zweckmässiger finanzieller Kennzahlen heranzuziehen, um ein systematisches und strukturiertes Bild über die finanzielle Lage eines Unternehmens zu erhalten. In der finanziellen Kennzahlenanalyse spielen folgende Kennzahlen-Kategorien eine bedeutende Rolle:

- **Liquidität:** Die Liquidität stellt die kurzfristige Überlebensfähigkeit eines Unternehmens sicher. Daher vergleicht die Praxis die Liquidität auch mit dem Sauerstoff, den es zum Leben braucht. Ein Unternehmen muss jederzeit sicherstellen, dass es seine kurzfristigen Verbindlichkeiten begleichen kann. Um die Liquidität zu analysieren, werden Kennzahlen aus der Bilanz (statische Liquidität) und der Geldflussrechnung (dynamische Liquidität) verwendet.
- **Bilanzstruktur, Sicherheit und Unabhängigkeit:** Die Bilanzstruktur zeigt insbesondere, wie sicher, stabil und unabhängig ein Unternehmen finanziert ist. Zudem spielt es für viele Unternehmen eine wichtige Rolle, dass sie fähig sind, Verluste mit genügend Reserven des Eigenkapitals zu kompensieren und nicht zu stark von Fremdkapitalgebern abhängig zu werden.
- **Rentabilität:** Damit ein Unternehmen langfristig überleben kann, müssen die Erträge höher als die Aufwendungen sein und somit langfristig Gewinne erzielt werden. Wenn ein Unternehmen nicht profitabel ist und langfristig keine Gewinne erwirtschaftet, schmilzt infolge von Verlustsituationen sein Eigenkapital, und im Extremfall führt dies zum Konkurs. Rentabilität wird auch als Nahrung des Unternehmens bezeichnet.
- **Aktivität und Effizienz:** Ein Unternehmen muss mit dem ihm zur Verfügung gestellten Kapital und seinen Investitionen so effizient wie nur möglich wirtschaften. Mit Kennzahlen aus der Bilanz und Erfolgsrechnung wird die Aktivität (Umschlagskennzahlen bzw. Kennzahlen zum Working Capital Management) und die Kapitaleffizienz gemessen und analysiert.
- **Kapitalmarkt (Aktien-Kennzahlen):** Börsenkotierte Unternehmen erkennen die finanzielle Beurteilung ihres Unternehmens an der Entwicklung des Aktienkurses am Kapitalmarkt. Profitable, gut geführte Unternehmen weisen in der Regel höhere Aktienkurse auf. Die Markteinschätzung durch entsprechende Aktienkennzahlen ergänzt die Jahresabschlussanalyse eines Unternehmens, welche aufgrund der Informationen aus der Jahresrechnung in Relation mit dem aktuellen Aktienkurs vorgenommen wird.

Nur eine Kombination von Kennzahlen aus diesen fünf Bereichen lässt ein schlüssiges und umfassendes Bild über die finanzielle Lage eines Unternehmens zu. Häufig spielen zusätzlich spezifische Branchen-Kennzahlen eine wichtige Rolle, um eine zielführende Analyse durchführen zu können. Beispielsweise ist der Umsatz je Quadratmeter im Detailhandel eine bedeutende Grösse.

Zwischen den einzelnen Kennzahlen-Kategorien, welche oft Basis für die finanzwirtschftlichen Ziele eines Unternehmens sind, gibt es einige Zielkonflikte (beispielsweise zwischen Rentabilität und Liquidität bzw. Sicherheit), weshalb sich nicht alle finanzwirtschaftlichen Ziele gleichzeitig optimieren lassen. Deshalb wird auch vom magischen Fünfeck gesprochen, was die obere Abbildung betrifft.

55.4 Analyse der Bilanzstruktur, Sicherheit und Unabhängigkeit

Innerhalb der Bilanz sind zahlreiche finanzielle Zusammenhänge von grosser Bedeutung. Hierbei wird die Struktur der Aktiv- und Passivseite (Vermögens- und Kapitalstruktur) analysiert. Das Verhältnis des Anlagevermögens zum Eigenkapital und langfristigen Fremdkapital (Anlagedeckung) und die Beziehungen zwischen dem Umlaufvermögen und dem kurzfristigen Fremdkapital (statische Liquiditätsanalyse ▶ Kap. 55.5.1) spielen zudem eine zentrale Rolle (▶ Dar. 100).

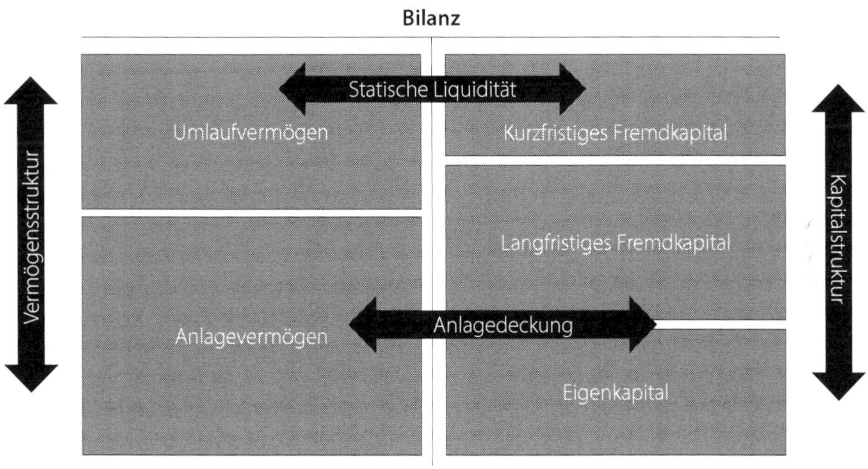

Dar. 100: Analyse der Bilanzkennzahlen

Das Ziel der finanzwirtschaftlichen Bilanzanalyse ist die Gewinnung von Informationen über die Kapitalverwendung (Vermögensstruktur bzw. Investitionsseite), über die Kapitalaufbringung (Kapitalstruktur bzw. Finanzierungsseite) sowie über die Beziehung zwischen Kapitalverwendung und -beschaffung (Anlagedeckung und statische Liquiditätsanalyse).[347]

55.4.1 Analyse der Vermögensstruktur

Die Analyse der Vermögenstruktur zeigt auf, wie sich die Aktivseite zusammensetzt. Insbesondere wird betrachtet, welcher Anteil des Vermögens das langfristig gebundene Anlagevermögen bzw. das kurzfristig in flüssige Mittel umwandelbare Umlaufvermögen ausmacht. Grundsätzlich gilt, je mehr Anlagevermögen ein Unternehmen hat, desto weniger flexibel kann es auf Umweltveränderungen reagie-

347 Coenenberg / Haller / Schultze, 2016, S. 1067.

ren. Diese Struktur ist auch sehr stark abhängig von der Branche. Ein produzierendes Unternehmen verfügt in der Regel über ein grösseres Anlagevermögen als ein Handels- oder Dienstleistungsunternehmen. Ausserdem lässt die Vermögensstruktur Schlüsse auf die Abschreibungspolitik zu.

Die folgenden drei Kennzahlen beschreiben die Vermögensstruktur eines Unternehmens:

Formel: Intensität des Umlaufvermögens

$$\text{Intensität des Umlaufvermögens} = \frac{\text{Umlaufvermögen} \times 100}{\text{Bilanzsumme}}$$

Formel: Intensität des Anlagevermögens (Immobilisierungsgrad)

$$\text{Intensität des Anlagevermögens} = \frac{\text{Anlagevermögen} \times 100}{\text{Bilanzsumme}}$$

Formel: Investitionsverhältnis

$$\text{Investitionsverhältnis} = \frac{\text{Umlaufvermögen} \times 100}{\text{Anlagevermögen}}$$

Die drei Kennzahlen hängen voneinander ab, so dass es in der Praxis ausreicht, eine davon zu berechnen. Für das Verhältnis zwischen Umlauf- und Anlagevermögen gibt es keine normativen Richtwerte. Vielmehr ist die Analyse dieser Kennzahlen unter Berücksichtigung der Branche und über den Zeitverlauf hinweg durchzuführen.

Branchen mit einem hohen Anlagevermögen finden sich insbesondere im Baugewerbe, in der Industrie oder im Nahrungsmittelbereich. Typische Folgen eines hohen Anlagevermögens sind:

- Sehr hohe Fixkosten (Abschreibungen und Kapitalkosten)
- Potenzial, stille Reserven zu bilden
- Höhere Anfälligkeit von ausserordentlichen Abschreibungen (Impairment) bei Nutzungs- oder Nachfrageänderungen
- Geringere Flexibilität betreffend Strukturanpassungen
- Hoher Bedarf an langfristigem Kapital

Beispiel Immobilisierungsgrad

Die Meierhans AG ist ein Industrieunternehmen und weist ein Anlagevermögen in Höhe von CHF 9.9 Mio. auf. Das Umlaufvermögen beträgt CHF 2.1 Mio. Der Immobilisierungsgrad beträgt somit 82.5 % (9.9 x 100 / 12). Dies ist ein relativ hoher Wert, da die Meierhans AG in diesem Fall hohe Fixkosten in Form von Abschreibungen zu tragen hat und weniger flexibel auf Strukturanpassungen reagieren kann.

Ein hohes Umlaufvermögen kann ein Indiz dafür sein, dass hohe Forderungen aus Lieferungen und Leistungen bestehen. Hohe Vorratsbestände können viele flüssige Mittel binden, und es besteht die Gefahr einer Verschlechterung der Liquiditätskraft. Im Extremfall kann der operative Geldfluss negativ ausfallen, womit die Ausgaben höher sind als die Einnahmen aus dem Geschäftsbereich.

Das Anlagevermögen lässt sich weiter dahingehend analysieren, wie die Abschreibungspolitik ausgestaltet ist.

Formel: Anlageabnutzungsgrad (Altersquote)

$$\text{Anlageabnutzungsgrad} = \frac{\text{kumulierte Abschreibungen} \times 100}{\text{Anschaffungskosten Anlagevermögen}}$$

Formel: Abschreibungsquote

$$\text{Abschreibungsquote} = \frac{\text{Jahresabschreibung} \times 100}{\text{Anschaffungskosten Anlagevermögen}}$$

Der Anlageabnutzungsgrad lässt sich nur ermitteln, wenn die Abschreibungen indirekt über ein Wertberichtigungskonto dargestellt und gebucht werden (▶ Kap. 35) bzw. ein Anlagespiegel offengelegt wird. Der Anlageabnutzungsgrad lässt einen Schluss zu, ob das Anlagevermögen stärker abgeschrieben ist als es gemäss wirtschaftlicher Nutzungsdauer notwendig wäre. In der Praxis sind folgende Nutzungsdauern üblich: mobile Sachanlagen zwischen 3 und 5 Jahren und bei Liegenschaften (immobile Sachanlagen) zwischen 10 und 50 Jahren.

Die Abschreibungsquote zeigt auf, wie hoch die jährlichen Abschreibungen im Verhältnis zum Anschaffungswert sind. Der Abschreibungsbetrag ergibt sich aus der Geldflussrechnung (indirekte Methode), dem Anlagespiegel und der Erfolgsrechnung.

55.4.2 Analyse der Kapitalstruktur

Die Analyse der Kapitalstruktur zeigt die Quellen und die Zusammensetzung der Finanzierung inkl. Fristigkeit des Kapitals, so dass sich Finanzierungsrisiken abschätzen lassen.[348] Die Kapitalstrukturanalyse analysiert, wie sich ein Unternehmen durch Eigen- oder Fremdkapital finanziert.

Die folgenden drei Kennzahlen geben ein Bild über die Kapitalstruktur:

Formel: Fremdfinanzierungsgrad (Verschuldungsgrad, Debt Ratio)

$$\text{Fremdfinanzierungsgrad} = \frac{\text{Fremdkapital} \times 100}{\text{Bilanzsumme}}$$

Formel: Eigenfinanzierungsgrad (Eigenkapitalquote, Equity Ratio)

$$\text{Eigenfinanzierungsgrad} = \frac{\text{Eigenkapital} \times 100}{\text{Bilanzsumme}}$$

Formel: Finanzierungsverhältnis

$$\text{Finanzierungsverhältnis} = \frac{\text{Fremdkapital} \times 100}{\text{Eigenkapital}}$$

Der Fremdfinanzierungsgrad (Verschuldungsgrad) und die Eigenkapitalquote ergeben in der Summe immer 100 %. Somit genügt es auch hier, eine der Kennzahlen zu analysieren. Beim Eigenkapital werden Minderheiten in der Regel hinzugerechnet.

Grundsätzlich gilt, je höher der Eigenfinanzierungsgrad liegt, desto stabiler und sicherer ist ein Unternehmen finanziert. Die Bonität (Kreditfähigkeit und -würdigkeit) hängt zu einem wesentlichen Teil von der Höhe des Eigenkapitals und seinen Komponenten ab (▶ Kap. 57). Je höher das Eigenkapital, desto höher ist die Bonität und die Unabhängigkeit eines Unternehmens gegenüber den Fremdkapitalgebern. Eine zu geringe Eigenkapitalausstattung ist eine der häufigsten Insolvenzursachen. Sie deutet auf eine hohe Verschuldung hin, was wiederum eine hohe Verzinsung des Fremdkapitals mit sich bringt. Ein hoher Eigenfinanzierungsgrad hingegen vermindert die Gefahr einer Insolvenz, weil die Unternehmung eine grosse Haftungssubstanz aufweist.

348 Coenenberg / Haller / Schultze, 2016, S. 1074.

Das Gegenstück stellt der Fremdfinanzierungsgrad dar. Je höher der Fremdfinanzierungsgrad liegt, desto grösser ist die Abhängigkeit der Unternehmung von Kreditgebern, was die Entscheidungsfreiheit der Unternehmung insbesondere in Sanierungssituationen einschränken kann. Zudem birgt ein hoher Fremdfinanzierungsgrad ein hohes finanzielles Risiko, da Schulden grundsätzlich zu amortisieren sind und künftige Fremdkapitalkosten verursachen, welche unabhängig vom operativen Ergebnis getilgt werden müssen.

Das Finanzierungsverhältnis lässt eine Aussage zu, in welchem Verhältnis die beiden Finanzierungsquellen zueinander stehen.

Beispiel Eigenkapitalquote

Die Singenberger AG weist für die letzten fünf Jahre folgende Eigenkapitalquoten auf:

Jahr 1	55 %
Jahr 2	57 %
Jahr 3	62 %
Jahr 4	65 %
Jahr 5	72 %

Hieraus lässt sich erkennen, dass Sicherheit und Unabhängigkeit über die Jahre stetig zugenommen haben. Es kann vermutet werden, dass das Fremdkapital laufend zurückbezahlt wurde und hohe Gewinnreserven erzielt wurden.

Aus kapitalstruktureller Sicht ist ein hohes Eigenkapital von Vorteil und vermittelt Sicherheit, allerdings verschlechtert es die Eigenkapitalrentabilität (▶ Kap. 55.6.2).

Die Bewertung von Rückstellungen ist in diesem Zusammenhang besonders zu analysieren, da hohe Unsicherheit in Bezug auf deren Höhe und Fälligkeit besteht.

Beispiel hoher Verschuldungsgrad und Rückstellungen

Die Grämiger AG weist ein Fremdkapital von CHF 5.1 Mio. (CHF 4.5 Mio. Rückstellungen) auf. Das Gesamtkapital beträgt CHF 9.5 Mio. Der Verschuldungsgrad beträgt 54 % (5.1 x 100 / 9.5). Allerdings ist zu beachten, dass von den CHF 5.1 Mio. 4.5 Mio. Rückstellungen sind. Ohne die Rückstellungen würde der Verschuldungsgrad noch 6 % betragen (0.6 x 100 / 9.5). Es müsste genauer analysiert werden, für welchen Zweck diese Rückstellungen gebildet wurden.

Zusätzliche Informationen über die Kapitalstruktur eines Unternehmens liefern die folgenden zwei Kennzahlen.

Formel: Gearing

$$\text{Gearing} = \frac{(\text{verzinsliches Fremdkapital} - \text{Flüssige Mittel}) \times 100}{\text{Eigenkapital}}$$

Das Gearing deutet an, ob die Netto-Verschuldung im Vergleich zum Eigenkapital hoch oder niedrig ist. Je kleiner das Gearing, desto höher ist die Sicherheit bzw. Unabhängigkeit des Unternehmens von Fremdkapitalgebern. Im Unterschied zum Finanzierungsverhältnis berücksichtigt diese Kennzahl jedoch nur das verzinsliche Fremdkapital (sogenannte Verschuldung). Sie stellt eine Art bereinigtes Finanzierungsverhältnis dar, da auf die übrigen Positionen des Fremdkapitals keine Zinsen zu zahlen sind. Vom verzinslichen Fremdkapital werden in der Regel die flüssigen Mittel abgezogen, was die Netto-Verschuldung ergibt. Bei börsenkotierten Unternehmen wird anstelle des Eigenkapitals oft die Marktkapitalisierung (Marktwert des Eigenkapitals, d. h. Anzahl ausstehender Aktien multipliziert mit dem Aktienkurs) im Nenner verwendet.

Der Selbstfinanzierungsgrad zeigt, wie hoch die noch nicht ausgeschütteten Gewinne sind und das Deckungskapital für künftige Verluste aus vergangenen Gewinnen ist.

Formel: Selbstfinanzierungsgrad

$$\text{Selbstfinanzierungsgrad} = \frac{\text{Gewinnreserven} \times 100}{\text{Eigenkapital}}$$

Als Gewinnreserven sind freiwillige und gesetzliche Gewinnreserven (retained earnings), jedoch nicht die Kapitalreserven (capital reserves) zu berücksichtigen. Die Kapitalreserven stellen Kapitaleinzahlungen der Anteilseigner (Agio) und keine zurückbehaltenen Gewinne dar (▸ Kap. 29.4 und 31.4). Zu addieren sind auch Gewinnvorträge und Jahresgewinne (bzw. Verluste sind abzuziehen), da diese Grössen auch zum selbst erwirtschafteten Ergebnis zählen.

Diese Kennzahl drückt aus, wie gross die finanziellen Polster eines Unternehmens sind. Je höher die Selbstfinanzierung, desto geringer sind in der Regel die Gewinnausschüttungen, was die Flüssigen Mittel im Unternehmen erhöhen kann. Dies stärkt die Selbstfinanzierungskraft im Unternehmen. Jedoch ist diese Kennzahl auch stark vom Alter der Unternehmung abhängig.

55.4.3 Analyse der Anlagedeckung

Die Analyse der Anlagedeckung dient dazu zu prüfen, ob langfristiges Vermögen mit langfristigem Kapital gedeckt ist, um die sogenannte Fristenkongruenz zu wahren. Es beantwortet neben dem Eigenfinanzierungsgrad die Frage, wie solide ein Unternehmen finanziert ist.[349] Die Anlagedeckung wird mit folgenden Kennzahlen analysiert:

Formel: Anlagedeckungsgrad I

$$\text{Anlagedeckungsgrad I} = \frac{\text{Eigenkapital} \times 100}{\text{Anlagevermögen}}$$

Formel: Anlagedeckungsgrad II

$$\text{Anlagedeckungsgrad II} = \frac{(\text{Eigenkapital} + \text{langfristiges Fremdkapital}) \times 100}{\text{Anlagevermögen}}$$

Der Anlagedeckungsgrad II analysiert, ob das Anlagevermögen mit langfristigem Kapital finanziert ist, d. h. mit Eigenkapital und langfristigem Fremdkapital. Diese Beziehung wird auch als goldene Bilanzregel bezeichnet. Es sollte vermieden werden, dass eine Maschine mit einer langen Nutzungsdauer durch einen kurzfristigen Kredit finanziert wird. Damit die goldene Bilanzregel eingehalten wird, sollte der Anlagedeckungsgrad II mindestens 100 % betragen.[350] Wird dieser normative Wert unterschritten, liegt eine Verletzung der goldenen Bilanzregel vor.

In der Praxis wird das gesamte Anlagevermögen berücksichtigt, allerdings ist es durchaus sinnvoll und alternativ zulässig, wenn anstelle des gesamten Anlagevermögens nur die Sachanlagen verwendet werden.

Beispiel Anlagedeckungsgrade I und II

Die Schmidlin AG weist ein Eigenkapital von CHF 3.4 Mio. und ein langfristiges Fremdkapital von CHF 1.2 Mio. auf. Das Anlagevermögen beläuft sich auf CHF 3.6 Mio. Der Anlagedeckungsgrad I beträgt 94 % (3.4 x 100 / 3.6) und der Anlagedeckungsgrad II 128 % ((3.4 + 1.2) x 100 / 3.6). Der Anlagedeckungsgrad I liegt knapp unter 100 %, der Anlagedeckungsgrad II deutlich darüber, womit die goldene Bilanzregel eingehalten wird.

349 Krause / Dayanand, 2010, S. 92.
350 Krause / Dayanand, 2010, S. 95.

In der Rechnungslegungspraxis sollte in einem weiteren Schritt die Nutzungsdauer des Anlagevermögens und die Amortisationsdauer bei verzinslichem Fremdkapital (Schuldentilgungsplan) verglichen werden. Wenn die wirtschaftliche Nutzungsdauer des Anlagevermögens und die Amortisation von verzinslichem Fremdkapital annäherungsweise die gleiche Dauer aufweisen, kann dadurch auf die Einhaltung der goldenen Bilanzregel geschlossen werden.

Von der Anlagedeckung gibt es eine direkte Verbindung zur statischen Liquiditätsanalyse (▶ Kap. 55.5.1). Die Summe aus Eigenkapital und langfristigem Fremdkapital abzüglich des Anlagevermögens entspricht dem Nettoumlaufvermögen. Das Nettoumlaufvermögen wiederum setzt sich aus dem Umlaufvermögen abzüglich des kurzfristigen Fremdkapitals zusammen.

55.5 Analyse der Liquidität

Liquidität wird oft als der Sauerstoff des Unternehmens bezeichnet. Der Vergleich ist berechtigt, denn ohne Liquidität, d. h. flüssige Mittel, kann ein Unternehmen nicht lange überleben. Mangelnde flüssige Mittel sind die häufigste Insolvenzursache und oft nicht die mangelnde Rentabilität. Die Sicherung der Liquidität ist deshalb eine zentrale, finanzielle Aufgabe. Ein Unternehmen hat stets sicherzustellen, dass es seine Solvenz (Zahlungsfähigkeit) während des ganzen Jahres aufrechterhalten kann, so dass die Annahme der Unternehmensfortführung (Going Concern) getroffen werden kann. Man unterscheidet die statische und die dynamische Liquidität.

55.5.1 Analyse der statischen Liquidität

Die statische Liquiditätsanalyse untersucht, ob ein Unternehmen am Bilanzstichtag in der Lage ist, die kurzfristigen Verbindlichkeiten zu begleichen.[351] Die Analyse der statischen Liquidität basiert auf Bilanzzahlen zum Bilanzstichtag. Im Gegensatz dazu basiert die dynamische Liquidität auf der Geldflussrechnung (▶ Kap. 55.5.2).

Die statische Liquidität wird mit Hilfe der nachfolgenden Kennzahlen berechnet:

Formel: Liquiditätsgrad I (Cash Ratio)

$$\text{Liquiditätsgrad I} = \frac{\text{Flüssige Mittel} \times 100}{\text{kurzfristiges Fremdkapital}}$$

Der Liquiditätsgrad I bzw. Cash Ratio setzt die flüssigen Mittel zum kurzfristigen Fremdkapital in Beziehung. Er sagt aus, welcher Teil des kurzfristigen Fremdkapitals durch die flüssigen Mittel gedeckt ist bzw. direkt durch diese zurückge-

351 Coenenberg / Haller / Schultze, 2016, S. 1082.

zahlt werden könnte. Als flüssige Mittel können neben den Barbeständen (Konto Kasse) und den Bankkonten auch die kurzfristig gehaltenen Wertschriften dazugezählt werden. WIR-Gelder stellen keinen Teil der flüssigen Mittel dar und sind nicht miteinzubeziehen. Der Referenzwert für den Cash Ratio beträgt 30 bis 100 %.[352] In der Praxis ist diese Kennzahl eher wenig weit verbreitet. Beachtenswert ist sie, wenn der Wert dieser Kennzahl den Richtwert deutlich übersteigt. Dies kann ein Hinweis auf eine sogenannte Kriegskasse sein, d. h. ein Unternehmen häuft bewusst liquide Mittel an, um ein anderes Unternehmen zu akquirieren.

Formel: Liquiditätsgrad II (Quick Ratio)

$$\text{Liquiditätsgrad II} = \frac{\text{Flüssige Mittel} + \text{kurzfristige Wertschriften} + \text{Forderungen} \times 100}{\text{kurzfristiges Fremdkapital}}$$

Der Liquiditätsgrad II bzw. Quick Ratio stellt dem kurzfristigen Fremdkapital die flüssigen Mittel, kurzfristigen Wertschriften und Forderungen gegenüber. Er drückt damit die unternehmerische Fähigkeit aus, die kurzfristigen Schulden innerhalb eines sehr kurzen Zeitraumes (bis zu 90 Tagen) begleichen zu können.

Bei den Forderungen können die Forderungen aus Lieferungen und Leistungen, die übrigen Forderungen und aktiven, liquiditätswirksamen Rechnungsabgrenzungen verwendet werden. Das Delkredere sollte nicht berücksichtigt werden, sofern es als stille Reserven qualifiziert wird. Wenn es jedoch effektive Wertberichtigungen darstellt, sind diese zu berücksichtigen.

Der allgemeine Richtwert für den Liquiditätsgrad II beträgt etwa 100 %.[353] Werte unter 80 % gelten als ungenügend. Bei einer differenzierten Betrachtung ist allerdings zu berücksichtigen, dass Teile des kurzfristigen Fremdkapitals (wie Kontokorrente, Anzahlungen von Kunden, passive Rechnungsabgrenzungen, Rückstellungen) nicht innerhalb kurzer Frist zurückbezahlt werden müssen bzw. liquiditätsunwirksam sind. Deshalb kann auch ein Quick Ratio von weniger als 100 % ausreichend sein.

Der Liquiditätsgrad III misst die kurzfristige Deckung von kurzfristigen Verbindlichkeiten durch das ganze kurzfristige Vermögen (Umlaufvermögen).[354]

352 Nach Koller 2020, es handelt sich hierbei um die Bandbreiten vom 1. zum 3. Quartil (S. 35-38).

353 Krause / Dayanand, 2010, S. 60.

354 Krause / Dayanand, 2010, S. 62.

Formel: Liquiditätsgrad III (Current Ratio)

$$\text{Liquiditätsgrad III} = \frac{\text{Umlaufvermögen} \times 100}{\text{kurzfristiges Fremdkapital}}$$

Der Liquiditätsgrad III bzw. Current Ratio drückt die Fähigkeit aus, das kurzfristige Fremdkapital grundsätzlich mithilfe von flüssigen Mitteln, Forderungen und Vorräten zurückzuzahlen. Der Referenzwert hierfür beträgt 150 bis 250 %.[355]

Beispiel Liquiditätsgrad II und III

Die Felder AG weist folgende Positionen zum Jahresabschluss auf (in TCHF):

Flüssige Mittel	4'500
Forderungen	12'500
Vorräte	14'000
Delkredere	–2'500 (als stille Reserve qualifiziert)
Kurzfristiges Fremdkapital	36'000

Der Liquiditätsgrad II beträgt 47 % ((4'500 + 12'500) x 100 / 36'000). Das Delkredere sollte nicht mit eingerechnet werden, da dieses als stille Reserven qualifiziert ist. Der Liquiditätsgrad III beträgt 86 % ((4'500 + 12'500 + 14'000) x 100 / 36'000). Beide Werte liegen unter den Normwerten. Die statische Liquidität ist per Bilanzstichtag nicht gegeben. Die dynamische Liquiditätsanalyse müsste ergänzend miteinbezogen werden.

Die Darstellung der Liquiditätssituation kann auch in Form der sogenannten Liquiditätsstaffel erfolgen:

	Flüssige Mittel
–	kurzfristiges Fremdkapital
=	**Deckung Liquiditätsstufe I**
+	Forderungen aus Lieferungen und Leistungen
=	**Deckung Liquiditätsstufe II**
+	Vorräte
=	**Deckung Liquiditätsstufe III**

355 Koller, 2020, S. 35-38.

55.5.2 Analyse der dynamischen Liquidität

Die dynamische Liquiditätsanalyse bezieht die Geldflussrechnung in die Betrachtung mit ein. Im Gegensatz zur statischen Liquiditätsanalyse werden hierbei die Stromgrössen und nicht die Bestände verglichen und interpretiert. Die Stromgrössen – also die Geldflüsse – sind Gegenstand der Geldflussrechnung.

Folgende Fragestellungen stehen dabei im Zentrum der Analyse:

- Kann ein Unternehmen aus eigener Kraft seine Investitionen finanzieren?
- Kann ein Unternehmen Gewinnausschüttungen vornehmen (Dividenden zahlen)?
- Kann ein Unternehmen Schulden an die Kapitalgeber zurückzahlen?
- Kann ein Unternehmen seinen eigenen Wert steigern?

Eine zentrale Finanzgrösse bildet dabei der Geldfluss aus Geschäftstätigkeit (operativer Cashflow). Er lässt ein Urteil zu, ob ein Unternehmen aus eigener Kraft Liquidität erwirtschaften kann. Der operative Cashflow sollte positiv sein. Dies bedeutet, dass die Einnahmen grösser sind als die Ausgaben aus der Geschäftstätigkeit. Sofern dies über die Dauer nicht zutrifft, ergeben sich erhebliche Zweifel an der Unternehmensführung und dem Liquiditätsmanagement.

Eine weitere zentrale, dynamische Kennzahl stellt der freie Geldfluss dar (Free Cashflow). Dies ist der Geldfluss, der den Kapitalgebern aus der Geschäftstätigkeit zur Verfügung steht nach den Investitionen (▶ Kap. 53.6). Diese Kennzahl wird auch im Rahmen der Discounted Cashflow (DCF)-Methode bei der Unternehmensbewertung oder für die Ermittlung der Verschuldungskapazität (Debt Capacity) auf Basis von Plandaten verwendet.[356]

Es ist allerdings zu bemerken, dass es sich um eine absolute Kennzahl handelt und daher Vergleiche mit Unternehmen unterschiedlicher Grösse mit Vorsicht anzustellen sind. Der freie Cashflow zeigt ausserdem, wie viel Wertzuwachs das Unternehmen seinen Kapitalgebern verschafft hat. Dieser Wert kann für die Schuldentilgung sowie Dividendenzahlung verwendet werden. Zu beachten sind die hohen Unterschiede in der Investitionsintensität von Branchen. Beispielsweise benötigen Automobil-, Chemie- oder Stahlunternehmen höhere Investitionen als ein Softwarehersteller.

Darüber hinaus unterliegt der freie Cashflow sehr hohen Schwankungen, da in manchen Jahren sehr viel, in anderen Jahren weniger investiert werden muss. Deshalb ist die Berechnung des Free Cashflows für nur ein einziges Jahr nicht sinnvoll. Der Analyse sollte ein längerer Zeitraum von etwa fünf Jahren zugrunde gelegt werden. Ein negativer freier Cashflow bedeutet auch nicht unbedingt, dass es sich um ein schwaches Unternehmen handelt. Start-ups oder stark wachsende Unternehmen weisen oft negative Free Cashflows auf. Daher ist auch das Ge-

356 Krause / Dayanand, 2010, S. 77.

schäftsmodell und die Strategie zu beachten. Etablierte Unternehmen sollten allerdings über eine Periode von fünf und mehr Jahren einen positiven freien Geldfluss aufweisen, um Mehrwerte für das Unternehmen zu schaffen.

Beim freien Geldfluss bestehen unterschiedliche Berechnungsformeln, die sich teilweise erheblich unterscheiden. In den Geschäftsberichten werden teilweise eigene Definitionen verwendet.

Folgende relativen Kennzahlen werden zusätzlich in der Praxis für die dynamische Liquiditätsanalyse verwendet:

Formel: Cashflow-Investitionsverhältnis, Innenfinanzierungsgrad

$$\text{Cashflow-Investitionsverhältnis} = \frac{\text{operativer Cashflow} \times 100}{\text{Nettoinvestitionen}}$$

Bei dieser Kennzahl wird der operative Cashflow zu den Nettoinvestitionen (entspricht dem investiven Cashflow) ins Verhältnis gesetzt. Sie zeigt auf, welcher Anteil der Nettoinvestitionen aus eigener Kraft durch das operative Geschäft erwirtschaftet werden kann (Innenfinanzierungsfähigkeit). Das Cashflow-Investitionsverhältnis sollte langfristig über dem Richtwert von 100 % liegen. Dies bedeutet, dass ein Unternehmen aus eigener Kraft die notwendigen Investitionen tätigen kann. Eine Kennzahl mit gleicher Aussagekraft ist der sogenannte Investitionsgrad oder Reinvestment-Faktor.

Formel: Reinvestment-Faktor, Investitionsgrad

$$\text{Reinvestment-Faktor} = \frac{\text{Nettoinvestitionen} \times 100}{\text{operativer Cashflow}}$$

Der Investitionsgrad, der auch in der Praxis weit verbreitet ist, stellt den reziproken Wert des Cashflow-Investitionsverhältnis dar. Hier ist der Richtwert ebenfalls 100 %. Allerdings bedeutet hier ein Wert unter 100 %, dass ein Unternehmen aus eigener Kraft die notwendigen Investitionen durchführen kann.

Eine Kennzahl, die die Entwicklung des Unternehmens hinsichtlich Investitionsverhalten aufzeigt, ist die Wachstumsquote und sollte in Zusammenhang mit den beiden soeben diskutierten Kennzahlen analysiert werden. Dabei werden die Bruttoinvestitionen zur jährlichen Abschreibung ins Verhältnis gesetzt. Ein Wert über 100 % drückt Wachstumsinvestitionen aus, da mehr ins Anlagevermögen investiert wird als abgeschrieben. Wenn in Höhe der Abschreibungen investiert wird, tätigt ein Unternehmen grundsätzlich nur Ersatzinvestitionen.

Formel: Wachstumsquote

$$\text{Wachstumsquote} = \frac{\text{Bruttoinvestitionen} \times 100}{\text{Jahresabschreibung}}$$

Die Cashflow-Marge gibt an, wieviel Prozent des Umsatzes als operativer Geldzufluss verbleibt. Sie ist vergleichbar mit dem ROS (Gewinn-Margen), nur dass der operative Cashflow statt eines Gewinns herangezogen wird (▶ Kap. 55.6.1).

Formel: Cashflow-Marge

$$\text{Cashflow-Marge} = \frac{\text{operativer Cashflow} \times 100}{\text{Umsatz}}$$

Die Cashflow-Marge sagt zudem aus, wie viele Rappen operativer Geldfluss aus einem Franken Umsatz resultieren. Je höher dieser Kennzahlenwert ist, desto höher ist die Innenfinanzierungskraft. Der Vorteil dieser Kennzahl gegenüber dem ROS ist ausserdem, dass der Geldfluss aus operativer Tätigkeit kaum durch nachteilige Bilanzierungsmassnahmen beeinflusst werden kann. Einen Richtwert gibt es nicht, allerdings sind Abhängigkeiten von der Branche zu beachten.[357]

Beispiel Cashflow-Marge

Die Lustenberger GmbH ist ein Industrieunternehmen, das im letzten Jahr einen Nettoerlös von CHF 12 Mio. erzielt hat. Der Geldfluss aus operativer Tätigkeit beträgt CHF 2.4 Mio. Es resultiert daher eine Cashflow Marge von 20 % (2.4 x 100 / 12). Dies bedeutet, dass die Lustenberger GmbH aus einem Franken Nettoerlös 20 Rappen operativen Cashflow erzielt hat.

Zur Analyse der dynamischen Liquidität gehören neben der Beurteilung der Innenfinanzierungskraft (z. B. mittels Cashflow-Investitionsverhältnis oder Cashflow-Marge) auch die Cashflow-Kennzahlen zur Verschuldungsfähigkeit eines Unternehmens. Die Fähigkeit eines Unternehmens, seine Amortisationen und Zinsverbindlichkeiten finanziell tragen zu können, wird als Verschuldungskapazität (debt capacity) bezeichnet. Dabei deckt die Verschuldungsfähigkeit primär die Kreditfähigkeit (als Teil der Bonität neben der Kreditwürdigkeit) ab (▶ Kap. 57).

Kreditgeber (primär Banken) fokussieren sich hierbei vor allem auf die Verschuldungsfähigkeit im Hinblick auf die künftigen freien Geldflüsse, die auf Basis

357 Krause / Dayanand, 2010, S. 85.

von Plandaten ermittelt werden. Die Verschuldungskapazität ist somit der Barwert der künftigen freien Geldflüsse eines Unternehmens (▶ Dar. 101). In der Praxis wird der freie Geldfluss in der Regel für fünf bis sieben Jahre prognostiziert und mit einem Zinssatz von durchschnittlich 4.5 % diskontiert.[358] Durch den Diskontierungssatz wird den Risikoaspekten Rechnung getragen. Je risikoreicher ein Unternehmen bzw. die Entwicklung der Free Cashflows ist, desto höher sollte der Diskontierungssatz angesetzt werden. Diese Kennzahl wird für die Beurteilung mit der aktuellen Verschuldung verglichen. Sofern die Verschuldungskapazität eines Unternehmens kleiner ist als das aktuelle verzinsliche Fremdkapital, bestehen Anzeichen, dass die Amortisationen und Fremdkapitalzinsen künftig nicht zeitnah erstattet werden können.

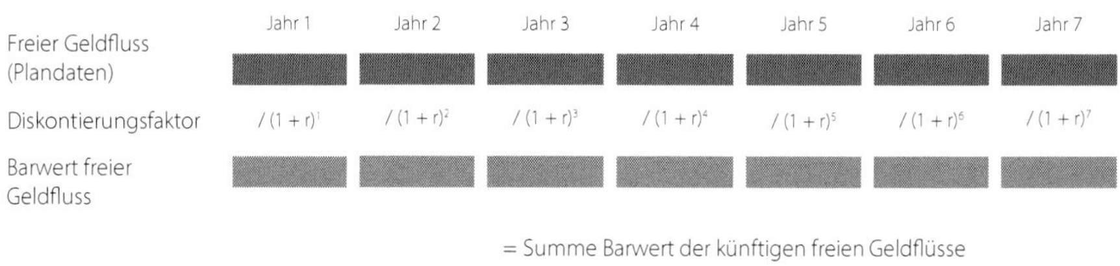

Barwert der künftigen Geldflüsse > gegenwärtige Verschuldung = Verschuldungsfähigkeit gegeben
Barwert der künftigen Geldflüsse < gegenwärtige Verschuldung = Verschuldungsfähigkeit nicht gegeben
Barwert der künftigen Geldflüsse = gegenwärtige Verschuldung = Verschuldungsfähigkeit kritisch zu hinterfragen

Dar. 101: Beurteilung der Verschuldungskapazität

Eine weitere wichtige Kennzahl ist der Verschuldungsfaktor, der ebenfalls für die Beurteilung der Solvenz verwendet werden kann und auch dynamischer Verschuldungsgrad genannt wird:

Formel: Verschuldungsfaktor

$$\text{Verschuldungsfaktor} = \frac{\text{Effektivverschuldung}}{\text{Operativer Cashflow}}$$
$$= \frac{(\text{Fremdkapital} - \text{flüssige Mittel} - \text{kurzfristige Wertschriften} - \text{Forderungen})}{\text{Operativer Cashflow}}$$

Die Effektivverschuldung ist das Fremdkapital abzüglich flüssiger Mittel, kurzfristiger Wertschriften und Forderungen. Sofern das Delkredere stillen Reserven entspricht, sollte es nicht berücksichtigt werden. Der Verschuldungsgrad gibt an, wie oft der letzte Cashflow generiert werden muss, um die Effektivverschuldung zu

358 Gehrig / Hauser / Morina, 2023, S. 111.

tilgen. Je niedriger er liegt, desto schneller kann das Unternehmen seine Effektivverschuldung zurückbezahlen. Es können folgende Benchmarks als Richtwerte herangezogen werden:

- 1 bis 3 Jahre: sehr gut bis gut (bei börsenkotierten Unternehmen gelten jedoch 3 Jahre als genügend)
- 4 bis 5 Jahre: genügend
- > 5 Jahre: ungenügend

Als Sicherheitskennzahl zeigt der Verschuldungsfaktor vor allem in einem Mehrjahresvergleich, wie stabil die Unternehmung finanziert ist. Bei wachsender Gefährdung nimmt in der Regel die Effektivverschuldung zu, während der operative Cashflow abnimmt. Somit steigt der Wert der Kennzahl. Diese Messgrösse eignet sich sehr gut zur Insolvenzprognose. Der Verschuldungsfaktor ist deshalb ein weit verbreitetes Risikomass.[359]

In der Praxis werden auch anstelle der Effektivverschuldung die Nettofinanzen (Nettoverschuldung) eingesetzt. Diese ergeben sich aus folgender Rechnung:[360]

	Verzinsliches Fremdkapital
–	Flüssige Mittel
–	Wertschriften des Umlaufvermögens
=	**Nettofinanzschulden (bzw. Nettoverschuldung)**

Die Nettofinanzschulden können ins Verhältnis zum operativen Cashflow gesetzt werden:

Formel: Tilgungsfaktor

$$\text{Tilgungsfaktor} = \frac{\text{Nettofinanzschulden}}{\text{Operativer Cashflow}}$$

Diese Kennzahl drückt aus, innerhalb welcher Zeit (in Jahren) das Unternehmen seine Nettofinanzschulden aus dem operativen Cashflow zurückzahlen kann. Die Aussagekraft ist somit vergleichbar mit jener des Verschuldungsfaktors. Es ist jedoch die präzisere Kennzahl, da dabei das effektiv verzinsliche Fremdkapital berücksichtigt wird. Bei börsenkotierten Unternehmen wird diese Kennzahl oft verwendet.

359 Krause / Dayanand, 2010, S. 69.
360 Krause / Dayanand, 2010, S. 69.

Alternativ wird in der Praxis im Rahmen des Tilgungsfaktors oft der EBITDA als pragmatische, approximative Grösse für den operativen Cashflow verwendet.

Formel: Net debt to EBITDA-Ratio

$$\text{Net debt to EBITDA-Ratio} = \frac{\text{Nettofinanzschulden}}{\text{EBITDA}}$$

Diese Kennzahl drückt aus, innerhalb welcher Zeit (in Jahren) das Unternehmen seine Nettofinanzschulden aus dem EBITDA zurückzahlen kann. Zudem wird in der Praxis oft ein Multiplikator des EBITDA verwendet, um die maximale Verschuldungsfähigkeit zu ermitteln. Ein Faktor von 2 bis 3 des EBITDA wird oft als maximale Verschuldung eines Unternehmens betrachtet.

Neben der Verschuldungsfähigkeit (Fähigkeit, Schulden amortisieren zu können) ist auch die Tragfähigkeit der Zinsen von Interesse. Hierzu kann der Zinsdeckungsfaktor oder die Zinsdeckungsquote berechnet werden.

Formel: Zinsdeckungsfaktor

$$\text{Zinsdeckungsfaktor} = \frac{\text{Operativer Cashflow} + \text{Fremdzinsen}}{\text{Fremdzinsen}}$$

Der Referenzwert liegt zwischen 9x bis 64x.[361]

Formel: Zinsdeckungsquote, Zinsdeckungsgrad

$$\text{Zinsdeckungsquote} = \frac{\text{EBIT} \times 100}{\text{Finanzaufwand}}$$

Die Zinsdeckungsquote (Zinsdeckungsgrad) einerseits zeigt das Verhältnis zwischen operativem Gewinn und dem Finanzaufwand auf. Der Unterschied zwischen diesen beiden Kennzahlen liegt darin, dass der Zinsdeckungsfaktor sich andererseits auf den operativen Cashflow bezieht, während die Zinsdeckungsquote gewinnorientiert ist.

361 Koller, 2020, S. 35-38.

55.6 Analyse der Rentabilität

Bei der Analyse der Rentabilität werden neben Bilanzzahlen auch Grössen der Erfolgsrechnung verwendet. Die erfolgswirtschaftliche Analyse dient der Beurteilung der Ertragskraft eines Unternehmens, denn das Ziel von Unternehmen ist es, langfristig Gewinne zu erwirtschaften.[362] Es muss zwischen der Umsatz- und der Kapitalrentabilität unterschieden werden. Bei der Umsatzrentabilität werden Gewinngrössen ins Verhältnis zum Nettoerlös aus der Erfolgsrechnung und bei der Kapitalrentabilität ins Verhältnis zu Kapitalgrössen aus der Bilanz gestellt.

55.6.1 Analyse der Umsatzrentabilität

Die Mindestgliederung der Erfolgsrechnung nach dem Rechnungslegungsgesetz (OR) hilft, gewisse Aufwandspositionen zu vergleichen. Hingegen sind die Gewinngrössen nicht definiert. Durch eine mehrstufige Gliederung der Erfolgsrechnung lassen sich neben dem Reingewinn die zentralen Gewinngrössen EBITDA und EBIT ermitteln. Nach dem EBIT ist die Struktur bei Absatz- und Produktionserfolgsrechnung identisch (► Kap. 3.3).

Die Gewinngrösse EBTIDA (Earnings before Interest, Tax, Depreciation and Amortisation) besitzt folgenden Informationsgehalt:

- Massstab für den operativen Erfolg (*vor* Abschreibungen)
- Vom Management direkt beeinflussbar
- Unabhängig von der Abschreibungspolitik und meist auch Rechnungslegungsvorschriften
- Domizil- und finanzierungsneutral (Steuern und Zinsen)

Der EBITDA wird oft als operativer Cashflow betrachtet. Dies stimmt jedoch nur approximativ, da zahlreiche weitere Detailberechnungen notwendig sind, um den effektiven operativen Cashflow zu erhalten (z. B. Veränderung des operativen Nettoumlaufvermögens).

Die Gewinngrösse EBIT (Earnings before Interest and Taxes) weist folgende Vorteile auf:

- Absolute Ertragskennzahl eines Unternehmens, welche aus dem Jahresabschluss vor Steuern, vor Zinsen und vor ausserordentlichen Ergebnissen berechnet wird (operativer Erfolg *nach* Abschreibungen).
- Domizil- und finanzierungsneutral (Steuern und Zinsen)
- Jedoch beeinflusst durch individuelle Abschreibungspolitik und Rechnungslegungsvorschriften

Bei der Analyse der Umsatzrentabilität wird eine Gewinngrösse ins Verhältnis zum Umsatz gesetzt (Return on Sales, ROS). Die Kernaussage besteht darin, wie viele

362 Coenenberg / Haller / Schultze, 2016, S.1107, 24.

Rappen Gewinn aus einem Franken Umsatz resultieren. Als Umsatz wird in der Regel der Nettoerlös aus Lieferungen und Leistungen verwendet. Ausserordentliche, einmalige oder periodenfremde Erträge und Finanzerträge sowie sonstige Erträge werden in der Regel nicht mit einbezogen. Die Umsatzrentabilität eignet sich, um die Ertragskraft von Unternehmen zu vergleichen. Bei diesen Kennzahlen wird auch von Gewinn-Margen gesprochen, welche die Kosteneffizienz eines Unternehmens messen. Sie ist sehr branchenabhängig und die Analyse der zeitlichen Entwicklung ist wichtig. Daher sollten diese Kennzahlen stets mit Unternehmen der gleichen Branche über einen längeren Zeitraum verglichen und analysiert werden.

Formel: EBIT-Marge (Brutto Return on Sales, ROS)

$$\text{EBIT-Marge} = \frac{\text{EBIT} \times 100}{\text{Nettoerlös}}$$

Die EBIT-Marge (Brutto Return on Sales, ROS) neutralisiert die Kapitalstruktur und die Steuerbelastung (Gewinn *vor* Zinsen und Steuern) und dient für den Vergleich der operativen Ertragskraft. Häufig wird sie unter anderem zur Prüfung der Kreditfähigkeit herangezogen.

Die eigentliche Umsatzrendite (Reingewinnmarge, Netto Return on Sales, ROS) misst, welchen Anteil vom Umsatz das Unternehmen als Reingewinn erzielt.

Formel: Umsatzrendite, Reingewinnmarge, Netto Return on Sales, ROS

$$\text{Reingewinnmarge} = \frac{\text{Reingewinn} \times 100}{\text{Nettoerlös}}$$

Beispiel EBIT-Marge und Reingewinnmarge

Die Flückiger AG weist einen EBIT von CHF 400'000 und einen Jahresgewinn von CHF 450'000 auf. Es konnte ein ausserordentlicher Ertrag von CHF 50'000 durch den Verkauf einer Maschine erzielt werden. Der Umsatz beläuft sich auf CHF 7'400'000. Die EBIT-Marge beträgt 5.4 % (400'000 x 100 / 7'400'000) und die Reingewinnmarge 6.1 % (450'000 x 100 / 7'400'000). Der ausserordentliche Ertrag erklärt dieses Ergebnis, allerdings ist die operative Leistungsfähigkeit anhand der EBIT-Marge besser erkennbar, da Sondereffekte ausgeblendet werden. Die Margen müssen vorzugsweise mit Werten von Mitbewerbern in der Branche verglichen oder im Zeitvergleich analysiert werden.

Sofern die Umsatzrentabilität unabhängig von Kapitalstruktur, Standorten und zusätzlich der Abschreibungspolitik bzw. Bewertungsvorschriften erfolgen soll, bietet sich die EBITDA-Marge an.

Formel: EBITDA-Marge

$$\text{EBITDA-Marge} = \frac{\text{EBITDA} \times 100}{\text{Nettoerlös}}$$

Eine weitere Kennzahl, die EBITDAR-Marge, betrachtet die Rentabilität noch vor Mieten (rent) und ist vor allem für Unternehmen sinnvoll, die viele Gebäude mieten.

Die Bruttogewinnmarge schliesslich ist insbesondere für den Handel eine zentrale Erfolgsgrösse, da sie unmittelbar das Geschäftsmodell abbildet. Eingekaufte Waren sollen über den Handel mit einem höheren Preis verkauft werden können. Der Bruttogewinn errechnet sich aus der Differenz zwischen Warenertrag (Nettoerlös) und Warenaufwand.[363] Die Bruttogewinnmargen werden in der Praxis oft artikel(gruppen)-bezogen ermittelt und analysiert.

Formel: Bruttogewinnmarge, Handelsmarge

$$\text{Bruttogewinnmarge} = \frac{\text{Bruttogewinn} \times 100}{\text{Nettoerlös}}$$

55.6.2 Analyse der Kapitalrentabilität

Die Kapitalrentabilität misst die Rentabilität des eingesetzten Kapitals der Investoren.[364] Bei der Kapitalrentabilität wird eine Gewinngrösse ins Verhältnis zum Eigen- bzw. Gesamtkapital gesetzt. Da die Erfolgsrechnung eine Periodenbetrachtung, die Bilanz aber eine Zeitpunktbetrachtung ist, wird in der Regel das durchschnittliche Eigen- oder Gesamtkapital herangezogen. Dieses berechnet sich aus der Summe von Jahresanfangs- und Jahresendbestand, dividiert durch 2 (einfaches arithmetisches Mittel). Stehen die Zahlen aus nur einem Jahr zur Verfügung, ist es aber auch legitim, die Jahresendbestände aus der Bilanz für die Berechnung heranzuziehen.

Die Eigenkapitalrendite oder Eigenkapitalrentabilität bzw. der Return on Equity (ROE) gibt als Prozentzahl an, welcher Reingewinn mit dem eingesetzten Eigenkapital im Jahr erzielt wird.

Formel: Eigenkapitalrendite (Return on Equity, ROE)

$$\text{Eigenkapitalrendite} = \frac{\text{Reingewinn} \times 100}{\text{Durchschnittliches Eigenkapital}}$$

363 Oder bei Industriebetrieben aus Nettoerlös und Materialaufwand.
364 Stolz / Gehrig, 2023, S. 105.

Im Zähler steht der Reingewinn nach Steuern und Zinsen, da die Aktionäre nur Anspruch auf das Nettoergebnis haben. Aus Sicht der Eigentümer einer Unternehmung ist die Eigenkapitalrendite die wichtigste Kennzahl. Sie sollte deutlich über dem Zinsfuss für das Fremdkapital liegen, weil die Eigentümer ein höheres Risiko tragen als die Fremdkapitalgeber. Im Insolvenzfall werden die Fremdkapitalgeber beispielsweise bevorzugt behandelt. Die Eigenkapitalrendite ist daher ein Massstab für die notwendige Verzinsung für das eingegangene Risiko der Eigenkapitalgeber.[365] Der Referenzwert für die Eigenkapitalrendite liegt zwischen 5 bis 16 %.[366] Weiterhin ist das Ergebnis der Eigenkapitalrendite auch von der Unternehmensgrösse und Branchenzugehörigkeit abhängig.

Eine reine Fokussierung auf die Eigenkapitalrendite ist problematisch. Nicht nur lässt sich der Jahresgewinn durch Jahresabschlussbuchungen beeinflussen; die Verringerung des Eigenkapitals reduziert auch die Unabhängigkeit und Sicherheit eines Unternehmens. Trotz aller Kritik stellt die Eigenkapitalrendite aber eine der bedeutendsten Renditekennzahlen dar.[367]

Die Gesamtkapitalrendite bzw. der Return on Investment (ROI) berechnet die Rentabilität auf Basis des durchschnittlichen Gesamtkapitals und ist aus Gesamtunternehmenssicht die entscheidende Steuergrösse für das Management.

Formel: Gesamtkapitalrendite (Return on Investment, ROI)

$$\text{Gesamtkapitalrendite} = \frac{\text{EBIT} \times 100}{\text{Durchschnittliches Gesamtkapital}}$$

Die Gesamtkapitalrendite ist ein Massstab für die Fähigkeit einer Unternehmung, durch den Einsatz von Kapital wirtschaftliche Werte zu schaffen. Eine Aufteilung in Eigen- und Fremdkapital entfällt.[368] Die Gesamtkapitalrendite stellt deshalb eine kapitalstrukturneutrale Performance-Messgrösse dar, indem nicht zwischen Fremd- und Eigenkapitalpositionen unterschieden wird, sondern die Rendite auf dem Gesamtkapital ermittelt wird. Aus Kongruenzgründen wird im Zähler entsprechend eine kapitalstrukturneutrale Erfolgsgrösse zur Ermittlung der Gesamtkapitalrendite herangezogen, in der Regel der EBIT (Earnings Before Interest and Taxes). Der EBIT entspricht der operativen Wertschöpfung und es fliessen weder Finanzierungseffekte (z. B. Passivzinsen) noch Gewinnsteuereffekte ein. Anstelle des EBIT kann auch ein Gewinn vor Zinsen, aber nach Steuern verwendet werden (EBIAT = Earning Before Interest After Taxes).

Die Gesamtkapitalrendite hängt jedoch wesentlich von der Bewertung des Umlauf- und des Anlagevermögens ab, da die Berechnung auf den jeweiligen Bilan-

365 Brösel, 2017, S. 214.
366 Koller, 2020, S. 35-38.
367 Brösel, 2017, S. 214.
368 Brösel, 2017, S. 214.

zwerten basiert. Auf älteren, grösstenteils abgeschriebenen und damit niedrige Buchwerte ausweisenden Vermögenspositionen ist daher eine höhere Gesamtkapitalrendite zu erwarten als auf neueren und damit weniger abgeschriebenen Vermögenspositionen. Die Gesamtkapitalrendite ist je nach Branche unterschiedlich. Der Referenzwert für die Gesamtkapitalrendite liegt zwischen 4 bis 11 %.[369]

Aus kapitalstruktureller Sicht ist ein hohes Eigenkapital von Vorteil und vermittelt Sicherheit. Hingegen verschlechtert ein hohes Eigenkapital die Eigenkapitalrentabilität. Die Eigenkapitalrentabilität (ROE) vergrössert sich, je tiefer das Eigenkapital bzw. je höher das Fremdkapital und somit je höher die Verschuldung ist. Dieser Effekt wird als Leverage Effekt bezeichnet und besagt, dass durch eine Hebelwirkung bei Erhöhung der Verschuldung die Eigenkapitalrendite steigt. Die Eigenkapitalrendite verbessert sich aber nur, solange der Zinssatz für das verzinsliche Fremdkapital kleiner ist als die Gesamtkapitalrendite (ROI). Allerdings lässt sich die Eigenkapitalrentabilität durch Anpassungen der Rückstellungs- und Abschreibungspolitik stark beeinflussen, womit diese Kennzahl mit Vorsicht zu interpretieren ist.

Beispiel Leverage-Effekt

Ein Industrieunternehmen prüft folgende Finanzierungs-Szenarien für die Zukunft und möchte verstehen, welche Auswirkung dies auf die Eigenkapital- und die Gesamtkapitalrendite hat (Steuereffekte werden in diesem Beispiel ignoriert und die Kapitalrenditen sind auf Endbeständen des Kapitals zu ermitteln) (Zahlen in MCHF).

Finanzgrösse	Jahr 1	Jahr 2	Jahr 3	Jahr 4
Eigenkapital	90	60	40	10
Fremdkapital	10	40	60	90
Erwarteter Gewinn vor Zinsen (EBIT)	15	15	15	15
Fremdkapitalzins	10 %	10 %	10 %	10 %
Erwarteter Reingewinn	14	11	9	6

Für die vier Jahre ergeben sich folgende Eigenkapitalrenditen:

Finanzgrösse	Jahr 1	Jahr 2	Jahr 3	Jahr 4
Eigenkapitalrendite (ROE)	15.6 %	18.3 %	22.5 %	60 %

369 Koller, 2020, S. 35-38.

Durch die Erhöhung der Verschuldung bzw. die Reduktion des Eigenkapitals hat sich die Eigenkapitalrendite massgeblich verbessert. Die Gesamtkapitalrendite hingegen bleibt von der Finanzierungsstruktur unverändert:

Finanzgrösse	Jahr 1	Jahr 2	Jahr 3	Jahr 4
Gesamtkapital-rendite (ROI)	15 %	15 %	15 %	15 %

Die Eigenkapitalrendite steigt durch die Erhöhung der Verschuldung nur deshalb, weil der Zinssatz des Fremdkapitals (10 %) die Gesamtkapitalrendite (15 %) nicht übersteigt.

Aus den oben gemachten Ausführungen lässt sich ein zentraler, finanzieller Zielkonflikt zwischen Sicherheit und Rentabilität ableiten. Ausreichend hohes Eigenkapital, idealerweise kombiniert mit einer hohen Liquidität, führt zu einer grossen Sicherheit und Bonität des Unternehmens. Hingegen bedeutet hohe Eigenkapitalrentabilität, mit möglichst wenig Eigenkapital und somit wenig Sicherheit bzw. mehr finanziellem Risiko einen maximalen Reingewinn zu erwirtschaften, so dass Dividenden und Reinvestitionen möglich sind. Dieser Zielkonflikt kann durch eine möglichst optimale Kapitalstruktur theoretisch gelöst werden. In der Praxis ist allerdings zu erkennen, dass viele privat gehaltene Unternehmen ein möglichst hohes Eigenkapital suchen, um in erster Linie ihre Unabhängigkeit und Finanzstabilität zu gewährleisten. Ziel dabei ist es, möglichst aus eigener Kraft Investitionen ins Anlagevermögen ohne Fremdkapitalgeber tätigen zu können.

55.6.3 Analyse der Erträge und Aufwendungen

Die Erfolgsrechnung lässt sich zusätzlich nach ihrer Aufwand- und Ertrags-Struktur analysieren. Wenn die einzelnen Aufwendungen ins Verhältnis zum Nettoerlös aus Lieferungen und Leistungen gesetzt werden, lassen sich dadurch einzelne Aufwandintensitäten vergleichen und beurteilen.

Die häufigsten Intensitäten für die Analyse der Aufwendungen in der Praxis sind:

Formel: Materialintensität

$$\text{Materialintensität} = \frac{\text{Materialaufwand} \times 100}{\text{Nettoerlös aus Lieferung und Leistung}}$$

Die Materialintensität ist beim produzierenden Gewerbe und bei Handelsunternehmen höher als bei Dienstleistern.

Formel: Personalintensität

$$\text{Personalintensität} = \frac{\text{Personalaufwand} \times 100}{\text{Nettoerlös aus Lieferung und Leistung}}$$

Bei der Personalintensität ist es genau umgekehrt. Diese ist bei Dienstleistungsunternehmen am grössten.

Formel: Betriebsaufwandsintensität

$$\text{Betriebsaufwandsintensität} = \frac{\text{Betriebsaufwand} \times 100}{\text{Nettoerlös aus Lieferung und Leistung}}$$

Hier werden alle anderen betrieblichen Aufwände berücksichtigt. Ist dieser Wert hoch, bestehen (neben personellen Anpassungen) Ansatzpunkte für Kostenoptimierungen.

Formel: Kapitalintensität

$$\text{Kapitalintensität} = \frac{\text{Abschreibungen} \times 100}{\text{Nettoerlös aus Lieferung und Leistung}}$$

Die Kapitalintensität wird über die Abschreibung ermittelt. Je höher der Wert, desto kapitalintensiver in der Regel das Unternehmen. Diese Kennzahl ist ebenfalls sehr branchenabhängig.

Alternativ kann anstelle des Nettoerlöses aus Lieferungen und Leistungen auch der gesamthafte Umsatz, d. h. inklusiv übrige Erträge, verwendet werden. Die einzelnen Intensitäten sollten wie alle übrigen Kennzahlen über einen längeren Zeitverlauf analysiert werden. Allgemeine normative Werte sind nach Branchenvergleichen zu bestimmen. Die Personalintensität macht in der Praxis oft 30 bis 40 % der Nettoerträge aus Lieferungen und Leistungen aus. Der Finanz- und Steueraufwand wird in der Regel nicht als Intensität ausgewiesen, da sie nicht unmittelbar mit der operativen Tätigkeit eines Unternehmens bzw. der Wertschöpfungskette im Zusammenhang stehen.

In der Praxis wird die Ertragsstruktur nach verschiedenen Aspekten analysiert. Bei kotierten Gesellschaften ist die Angabe von Geschäftssegmenten eine Angabepflicht. Die Geschäftssegmente können nach Produkten, Divisionen oder Märkten gegliedert werden. Die Erträge lassen sich zudem hinsichtlich betrieblicher Erträge,

Finanzerträgen und ausserordentlichen, einmaligen oder periodenfremden Erträgen analysieren. Weiterhin kann der Ertrag auch im Zeitverlauf verglichen werden. Aussagekräftig sind auch die Kennzahlen Ertrag je Mitarbeitenden oder je Quadratmeter. Die letzte Kennzahl wird insbesondere in der Detail-Handelsbranche angewendet.

55.7 Analyse von Aktivität und Effizienz

Die Mehrheit dieser Kennzahlen befasst sich mit der Analyse des Nettoumlaufvermögens (NUV, Working Capital), welches sich aus der Differenz zwischen Umlaufvermögen abzüglich des kurzfristigen Fremdkapitals ergibt. Die Aktivitätskennzahlen zeigen auf, wie effizient das Nettoumlaufvermögen bewirtschaftet wird (Working Capital Management). Sie lassen einen Schluss darüber zu, wie rasch das investierte Kapital in das Nettoumlaufvermögen wieder als Flüssige Mittel zur Verfügung steht. Das Nettoumlaufvermögen wird auch als Working Capital[370] bezeichnet. Es kann wie folgt berechnet werden bzw. setzt sich aus folgenden Bestandteilen zusammen:

+	Forderungen aus L & L
+	Vorräte und nicht-fakturierte Dienstleistungen
–	Verbindlichkeiten aus L & L
=	**Operatives (Net) Working Capital (operatives Nettoumlaufvermögen)**
+	Übrige kurzfristige Forderungen
+	Aktive Rechnungsabgrenzung
–	Übrige kurzfristige Verpflichtungen
–	Passive Rechnungsabgrenzung
=	**Net Working Capital (Nettoumlaufvermögen ohne Flüssige Mittel und kurzfristig gehaltene Wertschriften)**
+	flüssige Mittel
+	kurzfristig gehaltene Wertschriften
=	**Working Capital (Nettoumlaufvermögen mit Flüssigen Mitteln und Wertschriften)**

Das Umlaufvermögen besteht aus flüssigen Mitteln, Forderungen aus Lieferungen und Leistungen, aktiven Rechnungsabgrenzungen sowie den Vorräten. Das Nettoumlaufvermögen (Working Capital) ist das um das kurzfristige Fremdkapital verminderte Umlaufvermögen. Ist das Working Capital im Verhältnis zum Umsatz

370 Es bestehen in der Praxis zahlreiche unterschiedliche Definitionen für den Begriff.

klein, wird das Nettoumlaufvermögen effizient bewirtschaftet. Ist es gross, bedeutet dies, dass es weniger effizient bewirtschaftet wird, da viele flüssigen Mittel im Nettoumlaufvermögen gebunden sind. Es gilt zudem folgender Zusammenhang zum Liquiditätsgrad III: Je grösser das Nettoumlaufvermögen ausfällt, desto höher ist der Liquiditätsgrad III.

Beispiel Working Capital

Die Rüegsegger GmbH weist zum Jahresabschluss folgende Werte im Umlaufvermögen auf:

Flüssige Mittel	CHF 10'000
Forderungen aus Lieferungen und Leistungen	CHF 20'000
Übrige kurzfristige Forderungen	CHF 5'000
Vorräte	CHF 50'000
Verbindlichkeiten aus Lieferungen und Leistungen	CHF 150'000
Passive Rechnungsabgrenzungen	CHF 15'000

Die **Bestandteile des Working Capital** lassen sich wie folgt berechnen:

Forderungen aus Lieferungen und Leistungen	CHF 20'000
Vorräte	CHF 50'000
Verbindlichkeiten aus Lieferungen und Leistungen	CHF –150'000
Operatives (Net) Working Capital (operative NUV)	**CHF –80'000**
Übrige kurzfristige Forderungen	CHF 5'000
Passive Rechnungsabgrenzungen	CHF –15'000
Net Working Capital (NUV ohne Flüssige Mittel)	**CHF –90'000**
Flüssige Mittel	CHF 10'000
Working Capital (NUV mit Flüssige Mittel)	**CHF –80'000**

Bei den Aktivitätskennzahlen werden jeweils die Umschlagshäufigkeit und die Umschlagsdauer ermittelt. Die Umschlagshäufigkeit misst den Umschlag von Bilanzpositionen. Die Umschlagsdauer zeigt die Anzahl der Tage, bis Vorräte verkauft bzw. verbraucht oder Rechnungen bezahlt werden.[371]

Die Bewirtschaftung des Nettoumlaufvermögens lässt sich mit Hilfe des Liquiditätszyklus (Cash Cycle) analysieren (▶ Dar. 102).

371 Siegwart / Reinecke / Sander, 2010, S. 127.

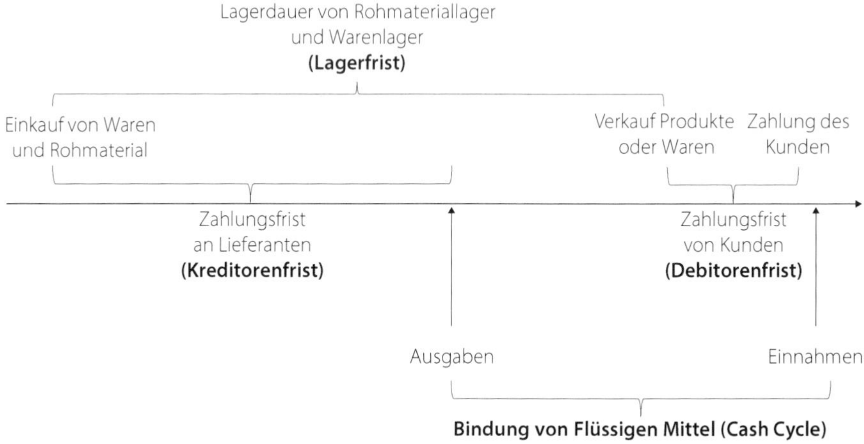

Dar. 102: Liquiditätszyklus (Cash Cycle) (Quelle: in Anlehnung an Leimgruber / Prochinig, Bilanz- und Erfolgsanalyse, 2019, S. 88)

Der Cash-Zyklus (Cash Cycle) ergibt sich aus der Summe von Lagerfrist und Zahlungsfrist von Kunden abzüglich der Zahlungsfrist an Lieferanten. Es beantwortet die Frage, wie lange es dauert, bis Flüssige Mittel wieder frei verfügbar werden und wie lange diese im Nettoumlaufvermögen gebunden sind. Je kürzer der Cash-Zyklus, desto effizienter und aktiver wird das Nettoumlaufvermögen gesteuert bzw. bewirtschaftet (Working Capital Management).

Die Aktivitätskennzahlen Zahlungsfrist von Kunden und an Lieferanten sowie Lagerdauer (bzw. Umschlagshäufigkeiten der Forderungen aus L&L, Verbindlichkeiten aus L&L und Lager) beschreiben zwar in erster Linie die »Aktivitäten« der jeweiligen Positionen des Umlaufvermögens. Dadurch sind sie indirekt aber auch Indikatoren der Liquidität. Sie werden in der Praxis häufig verwendet.

Die Aktivitätskennzahlen für die Forderungen aus Lieferungen und Leistungen berechnen sich wie folgt:

Formel: Umschlagshäufigkeit der Forderungen aus L & L

$$\text{Umschlagshäufigkeit Forderungen aus L \& L} = \frac{\text{Nettoerlöse auf Kredit}}{\emptyset\ \text{Forderungen aus L \& L}}$$

Formel: Zahlungsfrist von Kunden (days sales outstanding)

$$\text{Zahlungsfrist von Kunden} = \frac{360}{\text{Umschlagshäufigkeit Forderungen aus L \& L}}$$

Die Umschlagshäufigkeit der Forderungen aus Lieferungen und Leistungen wird berechnet aus dem Nettoerlös (nur Kreditverkäufe) dividiert durch den durchschnittlichen Forderungsbestand, welcher sich als arithmetisches Mittel aus Jahresanfangs- und -endbestand berechnet (wie bei den folgenden Umschlagskennzahlen). Damit sollen die Zahlen aus Bilanz (Stichtagsbetrachtung) und Erfolgsrechnung (Periodenbetrachtung) vergleichbar gemacht werden. Je nach Landesusanz werden für das Jahr 365 oder 360 Tage verwendet.

Die durchschnittliche Zahlungsfrist von Kunden ist eine wichtige Kennzahl des Forderungsmanagements und damit der Liquidität. Sie beantwortet die Frage, wie lange die Kunden im Durchschnitt benötigen, um eine offene Rechnung zu begleichen. Je tiefer die Frist, desto effizienter wird diese Position bewirtschaftet. Es ist darauf zu achten, dass die Kunden die vereinbarten Zahlungsfristen einhalten. Der Wert der Kennzahl sollte nicht wesentlich über der durchschnittlich vereinbarten Zahlungsfrist liegen. Als Faustregel gilt, dass Werte bis 50 % über dem vereinbarten Zahlungsziel als gut bezeichnet werden. Bei einem in der Praxis häufig üblichen Zahlungsziel von 30 Tagen wären also Werte bis 45 Tage als gut zu beurteilen. Bei Überschreiten der Zahlungsfrist kann es zu einem Zielkonflikt zwischen Rechnungswesen und Vertrieb kommen. Während der Buchhalter an einem stringenten Mahnprozess interessiert ist, möchte der Verkäufer den Kunden nicht verärgern oder gar verlieren.

Diese Kennzahl sollte auch nach der Struktur des Umsatzes beurteilt werden. Sofern bei einem Unternehmen wenige Kunden für den Umsatz verantwortlich sind, sollte die Zahlungsfrist differenzierter beurteilt werden. Auch steht die Analyse dieser Kennzahl in einem direkten Zusammenhang mit der Annahme der Unternehmensfortführung. Sofern die Zahlungsfrist stetig ansteigt, sind Zweifel am Going Concern angebracht. Abschliessend sollte bei der Zahlungsfrist von Kunden das Delkredere bei einem Jahresabschluss nach OR nicht berücksichtigt werden, weil die Kennzahlenberechnung auf Basis der internen Werte durchgeführt werden sollte (Delkredere-Bestände stellen oft stille Reserven dar).

Die Aktivitätskennzahlen der Verbindlichkeiten aus Lieferungen und Leistungen sind:

Formel: Umschlagshäufigkeit der Verbindlichkeiten aus L & L

$$\text{Umschlagshäufigkeit der Verbindlichkeiten aus L \& L} = \frac{\text{Rohmaterial/Waren-Krediteinkauf}}{\emptyset \text{ Verbindlichkeiten aus L \& L}}$$

Formel: Zahlungsfrist an Lieferanten (days payables outstandig)

$$\text{Zahlungsfrist an Lieferanten} = \frac{360}{\text{Umschlagshäufigkeit Verbindlichkeiten aus L \& L}}$$

Die Umschlagshäufigkeit der Verbindlichkeiten aus L & L wird berechnet aus Kreditwaren- bzw. -rohmaterialeinkäufen, dividiert durch den durchschnittlichen Bestand an Verbindlichkeiten aus Lieferungen und Leistungen. Die durchschnittliche Zahlungsfrist an Lieferanten misst die rechtzeitige Erfüllung der eigenen Zahlungsverpflichtungen gegenüber den Lieferanten. Je höher die Zahlungsfrist an Lieferanten, desto höher ist auch die Liquidität. Andererseits gehört die rechtzeitige Erfüllung von Zahlungsverpflichtungen zu einer langfristigen Geschäftsbeziehung mit zuverlässigen Lieferanten. Ausserdem kann eine zunehmende Zahlungsfrist an Lieferanten auf Liquiditäts- und Finanzierungsprobleme hindeuten.

Die Zahlungsfrist an Lieferanten legt den Fokus auf Verbindlichkeiten aus Lieferungen und Leistungen, daher werden übrige Verbindlichkeiten nicht einbezogen. Es ist zu beachten, dass sich der Krediteinkauf als Summe von Material- bzw. Warenaufwand und der Bestandszunahme der Vorräte ergibt. Sofern eine Bestandsabnahme bei den Vorräten vorliegt, ist dieser Betrag vom Material- bzw. Warenaufwand abzuziehen, um den Krediteinkauf zu berechnen.

Formel: Lagerumschlag

$$\text{Lagerumschlag} = \frac{\text{Material- bzw. Warenaufwand}}{\emptyset\ \text{Vorräte}}$$

Formel: Lagerfrist, Lagerdauer von Material- und Warenvorräten (days inventory outstanding)

$$\text{Lagerfrist, Lagerdauer} = \frac{360}{\text{Lagerumschlag}}$$

Der Lagerumschlag wird berechnet aus Material- bzw. Warenaufwand dividiert durch den durchschnittlichen Lagerbestand. Ziel beider Kenngrössen ist die optimale Steuerung der Waren- und Materialflüsse. Die Lagerhaltung unterliegt einem Zielkonflikt: Einerseits verursacht ein hohes Lager Kosten (z. B. Kapitalbindung, Versicherungen), andererseits kann ein hoher Lagerbestand und somit eine grosse Auswahl an sofort lieferbaren Artikeln im Sinne einer hohen Lieferbereitschaft eine umsatzsteigernde Wirkung haben. Als grobe Faustregel gilt für Industriebetriebe eine Umschlagshäufigkeit von zwei bis vier Mal (bzw. eine Lagerdauer von

90 bis 180 Tagen), für Handelsbetriebe von vier bis sechs Mal (bzw. eine Lagerdauer von 60 bis 90 Tagen). Jedoch ist diese Kennzahl stark artikelabhängig (z. B. Lebensmittel weisen oft eine viel tiefere Lagerdauer aus).

Sofern das Lager aus Vorräten von fertigen Fabrikaten besteht, lässt sich die Lagerdauer wie folgt errechnen, um ein differenzierteres Bild zu erhalten:

Formel: Fertigfabrikatelagerdauer

$$\text{Fertigfabrikatelagerdauer} = \frac{360 \times \emptyset \text{ Fertigfabrikatlagerbestand}}{\text{Herstellkosten der fertiggestellten Erzeugnisse}}$$

Alternativ können diese Vorräte in Prozent des Nettoerlöses dargestellt werden. Der Wert dieser Kennzahl sollte in diesem Fall möglichst tief sein, damit auf eine effiziente Lagerbewirtschaftung geschlossen werden kann.

Der bereits oben erwähnte Cash-Zyklus berechnet sich nach der folgenden Formel:

Formel: Cash-Zyklus (Cash Cycle)

$$\text{Cash-Zyklus} = \text{Zahlungsfrist von Kunden} + \text{Lagerfrist} - \text{Zahlungsfrist an Lieferanten}$$

Beispiel Cash-Zyklus

Die Zuberbühler AG weist folgende Zahlen zum Jahresabschluss auf: Nettoerlös aus Lieferungen und Leistungen CHF 3.9 Mio., Warenaufwand CHF 1.4 Mio., Forderungen aus Lieferungen und Leistungen CHF 0.8 Mio. (Vorjahr CHF 0.9 Mio.), Warenvorräte CHF 1.2 Mio. (Vorjahr CHF 1.1 Mio.) und Verbindlichkeiten aus Lieferungen und Leistungen von CHF 0.7 Mio. (Vorjahr CHF 0.6 Mio.). Aus diesen Angaben lässt sich der Cash-Zyklus berechnen (Formeln der Umschlagshäufigkeiten jeweils mit den Formeln für die Fristen verknüpft, wobei die durchschnittlichen Bestände aus Anfangs- und Endbeständen ermittelt wurden):

Zahlungsfrist von Kunden	360 x CHF 0.85 Mio. / CHF 3.9 Mio. = 78 d (gerundet)
Lagerfrist	360 x CHF 1.15 Mio. / CHF 1.4 Mio. = 296 d (gerundet)
Zahlungsfrist an Lieferanten:	360 x CHF 0.65 Mio. / (CHF 1.4 Mio. + CHF 0.1 Mio. Lagerzunahme) = 156 d (gerundet)

Der operative Cash-Zyklus beträgt 218 d (78 d + 296 d - 156 d). Dieser Wert ist im Zeitverlauf zu betrachten und mit ähnlichen Unternehmen in der Branche zu vergleichen. Ein zunehmender Cash-Zyklus deutet auf eine Verschlechterung des Working Capital Managements hin.

Eine letzte Aktivitätskennzahl ist der Kapitalumschlag des gesamten Unternehmens zur Beurteilung der Kapitaleffizienz. Der Kapitalumschlag lässt Aussagen darüber zu, wie viel Umsatz durch das vorhandene Kapital bzw. Vermögen generiert wird. Je höher der Kapitalumschlag, desto effizienter bzw. aktiver wird das Kapital bzw. die Investitionen bewirtschaftet.

Formel: Kapitalumschlag (Capital Turnover CTO, Asset Turnover ATO)

$$\text{Kapitalumschlag} = \frac{\text{Nettoumsatz}}{\emptyset\ \text{Gesamtkapital}}$$

Der Referenzwert für den Kapitalumschlag beträgt 0.7 bis 1.3.[372] Allerdings sind die Kapitalumschläge in der Regel durch Branchen- und Zeitvergleiche differenziert zu analysieren.

55.8 Analyse der Aktien-Kennzahlen (Kapitalmarkt)

Bei der Analyse von Aktien-Kennzahlen werden die aktuellen Aktienkurse mit Informationen aus der Bilanz, Erfolgsrechnung und Geldflussrechnung verglichen. Das Ziel ist es, festzustellen, ob ein aktueller Aktienkurs unterbewertet (Kaufsignal) oder überbewertet (Verkaufssignal) sein kann. Hierzu wird die sogenannte fundamentale Analyse durchgeführt, die verschiedene Informationen aus dem Unternehmen, einer Branche und einer Volkswirtschaft heranzieht. Aktienkennzahlen lassen sich nur für kotierte Unternehmen berechnen.

Im Folgenden werden die wichtigsten Aktienkennzahlen aus der Fundamentalanalyse beschrieben, wobei Minderheitsanteile, sofern diese auf einer Konzernrechnung nach einem anerkannten Standard beruhen, jeweils beim Eigenkapital und beim Reingewinn in Abzug zu bringen sind.

Formel: Börsen- bzw. Marktkapitalisierung (market value, market capitalization)

$$\begin{aligned}&\text{Börsen- bzw. Marktkapitalisierung}\\&= \text{Anzahl ausstehender Aktien} \times \text{Aktienkurs am Bilanzstichtag}\end{aligned}$$

Die Anzahl ausstehender Aktien errechnet sich aus den ausgegebenen (emittierten) Aktien abzüglich der eigenen Aktien, die vom Unternehmen selbst gehalten werden bzw. zurückgekauft wurden, und entsprechen den im Umlauf befindenden

372 Koller, 2020, S. 35-38.

Aktien. Sie stellen somit die Anzahl der Aktien dar, welche von den Aktionären gehalten werden ohne die Aktien, welche im Besitz der Unternehmung sind. Zur Abgrenzung sei hier festgehalten, dass der sogenannte Free Float nur diejenigen ausstehenden Aktien umfasst, welche an der Börse gehandelt werden.

Während die Position Eigenkapital in der Bilanz den Buchwert präsentiert, stellt die Börsenkapitalisierung den aktuellen Marktwert des Eigenkapitals dar, zu dem das Unternehmen am Kapitalmarkt gehandelt wird. Das Kurs-Buchwert-Verhältnis (KBV) bringt diesen Vergleich zum Ausdruck:

Formel: Kurs-Buchwert-Verhältnis (KBV, Price Book Ratio)

$$\text{Kurs-Buchwert-Verhältnis} = \frac{\text{Börsenkapitalisierung}}{\text{Eigenkapital ohne Minderheiten}} = \frac{\text{Aktienkurs am Bilanzstichtag}}{\text{Buchwert pro Aktie (BVPS)}}$$

Das Kurs-Buchwert-Verhältnis lässt sich auch ermitteln, indem der aktuelle Aktienkurs durch den Buchwert pro Aktie (Book Value per Share, BVPS) dividiert wird, wobei sich der BVPS als Quotient aus Eigenkapital ohne Minderheitsanteile durch Anzahl ausstehender Aktien errechnet.

Das Kurs-Buchwert-Verhältnis (Price Book Ratio) zeigt an, ob ein Unternehmen zum Bilanzstichtag am Markt über oder unter dem Buchwert des Eigenkapitals gehandelt wird und deutet bei einem Wert über 1 auf nicht-bilanzierten Goodwill hin. Diese Kennzahl ist im Vergleich innerhalb der Branche zu interpretieren und kann wie das folgende Kurs-Gewinn-Verhältnis (KGV) mögliche Kauf- und Verkaufsentscheide von Aktien unterstützen.

Eine weitere wichtige Aktienkennzahl ist der Gewinn je Aktie (Earning per Share, EPS). Nach anerkannten Standards der Rechnungslegung wie US GAAP oder IFRS ist der Gewinn je Aktie im Finanzbericht darzulegen.[373] Auch nach Swiss GAAP FER ist diese Aktienkennzahl für kotierte Unternehmen auszuweisen.

Formel: Gewinn je Aktie (Earnings per Share, EPS)

$$\text{Gewinn je Aktie} = \frac{\text{Jahresgewinn ohne Minderheiten}}{\emptyset\ \text{Anzahl ausstehender Aktien}}$$

Diese Kennzahl drückt aus, wieviel Gewinn pro Aktie erwirtschaftet wurde. Sie ist allein für sich jedoch wenig aussagekräftig, da sie sehr stark davon abhängt, wie viele Aktien das Unternehmen im Umlauf hat. Erst in Verbindung mit anderen Grössen lässt sie sich besser interpretiert, was die folgenden Kennzahlen belegen.

373 Coenenberg / Haller / Schultze, 2016, S. 1157.

Formel: Kurs-Gewinn-Verhältnis (KGV, Price Earnings Ratio, PE Ratio))

$$\text{Kurs-Gewinn-Verhältnis} = \frac{\text{Aktienkurs am Bilanzstichtag}}{\text{Gewinn je Aktie (EPS)}}$$

Grundsätzlich drückt das Kurs-Gewinn-Verhältnis aus, wie viel für einen Franken Gewinn am Markt bezahlt werden muss. Das KGV ist eine weit verbreitete Kennzahl der Aktienanalyse und muss wie das KBV im Vergleich innerhalb der Branche interpretiert werden. Ein tiefes KGV verglichen mit der Branche oder einem Konkurrenten kann auf eine eher günstige bzw. unterbewertete Aktie hinweisen und auf ein Kaufsignal hindeuten. Ein hohes KGV verglichen mit der Branche oder einem Konkurrenten kann auf eine eher teure bzw. überbewertete Aktie hinweisen und auf ein Verkaufssignal hindeuten. Diese Faustregeln sind allerdings um weitere Informationen zu ergänzen, da allein diese Überlegung zu knapp für einen Kauf- bzw. Verkaufsentscheid greift.

Das Management eines Unternehmens kann den Aktienkurs kaum beeinflussen und sollte sich daher auf eine angemessene Entwicklung des Gewinns fokussieren. Weiterhin kann es mit positiven Unternehmensinformationen dazu beitragen, dass eine verbesserte Einschätzung des Titels eintritt.[374]

Teilweise wird in der Praxis auch die Gewinnrendite eingesetzt, der reziproke Wert des Kurs-Gewinn-Verhältnisses.

Formel: Gewinnrendite

$$\text{Gewinnrendite} = \frac{\text{Gewinn je Aktie (EPS)} \times 100}{\text{Aktienkurs am Bilanzstichtag}}$$

Diese Kennzahl drückt aus, wieviel Prozent Gewinn eine Aktie in Relation zum Aktienkurs erreicht hat. In Ergänzung zur Gewinnrendite spielt auch die ausgeschüttete Dividende eine wesentliche Rolle für die Beurteilung der Entwicklung eines Aktientitels. Hierzu wird die Dividendenrendite hergeleitet.

Formel: Dividendenrendite

$$\text{Dividendenrendite} = \frac{\text{Dividende je Aktie (DPS)} \times 100}{\text{Aktienkurs am Bilanzstichtag}}$$

Diese Kennzahl zeigt, wieviel Prozent Dividende ein Unternehmen bezogen auf den Aktienkurs ausgeschüttet hat. Die Dividendenrendite entspricht der ausgeschütteten Gewinnrendite bzw. Barrendite.

374 Krause / Dayanand, 2010, S. 124.

Formel: Gesamtrendite einer Aktie pro Jahr (Total Shareholder Return, TSR)

$$\text{Gesamtrendite pro Aktie} = \frac{(\text{Dividende} \pm \text{Kurserfolg}) \times 100}{\text{Aktienkurs am Bilanzstichtag}}$$

Diese Kennzahl drückt aus, wieviel Prozent Dividende und Kursgewinn (bzw. -verlust) eine Aktie im Vergleich zum Aktienkurs erreicht hat und entspricht somit der Gesamtrendite eines Aktionärs. Sie wird auch als Total Shareholder Return (TSR) bezeichnet.

Formel: Ausschüttungsquote (Payout Ratio)

$$\text{Ausschüttungsquote} = \frac{\text{Dividende je Aktie} \times 100}{\text{Gewinn je Aktie}} = \frac{\text{DPS}}{\text{EPS}}$$

Die Ausschüttungsquote ist ein Indikator für die Dividendenpolitik. Eine hohe Quote bedeutet, dass ein grosser Teil des Gewinns an die Aktionäre ausgeschüttet wurde. Eine geringe Quote weist darauf hin, dass mehr Reserven angelegt bzw. Gewinne thesauriert wurden.

Formel: Kurs zum Umsatz (Price Sales Ratio)

$$\text{Kurs zum Umsatz} = \frac{\text{Börsenkapitalisierung}}{\text{Umsatz}} = \frac{\text{Aktienkurs zum Bilanzstichtag}}{\text{Umsatz pro Aktie}}$$

Der Price Sales Ratio zeigt, wie sich der Aktienwert zum Umsatz verhält.

Formel: Kurs-Cashflow-Verhältnis (Price Cashlfow Ratio)

$$\text{Kurs-Cashflow-Verhältnis} = \frac{\text{Börsenkapitalisierung}}{\text{operativer Cashflow}} = \frac{\text{Aktienkurs am Bilanzstichtag}}{\text{operativer Cashflow je Aktie}}$$

Der Price Cashflow Ratio zeigt, wie sich der Aktienwert zum operativen Cashflow verhält. Für Vergleiche mit anderen Unternehmen ist zu ermitteln, wie der Cashflow genau hergeleitet wird. Dabei kann der operative Cashflow verwendet werden.[375]

375 Krause / Dayanand, 2010, S. 125.

Formel: Enterprise Value (EV)

$$\text{Enterprise Value} = \text{Börsenkapitalisierung} + \text{Finanzschulden} - \text{Flüssige Mittel}$$

Der Enterprise Value kann zu zahlreichen Gewinn- oder Cashflow-Grössen ins Verhältnis gesetzt werden. Er wird oft mit dem EBITDA im Nenner kombiniert, um dadurch die Vergleichbarkeit zwischen Unternehmen mit unterschiedlichen Finanzierungsstrukturen, Steuerbelastungen und Bewertungsvorschriften entsprechend zu verbessern, da diese Aspekte beim EBITDA unberücksichtigt bleiben.

Eine Auswahl von wichtigen Aktienkennzahlen für den schweizerischen Aktienmarkt (branchenspezifisch) zeigen für 2014 bis 2018 die folgenden Werte (Median) (► Dar. 103).

Dar. 103: Branchenspezifische Aktienkennzahlen Schweizer Aktienmarkt (Median) für die Periode 2014 bis 2018 (Quelle: Eigene Darstellung bzw. Erhebung in Anlehnung an Koller, 2020)

Branche	Gewinn je Aktie (EPS)	Kurs-Gewinn-Verhältnis (KGV)	Dividendenrendite	Kurs-Buchwert-Verhältnis (KBV)
Gesamter Markt (SPI)	CHF 4.97	18.19x	2.1 %	2.32x
Grundstoffe	CHF 5.90	20.95x	2.2 %	1.50x
Industrie	CHF 5.28	18.81x	2.3 %	2.22x
Verbrauchsgüter	CHF 14.75	16.90x	1.9 %	2.40x
Gesundheitswesen	CHF 4.07	20.22x	1.1 %	3.86x
Verbrauchsservice	CHF 5.84	16.84x	2.8 %	1.66x
Telekommunikation	CHF 30.31	15.22x	5.3 %	4.02x
Versorger	CHF 4.97	11.49x	3.1 %	0.94x
Technologie	CHF 1.22	17.10x	2.3 %	2.33x

55.9 Wertorientierte Kennzahlen

Im Zuge der Wertorientierung (Value Based Management) steht immer mehr die Maximierung des Unternehmenswertes im Vordergrund der Betrachtungen. Diese Forderung ist nicht neu. Bereits im Jahre 1986 stellte Alfred Rappaport, der Begründer des Shareholder-Value-Ansatzes, die Interessen der Anteilseigner von Unternehmen in den Mittelpunkt der unternehmerischen Zielsetzungen. Der neuste Ansatz wertorientierter Kennzahlenkonzepte ist der Economic Value Added (EVA) von

Stern Stewart & Co, welche dieses Konzept in den 1990er-Jahren entwickelt haben. Er geht nicht vom buchhalterischen, sondern vom ökonomischen Erfolg aus und zeigt in erster Linie, ob das Unternehmen Werte für seine Eigen- und Fremdkapitalgeber geschaffen hat. Dabei steht die periodenbezogene Differenz zwischen den durch das eingesetzte Kapital tatsächlich erwirtschafteten betrieblichen Gewinnen (NOPAT, Net Operating Profit after Taxes) und Kapitalkosten eines Unternehmens bzw. den von den Kapitalgebern erwarteten Gewinnen auf Basis ihres investierten Kapitaleinsatzes (Betriebskapital IC multipliziert mit dem WACC) im Mittelpunkt der Betrachtung. EVA stellt somit eine Residualgrösse dar und wird auch als Übergewinn (über der risikogerechten Verzinsung) bzw. Residualgewinn bezeichnet:[376]

Formel: Economic Value Added (EVA)

$$EVA = NOPAT - (WACC \times IC)$$

Der NOPAT ist der Betriebsgewinn vor Zinsen, aber nach approximativen Gewinnsteuern. Er berechnet sich aus dem EBIT multipliziert mit dem Faktor (1 – Gewinnsteuersatz).

Das investierte Betriebskapital stellt das betriebsnotwendige, verzinsliche Kapital dar und errechnet sich wie folgt als Herleitung über die Passivseite:

	Eigenkapital
+	verzinsliches Fremdkapital
–	Flüssige Mittel, kurzfristig gehaltene Wertschriften (nicht-betriebsnotwendig)
=	**investiertes Betriebskapital (IC)**

Als weitere Möglichkeit lässt sich das IC über die Aktivseite ermitteln:

	Umlaufvermögen
–	unverzinsliches kurzfristiges Fremdkapital
–	Flüssige Mittel, kurzfristig gehaltene Wertschriften (nicht-betriebsnotwendig)
=	betriebsnotwendiges Nettoumlaufvermögen
+	betriebsnotwendiges Anlagevermögen
=	**investiertes Betriebskapital (IC)**

376 Hauser / Turnes , 2021, S.119 ff.

Die Gesamtkapitalkosten (Weighted Average Cost of Capital, WACC) in Prozent errechnen sich aus dem gewichteten Mittelwert aus den Fremdkapitalkosten auf den verzinslichen Verbindlichkeiten und den Eigenkapitalkosten, welche den Renditeanforderungen der Eigenkapitalgeber entsprechen:

Formel: Weighted Average Cost of Capital (WACC)

$$\text{WACC} = \left(\frac{\text{verzinsliches Fremdkapital}}{\text{Buchwert Eigenkapital} + \text{verzinsliches Fremdkapital}} \times \text{Fremdkapitalkosten} \times (1 - \text{Steuersatz})\right.$$
$$\left. + \left(\frac{\text{Buchwert Eigenkapital}}{\text{Buchwert Eigenkapital} + \text{verzinsliches Fremdkapital}} \times \text{Eigenkapitalkosten}\right)\right)$$

Der WACC gewichtet somit die Kosten des verzinslichen Fremdkapitals mit der (verzinslichen) Fremdkapitalquote und die Kosten des Eigenkapitals mit der Eigenkapitalquote und entspricht den durchschnittlich gewichteten Renditeanforderungen der Eigen- und Fremdkapitalgeber.

Zur Bestimmung der Kosten des Fremdkapitals gibt es verschiedene Möglichkeiten. Stehen interne Informationen über das Unternehmen zur Verfügung, kann direkt in Erfahrung gebracht werden, wie hoch der Fremdkapitalzinssatz ist, zu dem die Unternehmung Geld aufnehmen kann. Für externe Analysten ist diese Möglichkeit jedoch in der Regel nicht zugänglich, weshalb sie auf andere Methoden zurückgreifen müssen. Ein möglicher Ansatz besteht dann darin, den Zinssatz bzw. die Rendite auf Verfall von Obligationen des Unternehmens als Basis zu nehmen. Als weitere Variante können die Zinsaufwendungen aus der Erfolgsrechnung in Relation zum verzinslichen Fremdkapital gesetzt werden. Jede dieser Möglichkeiten führt – zumindest näherungsweise – zur Bestimmung der Fremdkapitalkosten in Prozent, wobei in der Praxis noch weitere Optionen zur Verfügung stehen. Da die Fremdkapitalzinsen steuerlich abgezogen werden dürfen, sind die Fremdkapitalkosten zusätzlich mit dem Faktor (1 – Gewinnsteuersatz) zu multiplizieren, was den Fremdkapitalkosten nach Gewinnsteuern entspricht.

Zur Berechnung der Eigenkapitalkosten wird mehrheitlich das sogenannte CAPM-Modell (Capital Asset Pricing Model) verwendet. Das auf William F. Sharpe und andere zurückgehende CAPM beschreibt mithilfe des Betafaktors den quantitativen Zusammenhang zwischen der bei einer einzelnen Unternehmung zu erwartenden Eigenkapitalrendite und der Aktienmarktrendite.[377]

377 Auf eine ausführliche Diskussion und Darstellung des CAPM und des Betafaktors wird auf Hauser / Turnes, 2021, S. 58 ff. verwiesen.

Eine alternative Formel für die EVA-Ermittlung ist die folgende:

Formel: Spread-Formel für EVA-Ermittlung

$$EVA = (ROIC - WACC) \times IC$$

Die Rendite auf dem investierten Kapital (Return on Invested Capital, ROIC) setzt den tatsächlichen Betriebsgewinn NOPAT ins Verhältnis zum investierten Betriebskapital IC:

Formel: Return on Invested Capital (ROIC)

$$\text{Return on Invested Capital} = \frac{NOPAT \times 100}{IC}$$

Im Gegensatz zum ROI (▶ Kap. 55.6.2) werden die Steuern beim ROIC im Zähler subtrahiert, da sie nicht den Eigen- oder Fremdkapitalgebern zugutekommen. Ausserdem wird im Nenner nur das verzinsliche, betriebsnotwendige Kapital (nicht das Gesamtkapital) berücksichtigt, da das Abzugskapital dem Unternehmen zinsfrei zur Verfügung steht. Schliesslich werden die flüssigen Mittel und kurzfristig gehaltenen Wertschriften im Rahmen der IC bzw. ROIC-Ermittlung subtrahiert, da sie grundsätzlich als nicht-betriebsnotwendige Überschussliquidität qualifiziert werden.

Die Kapitalkosten (WACC) stellen somit die Renditeerwartungen der Fremd- und Eigenkapitalgeber dar, wobei der ROIC der effektiv erzielten Gesamtrendite entspricht. Die Differenz zwischen ROIC und WACC wird auch als Überrendite oder Spread bezeichnet. Ein positiver Spread und somit ein positives EVA bedeuten demnach, dass die Renditeerwartungen der Kapitalgeber übertroffen und Mehrwerte für die Kapitalgeber geschaffen wurden. Zur besseren Vergleichbarkeit von Unternehmen unterschiedlicher Grösse wird häufig der Spread herangezogen.

Beispiel Economic Value Added (EVA)

Die Santas AG ist ein börsenkotiertes Unternehmen und weist zum Jahresabschluss folgende Werte auf:

- Investiertes Kapital (IC) CHF 751 Mio.
- NOPAT CHF 17.4 Mio.
- Gesamtkapitalkosten (WACC) 6.3 %

Der ROIC beträgt 2.3 % (17.4 x 100 / 751 = 2.3 %). Der Spread beläuft sich auf -4.0 % (2.3 % - 6.3 %) und EVA auf CHF -30.04 Mio. (-4.0 % x CHF 751 Mio.). Santas AG hat somit keine Mehrwerte für die Kapitalgeber geschaffen, da die

Renditeerwartungen der Kapitalgeber nicht erreicht wurden. In diesem Zusammenhang wird von Wertvernichtung im Rahmen des EVA-Konzeptes gesprochen.

Die wertorientierten Kennzahlen finden hauptsächlich Anwendung bei grösseren Konzerngesellschaften bzw. bei kotierten Gesellschaften. Bei Klein- und Mittelunternehmen werden sie eher seltener angewendet, da oft die notwendigen Ressourcen und das Verständnis dafür fehlen. Auch spielen ihre geringe Akzeptanz und Bekanntheit in der KMU-Praxis eine wesentliche Rolle für die fehlende Verbreitung.

In der schweizerischen Praxis börsenkotierter Unternehmen werden Analysen zum Economic Value Added in der Geschäftsberichterstattung teilweise verwendet. Sie dienen als Analyseinstrument und auch für die Beurteilung der Leistung des Managements (Geschäftsführung).

Zur Steigerung des EVA gibt es beispielsweise folgende Möglichkeiten:[378]

- Relativ höhere Steigerung des operativen Ergebnisses, verglichen mit dem Investitionswachstum. Dies steigert die Rentabilität des investierten Vermögens.
- Investitionen in Projekte mit einer erwarteten Rendite oberhalb der risikogerechten Kapitalkosten.
- Liquidieren von Projekten, deren Rendite unterhalb der risikogerechten Kapitalkosten liegen.

55.10 Grenzen der Kennzahlenanalyse

Bei der Anwendung von Kennzahlen sind folgende Herausforderungen zu beachten, welche bei der Bestimmung des finanziellen Zustandes eines Unternehmens relevant sind:

- **Verwendung von vergangenheitsbezogenen Daten:** Wenn die Kennzahlen auf bereinigten Daten des Jahresabschlusses errechnet werden, ist dies immer ein Blick in die Vergangenheit, und die künftige Entwicklung lässt sich nur erschwert darin erkennen.
- **Fehlende Informationen über bereinigte Daten und Fehler bei der Datenerhebung:** Die Verwendung von externen Daten (Jahresabschluss mit Existenz von stillen Reserven), was in der Praxis oft bei kleinen oder mittleren Unternehmen der Fall ist, lässt nur bedingt eine Schlussfolgerung auf die tatsächliche finanzielle Situation einer Unternehmung zu. Bei der Ermittlung und Bereinigung ist

378 Krause / Dayanand, 2010, S. 116.

darauf zu achten, dass keine Fehler bei der Berechnung der Daten begangen werden. Insbesondere ist darauf zu achten, dass die Daten nicht beschönigt oder gar manipuliert wurden. Daher ist es wichtig, dass die Ermessenspielräume der Rechnungslegung – d. h. im Rechnungslegungsrecht – studiert und analysiert werden. Dies trifft primär auf die Anwendung von Fremdwährungskursen, die Nutzungsdauer des Anlagevermögens, die Methode der Abschreibungen, Umsatzerfassung, Delkredere und privilegierter Warendrittel sowie Rückstellungen zu. Hierbei ist auf die Grundsätze ordnungsgemässer Rechnungslegung zu achten.
- **Auswahl der relevanten Kennzahlen**: Isolierte Analysen von Kennzahlen geben oft kein verlässliches und umfassendes Bild über die wirtschaftliche Lage. Vielmehr ist eine Kombination von Kennzahlen zu verwenden. Die korrekte Auswahl dieser relevanten Kennzahlen, um ein Geschäftsmodell zu beurteilen, ist eine der zentralen Herausforderungen der Jahresabschlussanalyse.
- **Zeitlücke zwischen Bilanzstichtag und Generalversammlung bzw. Publikation**: In der Zeitspanne zwischen Bilanzstichtag und Publikation eines Geschäftsberichts können zahlreiche neue Geschäftsvorfälle stattfinden, welche einen Einfluss auf die Beurteilung der finanziellen Situation eines Unternehmens haben können. Daher ist bei grösseren Unternehmen der Lagebericht aufmerksam zu studieren und die Auswirkungen auf die Kennzahlen abzuschätzen.
- **Fehlinterpretationen**: Wenn Kennzahlen zu wenig hinterfragt werden, besteht die Gefahr von Fehlinterpretationen. Daher braucht es ein vertieftes Verständnis über die Branche und das Geschäftsmodell, um Kennzahlen in ihrem wirtschaftlichen und branchenbezogenen Zusammenhang zielführend interpretieren zu können.

Daher hat die Lehre eine Reihe von Gütekriterien entwickelt, um Fehler bei der Anwendung von Kennzahlen zu reduzieren:[379]

- **Problemgerechtigkeit**: Die Kennzahlen decken das verfolgte Ziel ab.
- **Konsistenz**: Es ist eine Ursache-Wirkungsbeziehung erkennbar.
- **Flexibilität**: Die Kennzahlen sind modular aufgesetzt und können flexibel miteinander kombiniert werden.
- **Benutzergerechtigkeit**: Die Kennzahlen bedienen einen Nutzen für den Anwender der Kennzahlen.
- **Wirtschaftlichkeit**: Der Nutzen der Kennzahlenerhebung überwiegt die Kosten für die Datenerhebung und -verarbeitung.

379 Siegwart / Reinecke / Sander, 2010, S. 55.

56 Kennzahlensysteme

Neben der konventionellen Jahresabschlussanalyse anhand von traditionellen Kennzahlen gibt es eine Vielzahl von weiterführenden Analysen. Hierzu werden Kennzahlensysteme, multivariate Diskriminanzanalysen, Scoringmodelle, die qualitative Jahresabschlussanalyse (Analyse des Anhangs und des Lageberichts) und qualitative Unternehmensanalysen eingesetzt. Als wichtige Gründe für die Weiterentwicklung der traditionellen Jahresabschlussanalyse sind u. a. die teilweise Zusammenhanglosigkeit der Kennzahlenauswahl, die steigende Anzahl von Insolvenzen, die höhere Komplexität von Unternehmen und ihrer Umwelt und die Schnelllebigkeit von gegenwärtigen Entscheidungen im Unternehmen zu nennen.

Die im vorherigen Kapitel vorgestellten Kennzahlen erklären isoliert einige wichtige finanzielle Beziehungen in Unternehmen. Einzelne Kennzahlen können jedoch die gesamte finanzielle Lage eines Unternehmens nicht abdecken. Daher wird versucht, Kennzahlen in Kombination bzw. in einem System anzuwenden und auszuwerten. Um eine fundierte Analyse über die finanzielle und wirtschaftliche Situation eines Unternehmens erstellen zu können, sind idealerweise Liquidität, Bilanzstruktur, Rentabilität, Aktivität, Effizienz und Kapitalmarktbeurteilung in ein Kennzahlensystem einzubeziehen.

Kennzahlensysteme kommen vor allem für die interne Führung durch das Management und den Verwaltungsrat, für Analysen von Finanzanalytikern, für die Bonitätsprüfung von Banken und weiteren Fremdkapitalgebern zur Anwendung.

In der Praxis sind folgende wichtigen Kennzahlensysteme vorzufinden, wobei sie unterschiedliche Schwerpunkte und Stossrichtungen aufweisen:

- **Du-Pont-Schema**: Als oberste Kennzahl wird in diesem Modell die Gesamtkapitalrentabilität (ROI) verwendet. Als Haupttreiber für den ROI werden Kapitalumschlag und EBIT-Marge identifiziert und multiplikativ verknüpft.
- **ZVEI-Kennzahlensystem (ZVEI = Zentralverband der Elektrotechnik- und Elektroindustrie)**: Es erweitert das Du Pont-Schema durch Kennzahlen der Liquidität und Risikokennzahlen. Dadurch ist es aussagekräftiger als das Du-Pont-Schema. Es ist vor allem verbreitet in Mitteleuropa und dient primär der innerbetrieblichen Betriebsanalyse.
- **Kennzahlensysteme zur Prognose von Unternehmenskrisen**: Hierbei wird der Versuch unternommen, auf der Basis von Finanzzahlen Prognosen für die Zukunft zu erstellen. Der Z-Score und entsprechende Weiterentwicklungen ver-

knüpfen bestimmte Zahlen aus Bilanz und Erfolgsrechnung, um Krisen vorauszusagen.

- **Balanced Scorecard**: Sie umfasst neben den finanziellen auch nicht-finanzielle Kennzahlen aus den Bereichen Kunden, Prozessen und Mitarbeitenden und ist ein komplexes Führungs- und Lenkungsinstrument zur Strategiefindung, -umsetzung und -steuerung in einem Unternehmen.

56.1 Du-Pont-Schema

Das erste bekannte Kennzahlensystem ist das Du-Pont-Schema, welches 1905 vom gleichnamigen amerikanischen Chemieunternehmen entwickelt wurde.

Formel: Du-Pont-Schema

$$\text{ROI} = \text{EBIT Marge} \times \text{Kapitalumschlag} = \text{ROS} \times \text{CTO}$$

Die oberste Kennzahl stellt die Gesamtkapitalrendite (ROI) dar. Diese wird berechnet aus der EBIT-Marge (ROS) und dem Kapitalumschlag (Capital Turnover CTO). Schrittweise werden diese Grössen weiter detailliert, um die Ursachen und Massnahmen zur Steigerung des ROI aufzuschlüsseln (▶ Dar. 104). Der Vorteil dieses Schemas ist, dass die Ursachen für die einzelnen Werttreiber transparent werden wie beispielsweise Kosten- und Kapitaleffizienz. Es wird ersichtlich, welche Bilanz- oder Erfolgspositionen für die Gesamtkapitalrendite verantwortlich sind und mit welchen Massnahmen das Management darauf Einfluss nehmen kann. Zudem lassen sich beim Vergleich von Unternehmen derselben Branche die unterschiedlichen Stärken und Schwächen ableiten.

Beispiel Du-Pont-Schema

Die folgenden Angaben liegen von der Hugentobler AG vor: Nettoerlöse CHF 10 Mio., Materialaufwand CHF 3 Mio., Personalaufwand CHF 4 Mio., Übriger betrieblicher Aufwand (fix) CHF 2.5 Mio., Umlaufvermögen CHF 4 Mio., Anlagevermögen CHF 7 Mio. Demnach beträgt der Deckungsbeitrag CHF 7 Mio. (10 - 3), der EBIT CHF 0.5 Mio. (7 - 4 - 2.5). Das Gesamtvermögen beträgt CHF 11 Mio. Die Umsatzrentabilität (ROS) ergibt damit 5 % (CHF 0.5 Mio. / 10 Mio.), der Kapitalumschlag (CTO) 0.9 (10 / 11). Der ROI beträgt somit 4.5 % (5 % x 0.9).

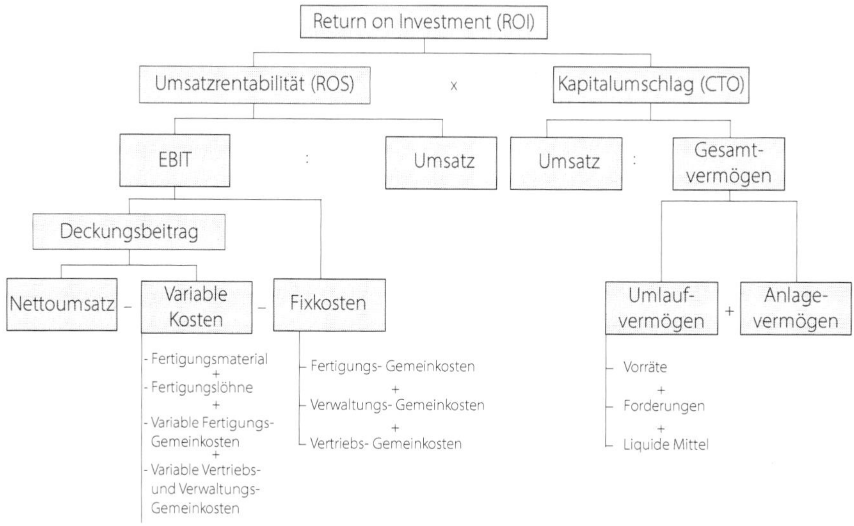

Dar. 104: Du-Pont-Schema

56.2 ZVEI-Kennzahlenmodell

Das ZVEI-Kennzahlenmodell ist wesentlich umfangreicher als das Du-Pont-Schema und besteht aus mehr als 200 einzelnen Kennzahlen. Spitzenkennzahl in diesem System ist die Eigenkapitalrendite.

Das ZVEI-Kennzahlensystem ist ein multifunktionales Kennzahlensystem, das vom Zentralverband der Elektrotechnischen Industrie (ZVEI) entwickelt wurde. Es dient als Analyse- und Planungsinstrument für die Unternehmenssteuerung. Es ermöglicht eine fundierte Analyse der finanziellen Gesundheit eines Unternehmens und dabei, die Effizienz zu ermitteln und die Unternehmensleistung zu bewerten. Ausserdem ist es branchenneutral und kann in verschiedenen Wirtschaftszweigen eingesetzt werden. Es verfolgt sowohl Liquiditäts- als auch Rentabilitätsziele und versteht sich als Weiterentwicklung des Du-Pont-Kennzahlensystems. Das ZVEI-Kennzahlensystem verwendet zwei Hauptstufen:

- **Wachstumsanalyse**: Hier werden Veränderungen im Zeitverlauf mithilfe spezifischer Indexkennzahlen erfasst.
- **Strukturanalyse**: Hier liegt der Kern dieses Kennzahlensystems. Die Strukturanalyse dient der Untersuchung der Risikobelastungen und der Ertragsfähigkeit des Unternehmens. Basis ist das betriebliche Rechnungswesen. Man unterscheidet folgende Kategorien von Kennzahlen:
  - **Ertragskraftkennzahlen**: Messen die Rentabilität.
  - **Risikokennzahlen**: Untersuchen die Risikobelastungen hinsichtlich Kapitalstruktur.

- **Ertragskraftkennzahlen Typ A:** Messen die Rentabilität und sind gleichartige Kennzahlen, die entweder Bestands- oder Bewegungszahlen sind.
- **Ertragskraftkennzahlen Typ B:** Messen die Rentabilität und sind Mischtypen, die sowohl Strom- als auch Bestandsgrößen berücksichtigen.

Insgesamt beinhaltet das System 88 Haupt- und 122 Hilfskennzahlen. Die folgende Darstellung 105 zeigt einen Ausschnitt davon.

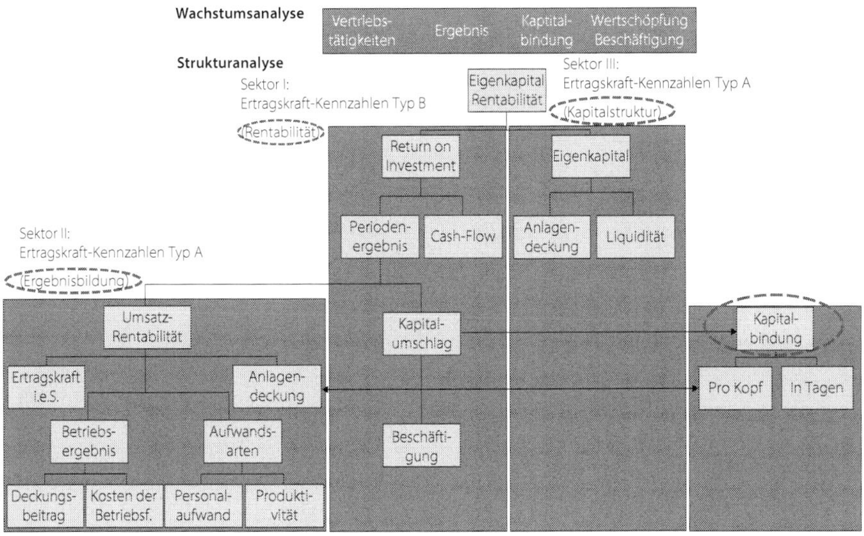

Dar. 105: ZVEI-Kennzahlenmodell (Auszug)

56.3 Kennzahlenmodelle zur Prognose von Krisen

Finanzkennzahlen und Finanzkennzahlensysteme beziehen sich grundsätzlich auf die Vergangenheit. Es wird jedoch immer wieder der Versuch unternommen, aufgrund von Vergangenheitszahlen zukünftige Ereignisse zu prognostizieren. So wurden auch Kennzahlenmodelle entwickelt, um Unternehmenskrisen vorauszusagen.

Das erste Modell dieser Art wurde von Edward Altman in den 1960er Jahren entwickelt. Die berechnete Kennzahl ist dabei der *Z-Score*, der sich aus mehreren Faktoren zusammensetzt.

Formel: Z-Score nach Altman (für börsenkotierte Unternehmen)

$$Z = (1.2 \times a) + (1.4 \times b) + (3.3 \times c) + (0.6 \times d) + (1.0 \times e)$$

a = Umlaufvermögen / Bilanzsumme
b = Einbehaltene Gewinne / Bilanzsumme
c = EBIT / Bilanzsumme
d = Marktwert des Eigenkapitals / Buchwert des Fremdkapitals
e = Umsatz / Bilanzsumme

Ist der Z-Score kleiner als 1.8, so folgt innerhalb eines Jahres mit einer Wahrscheinlichkeit von 95 % eine Insolvenz des Unternehmens, so die Aussage von Altman. Umgekehrt, wenn der Z-Score grösser als 2.67 ist, gilt das Unternehmen als sicher vor einer Krise. Diese Formel gilt für börsenkotierte Unternehmen, da einer der Faktoren der Marktwert des Eigenkapitals ist.

Für nicht-börsenkotierte Unternehmen existiert eine weitere Variante des Z-Scores. Die Aussagen und Schlussfolgerungen gelten analog zum Z-Score.

Formel: Variante des Z-Scores für nicht-börsenkotierte Unternehmen

$$Z = (0.717 \times a) + (0.847 \times b) + (3.107 \times c) + (0.420 \times d) + (0.998 \times e)$$

a = Umlaufvermögen / Bilanzsumme
b = Einbehaltene Gewinne / Bilanzsumme
c = EBIT / Bilanzsumme
d = Buchwert des Eigenkapitals / Buchwert des Fremdkapitals
e = Umsatz / Bilanzsumme

Für Unternehmen ausserhalb des verarbeitenden Gewerbes, also Handels- und Dienstleistungsunternehmen, wurde eine weitere Variante des Z-Scores entwickelt.

Formel: Variante des Z-Scores für Unternehmen ausserhalb des verarbeitenden Gewerbes

$$Z = (6.56 \times a) + (3.26 \times b) + (6.72 \times c) + (1.05 \times d)$$

a = Umlaufvermögen / Bilanzsumme
b = Einbehaltene Gewinne / Bilanzsumme
c = EBIT / Bilanzsumme
d = Marktwert des Eigenkapitals / Buchwert des Fremdkapitals

Bei dieser Formel gilt ein Schwellenwert von 1.1. Liegt der Z-Score unterhalb dieser Schwelle, gilt das Unternehmen als gefährdet.

Empirisch konnte die Prognosefähigkeit der Z-Scores einerseits teilweise bestätigt werden, andererseits wurden vielfach auch schlechte Prognoseleistungen festgestellt. Eine Weiterentwicklung des Z-Scores versucht der Tatsache Rechnung zu tragen, dass sich der Z-Score ausschliesslich auf Finanzzahlen stützt. Der *Z/Q-Score* nach Hesselmann erweitert den Z-Score um qualitative Kriterien, den Q-Wert. Dieser beinhaltet die Dimensionen Managementqualität/Unternehmensführung sowie Marktposition. Erstere berücksichtigt Kennzahlen wie Mitarbeiterengagement und -beteiligung, letztere Bekanntheitsgrad und Image des Unternehmens, Qualität und Attraktivität der Produkte bzw. Dienstleistungen sowie Kundennähe. Dieser Z/Q-Score erhebt den Anspruch, eine Krise bereits in einem sehr frühen Stadium zu erkennen. Erhebungen und Messungen in der Praxis haben auch tatsächlich ergeben, dass die Erweiterung um qualitative Aspekte die Insolvenzprognosefähigkeit des auf bilanziellen Daten beruhenden Z-Scores erheblich steigert.

Die *Gambler's Ruin Prediction nach Wilcox* ist ein weiteres finanzielles Kennzahlensystem zur Krisenprognose. Im Grunde handelt es sich um eine vorsichtige Bilanzbewertung. Entscheidungskriterium ist der Netto-Liquidationswert. Ist dieser negativ, besteht eine hohe Gefahr von Insolvenz, so die Aussage der Gambler's Ruin Prediction. Zunächst wird dabei der Liquidationswert des Unternehmens berechnet:

+	Flüssige Mittel inkl. handelbarer Wertpapiere: 100 % des Buchwertes
+	Vorräte, Forderungen, Kundenanzahlungen: 70 % des Buchwertes
+	Übrige Werte des Umlaufvermögens sowie das Anlagevermögen: 50 % des Buchwertes
=	**Liquidationswert**

Wird von diesem Liquidationswert das Fremdkapital abgezogen, resultiert der Netto-Liquidationswert.

56.4 Balanced Scorecard und Strategy Map

Das Konzept der Balanced Scorecard (BSC) wurde 1992 von Robert Kaplan und David Norton entwickelt. Im Gegensatz zu den klassischen finanziellen Instrumenten und Kennzahlensystemen fordert die Balanced Scorecard zudem die Berücksichtigung *nicht-finanzieller Faktoren*. Zu diesem Zweck unterteilt die BSC die unternehmerische Welt in vier Perspektiven: *Finanzen, Kunden, Prozesse sowie Lernen und Entwickeln.* Diese letztgenannte Perspektive beschreibt vor allem Faktoren wie Mitarbeitende, Unternehmenskultur, Wissen und Innovation. Die Balanced Scorecard soll das Management dabei unterstützen, eine Strategie zu definieren und entlang der vier Perspektiven umzusetzen und zu steuern (▶ Dar. 106).

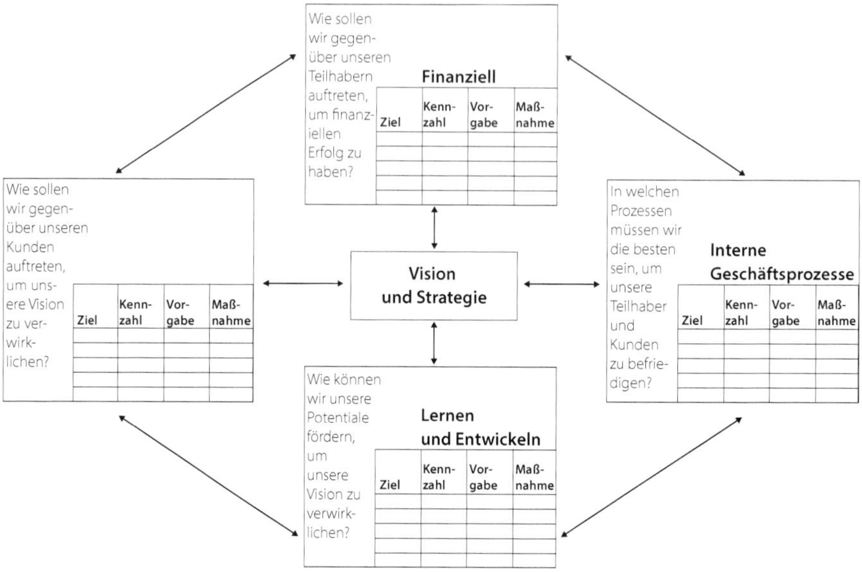

Dar. 106: Balanced Scorecard (Quelle: Kaplan/Norton, 1992)

Die generellen strategischen Ziele der Unternehmung werden auf Erfolgsfaktoren und Kennzahlen heruntergebrochen bzw. operationalisiert und dadurch messbar gemacht. Eine weitere Besonderheit der BSC ist, dass die Ziele und Kennzahlen durch Ursache-Wirkungsbeziehungen kausal miteinander verknüpft sind. Die Führung eines Unternehmens erkennt auf diese Weise, welche Stellhebel welche Ergebnisgrössen beeinflussen. Obgleich die BSC ursprünglich als Kennzahlensystem konzipiert war, ist sie eher ein Instrument der Strategieumsetzung, da sie neben den Kennzahlen auch Massnahmen zur Umsetzung und Verantwortlichkeiten beinhaltet. 2004 wurde mit der *Strategy Map* eine Weiterentwicklung der BSC vorgestellt (► Dar. 107). Diese beinhaltet eine zeitliche Komponente. Während bei der klassischen BSC alle Perspektiven gleich gewichtet werden und in keiner zeitlichen Abhängigkeit voneinander stehen, zeigt die Strategy Map einen zeitlichen Ablauf auf. Die Lern- und Entwicklungsperspektive beeinflusst (positiv oder negativ) die Prozess- und diese wiederum die Kundenwertperspektive. Die Ergebnisse dieser nicht-finanziellen Perspektiven werden in der Finanzperspektive reflektiert. Auf diese Weise sind Stellhebel und Ergebnisgrössen besser erkennbar als in der klassischen BSC. Ein weiterer Unterschied zur klassischen BSC ist, dass Vorschläge für Erfolgsfaktoren in den einzelnen Perspektiven unterbreitet werden. Als oberste Kennzahl wird der langfristige Shareholder Value definiert.

Sowohl für die BSC als auch für die Strategy Map gilt, dass sie Rahmengerüste zur Strategiedefinition und -umsetzung darstellen, allerdings keine konkreten Kennzahlen beinhalten. Der Anwender ist frei bei der Auswahl der Kennzahlen, sogar Art und Anzahl der Perspektiven kann verändert werden.

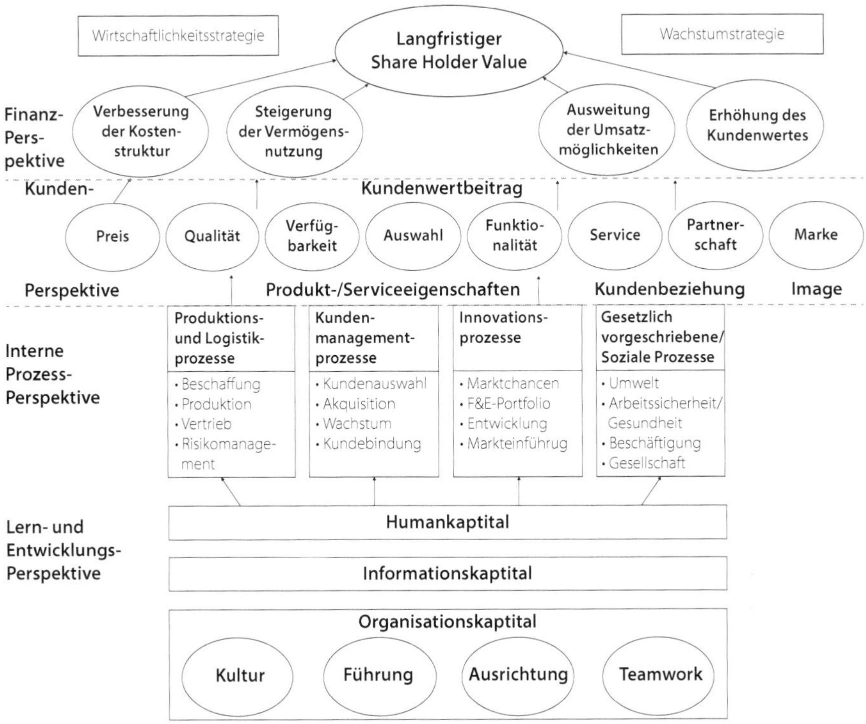

Dar. 107: Strategy Map (Quelle: Kaplan/Norton, 2004, S. 11)

57 Rating

Gläubiger sind im Wesentlichen an der Bonität eines Unternehmens interessiert. Daher richtet sich ihr Informationsbedürfnis auf die Kreditprüfung und die Frage, wie hoch die Verschuldungskapazität eines Unternehmens ist. Kreditgebende Banken und Rating-Agenturen beurteilen ein Unternehmen primär nach ihrer Bonität, wobei sie die Frage beantworten wollen, wie gross die Gefahr eines möglichen Kreditausfalls ist. Die Kreditprüfung setzt sich aus der Kreditwürdigkeit und -fähigkeit zusammen. Die Kreditfähigkeit ist Ausdruck dafür, ob ein Unternehmen seine Schuldenlast tragen und Zinsen und Amortisationen erstatten kann und umfasst die eher quantitativen Aspekte der Kreditprüfung. Die Kreditwürdigkeit klärt die Frage, ob ein Unternehmen zweckmässig geführt ist und deckt eher die qualitativen Aspekte innerhalb der Kreditprüfung ab. Die Ausfallwahrscheinlichkeit und die vorhandenen Sicherheiten spielen bei der Kreditprüfung eine zentrale Rolle. Dabei wird auch mit den 5 C gearbeitet: Character (Integrität des Managements), Capacity (Qualitäten der Geschäftsleitung), Capital (Eigenkapitalausstattung), Collateral (Sicherheiten für den Kredit) und Conditions (Wirtschaftsentwicklung).[380]

Die Kreditprüfung basiert in der Regel auf einem Rating. Je besser das Rating, desto geringer ist das Kreditrisiko für Banken und desto tiefer die zu zahlenden Kreditzinsen für das Unternehmen. Das Rating wird nach verschiedenen Hard Facts (primär Informationen aus der Jahresrechnung und eine Kombination von Kennzahlen) und Soft Facts (primär Fragen der Unternehmensführung) ermittelt. Das Rating wird somit hauptsächlich durch folgende Faktoren beeinflusst:

- Verschuldungskapazität: Je höher, desto besser das Rating
- Liquiditätsmanagement eines Unternehmens: Je ausgeprägter, desto besser das Rating
- Finanzierungsverhältnis: Je höher das Eigenkapital, desto besser ist die Kreditfähigkeit bzw. die Bonität eines Unternehmens.
- Qualität der Unternehmensführung: Je höher die Qualität der Unternehmensführung, desto besser ist das Rating.
- Zufriedenheit der Kunden und Mitarbeitenden: Je höher, desto besser das Rating
- Planungsqualität: Je genauer, desto besser das Rating
- Businesspläne: Je präziser, desto besser das Rating
- Branchenwicklung: Je vorteilhafter, desto besser das Rating

---

380 Brösel, 2017, S. 214.

Das Ergebnis des Ratings wird mit einem numerischen Wert oder häufiger mit einem Buchstaben ausgedrückt. Hierzu werden Ratingklassen gebildet, die sich wie folgt am Beispiel von zwei unterschiedlichen Rating-Agenturen darstellen lassen (▶ Dar. 108).

Dar. 108: Ratingklassen bei verschiedenen Rating-Agenturen (Quelle: Eigene Darstellung in Anlehnung an Ratingklassen bereitgestellt durch das SECO)

Rating Standard & Poor's	Rating Moody's	Beschreibung
AAA	Aaa	Beste Bonität Geringstes Insolvenzrisiko
AA+ bis AA–	Aa1 bis Aa3	Sehr gute Bonität Sehr geringes Insolvenzrisiko
A+ bis A–	A1 bis A3	Gute Bonität Geringes Insolvenzrisiko
BBB+ bis BBB	Baa1 bis Baa2	Zufriedenstellende Bonität Mittleres Insolvenzrisiko
BBB– bis B–	Bb3 bis B3	Befriedigende Bonität Erhöhtes Insolvenzrisiko
CCC bis C	Caa bis C	Kaum ausreichende Bonität Hohes Insolvenzrisiko
D	D	Ungenügende Bonität Insolvenz

Die Klassen BBB+ bis D werden als Non-Investment-Grade bezeichnet, die eine erhöhte Ausfallwahrscheinlichkeit bzw. eine schlechte Bonität aufweisen. Jedoch definiert jedes Finanzinstitut selbst die Ausgestaltung ihres Ratings. Es gibt keine Richtlinien, die ein einheitliches Rating regeln. Ratings sind Ausdruck der Kreditpolitik eines Finanzinstituts.

58 Genehmigung und Prüfung der Jahresrechnung

Die Jahresrechnung, die sich aus Bilanz, Erfolgsrechnung und Anhang und bei grösseren Unternehmen zusätzlich aus Geldflussrechnung und Lagebericht zusammensetzt, ist durch den Vorsitzenden des obersten Leitungs- und Verwaltungsorgans sowie der zuständigen Person im Unternehmen für die Rechnungslegung nach OR 958 III zu unterzeichnen. Bei einer Aktiengesellschaft ist dies beispielsweise der Verwaltungsratspräsident.

Wenn die Generalversammlung bei Kapitalgesellschaften bzw. die Anteilseigner den Jahresabschluss genehmigen, darf die Jahresrechnung nicht mehr korrigiert bzw. angepasst werden. Sofern später Fehler oder Falschdarstellungen festgestellt werden, müssen diese prospektiv korrigiert werden, d. h. in demjenigen Jahr, in dem sie entdeckt wurden. Die beschlossene Jahresrechnung bleibt unverändert.

Neben der Genehmigung der Jahresrechnung müssen Unternehmen ihren Jahresabschluss einer Prüfung durch eine externe Stelle bzw. ein Organ prüfen lassen (vgl. Revisionspflicht weiter unten). Diese Prüfungen übernehmen Wirtschaftsprüfungsgesellschaften. Ihre Aufgabe ist es, Aussagen darüber zu tätigen, ob eine vorliegende Jahresrechnung dem Gesetz (Rechnungslegungsrecht nach OR) oder einem anerkannten Standard zur Rechnungslegung entspricht. Bei der ordentlichen Revision ist zudem die Existenz eines internen Kontrollsystems zu bestätigen. Die Wirtschaftsprüfungsgesellschaften stellen somit sicher, dass das Vertrauen der Anspruchsgruppen und Kapitalgeber in den Jahresabschluss eines rechnungslegungspflichtigen Unternehmens gewährleistet ist. Die Dienstleistung einer Wirtschaftsprüfungsgesellschaft ist es daher, den Anspruchsgruppen eine Zusicherung (Assurance) zu geben, dass eine Jahresrechnung frei von Fehlern ist und dem Rechnungslegungsgesetz entspricht.

Beispiel Zusicherung (Assurance)

Die Egloff GmbH hat bei einer lokalen Bank einen Kredit von CHF 3 Mio. aufgenommen. Die Zinsen und Amortisationen werden regelmässig gezahlt. Die Bank führt jährlich ein Kreditgespräch und verlangt den Revisionsbericht. Mit dem Revisionsbericht liegt ein Nachweis vor, dass der Jahresrechnung vertraut werden kann und ein Wirtschaftsprüfungsunternehmen diese geprüft hat. Die Bank kann daher darauf vertrauen, dass die Zahlen und ihr errechnetes Rating verlässlich sind.

In der Schweiz werden zwei Revisionsarten unterschieden: die ordentliche und die eingeschränkte Revision. Sie weisen unterschiedlich strenge Anforderungen an die Abschlussprüfer und den Inhalt der Abschlussprüfung auf. Die ordentliche Revision der Jahresrechnung nach OR 727 und OR 728 ff. kommt zur Anwendung bei:

- Gesellschaften, deren Beteiligungspapiere (Aktien, PS, Genussscheine, Wandel- und Optionsrechte) an einer Börse kotiert sind;
- Gesellschaften, welche Anleihensobligationen ausstehend haben, wobei die Börsenkotierung unerheblich ist;
- wesentlichen Tochtergesellschaften mit Sitz in der Schweiz, welche mit mindestens 20 % der Aktiven oder des Umsatzes zur Konzernrechnung beitragen;
- wirtschaftlich bedeutsamen Gesellschaften. Als solche gelten Unternehmen, die zwei der folgenden drei Grössen in zwei aufeinanderfolgenden Geschäftsjahren überschreiten: Bilanzsumme CHF 20 Mio., Umsatzerlös CHF 40 Mio., 250 Vollzeitstellen im Jahresdurchschnitt (für die Vollzeitstellen wird ein arbeitsrechtliches Verhältnis vorausgesetzt);
- Gesellschaften, die zur Erstellung einer Konzernrechnung verpflichtet sind;
- Gesellschaften mit Minderheitsaktionären, welche zusammen mindestens 10 % des Aktienkapitals vertreten und die ordentliche Revision verlangen (Opting up);
- Gesellschaften, deren Statuten diese ausdrücklich vorsehen (statutarisches Opting up) oder deren Generalversammlung diese beschliesst.

Die eingeschränkte Revision nach OR 727a und OR 729 ff. der Jahresrechnung kommt zur Anwendung bei Gesellschaften, welche die Voraussetzungen für eine ordentliche Revision nicht erfüllen. Dabei wird nur geprüft, ob Sachverhalte vorliegen, aus denen zu schliessen ist, dass die Rechnungslegung nicht den gesetzlichen bzw. statutarischen Vorschriften entspricht. Deshalb beschränkt sich die Prüfung bei der eingeschränkten Revision auf Befragungen der zuständigen Personen und Verantwortlichen für die Rechnungslegung, analytische Prüfungshandlungen (Vergleich Jahresrechnung mit dem Budget, Kennzahlen der Abschlussanalyse, Vorjahresvergleich) und angemessene Detailprüfungen (OR 729a II).

Um Kleinstunternehmungen, die die Rechtsform einer Kapitalgesellschaft gewählt haben, zu entlasten, ist ein gesetzlicher Verzicht auf die Revision (Opting out) möglich, wenn zwei Bedingungen erfüllt sind (OR 727a II):

- Das Unternehmen darf nicht mehr als zehn Vollzeitstellen im Jahresdurchschnitt haben.
- Sämtliche Aktionäre müssen dem Verzicht zustimmen.

Wenn die oberen zwei Bedingungen erfüllt sind, kann der Verwaltungsrat ein Opting out beschliessen. Hierzu hat er die Aktionäre schriftlich um Zustimmung zu ersuchen und für die Beantwortung eine Frist von mindestens 20 Tagen anzusetzen, wobei das Ausbleiben einer Antwort als Zustimmung gilt (OR 727a III). Der

Verzicht gilt auch für die nachfolgenden Jahre, kann jedoch von jedem Aktionär nach OR 727 IV spätestens 10 Tage vor der Generalversammlung widerrufen werden (Opting in).

Die Unterschiede zwischen der ordentlichen und eingeschränkten Revision gehen aus der folgenden Übersicht hervor (▶ Dar. 109).

Dar. 109: Vergleich von ordentlicher und eingeschränkter Revision (Quelle: In Anlehnung an HWP, Band Eingeschränkte Revision, 2014, S. 11 ff.)

Kriterium	Ordentliche Revision	Eingeschränkte Revision
Revisionspflicht	• Publikumsgesellschaften (OR 727 I) • Gesellschaften, die die Schwellenwerte überschritten haben (OR 727 I) • Gesellschaften mit einer Pflicht zur Konzernrechnung (OR 727 I) • Auf Verlangen von Minderheitsaktionären (OR 727 II) • Bei Anordnung in den Statuten (OR 727 III)	• Bei Gesellschaften, die die Voraussetzungen der ordentlichen Revision nicht erfüllen (OR 727a I) • Bei mehr als zehn Vollzeitangestellten im Jahresdurchschnitt oder/und fehlender Zustimmung aller Gesellschafter auf Verzicht der eingeschränkten Revision (OR 727a II)
Prüfungspflichten	• Übereinstimmung der Jahresrechnung und gegebenenfalls der Konzernrechnung mit Gesetz, Statuten und gewähltem Regelwerk (OR 728a I) • Übereinstimmung des Antrags über die Verwendung des Bilanzgewinns mit Gesetz und Statuten (OR 728a I) • Existenz internes Kontrollsystem (IKS, OR 728a I)	• Sachverhalte mit Hinweis auf fehlende Übereinstimmung der Jahresrechnung mit dem Gesetz oder Statuten (OR 729a OR) • Sachverhalte mit Hinweis auf fehlende Übereinstimmung des Antrags für die Bilanzgewinnverwendung mit dem Gesetz oder Statuten (OR 729a OR)
Fachliche Anforderungen	Strenge Anforderungen (RAG 4): Durchführung durch zugelassene Revisionsexperten (OR 727b II), bei Publikumsgesellschaften zusätzlich nur staatlich beaufsichtigtes Revisionsunternehmen (OR 727b I)	Weniger strenge Anforderungen in Bezug auf Fachpraxis (RAG 5): Durchführung durch zugelassene Revisionsexperten und zugelassene Revisoren (OR 727c OR)
Unabhängigkeit	Hohe Anforderungen (OR 728)	Reduzierte Anforderungen, organisatorische Massnahmen notwendig zur Vermeidung der Selbstprüfung im Falle der Mitwirkung bei der Buchführung und bei der Erbringung anderer Dienstleistungen für die zu prüfende Gesellschaft (OR 729)

Dar. 109: Vergleich von ordentlicher und eingeschränkter Revision (Quelle: In Anlehnung an HWP, Band Eingeschränkte Revision, 2014, S. 11 ff.) – Fortsetzung

Kriterium	Ordentliche Revision	Eingeschränkte Revision
Rotationspflicht	Rotation des leitenden Revisors nach sieben Jahren (OR 730a II)	Keine Rotation des leitenden Revisors (OR 730a)
Anforderungen an die Qualitätssicherung	Einhaltung von umfassenden Anforderungen an die Qualitätssicherung und interne Überwachung (QS1)	Einhaltung einer Anleitung zur Qualitätssicherung
Prüfungsumfang	Umfassend (OR 728a)	Beschränkt (OR 729a)
Prüfungsschärfe	Umfassend	Summarisch; auf bestimmte Prüfungshandlungen beschränkt (OR 729a)
Grad der Prüfungssicherheit (Assurance)	Hinreichend (reasonable assurance)	Begrenzt (moderate assurance)
Qualität der Berichterstattung	Prüfungsurteil mit positiver Zusicherung	Prüfungsaussage mit negativer Zusicherung
Berichterstattung	Umfassender Bericht an Verwaltungsrat und zusammenfassender Revisionsbericht an Generalversammlung (OR 728b)	Nur zusammenfassender Revisionsbericht an Generalversammlung (OR 729b)
Teilnahmepflicht an der Generalversammlung	Teilnahmepflicht an der Generalversammlung, sofern nicht alle Gesellschafter einstimmig darauf verzichten (OR 728c I)	Keine Pflicht zur Teilnahme an der Generalversammlung (OR 729c OR)
Anzeigepflichten	Hinweise bei Verstössen gegen das Gesetz, die Statuten oder das Organisationsreglement und im Falle einer Überschuldung (OR 728c)	Nur im Falle einer offensichtlichen Überschuldung (OR 729c)
Relevante Grundlagen für die Prüfungshandlungen	Schweizerische Prüfungsstandards (PS), Verbandserlasse, RAB-Grundlagen	Standard zur eingeschränkten Revision (SER), Verbandserlasse, RAB-Grundlagen

Der Revisionsbericht der **ordentlichen Revision** lautet im Standartwortlaut (sogenannter Normalwortlaut) wie folgt: »*Nach unserer Beurteilung entspricht die Jahresrechnung für das am 31.12. 20_0 abgeschlossene Geschäftsjahr dem schweizerischen Gesetz und den Statuten.*«

Von besonderer Bedeutung für die Adressaten der Jahresrechnung sind Abweichungen vom obenstehenden Normalwortlaut für den Revisionsbericht (▶ Dar. 110).

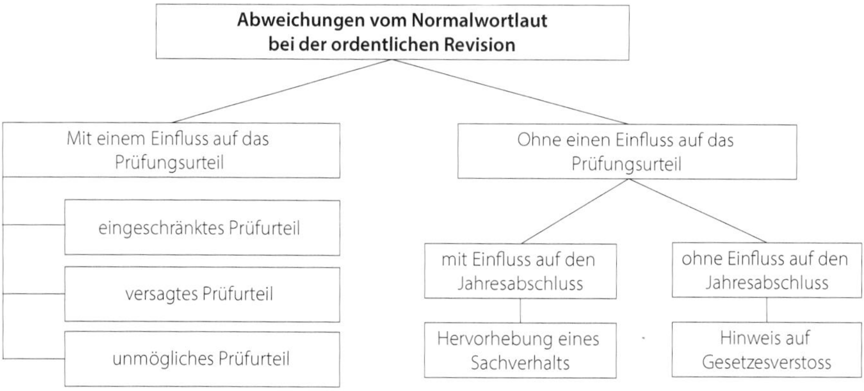

Dar. 110: Abweichungen vom Normalwortlaut der ordentlichen Revision (Quelle: Eigene Darstellung in Anlehnung an die Schweizer Standards zur Abschlussprüfung (SA-CH), 2022)

Bei der ordentlichen Revision werden somit drei unterschiedliche Grundtypen von Abweichungen (genannt Abweichungen vom Normalwortlauft) unterschieden:

- Sachverhalte **mit Einfluss auf das Prüfungsurteil** (modifizierte Wortlaute): Hierzu kann ein Prüfungsurteil als **eingeschränktes Prüfungsurteil** (qualified opinion), als **versagtes Prüfungsurteil** (adverse opinion) oder als **Nichtabgabe eines Prüfungsurteils** (disclaimer of opinion) eingestuft werden. Die Kriterien zur Beurteilung, welches Prüfungsurteil zum Tragen kommt, hängt davon ab, ob der Umfang der Auswirkung wesentlich und umfassend ist. Umfassend bedeutet in diesem Zusammenhang, dass der Abschluss durch die Auswirkungen in verschiedenen Positionen beeinflusst wird. Beim versagten Prüfungsurteil und Nichtabgabe des Prüfungsurteils wird an der Generalversammlung eine Rückweisung der Jahresrechnung an den Verwaltungsrat empfohlen.
- Sachverhalte ohne Einfluss auf das Prüfungsurteil, die den **Abschluss nicht beeinflussen**: Dies sind **Hinweise auf Gesetzes- oder Statutenverstösse**.
- Sachverhalte ohne Einfluss auf das Prüfungsurteil, die den Abschluss **beeinflussen**: Hierbei handelt es sich um die **Hervorhebung eines Sachverhaltes** von wesentlichen Unsicherheiten, die aber ohne Belang sind für das Prüfungsurteil. Insbesondere sich negativ auswirkende Einflüsse auf die Unternehmensfortführung, grössere Rechtsstreitigkeiten oder eine angespannte Liquiditätslage sind typische Beispiele hierzu.

Beispiel eingeschränktes Prüfungsurteil ordentliche Revision

Die Bühler AG hat einen hohen Jahresverlust erzielt. Sie ist stark fremdfinanziert und hat im abgelaufenen Jahr keine Rückstellungen erfasst, obwohl die Gefahr von Klagen durch Kunden als gegeben betrachtet werden muss. Die

Rückstellungen sind wesentlich. Sofern die Wirtschaftsprüfungsgesellschaft keine Nachtragsbuchungen (Korrekturbuchungen) mit der Bühler AG vereinbaren kann, muss sie prüfen, ob ein versagtes oder eingeschränktes Prüfungsurteil abgegeben werden muss.

Da bei der **eingeschränkten Revision** im geringeren Umfang Prüfungshandlungen vollzogen werden, ist die Art der Zusicherung eine andere. Sie wird als negative Zusicherung bezeichnet und lautet im Normalwortlaut wie folgt: *»Bei unserer Revision sind wir nicht auf Sachverhalte gestossen, aus denen wir schliessen müssten, dass die Jahresrechnung sowie der Antrag über die Verwendung des Bilanzgewinns nicht Gesetz und Statuten entsprechen.«*.

Die Abweichungen (Modifizierung der Prüfungsaussage) vom Normalwortlaut bei der eingeschränkten Revision kann dabei wie folgt beschrieben werden (▶ Dar. 111):

- **Festgestellte Sachverhalte** bei Meinungsverschiedenheiten mit dem Prüfungskunden: eingeschränkte oder verneinte Prüfungsaussage.
- **Angenommene Sachverhalte** bei Meinungsverschiedenheiten mit dem Prüfungskunden: eingeschränkte oder verunmöglichte Prüfungsaussage.
- **Beschränkung des Prüfungsumfangs**: eingeschränkte oder verunmöglichte Prüfungsaussage.

Dar. 111: Abweichungen vom Normalwortlaut bei eingeschränkter Revision (Quelle: Standard zur eingeschränkten Revision, 2022, S. 115)

Beispiel verunmöglichtes Prüfungsurteil

Die Müller AG gibt der Wirtschaftsprüfungsgesellschaft keine Auskunft und keinen Zugang zur Buchhaltung. Nach fehlender Bereitschaft muss die Wirtschaftsprüfungsgesellschaft ein verunmöglichtes Prüfungsurteil abgeben und in der Regel vom Mandat zurücktreten.

Ob eine Prüfungsaussage nur eingeschränkt oder verunmöglicht bzw. verneint werden soll, hängt vom Urteil ab, ob sich das Gesamtbild der Jahresrechnung durch die Korrekturbuchungen der Wirtschaftsprüfungsgesellschaft grundsätzlich ändern würde. Dies ist beispielsweise bei einem Wechsel von der Gewinn- in die Verlustzone, bei nicht verbuchten Abschreibungen oder nicht erfassten Forderungen oder Verbindlichkeiten sicherlich der Fall, da sich dadurch die Bilanz und die Erfolgsrechnung verändert, sofern die Geschäftsvorfälle wesentlich sind.

Die Wirtschaftsprüfung dient dazu, um Bilanzskandale zu verhindern bzw. deren Eintrittswahrscheinlichkeit zu reduzieren. Häufig fokussieren sich Bilanzskandale auf »inflated assets, understated liabitilites oder hidden losses«.[381] Folgende exemplarische Beispiele können auf einen Bilanzskandal hindeuten:[382]

- Überhöhte Bewertung immaterieller Vermögenswerte
- Zu hohe Herstellungskosten bei selbst hergestellten Anlagen
- Unterstellung von zu hohen Abschreibungsdauern
- Ausweis von nicht existenten Vorräten
- Verstoss gegen den Grundsatz der Einzelbewertung
- Manipulation bei verlustfreier Bewertung von Vorräten
- Ausstellung und Buchung von fingierten Forderungen (Dummy-Konten)
- Ausweis von fiktiven Bankguthaben
- Unterlassung von erforderlichen Rückstellungsbuchungen

Ein Bilanzskandal steht in engem Zusammenhang mit strafrechtlichen Normen. So ist nach StGB 166 ein Strafdelikt gegeben, wenn die Buchführung unterlassen wird. Auch sind unwahre Angaben über das kaufmännische Gewerbe nach StGB 152 strafbar.[383] Die Jahresrechnung stellt eine Urkunde im Sinne des Strafrechts nach StGB 251 StGB dar. Eine Falschbeurkundung für eine Jahresrechnung liegt dann vor, wenn der wirkliche und der in der Jahresrechnung enthaltene und dargestellte Sachverhalt nicht übereinstimmen.[384] Da die Jahresrechnung mit zahlreichen Annahmen und Schätzungen zu erstellen ist, ist die Entdeckung von unwahren Angaben in der Jahresrechnung anspruchsvoll. So geht beispielsweise die Lehre davon aus, dass eine Falschbeurkundung in Bezug auf die Bewertung vorliegt, wenn das vertretbare Ermessen überschritten ist.[385]

---

381 Peemöller / Krehl / Hofmann, 2017, S. 197.

382 Peemöller / Krehl / Hofmann, 2017, S. 197 ff.

383 Handschin, 2012, S. 129 f.

384 Handschin, 2012, S. 133.

385 Handschin, 2012, S. 135.

Literatur

Böckli, P. (2022): Schweizer Aktienrecht, 5. Auflage, Schulthess Verlag.

Böckli, P. (2014): Neue OR-Rechnungslegung, Schulthess Verlag.

Brösel, G. (2017): Bilanzanalyse mit Kennzahlen, Erich Schmidt Verlag.

Coenenberg, A. G. / Haller, A. / Schultze, W. (2016): Jahresabschluss und Jahresabschlussanalyse, Schäffer-Poeschl Verlag.

Corsten, H. / Roth, S. (2011): Nachhaltigkeit, unternehmerisches Handeln in globaler Verantwortung, Springer Gabler Verlag.

Egloff, P. / Turnes, E. (2023): Blockchain in der Finanzwelt, 1. Auflage, SKV Verlag.

ExpertSuisse (2023): Schweizer Handbuch der Wirtschaftsprüfung, Band Buchführung und Rechnungslegung, ExpertSuisse.

Gehrig, M. / Hauser, M. / Morina, L. (2023): Finanzielle Führung und Verschuldungskapazität in: Jahrbuch Finanz- und Rechnungswesen, Seiten 89 – 118, Weka Verlag.

Gianini, F. / Riniker, A. (2020): Finanzbuchhaltung 4, ergänzende Bereiche der Finanzbuchhaltung, 11. Auflage, SKV Verlag.

Glanz, S. (2019): Kommentar zu Art. 958d, Kommentar zu Art. 961b, Geldflussrechnung, in: Rechnungslegung nach Obligationenrecht, veb.ch Praxiskommentar, 2. Auflage, Verlag SKV.

Glanz, S. / Pfaff, D. (2019): Kommentar zu Art. 958d, Darstellung, Währung und Sprache, in: Rechnungslegung nach Obligationenrecht, veb.ch Praxiskommentar, 2. Auflage, Verlag SKV.

Glanz, S. / Pfaff, D. (2019): Kommentar zu Art. 961c, Lagebericht, in: Rechnungslegung nach Obligationenrecht, veb.ch Praxiskommentar, 2. Auflage, Verlag SKV.

Grether, M. / Zihler, F. (2019): Kommentar zu Art. 957, Buchführung, in: Rechnungslegung nach Obligationenrecht, veb.ch Praxiskommentar, 2. Auflage, Verlag SKV.

Gutsche, R. (2019): Kommentar zu Art. 959a, Bilanzpositionen der Mindestgliederung, in: Rechnungslegung nach Obligationenrecht, veb.ch Praxiskommentar, 2. Auflage, Verlag SKV.

Handschin, L. (2013): Rechnungslegung im Gesellschaftsrecht, 2. Auflage, Dike Verlag.

Hauser, M. / Turnes, E. (2021): Unternehmensbewertung und Aktienanalyse, 4. Auflage, SKV Verlag.

Hüttche, T. (2019): Kommentar zu Art. 960b, Bewertung von Aktiven, in: Rechnungslegung nach Obligationenrecht, veb.ch Praxiskommentar, 2. Auflage, Verlag SKV.

Kessler, J. (2019): Kommentar zu Art. 959c, Anhang, in: Rechnungslegung nach Obligationenrecht, veb.ch Praxiskommentar, 2. Auflage, Verlag SKV.

Kessler, J. / Pfaff, D. (2019): Kommentar zu Art. 961, Rechnungslegung für grössere Unternehmen, in: Rechnungslegung nach Obligationenrecht, veb.ch Praxiskommentar, 2. Auflage, Verlag SKV.

Koller, P. (2020): Kennzahlenanalyse von börsenkotierten Schweizer Unternehmen für die Jahre 2014 bis 2018 zur Ermittlung von Referenzwerten, Bachelor Thesis Ostschweizer Fachhochschule.

Krause, H. U. / Dayanand, A. (2010): Controlling-Kennzahlen als Key Performance Indicators, 2. Auflage, Oldenbourg Verlag.

Leimgruber, J. / Prochinig, U. (2019): Das Rechnungswesen als Führungsinstrument, 8. Auflage, SKV Verlag.

Meier-Hayoz, A. / Forstmoser, P. / Sethe, R. (2018): Schweizerisches Gesellschaftsrecht, 12. Auflage, Stämpfli Verlag.
Meyer, C. (2012): Finanzielles Rechnungswesen, 2. Auflage, Treuhandkammer.
Peemöller, V. / Krehl, H. / Hoffmann, S. (2017): Bilanzskandale, Delikte und Gegenmassnahmen, 2. Auflage, Erich Schmidt Verlag.
Pfaff, D. (2019): Kommentar zu Art. 959b, Erfolgsrechnung, in: Rechnungslegung nach Obligationenrecht, veb.ch Praxiskommentar, 2. Auflage, Verlag SKV.
Rieder, L. (2010): Controlling-Leitfaden, WEKA Verlag.
Siegwart, H. / Reinecke, S. / Sander, S. (2009): Kennzahlen für die Unternehmensführung, 7. Auflage, Haupt Verlag.
Stefani, U. (2019): Kommentar zu Art. 959, Zweck der Bilanz, in: Rechnungslegung nach Obligationenrecht, veb.ch Praxiskommentar, 2. Auflage, Verlag SKV.
Stolz, C. / Gehrig, M. (2023): Unternehmensfinanzierung I, 1. Auflage, Kohlhammer Verlag.
Speck, M. / Wolfisberg, A. / Rössli, B. (2019): das betriebliche Rechnungswesen 2, SKV Verlag.
Stenz, T. (2019): Kommentar zu Art. 960e, Verbindlichkeiten, in: Rechnungslegung nach Obligationenrecht, veb.ch Praxiskommentar, 2. Auflage, Verlag SKV.
Volkart, R. / Wagner, A. (2014): Corporate Finance, Versus Verlag.

Anhang I: Betriebswirtschaftliche Kennzahlen nach Branchen

Betriebswirtschaftliche Kennzahlen nach Wirtschaftsabteilungen

Wirtschaftsbranche – NOGA 2008		Liquiditätsgrad 1	Liquiditätsgrad 2	Liquiditätsgrad 3	Intensität des Umlaufvermögens	Intensität des Anlagevermögens	Anlagedeckungsgrad 1	Anlagedeckungsgrad 2	Fremdfinanzierungsgrad	Eigenfinanzierungsgrad	Selbstfinanzierungsgrad	Rentabilität (ROE) Eigenkapital	Rentabilität (ROA) Gesamtkapital	Gewinnmarge	Cash-flow-Marge	Verschuldungsfaktor	Kapitalumschlag
		2021	2021	2021	2021	2021	2021	2021	2021	2021	2021	2021	2021	2021	2021	2021	2021
Sektor 2		in %	in %	in %	in %	in %	in %	in %	in %	in %	in %	in %	in %	in %	in %	in %	in %
8	Gewinnung von Steinen und Erden, sonstiger Bergbau	51,3	113,5	134,4	37,7	62,3	58,5	115,5	63,6	36,4	85,6	19,7	9,2	8,6	15,4	2,5	0,8
10	Herstellung von Nahrungs- und Futtermitteln	13,7	82,5	111,2	47,5	52,5	47,5	109,1	75,0	25,0	84,4	15,7	6,6	2,2	5,7	3,9	1,8
11	Getränkeherstellung	24,8	85,8	111,2	47,8	52,2	60,7	109,2	68,3	31,7	82,0	30,0	12,1	8,3	14,3	1,9	1,1
13	Herstellung von Textilien	85,2	149,1	215,7	45,8	54,2	86,2	145,3	53,3	46,7	79,5	11,8	7,4	6,2	9,7	2,5	0,9
14	Herstellung von Bekleidung	40,0	201,7	256,3	72,2	27,8	224,7	258,7	37,6	62,4	89,4	11,1	10,1	4,8	7,1	-1,9	1,5
16	Herstellung von Holz-, Flecht-, Korb- und Korkwaren (ohne Möbel)	55,8	126,7	172,2	58,3	41,7	95,7	158,5	60,0	40,0	89,8	24,5	12,3	7,2	11,4	1,1	1,4
17	Herstellung von Papier, Pappe und Waren daraus	43,7	111,7	145,1	46,3	53,7	70,1	126,8	62,4	37,6	70,5	-9,7	-0,9	-2,7	1,8	11,4	1,3
18	Herstellung von Druckerzeugnissen; Vervielfältigung von bespielten Ton-, Bild- und Datenträgern	71,0	169,0	195,9	65,5	34,5	136,1	192,9	53,0	47,0	85,6	10,0	6,0	4,4	7,9	-0,4	1,1
20	Herstellung von chemischen Erzeugnissen	5,1	91,2	111,2	52,5	47,5	42,9	111,1	79,6	20,4	94,3	30,2	13,7	7,5	11,1	4,0	0,8
21	Herstellung von pharmazeutischen Erzeugnissen	12,7	87,1	101,4	30,5	69,5	77,3	100,6	46,3	53,7	98,2	40,1	23,6	40,2	89,3	0,4	0,5

Betriebswirtschaftliche Kennzahlen nach Wirtschaftsabteilungen

Wirtschaftsbranche – NOGA 2008		Liquiditätsgrad 1	Liquiditätsgrad 2	Liquiditätsgrad 3	Intensität des Umlaufvermögens	Intensität des Anlagevermögens	Anlagedeckungsgrad 1	Anlagedeckungsgrad 2	Fremdfinanzierungsgrad	Eigenfinanzierungsgrad	Selbstfinanzierungsgrad	Rentabilität (ROE) Eigenkapital	Rentabilität (ROA) Gesamtkapital	Gewinnmarge	Cash-flow-Marge	Verschuldungsfaktor	Kapitalumschlag
		2021	2021	2021	2021	2021	2021	2021	2021	2021	2021	2021	2021	2021	2021	2021	2021
22	Herstellung von Gummi- und Kunststoffwaren	39,4	113,0	155,2	46,8	53,2	73,9	131,2	60,7	39,3	80,2	24,1	12,8	8,4	13,3	1,8	1,1
23	Herstellung von Glas und Glaswaren, Keramik, Verarbeitung von Steinen und Erden	25,0	95,3	131,4	31,4	68,6	59,5	110,9	59,2	40,8	86,7	14,0	8,0	6,9	11,9	3,7	0,8
24	Metallerzeugung und -bearbeitung	35,8	118,5	159,1	72,8	27,2	132,4	199,6	64,0	36,0	84,2	15,2	7,3	5,6	9,3	1,1	1,0
25	Herstellung von Metallerzeugnissen	76,3	148,4	207,9	52,8	47,2	110,3	158,0	47,9	52,1	85,1	14,9	9,6	9,2	13,9	0,9	0,8
26	Herstellung von Datenverarbeitungsgeräten, elektronischen und optischen Erzeugnissen	87,5	167,5	223,9	55,3	44,7	101,8	168,6	54,5	45,5	94,7	19,6	11,6	15,2	18,9	1,2	0,6
27	Herstellung von elektrischen Ausrüstungen	44,6	126,2	157,2	64,2	35,8	126,8	165,2	54,6	45,4	89,3	15,8	9,8	5,8	7,7	0,3	1,2
28	Maschinenbau	29,1	80,9	119,0	58,4	41,6	84,5	122,5	64,9	35,1	87,6	29,3	13,2	10,4	13,1	1,9	1,0
29	Herstellung von Automobilen und Automobilteilen	54,6	99,0	159,5	80,4	19,6	177,8	252,5	65,1	34,9	95,6	23,6	10,3	7,9	10,7	1,4	1,0
30	Sonstiger Fahrzeugbau	37,1	63,4	138,7	65,8	34,2	100,5	153,6	65,6	34,4	90,8	2,9	3,4	1,9	4,2	16,4	0,5
31	Herstellung von Möbeln	61,6	111,8	162,3	61,0	39,0	86,7	160,1	66,2	33,8	86,1	26,1	11,6	6,4	9,3	1,9	1,4
32	Herstellung von sonstigen Waren	12,2	49,9	66,9	18,9	81,1	55,1	88,5	55,3	44,7	98,1	3,2	3,3	4,2	20,1	6,1	0,3

Betriebswirtschaftliche Kennzahlen nach Wirtschaftsabteilungen

Wirtschaftsbranche – NOGA 2008		Liquiditätsgrad 1	Liquiditätsgrad 2	Liquiditätsgrad 3	Intensität des Umlaufvermögens	Intensität des Anlagevermögens	Anlagedeckungsgrad 1	Anlagedeckungsgrad 2	Fremdfinanzierungsgrad	Eigenfinanzierungsgrad	Selbstfinanzierungsgrad	Rentabilität (ROE) Eigenkapital	Rentabilität (ROA) Gesamtkapital	Gewinnmarge	Cashflow-Marge	Verschuldungsfaktor	Kapitalumschlag
		2021	2021	2021	2021	2021	2021	2021	2021	2021	2021	2021	2021	2021	2021	2021	2021
33	Reparatur und Installation von Maschinen und Ausrüstungen	19,2	58,6	112,2	59,6	40,4	39,5	116,0	84,0	16,0	76,7	10,5	4,6	1,5	4,9	9,8	1,1
35	Energieversorgung	15,4	107,6	113,2	35,7	64,3	50,5	106,5	67,5	32,5	76,9	4,2	2,6	2,3	6,0	9,2	0,6
36	Wasserversorgung	42,5	105,5	111,7	21,3	78,7	69,5	102,9	45,3	54,7	44,2	4,0	3,1	5,6	14,5	4,5	0,4
37	Abwasserentsorgung	93,8	166,2	171,8	32,9	67,1	75,6	120,5	49,2	50,8	65,7	11,3	7,1	7,8	17,6	1,3	0,7
38	Sammlung, Behandlung und Beseitigung von Abfällen; Rückgewinnung	58,1	120,5	127,9	32,4	67,6	57,1	110,5	61,4	38,6	80,5	12,0	5,8	5,9	13,2	2,9	0,8
41	Hochbau	27,5	77,5	112,0	61,7	38,3	58,6	117,2	77,6	22,4	79,7	14,0	4,2	3,0	5,0	6,6	1,1
42	Tiefbau	24,5	106,7	137,7	65,7	34,3	91,0	152,5	68,8	31,2	87,9	12,1	5,4	2,7	7,5	1,7	1,4
43	Vorbereitende Baustellenarbeiten, Bauinstallation und sonstiges Ausbaugewerbe	19,8	75,3	125,8	68,3	31,7	103,9	144,2	67,1	32,9	92,5	19,2	7,7	4,8	6,5	3,0	1,3
Sektor 3																	
45	Handel mit Motorfahrzeugen; Instandhaltung und Reparatur von Motorfahrzeugen	10,8	79,4	107,7	60,9	39,1	44,2	111,1	82,7	17,3	81,1	8,4	3,0	0,6	1,2	13,5	2,4
46	Grosshandel (ohne Handel mit Motorfahrzeugen)	13,7	92,5	113,4	61,9	38,1	77,6	119,1	70,4	29,6	96,2	19,5	8,7	3,4	4,2	2,7	1,7
47	Detailhandel (ohne Handel mit Motorfahrzeugen)	32,0	87,8	142,9	42,8	57,2	71,1	122,5	59,3	40,7	93,6	14,0	7,7	3,1	6,6	2,7	1,8

Betriebswirtschaftliche Kennzahlen nach Wirtschaftsabteilungen

Wirtschaftsbranche – NOGA 2008		Liquiditätsgrad 1	Liquiditätsgrad 2	Liquiditätsgrad 3	Intensität des Umlaufvermögens	Intensität des Anlagevermögens	Anlagedeckungsgrad 1	Anlagedeckungsgrad 2	Fremdfinanzierungsgrad	Eigenfinanzierungsgrad	Selbstfinanzierungsgrad	Rentabilität (ROE) Eigenkapital	Rentabilität (ROA) Gesamtkapital	Gewinnmarge	Cashflow-Marge	Verschuldungsfaktor	Kapitalumschlag
		2021	2021	2021	2021	2021	2021	2021	2021	2021	2021	2021	2021	2021	2021	2021	2021
49	Landverkehr und Transport in Rohrfernleitungen	24,8	59,0	67,5	7,1	92,9	25,0	96,3	76,7	23,3	37,7	1,1	0,8	1,6	32,8	13,0	0,2
52	Lagerei sowie Erbringung von sonstigen Dienstleistungen für den Verkehr	48,0	160,4	168,7	33,2	66,8	53,2	120,2	64,5	35,5	65,4	2,8	2,2	1,3	8,2	5,2	0,8
55	Beherbergung	40,4	65,0	69,0	15,8	84,2	2,7	91,5	97,7	2,3	-289,4	29,5	2,6	2,3	14,6	19,3	0,3
56	Gastronomie	57,5	119,2	126,7	42,9	57,1	59,1	115,9	66,3	33,7	75,6	-9,9	-2,0	-2,7	5,6	3,8	1,2
58	Verlagswesen	47,3	94,8	96,6	46,7	53,3	69,4	97,0	63,0	37,0	93,0	13,9	7,2	6,7	15,1	1,5	0,8
59	Herstellung, Verleih und Vertrieb von Filmen und Fernsehprogrammen; Kinos; Tonstudios	35,9	153,1	160,1	58,3	41,7	81,3	152,5	66,1	33,9	89,3	19,1	8,3	8,1	16,4	0,8	0,8
61	Telekommunikation	17,4	103,7	112,5	25,2	74,8	59,9	103,8	55,2	44,8	84,7	28,3	15,8	22,3	35,1	1,6	0,6
62	Erbringung von Dienstleistungen der Informationstechnologie	35,7	105,4	109,5	64,8	35,2	70,0	116,1	75,4	24,6	93,3	34,7	12,4	7,6	13,9	0,8	1,1
68	Grundstücks- und Wohnungswesen	50,9	84,7	99,2	10,4	89,6	23,1	99,9	79,3	20,7	74,8	9,3	3,0	15,8	32,1	18,1	0,1
69	Rechts- und Steuerberatung, Wirtschaftsprüfung	39,8	102,0	124,9	74,4	25,6	115,4	157,9	70,4	29,6	64,5	26,4	9,2	6,2	8,6	0,9	1,3
70	Verwaltung und Führung von Unternehmen und Betrieben;	21,4	86,1	91,0	27,2	72,8	64,8	96,3	52,8	47,2	93,0	19,0	10,5	39,9	59,4	2,0	0,2

Betriebswirtschaftliche Kennzahlen nach Wirtschaftsabteilungen

Wirtschaftsbranche – NOGA 2008		Liquiditätsgrad 1	Liquiditätsgrad 2	Liquiditätsgrad 3	Intensität des Umlaufvermögens	Intensität des Anlagevermögens	Anlagedeckungsgrad 1	Anlagedeckungsgrad 2	Fremdfinanzierungsgrad	Eigenfinanzierungsgrad	Selbstfinanzierungsgrad	Rentabilität (ROE) Eigenkapital	Rentabilität (ROA) Gesamtkapital	Gewinnmarge	Cashflow-Marge	Verschuldungsfaktor	Kapitalumschlag
		2021	2021	2021	2021	2021	2021	2021	2021	2021	2021	2021	2021	2021	2021	2021	2021
	Unternehmensberatung																
71	Architektur- und Ingenieurbüros; technische, physikalische und chemische Untersuchung	29,2	85,1	112,0	54,6	45,4	50,6	112,9	77,0	23,0	92,6	22,2	7,2	6,9	11,8	4,1	0,7
72	Forschung und Entwicklung	47,7	116,2	125,6	31,3	68,7	65,4	109,3	55,1	44,9	95,9	3,4	2,9	4,4	13,3	5,6	0,3
73	Werbung und Marktforschung	38,5	122,5	134,1	27,5	72,5	55,3	109,6	59,9	40,1	97,2	2,0	2,8	1,6	9,6	7,0	0,5
74	Sonstige Freiberufliche, wissenschaftliche und technische Tätigkeiten	53,1	124,8	149,1	80,7	19,3	168,1	237,5	67,5	32,5	71,9	23,0	9,7	7,2	9,6	–	1,0
75	Veterinärwesen	114,2	167,8	204,8	48,6	51,4	-11,1	148,4	105,7	-5,7	415,1	-101,9	8,3	3,6	7,3	5,5	1,6
77	Vermietung von beweglichen Sachen	12,8	86,9	90,5	25,1	74,9	73,2	96,5	45,1	54,9	96,8	-4,6	-1,3	-8,5	49,2	1,4	0,3
78	Vermittlung und Überlassung von Arbeitskräften	24,3	122,8	126,2	87,6	12,4	157,4	246,0	80,4	19,6	88,5	25,4	6,8	1,7	1,9	-0,8	3,0
79	Reisebüros, Reiseveranstalter und Erbringung sonstiger Reservierungsdienstleistungen	24,4	63,2	66,3	36,1	63,9	22,3	71,2	85,8	14,2	86,7	-57,5	-6,0	-14,3	-11,1	-8,1	0,6
80	Wach- und Sicherheitsdienste sowie Detekteien	41,5	113,5	114,8	58,6	41,4	87,2	118,3	63,9	36,1	93,4	22,2	10,1	4,6	6,4	0,5	1,8
81	Gebäudebetreuung; Garten- und Landschaftsbau	42,6	126,7	139,8	64,0	36,0	82,6	150,6	70,2	29,8	86,3	23,8	8,7	3,3	5,4	1,1	2,1

Betriebswirtschaftliche Kennzahlen nach Wirtschaftsabteilungen

Wirtschaftsbranche – NOGA 2008		Liquiditätsgrad 1	Liquiditätsgrad 2	Liquiditätsgrad 3	Intensität des Umlaufvermögens	Intensität des Anlagevermögens	Anlagedeckungsgrad 1	Anlagedeckungsgrad 2	Fremdfinanzierungsgrad	Eigenfinanzierungsgrad	Selbstfinanzierungsgrad	Rentabilität (ROE) Eigenkapital	Rentabilität (ROA) Gesamtkapital	Gewinnmarge	Cashflow-Marge	Verschuldungsfaktor	Kapitalumschlag
		2021	2021	2021	2021	2021	2021	2021	2021	2021	2021	2021	2021	2021	2021	2021	2021
82	Erbringung von wirtschaftlichen Dienstleistungen für Unternehmen und Privatpersonen a. n. g.	39,2	119,0	127,0	37,5	62,5	67,2	112,7	58,0	42,0	82,7	22,5	12,6	12,3	20,2	1,5	0,8
85	Erziehung und Unterricht	78,1	133,4	134,0	40,8	59,2	46,2	117,5	72,6	27,4	58,9	6,0	2,9	2,6	7,1	7,1	0,6
87	Heime (ohne Erholungs- und Ferienheime)	133,1	223,5	229,0	26,6	73,4	45,9	120,4	66,3	33,7	51,7	2,5	1,5	1,3	7,1	8,8	0,6
88	Sozialwesen (ohne Heime)	106,9	162,3	165,4	46,8	53,2	57,3	134,8	69,6	30,4	64,2	4,6	2,2	1,2	4,4	4,7	1,1
90	Kreative, künstlerische und unterhaltende Tätigkeiten	139,5	172,1	174,0	54,9	45,1	95,7	151,7	56,8	43,2	66,4	1,9	1,2	3,4	19,0	0,5	0,2
91	Bibliotheken, Archive, Museen, botanische und zoologische Gärten	272,1	320,8	325,7	56,0	44,0	38,2	188,3	83,2	16,8	40,7	7,1	1,7	3,9	21,3	4,3	0,3
92	Spiel-, Wett- und Lotteriewesen	62,5	94,0	94,3	64,5	35,5	69,7	89,0	75,3	24,7	60,4	165,2	41,5	46,3	50,5	0,2	0,9
93	Erbringung von Dienstleistungen des Sports, der Unterhaltung und der Erholung	98,9	142,8	143,5	68,1	31,9	115,4	164,7	63,2	36,8	43,0	8,3	3,7	4,2	6,5	-1,0	0,7
94	Interessenvertretungen sowie kirchliche und sonstige religiöse Vereinigungen (ohne Sozialwesen und Sport)	154,1	227,4	228,6	61,4	38,6	101,7	189,4	60,7	39,3	32,8	1,8	2,1	1,4	4,8	-0,1	0,5

Betriebswirtschaftliche Kennzahlen nach Wirtschaftsabteilungen

Wirtschaftsbranche – NOGA 2008		Liquiditätsgrad 1	Liquiditätsgrad 2	Liquiditätsgrad 3	Intensität des Umlaufvermögens	Intensität des Anlagevermögens	Anlagedeckungsgrad 1	Anlagedeckungsgrad 2	Fremdfinanzierungsgrad	Eigenfinanzierungsgrad	Selbstfinanzierungsgrad	Rentabilität (ROE) Eigenkapital	Rentabilität (ROA) Gesamtkapital	Gewinnmarge	Cashflow-Marge	Verschuldungsfaktor	Kapitalumschlag
		2021	2021	2021	2021	2021	2021	2021	2021	2021	2021	2021	2021	2021	2021	2021	2021
95	Reparatur von Datenverarbeitungsgeräten und Gebrauchsgütern	61,0	121,9	139,5	71,3	28,7	65,2	170,4	81,3	18,7	60,1	64,7	15,9	6,5	8,6	1,2	1,9
96	Erbringung von sonstigen überwiegend persönlichen Dienstleistungen	53,2	127,0	138,4	35,1	64,9	77,7	115,0	49,6	50,4	61,4	14,3	8,7	8,4	20,7	1,0	0,9

Diese Tabelle enthält Kennzahlen der 12'326 Unternehmen, die fürs Geschäftsjahr 2021 einen detaillierten Fragebogen ausgefüllt haben.

Es sind aggregierte und nicht hochgerechnete Werte. Gewisse Wirtschaftsklassen dürfen aus Datenschutzgründen nicht publiziert werden.

Quelle: BFS – Produktions- und Wertschöpfungsstatistik

Auskunft: Bundesamt für Statistik (BFS), Sektion MON, Markus Däppen, markus.daeppen@bfs.admin.ch, Tel. 058 463 61 10

Anhang II: Beitragssätze Schweizer Sozialversicherungs-sytem

Beiträgssätze Schweizer Sozialversicherungssystem

ab	01.01.2019	01.01.2020	01.01.2021	01.01.2022	01.01.2023	01.01.2024
in	%	%	%	%	%	%
AHV	8,40	8,70	8,70	8,70	8,70	8,70
AHV	7,80	8,10	8,10	8,10	8,10	8,10
Selbstständig-erwerbende	ab 56'400	ab 56'900	ab 57'400	ab 58'800	ab 58'800	ab 58'800
IV	1,40	1,40	1,40	1,40	1,40	1,40
EO	0,45	0,45	0,50	0,50	0,50	0,50
ALV bis CHF 148'200	2,20	2,20	2,20	2,20	2,20	2,20
ALV ab CHF 148'200 bis unbegrenzt	1,00	1,00	1,00	1,00	0,00	0,00

Quelle: Treuhand Almanach 2024, Seite 65, Ausgabe 2024, Expert Suisse

Anhang III: Formelverzeichnis

Wertschriften- und Immobilienrendite

$$\text{Wertschriftenrendite} = \frac{100 \times \text{Jahresertrag}}{\text{eingesetztes Kapital}}$$

$$\text{Bruttorendite einer Immobilie} = \frac{\text{Immobilienertrag}}{\text{eingesetztes Gesamtkapital}}$$

$$\text{Nettorendite einer Immobilie} = \frac{(\text{Immobilienertrag} - \text{Immobilienaufwand})}{\text{eingesetztes Eigenkapital}}$$

Leasingrate

$$\text{Leasingrate} = K \times \frac{(1+i)^n \times i}{(1+i)^n - 1}$$

Bilanzstruktur, Unabhängigkeit und Sicherheit

Vermögensstruktur

$$\text{Intensität des Umlaufvermögens} = \frac{\text{Umlaufvermögen} \times 100}{\text{Bilanzsumme}}$$

$$\text{Intensität des Anlagevermögens (Immobilisierungsgrad)} = \frac{\text{Anlagevermögen} \times 100}{\text{Bilanzsumme}}$$

$$\text{Investitionsverhältnis} = \frac{\text{Umlaufvermögen} \times 100}{\text{Anlagevermögen}}$$

$$\text{Anlageabnutzungsgrad (Altersquote)} = \frac{\text{kumulierte Abschreibungen} \times 100}{\text{Anschaffungskosten Anlagevermögen}}$$

$$\text{Abschreibungsquote} = \frac{\text{Jahresabschreibung} \times 100}{\text{Anschaffungskosten Anlagevermögen}}$$

Kapitalstruktur

$$\text{Fremdfinanzierungsgrad (Verschuldungsgrad, debt ratio)} = \frac{\text{Fremdkapital} \times 100}{\text{Bilanzsumme}}$$

$$\text{Eigenfinanzierungsgrad (Eigenkapitalquote, equity ratio)} = \frac{\text{Eigenkapital} \times 100}{\text{Bilanzsumme}}$$

$$\text{Finanzierungsverhältnis} = \frac{\text{Fremdkapital} \times 100}{\text{Eigenkapital}}$$

$$\text{Gearing} = \frac{(\text{verzinsliches Fremdkapital} - \text{Flüssige Mittel}) \times 100}{\text{Eigenkapital}}$$

$$\text{Selbstfinanzierungsgrad} = \frac{\text{Gewinnreserven} \times 100}{\text{Eigenkapital}}$$

Anlagedeckung

$$\text{Anlagedeckungsgrad I} = \frac{\text{Eigenkapital} \times 100}{\text{Anlagevermögen}}$$

$$\text{Anlagedeckungsgrad II} = \frac{(\text{Eigenkapital} + \text{langfristiges Fremdkapital}) \times 100}{\text{Anlagevermögen}}$$

Liquidität und Geldflussrechnungsanalyse

$$\text{Liquiditätsgrad I (Cash Ratio)} = \frac{\text{Flüssige Mittel} \times 100}{\text{kurzfristiges Fremdkapital}}$$

Liquiditätsgrad II (Quick Ratio)

$$= \frac{\text{Flüssige Mittel} + \text{kurzfristige Wertschriften} + \text{Forderungen} \times 100}{\text{kurzfristiges Fremdkapital}}$$

$$\text{Liquiditätsgrad III (Current Ratio)} = \frac{\text{Umlaufvermögen} \times 100}{\text{kurzfristiges Fremdkapital}}$$

Freier Geldfluss (Free Cashflow)

$$= \text{Geldfluss aus Geschäftstätigkeit} + \text{Geldfluss aus Investitionstätigkeit}$$

Cashflow-Investitionsverhältnis, Innenfinanzierungsgrad

$$= \frac{\text{operativer Cashflow} \times 100}{\text{Nettoinvestitionen}}$$

Reinvestment-Faktor, Investitionsgrad

$$= \frac{\text{Nettoinvestitionen} \times 100}{\text{operativer Cashflow}}$$

$$\text{Wachstumsquote} = \frac{\text{Bruttoinvestitionen} \times 100}{\text{Jahresabschreibung}}$$

$$\text{Cashflow-Marge} = \frac{\text{operativer Cashflow} \times 100}{\text{Umsatz}}$$

$$\text{Verschuldungsfaktor} = \frac{\text{Effektivverschuldung}}{\text{Operativer Cashflow}}$$

$$= \frac{(\text{Fremdkapital} - \text{flüssige Mittel} - \text{kurzfristige Wertschriften} - \text{Forderungen})}{\text{Operativer Cashflow}}$$

$$\text{Tilgungsfaktor} = \frac{\text{Nettofinanzschulden}}{\text{Operativer Cashflow}}$$

$$\text{Net debt to EBITDA-Ration} = \frac{\text{Nettofinanzschulden}}{\text{EBITDA}}$$

$$\text{Zinsdeckungsfaktor} = \frac{\text{Operativer Cashflow} + \text{Fremdzinsen}}{\text{Fremdzinsen}}$$

$$\text{Zinsdeckungsquote, Zinsdeckungsgrad} = \frac{\text{EBIT} \times 100}{\text{Finanzaufwand}}$$

Rentabilität

$$\text{EBIT-Marge (Brutto Return on Sales, ROS)} = \frac{\text{EBIT} \times 100}{\text{Nettoerlös}}$$

Reingewinnmarge (Umsatzrendite, Netto Return on Sales, ROS)

$$= \frac{\text{Reingewinn} \times 100}{\text{Nettoerlös}}$$

$$\text{EBITDA-Marge} = \frac{\text{EBITDA} \times 100}{\text{Nettoerlös}}$$

$$\text{Bruttogewinnmarge (Handelsmarge)} = \frac{\text{Bruttogewinn} \times 100}{\text{Nettoerlös}}$$

$$\text{Eigenkapitalrendite (Return on Equity, ROE)} = \frac{\text{Reingewinn} \times 100}{\text{Durchschnittliches Eigenkapital}}$$

Gesamtkapitalrendite (Return on Investment, ROI)

$$= \frac{\text{EBIT} \times 100}{\text{Durchschnittliches Gesamtkapital}}$$

Aufwandsanalyse

$$\text{Materialintensität} = \frac{\text{Materialaufwand} \times 100}{\text{Nettoerlös aus Lieferung und Leistung}}$$

$$\text{Personalintensität} = \frac{\text{Personalaufwand} \times 100}{\text{Nettoerlös aus Lieferung und Leistung}}$$

$$\text{Betriebsaufwandsintensität} = \frac{\text{Betriebsaufwand} \times 100}{\text{Nettoerlös aus Lieferung und Leistung}}$$

$$\text{Kapitalintensität} = \frac{\text{Abschreibungen} \times 100}{\text{Nettoerlös aus Lieferung und Leistung}}$$

Aktivität und Effizienz

$$\text{Umschlagshäufigkeit Forderungen aus L\&L} = \frac{\text{Nettoerlöse auf Kredit}}{\emptyset \text{ Forderungen aus L\&L}}$$

Zahlungsfrist von Kunden (days sales outstanding)

$$= \frac{360}{\text{Umschlagshäufigkeit Forderungen aus L\&L}}$$

Umschlagshäufigkeit der Verbindlichkeiten aus L&L

$$= \frac{\text{Rohmaterial/Waren-Krediteinkauf}}{\emptyset \text{ Verbindlichkeiten aus L\&L}}$$

Zahlungsfrist an Lieferanten (days payables outstandig)

$$= \frac{360}{\text{Umschlagshäufigkeit Verbindlichkeiten aus L\&L}}$$

$$\text{Lagerumschlag} = \frac{\text{Material- bzw. Warenaufwand}}{\emptyset \text{ Vorräte}}$$

$$\text{Lagerfrist, Lagerdauer (days inventory outstanding)} = \frac{360}{\text{Lagerumschlag}}$$

$$\text{Fertigfabrikatenlagerdauer} = \frac{360 \times \emptyset \text{ Fertigfabrikatenlagerbestand}}{\text{Herstellkosten der fertiggestellten Erzeugnisse}}$$

Cash-Zyklus (cash cycle)

$$= \text{Zahlungsfrist von Kunden} + \text{Lagerfrist} - \text{Zahlungsfrist an Lieferanten}$$

$$\text{Kapitalumschlag (capital turnover CTO, asset turnover ATO)} = \frac{\text{Nettoumsatz}}{\emptyset \text{ Gesamtkapital}}$$

Aktienkennzahlen (Kapitalmarkt)

Börsen- bzw. Marktkapitalisierung (market value, market capitalization)
$= \text{Anzahl ausstehender Aktien} \times \text{Aktienkurs am Bilanzstichtag}$

Kurs-Buchwert-Verhältnis (KBV, price book ratio)
$$= \frac{\text{Börsenkapitalisierung}}{\text{Eigenkapital ohne Minderheiten}} = \frac{\text{Aktienkurs am Bilanzstichtag}}{\text{Buchwert pro Aktie (BVPS)}}$$

$$\text{Book Value per Share (BVPS)} = \frac{\text{Eigenkapital}}{\text{Anzahl ausstehender Aktien}}$$

$$\text{Gewinn je Aktie (earnings per share, EPS)} = \frac{\text{Gewinn ohne Minderheiten}}{\emptyset\ \text{Anzahl ausstehender Aktien}}$$

Kurs-Gewinn-Verhältnis (KGV, price earnings ratio, PE-ratio)
$$= \frac{\text{Aktienkurs am Bilanzstichtag}}{\text{Gewinn je Aktie (EPS)}} = \frac{\text{Börsenkapitalisierung}}{\text{Gewinn ohne Minderheiten}}$$

$$\text{Gewinnrendite (earnings yied)} = \frac{\text{Gewinn je Aktie (EPS)} \times 100}{\text{Aktienkurs am Bilanzstichtag}}$$

$$\text{Dividendenrendite} = \frac{\text{Dividende je Aktie (DPS)} \times 100}{\text{Aktienkurs am Bilanzstichtag}}$$

Gesamtrendite pro Aktie (Total Shareholder Return, TSR)
$$= \frac{(\text{Dividende} \pm \text{Kurserfolg}) \times 100}{\text{Aktienkurs am Bilanzstichtag}}$$

$$\text{Ausschüttungsquote (payout ratio)} = \frac{\text{Dividende je Aktie} \times 100}{\text{Gewinn je Aktie}} = \frac{\text{DPS}}{\text{EPS}}$$

$$\text{Kurs zum Umsatz (price sales ratio)} = \frac{\text{Börsenkapitalisierung}}{\text{Umsatz}}$$
$$= \frac{\text{Aktienkurs zum Bilanzstichtag}}{\text{Umsatz pro Aktie}}$$

Kurs-Cashflow-Verhältnis (price to cash flow ratio)
$$= \frac{\text{Börsenkapitalisierung}}{\text{operativer Cashflow}} = \frac{\text{Aktienkurs am Bilanzstichtag}}{\text{operativer Cashflow je Aktie}}$$

$\text{Enterprise Value (EV)} = \text{Börsenkapitalisierung} + \text{Finanzschulden} - \text{Flüssige Mittel}$

Wertorientierte Kennzahlen

$$EVA = NOPAT - (WACC \times IC)$$

$$WACC = \left(\frac{\text{verzinsliches Fremdkapital}}{\text{Buchwert Eigenkapital} + \text{verzinsliches Fremdkapital}} \times \text{Fremdkapitalkosten} \times (1 - \text{Gewinnsteuersatz})\right.$$

$$\left. + \left(\frac{\text{Buchwert Eigenkapital}}{\text{Buchwert Eigenkapital} + \text{verzinsliches Fremdkapital}} \times \text{Eigenkapitalkosten}\right)\right)$$

$$EVA\ (\text{Spread-Formel}) = (ROIC - WACC) \times IC$$

$$\text{Return on Invested Capital (ROIC)} = \frac{NOPAT \times 100}{IC}$$

Formeln für Kennzahlensysteme

$$ROI = \text{EBIT Marge} \times \text{Kapitalumschlag} = ROS \times CTO$$

$$\text{Z-Score (Altman, börsenkotiert)} = (1.2 \times a) + (1.4 \times b) + (3.3 \times c) + (0.6 \times d) + (1.0 \times e)$$

a = Umlaufvermögen / Bilanzsumme
b = Einbehaltene Gewinne / Bilanzsumme
c = EBIT / Bilanzsumme
d = Marktwert des Eigenkapitals / Buchwert des Fremdkapitals
e = Umsatz / Bilanzsumme

$$Z\ (\text{nicht-börsenkotiert}) = (0.717 \times a) + (0.847 \times b) + (3.107 \times c) + (0.420 \times d) + (0.998 \times e)$$

a = Umlaufvermögen / Bilanzsumme
b = Einbehaltene Gewinne / Bilanzsumme
c = EBIT / Bilanzsumme
d = Buchwert des Eigenkapitals / Buchwert des Fremdkapitals
e = Umsatz / Bilanzsumme

$$Z\ (\text{nicht-verarbeitendes Gewerbe}) = (6.56 \times a) + (3.26 \times b) + (6.72 \times c) + (1.05 \times d)$$

a = Umlaufvermögen / Bilanzsumme
b = Einbehaltene Gewinne / Bilanzsumme
c = EBIT / Bilanzsumme
d = Marktwert des Eigenkapitals / Buchwert des Fremdkapitals